油气田企业数据治理实践

王　娟　单吉全　蔡　亮◎编著

中国石化出版社
·北京·

内 容 提 要

本书介绍了国内外部分数据治理理论研究情况和数据技术的发展历程，并以长庆油田为例，着重讲解了长庆油田开展数据治理实践的方法论及应用成效。

本书可作为数字化转型和数据治理领域的从业者、研究者以及对石油行业感兴趣的读者的参考书籍。

图书在版编目（CIP）数据

油气田企业数据治理实践/ 王娟，单吉全，蔡亮编著
. —北京：中国石化出版社，2024.4
ISBN 978-7-5114-7508-4

Ⅰ. ①油… Ⅱ. ①王… ②单… ③蔡… Ⅲ. ①石油企业-数据管理-研究 Ⅳ. ①F407.22

中国国家版本馆 CIP 数据核字（2024）第 091400 号

中国石化出版社出版发行
地址：北京市东城区安定门外大街 58 号
邮编：100011　电话：(010)57512446
读者服务部电话：(010)57512575
http://www.sinopec-press.com
E-mail:press@sinopec.com
全国各地新华书店经销
宝蕾元仁浩(天津)印刷有限公司印刷
*
787 毫米×1092 毫米 16 开本 18 印张 443 千字
2024 年 4 月第 1 版　2024 年 4 月第 1 次印刷
定价：136.00 元

编 委 会

序 PREFACE

长庆油田在我国数智油气田建设中，既是一面旗帜，又是创建创新的典范。2008年，当我国的数字油田建设走到一个重要关口的时候，长庆油田“用数字说话，听数字指挥”和“三端五系统”模式前所未有地开创了一个新视野，让数字油田学界、业界为之一振，从此中国石油长庆油田成为人们学习和模仿的榜样。

中国的数智油气田建设，以2019年为节点被划分为“上半场”和“下半场”。在“上半场”，中国的数智油气田建设从一个幼小的孩童成长为一个青年，与此同时，中国的数智油气田建设开始进入“下半场”。然而中国的数字油气田建设又遇到了一个新的重要关口，就是初步完成了规模化的数字油田建设以后，下一步的路该如何走?

2021年，长庆油田发出了“数字化转型，智能化发展”的最强音，长庆油田在中国数智油田建设的“下半场”中再出发，为油气田开发建设者指引着前进的方向，从此又开启了数智油气田建设的新篇章。

数据治理之所以被称为数智油气田建设中的一项重大系统工程，是因为人们在埋头数智油田建设时，在利用数据发现油气藏时，在利用数据提高油气采收率时，都会面临一个令人头疼不止的问题，就是在智能化建设过程中如何实现数据快速反应，基于此数据治理就成为实现“数字化转型，智能化发展”的重要工作。

由王娟、单吉全、蔡亮等编著的《油气田企业数据治理实践》，很好地解决了这一问题。该著作从数据治理理论、原理和方法入手，提出问题，解决问题。同时，从数据治理的具体实操做起，给出了多种实践案例，可读性强，是一部可学习、可借鉴的好书。对于正在实施数据治理的企业和单位具有很好的指导作用。

数据治理涉及非常多的专业、领域、部门、业务与技术操控等。因此，需要全方位地做好顶层设计，利用数字的功能做好组织、配置和统一，即最终要做到“点对点”“端对端”地实现数据上云和应用快速反应，这就是数据治理成功与否的关键和检验标准。

希望长庆油田在“下半场”的“数字化转型，智能化发展”中再创佳绩。期待《油气田企业数据治理实践》一书早日与读者见面，并能在中国的数智油气田建设与数据治理中发挥更大的作用。

长安大学智慧油气田研究院荣誉院长

俄罗斯工程院院士

前言 PREFACE

在当今数字化浪潮的冲击下，各行各业都迎来了一场前所未有的转型。而在这个数字化转型的浪潮中，数据治理成为一个至关重要的环节。本书旨在深入探讨数字化转型、数据治理理论与实践，并以油气田为特定背景，以长庆油田为例，系统地介绍数字化转型与数据治理在石油行业的应用。

全书共分为 5 章。

第 1 章介绍了数字化转型的概念及其意义，深入剖析了国内数字化转型的现状，特别关注了数字中国的发展和数据治理二十条的最新补充。通过深入剖析石油行业中的代表性企业，如中国石油、中国石化、中国海油、哈里伯顿、壳牌等，读者能全面了解数字化转型在不同层面的具体实践。

第 2 章深入研究了全面认识数据治理的理论基础，包括数据治理的概念和方法。在国际范围内，本书介绍了 DAMA 数据管理知识体系、数据管理能力成熟度模型(DMM)、DGI 数据治理框架、ISACA 数据治理模型等重要理论。同时，对国内数据治理理论的研究，如数据管理能力成熟度评价模型(DCMM)、数据治理规范框架、数据治理白皮书等进行了深入剖析。此外，本书还关注了标准的重要性，包括国家标准和中国石油企业标准，为读者提供了一个全面了解数据治理理论的框架。

第 3 章是对数据技术的全面回顾，包括数据库技术、数据湖、大数据等方面的发展历程。同时，本书还介绍了数据平台技术和数据治理工具，包括主数据管理工具和数据分析工具，为读者提供了有关数据技术发展趋势的全面认识。

第 4 章以长庆油田为例，详细介绍了油气行业的数据治理规划、长庆油田的数据治理概述及实际的数据治理方法。通过对长庆油田数据建设历程、数据现状、技术现状和面临的挑战的深入分析，读者将深入了解一个实际应用场景中数据治理的全貌。

第 5 章展望了数字化转型和数据治理的未来发展方向，特别指出人工智能在油气行业的应用、数据与大模型的关系以及数据市场交易的新趋势，为读者提供了有关未来发展方向的前瞻性认识。

受限于笔者的知识水平，加之时间仓促，书中不妥之处在所难免，敬请广大读者批评指正。

中英文名称对照

序　号	英文名称	中文名称
1	A1	勘探与生产技术数据管理系统
2	A2	油气水井生产数据管理系统
3	A5	采油与地面工程运行管理系统
4	OCEM	生产指挥与应急管理系统
5	EPDM	集团公司石油勘探开发数据模型
6	CQEPDM	长庆油田勘探开发数据模型

目录 CONTENTS

第1章 数字化转型

1.1 数字化转型概念及意义

1.1.1 数字化转型概念

1.1.1.1 近代社会数字化发展的历程

近代社会的数字化发展经历了两次关键性的转型，标志着技术的不断演进和社会结构的深刻变革。这两次转型分别为：

1. 第一代数字化转型

第一次转型以生产过程模数转换、自动控制和计算机技术应用为特征。在这一阶段，数字化主要聚焦于生产领域，通过引入模数转换、自动控制以及计算机技术，实现了生产过程的数字化和自动化。这一阶段为数字化奠定了基础，将人们的工作从烦琐的手工操作中解放出来。

2. 业务管理信息化转型

第二次数字化转型则以信息管理、企业统一集中管控和业务流程管理为特征。数字化的焦点逐渐从生产领域扩展到了整个业务管理过程。企业通过信息化手段实现了对各个业务环节的统一集中管控，大幅提高了效率和管理水平。这一时期，业务管理信息化成为数字化发展的核心内容。

1.1.1.2 未来数字化转型的趋势

未来的数字化转型将沿着孪生化和智能化的方向发展，实现虚实交融。具体表现为：

1. 孪生化(Twinning)趋势

数字和现实世界将更加紧密地结合，形成数字孪生。这意味着实体系统将在数字平台上建立虚拟的镜像，为实时监控、优化和模拟提供基础。

2. 智能化方向

未来数字化转型将更加注重智能技术的应用，包括人工智能、机器学习等。这将使系统具备更高的智能化和自适应性，提升决策的精准性和效率。

未来数字化发展的趋势图景如图 1-1 所示，将呈现出孪生化和智能化的融合态势，为社会的发展注入更大的活力和创新力。

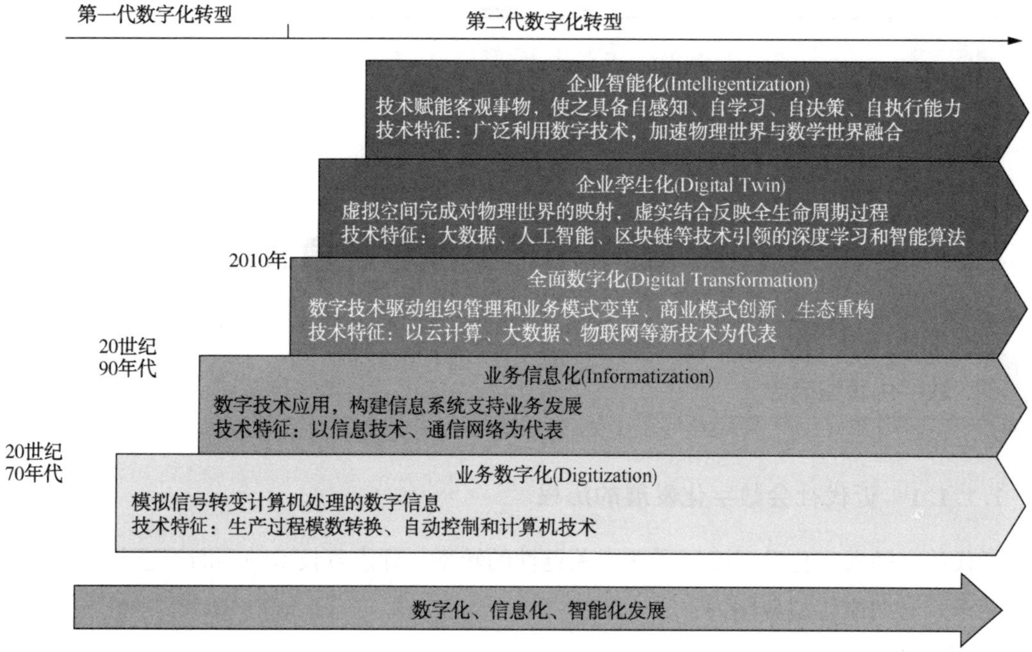

图 1-1　两次数字化转型历程

通过对这两次关键转型的回顾以及未来趋势的描绘，我们更能够理解数字化对社会的深刻影响，以及在技术演进的引领下，未来社会将迎来怎样的数字化时代。

1）数字化转型的本质与多重定义

数字化转型代表着以智能化为特征的第二代数字化转型。不同于传统的由业务组织或管理者主导的职能改革，它是利用新兴数字技术进行的一场全面的业务重构。数字化转型驱动着商业模式、产业链乃至企业内部流程、组织和管理的根本变革，以构建数据为核心的全新企业价值链，推动上下游各行业、企业以客户为核心形成数字生态系统，最终达到最大的商业价值。

然而，全球对数字化转型的认知和定义存在多样性。高德纳(Gartner)公司认为数字化转型是战略和运营模式的变革，通过技术进步改善人类体验、提高运营效率，并持续提供不断进化的产品或服务，要求企业具备处理数字信息的能力，实现数字化管理和创新人机交互体验。

华为(HUAWEI)公司则强调数字化转型是通过新一代数字技术的全面应用，构建全感知、全连接、全场景、全智能的数字世界，从而优化并重塑物理世界的业务，革新传统的管理、业务和商业模式，以实现业务成功。

除了以上两家企业，其他机构和公司也提出了各自的数字化转型定义(表 1-1)。

表 1-1 全球主要咨询机构或公司对数字化转型的定义

序 号	机构或公司	数字化转型定义
1	国务院发展研究中心	利用新一代信息技术，构建数据的采集、传输、存储、处理和反馈的闭环，打通不同层级与不同行业间的数据壁垒，提高行业整体的运行效率，构建全新的数字经济体系
2	国际数据公司(IDC)	利用数字化技术(云计算、大数据、移动技术、人工智能、物联网、机器人、区块链等)和能力来驱动业务模式重构、管理模式变革、商业模式创新与核心能力提升的途径和方法，其目的是实现企业业务的转型、创新和增长
3	麦肯锡咨询公司(McKinsey & Company)	企业运用人工智能技术，提高预测和采购能力、实现运营优化与自动化、开发精准营销和定价策略、改善客户体验等。成功的智能化转型需要企业把握好数字化及分析转型的多个关键点，包括：寻找商用意义、构建相应数据生态体系、自主开发或购买合适的人工智能工具、调整工作流程、改善企业文化、高管层的支持、良好的管理和技术水平以及无缝数据访问能力
4	波士顿咨询公司(BCG)	在商业中，通过将数字技术和工作方式应用到商业的各个方面，公司如何为其所有者和其他利益相关者创造价值，这是一种根本性的变化、一种蜕变
5	安永会计师事务所(Ernst & Young)	通过新一代数字技术，通过构建数字化能力，推动企业商业模式、组织架构、管理模式、工作方式的创新与优化，实现业务转型和增长，最终达成企业的业务战略目标

这些不同定义的产生源自于所处行业、企业发展、转型路径和价值导向等多重因素的影响。然而，它们共同强调运用新技术手段，通过数字化管理、创新和重塑传统模式，以提升企业的竞争力和商业价值。数字化转型在全球范围内的多样性与丰富性，为不同行业和企业提供了灵活和个性化的转型路径，以适应快速变化的市场和技术环境。

2）转型的重要内涵

数字化转型是一场技术变革，更是业务的深刻转型。其内涵涵盖了以下 4 个关键方面：

（1）技术升级。数字化转型标志着机器学习技术的突破，引领第二代数字化转型。这一阶段不仅涉及传统信息基础设施的升级，更是实现了“新一代数字技术”设施的建设。大数据、云计算、人工智能、物联网、机器人、区块链等新技术的全面升级，不仅应用于现场生产作业和数据自动采集，而且延伸至数据处理、解释、研究方案优选，乃至经营管理与辅助决策。数字化智能化技术，如机器人、深度学习、数字孪生等，为企业带来了显著的效率提升、成本降低和安全保障等方面的实质价值。

（2）两化融合。数字化转型不仅是技术的升级，更是两化融合的全新特征和模式。这一阶段的关键目标是推动信息化和工业化的深度融合，将新一代信息技术在生产制造业领域的应用不断深化。从起步的信息化和工业化融合，到制造业与互联网的深度融合，再到新一代信息技术与制造业的全面融合发展，数字化转型逐步进入以制造业数字化为核心特征和重要模式的新阶段。这一阶段的发展具有从点到线、从线到面的趋势，覆盖更大范围、更广领域、更深层次。

（3）数字孪生。数字孪生技术的应用是数字化转型的关键之一。通过数字孪生技术，数字模型与物理世界实时同步或增强，实现了可视化虚拟体与真实体之间的融合。数字孪生不仅包括了感知、3D/VR/AR 和仿真等多种技术应用，还在于实现数字世界的设计与优化、物理世界的建设与执行。这种融合促使信息技术与业务管理真正实现全流程、全领域、全生命周期的数据实时流动与共享，推动了数字化转型的更深层次。

(4) 业务重构。数字时代和智能化发展的要求推动了业务的重构。基于新兴数字技术的应用，企业以主营业务为导向，整合各类资源，构建起企业统一数字平台。这一平台推动技术与业务的深度融合，实现了跨专业、跨学科、跨地域、跨时空的协同联动。数字化转型在这一过程中加速了传统业态的设计、研发、生产、运营、管理和商业的变革与重构。全线上、协同共享、智能化发展的理念得以实现，进一步推动了业务转型、管理创新和效益的持续增长。通过平台的沉淀、数据的共享，数字化转型塑造了一个开放的数字生态系统，促使整个行业产生产业知识图谱，推动了上游、中游、下游企业的协同发展。

这 4 个方面的内涵共同构成了数字化转型的核心，使其成为技术和业务融合的综合体，推动着企业、产业和社会的全面变革。

1.1.2 企业数字化转型意义

企业数字化转型不仅是一种手段，更是为企业创造价值的关键途径。综合主流咨询机构、领先企业对数字化转型的定义和评估模型，结合油气行业的经验，可以得出数字化转型具有五方面的推广意义。

1.1.2.1 数字化转型：推动未来社会经济发展

在当今社会，新兴市场国家和发展中国家正以前所未有的速度崛起，科技和产业变革呈现前所未有的激烈竞争。数字经济作为以数字化的知识和信息为关键生产要素的引擎，通过数字技术创新推进供给侧结构性改革，实现数字技术与实体经济的深度融合。这不仅有助于降低对一般性生产要素的依赖，激活高级生产要素，提高全要素生产率，还推动了传统产业的数字化和智能化水平的提升，加速了经济发展与政府治理模式的新型经济形态(图 1-2)。

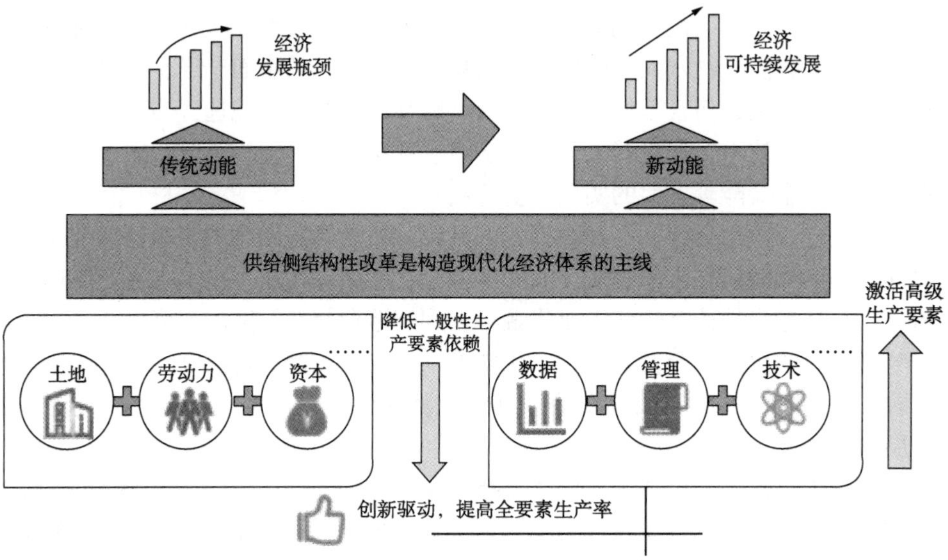

图 1-2　数字定级驱动未来经济发展

随着科技的不断进步，数字经济迅速融入全球经济和社会的多个层面。在面对国际经济局势的不确定性大幅提升的同时，数字经济展现出了巨大的优势和韧性。目前，积极发展数字经济已经不仅是各国推动经济复苏的关键举措，更成为世界经济增长的新引擎。

从不同角度来看，高收入国家数字经济规模占全球比重达到 76.9%。在经济发展水平上，发达国家的数字经济规模是发展中国家的 2.8 倍多。细看各国情况，美国数字经济规模遥遥领先，达到 13.1 万亿美元，排名前五的国家数字经济规模占全球总规模的 78.1%。

大力发展数字经济已经成为各国的共识。以 2019 年为例，我国凭借强大的国内市场优势，通过倒逼技术革新与模式创新，数字经济体量继续居全球第二，数字经济增加值规模达到 35.8 万亿元，占 GDP 比重的 36.2%，同比提升 1.4 个百分点。按照可比口径计算，2019 年我国数字经济名义增长 15.6%，高于同期 GDP 名义增速约 7.85 个百分点，数字经济在国民经济中的地位进一步凸显。总体而言，我国数字经济规模持续扩张，为经济增长做出的贡献不断增强。数字经济的蓬勃发展不仅是我国经济的有力支撑，也为全球经济发展注入了新的活力。

1.1.2.2 数字化转型：实现数字中国和网络强国的战略举措

数字经济正经历着历史性的量变到质变的拐点，全球经济正步入一个体系重构、动力变革、范式迁移的新阶段。数字化转型为产业、行业和企业升级提供了巨大的机遇。随着新一代信息技术与制造业融合趋势不断加深，以及全球制造业竞争格局的变化，积极把握数字经济的战略机遇，重塑发展理念，深化国际合作，抢占产业竞争制高点，已成为全球各国、各行业和领先企业的普遍选择。

中国经济正处于高速发展阶段，数字化转型是中国经济实现新时代发展蓝图的关键战略。党中央和国务院高度重视互联网、促进互联网发展、加强互联网治理，通过统筹协调政治、经济、文化、社会、军事等领域的信息化和网络安全等重大问题，提出了构建网络强国战略思想。党的十九大明确了面向新时代的发展蓝图，提出了建设网络强国、数字中国、智慧社会的战略目标，推动互联网、大数据、人工智能与实体经济深度融合，发展数字经济和共享经济，培育新增长点，形成新动能。

在过去 5 年中，习近平总书记在 11 次会议上对发展数字经济提出了一系列重要指示(表 1-2)。这充分体现了中国对数字化转型的高度重视和积极引领，为实现数字中国和网络强国的目标提供了明确的战略方向。

表 1-2 相关数字经济的指示

序号	时间	会议或活动名称	重要指示
1	2016 年 10 月	中共中央政治局第三十六次集体学习	加快传统产业数字化、智能化，做大做强数字经济，拓展经济发展新空间
2	2017 年 12 月	中共中央政治局第二次集体学习	发挥数据的基础资源作用和创新引擎作用。加快形成以创新为主要引领和支撑的数字经济
3	2018 年 4 月	全国网络安全和信息化工作会议	发展数字经济，加快推动数字产业化，依靠信息技术创新驱动，不断催生新产业、新业态、新模式，用新动能推动新发展。要推动产业数字化，利用互联网新技术新应用对传统产业进行全方位、全角度、全链条的改造，提高全要素生产率。释放数字对经济发展的放大、叠加、倍增作用

续表

序号	时间	会议或活动名称	重要指示
4	2018 年 11 月	亚太经合组织 第二十六次领导人 非正式会议	数字经济是亚太乃至全球未来发展方向，应该牢牢把握创新发展时代潮流，全面平衡落实《互联网和数字经济路线图》，释放数字经济增长潜能。同时应该加强数字基础设施和能力建设，增强数字经济可及性，消弭数字鸿沟，让处于不同发展阶段的成员共享数字经济发展成果，让亚太地区人民搭上数字经济发展快车。
5	2019 年 6 月	二十国集团领导人第十四次峰会数字经济特别会议	促进数字经济和实体经济融合发展、加强数字基础设施建设，促进互联互通；要提升数字经济包容性，弥合数字鸿沟
6	2020 年 3 月	中共中央政治局 常务委员会会议	加快 5G 网络、数据中心等新型基础设施建设进度
7	2020 年 4 月	浙江考察	抓住产业数字化、数字产业化赋予的机遇。加快 5G 网络、数据中心等新型基础设施建设，抓紧布局数字经济、新材料等战略性新兴产业、未来产业
8	2020 年 7 月	企业家座谈会	充分发挥国内超大规模市场优势，通过繁荣国内经济、畅通国内大循环为我国经济发展增添动力，带动世界经济复苏。要提升产业链供应链现代化水平，大力推动科技创新，加快关键核心技术攻关，打造未来发展新优势
9	2020 年 10 月	广东考察	加快数字经济、数字社会、数字政府建设，推动各领域数字化优化升级，积极参与数字货币、数字税等国际规则制定，塑造新的竞争优势
10	2020 年 10 月	中国共产党第十九届 中央委员会 第五次全体会议	加快发展现代产业体系，推动经济体系优化升级。坚持把发展经济着力点放在实体经济上，坚定不移建设制造强国、质量强国、网络强国、数字中国，推进产业基础高级化、产业链现代化，提高经济质量效益和核心竞争力。要提升产业链供应链现代化水平，发展战略性新兴产业，加快发展现代服务业，统筹推进基础设施建设，加快建设交通强国，推进能源革命，加快数字化发展
11	2020 年 11 月	第三届中国国际 进口博览会开幕式	扭住扩大内需战略基点，畅通国民经济循环。大力推动科技创新，打造经济发展新动能。持续深化改革，充分激发市场活力

1.1.2.3 数字化转型：应对新冠肺炎疫情常态化的重要手段

2020 年初爆发的新冠肺炎疫情对全球各行业造成了不同程度的冲击。国际供应链和市场供需关系受到影响，世界经济面临宏观调控困境和国家间利益博弈。这些因素导致全球产业链面临阻隔和断裂的风险。传统零售、物流等服务行业经历了一场“劫后重生”，进入了漫长的复苏期，而制造业则经历了生产中断、供应链断裂、复工复产和整顿重组的过程。

在疫情的影响下，许多企业通过采购数字化工具和服务快速适应新的环境(图 1-3)。新兴模式和业态，如电子商务、在线教育、远程医疗、远程办公等得到快速发展。产业链数字化趋势显著，数字技术在产业链改造和重构中发挥了深远的作用。传统产业纷纷加快数字化转型的步伐，数字经济成为支撑经济发展的重要动力。各国的发展重心逐渐从关注土地、人力、机器的数量质量转移到数字技术和数字化发展水平上。加速从物理空间向数字空间的转移，数字经济将成为实现经济复苏和推动转型发展的关键抓手。

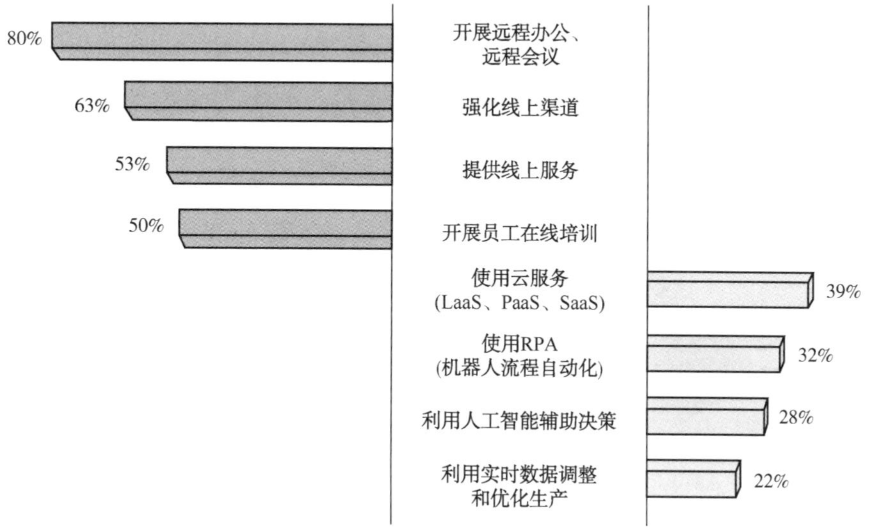

图 1-3　企业在新冠肺炎疫情下利用数字化工具迅速“上线”以自救

在外部压力不断增大、市场不确定性提高以及新冠肺炎疫情持续不断的影响下，企业已经认识到仅仅依靠数字化工具及服务是远远不够的。企业领导者深刻认识到数字化转型的价值，并明白深入部署和持续投资的必要性。同时，在疫情背景下，企业干部和员工通过数字化工具的应用，感受到数字技术带来的便捷和高效。在企业内部和基层逐渐形成了数字文化氛围，由企业领导层推动各级领导进行数字化转型的决心和动力也逐渐增强。许多企业已经开始在供应链、全渠道运营、智能决策等应用场景推动数字化转型，覆盖生产、经营、组织管理等核心环节。

1.1.2.4　数字化转型：赋能企业运营质量与效率、产品附加价值双提升

数字技术的推动使全球经济步入数字化转型时代，数据在企业发展中的作用不断凸显，成为核心生产要素之一。数字技术不仅增强了企业之间的连接，促进了用户与企业之间的互动，而且在实现用户深度参与产品设计与生产方面发挥着积极作用。数字技术的应用有助于赋予用户对产品的自主选择权，使市场力量从供给端转移到需求端。随着企业经营中心从供给侧逐渐转向需求侧，传统的大规模生产模式逐渐被个性化定制批量生产所取代。用户可以参与到企业的生产活动中，从而获得个性化的产品供给。

通过数字化转型，企业与用户之间基于多种渠道、选择、交易、价格和体验关系共同创造价值。在这个互动过程中，产品销售利润逐步降低，而服务的利润逐步增加。企业的产品和服务不断升级，附加价值不断提升。从 IT 技术的角度来看，数字化已经融入了企业研发、生产、供应链、销售、服务的全链条业务过程(图 1-4)。通过数字化设计提高产品质量，缩短研发周期；通过数字化制造加快产品制造过程，极大提高生产效率，使产品质量不断提升，同时降低制造成本；数字化物流让运输路径更加优化，使货物能够迅速到达客户手中。

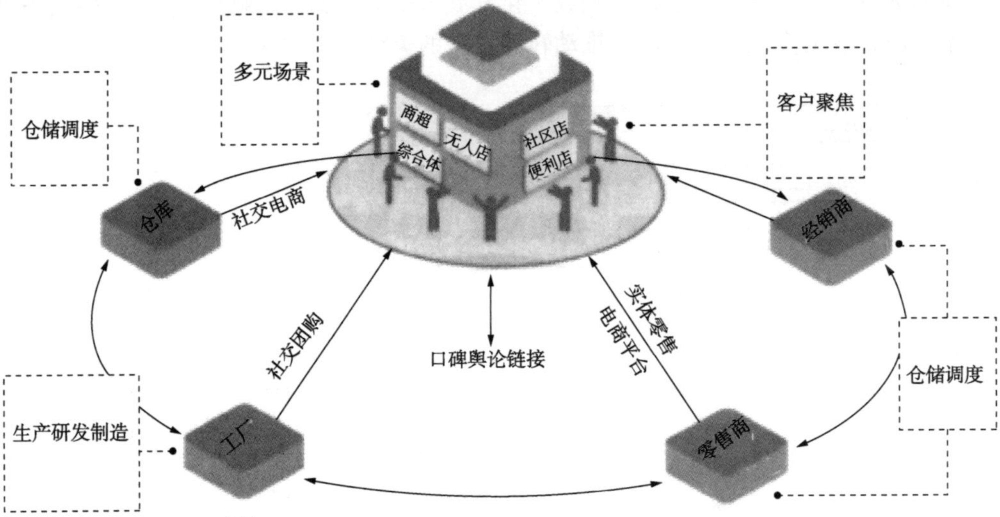

图 1-4　数字化全产业链提升

1.1.2.5　数字化转型：推动产业跨界融合，培育形成现代产业体系

企业作为产业组织的基本单位，其经营范围受到企业边界的制约，限制了生产要素市场的流通。随着数字经济的蓬勃发展，数据展现出更深度、更广度的融合能力，为企业实现跨界发展提供了基础。企业之间通过数字技术的线上与线下合作构建了各行业、各产业的数字化生态系统，不仅推动了产业效率的提升，而且改变了传统产业的经营理念，促进了供应链和产业链的升级。上下游企业通过数据贯通、资源共享和业务协同，提升了产业链资源优化配置和动态协调水平，加强了产业结构升级和跨界合作创新。

数字经济的推动将数字技术形成的产业价值链对产业组织进行了系统性的重构，实现了产业技术的不断升级。随着 5G、人工智能等技术在无人驾驶、先进制造、医疗健康等应用场景的深度融合，有力地推动了电子商务、数据资产运营、共享服务、平台服务、新零售等数字业务的发展，实现了数字产业化，并打造了规模化数字创新体系，培育了新的业务增长点。数字经济的发展还推动了越来越多传统产业的创新发展，通过分享经济、平台经济的建设，促进了社会供需循环和消费升级。当前，尤其需要加快构建物联网产业体系，涵盖“互联网+物流”“互联网+文化”“互联网+旅游”“互联网+健康”“互联网+养老”等服务业态。

1.2　国内数字化转型

1.2.1　数字中国

党的二十大报告描绘了全面建设社会主义现代化国家、推动中华民族伟大复兴的宏伟愿景。报告明确提出要加快建设网络强国和数字中国，通过优化基础设施布局、结构、功能以及系统集成，构建现代化基础设施体系。

数字经济已经成为全球经济创新发展的主流模式，在国民经济中的地位更加突出。随着互联网、大数据、人工智能等新一代信息技术与实体经济广泛而深度地融合，以数据驱动为特征的数字化、网络化、智能化产业变革正在深入推进，为经济发展注入了全新的增长动能(图 1-5)。

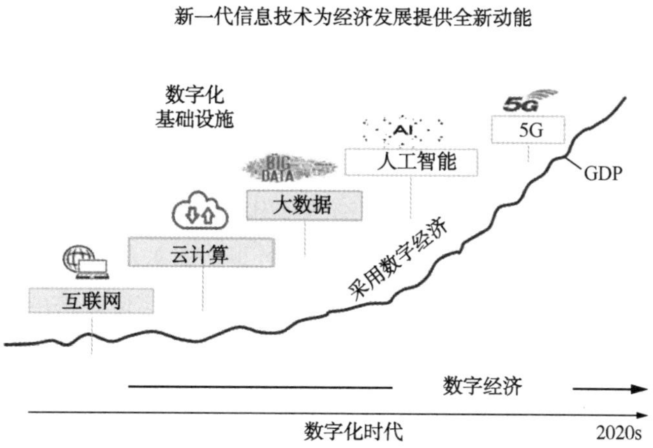

图 1-5　数字化转型发展历程

在数字经济的助推下，党中央、国务院以及国资委等相关部门纷纷出台相关政策，颁布了一系列重要的战略规划和措施，以推动信息化建设和数字化转型(图 1-6)。

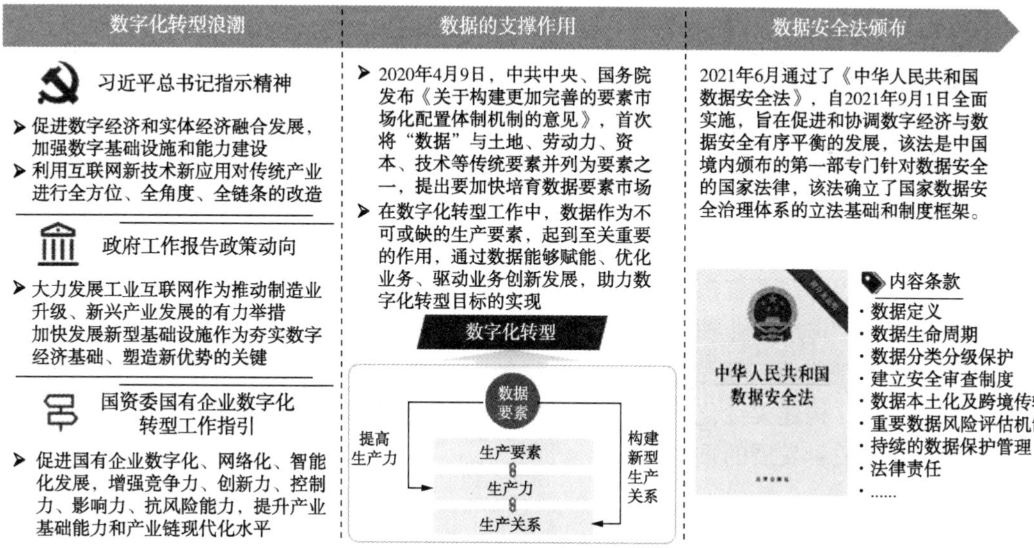

图 1-6　数字化转型重大战略规划和举措

数据构成数字化转型的基石，而数字化转型实质上是一项企业战略，不仅仅局限于大数据、人工智能、物联网等新型基础设施的建设。它更注重根据企业自身实际情况，以业务为导向，以数据为基础，并将新一代数字技术与传统生产要素有机结合，通过反向赋能业务、推动业务创新与服务创新。

在数字化转型的进程中，数据被视为基础要素。在2020年4月发布的中共中央、国务院《关于构建更加完善的要素市场化配置体制机制的意见》中，首次将数据列为新型生产要素之一，与传统要素如土地、资本、劳动力、技术等一同纳入市场化配置的生产要素体系(图1-7)。

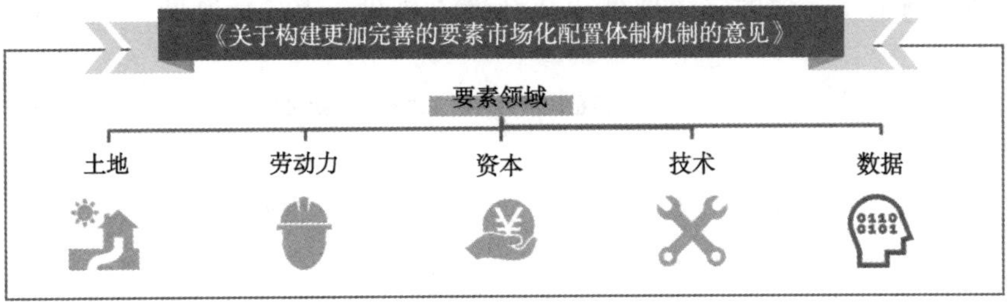

图1-7　数字化转型体制机制

在2022年政府工作报告中，提出了加快传统产业和中小企业数字化转型的目标，重点致力于提升其高端化、智能化、绿色化水平。传统产业作为实体经济的支柱，拥有坚实的产业基础、丰富的应用场景和广阔的市场空间。加速推进传统产业的数字化转型，不仅在充分发挥传统优势的基础上叠加新技术红利，更是为构建现代化产业体系，实现经济高质量发展提供了具有重要战略意义的举措。

在微观层面上，中小企业在数字化转型中占据着重要地位，尤其在传统产业中的比重较大。加快传统产业数字化转型对于发展和壮大数字经济具有关键性支撑作用。由于数字技术与实体经济正加速融合并深度赋能，大中型企业在数字化进程方面领先中小企业，尤其在新冠肺炎疫情的影响下，推动中小企业数字化成为数字化转型的重点和难点。通过围绕庞大而广泛的传统产业展开数字化转型，并推动中小企业成为数字技术应用创新的主体，将为数字经济的发展和壮大提供有力支持。

在中观层面上，传统产业链条长、应用场景丰富，因此加快传统产业数字化转型成为实现产业链数字化的重要着力点。随着新一代信息技术与工业、制造与服务、软件与硬件的快速跨界融合，传统以产品或企业为主体的竞争模式已经被打破，以平台为核心、以软件为标志的产业链垂直整合日益加速。通过推动传统产业数字化，实现企业外各类生产资源和社会资源的协同，以及提升产业资源配置效率，将有助于形成产业链数字化转型的"矩阵效应"。

在宏观层面上，传统产业被视为制造业数字化转型的主战场，因此加快传统产业数字化转型被认为是推动制造业高质量发展的重要途径。通过利用信息技术对传统产业进行全方位、全链条的改造，构建柔性化、绿色化、智能化的生产方式，成为提高制造业全要素生产率、推动制造业高质量发展的重要路径。

1.2.2 数据治理二十条

1.2.2.1 引言

近年来，各项相关政策随之颁布，石油企业对外部数据的需求逐渐增强。然而，由于缺乏详细操作规定和实施指南，石油企业在实际操作中仍存在法规不确定性。为解决这一问题，中共中央和国务院于2022年12月发布了《关于构建数据基础制度更好发挥数据要素作用的意见》(以下简称“数据二十条”)。该文件为石油企业的数据管理和对外数据流通提供了重要指导，旨在强化数据流通的规范性，充分发挥数据要素的价值，促进数字经济发展。

1.2.2.2 主要目标

“数据二十条”的主要目标是促进数据合规高效流通使用，以及赋能实体经济。为实现这一目标，文件提出一系列具体措施，重点包括：

（1）建立数据产权制度：探索数据产权结构性分置，建立“三权分置”制度框架，包括数据资源持有权、数据加工使用权、数据产品经营权。

（2）构建数据要素市场体系：建立合规高效、场内外结合的数据要素流通和交易制度，适应中国制度优势。

（3）实施数据要素收益分配制度：关注公共利益和相对弱势群体，防止市场垄断，建立体现效率、促进公平的分配制度。

（4）建立安全可控的数据治理制度：实现政府、企业、社会的多方协同治理，确保数据流通的安全和合规。

1.2.2.3 重要指导

文件同时强调加强党对构建数据基础制度的领导，增加政策支持，鼓励试验探索，稳步推进制度建设，逐步完善相关政策和标准。

1.2.2.4 数据作为新型生产要素

数据作为新型生产要素，对社会运行规律的认识、生产和组织方式的优化、商业模式的创新等方面具有重要作用。通过构建数据基础制度，可以更好地发挥数据要素的作用，促进数字经济的快速转型和升级，推动高质量社会经济发展，引领人类文明迈向新阶段。

1.2.2.5 数据安全治理

数据安全是数据要素流通交易的红线和底线，是进行数据流通交易的首要条件。“数据二十条”在构建数据安全治理方面提出了全流程治理和创新监管机制等措施，明确了数据要素安全治理制度的底线。具体包括：

（1）全流程监管机制：统筹企业各部门的治理授权和责任，强化企业内部各部门的协同监管，并完善追责机制。

（2）负面清单制度：建立数据流通交易负面清单，明确不能交易或受到严格限制的数据项，推动形成有规可循、安全可控的数据流通交易机制。

1.2.2.6 数据要素市场发展

我国数据要素市场正处于蓬勃发展阶段，因此在实施数据安全治理制度时需要统筹安全和发展的关系。建议：

（1）强化安全主体责任意识：规范数据流通交易相关主体的数据安全能力，确保在各个环节都能够承担相应的责任。

(2) 促进数据共享开放：提高各部门之间数据流通的效率，加强对数据供给、流通、应用全过程的一体化安全保障，构建具有确认数据来源、确定使用范围、追溯流通过程的数据流通环境。

1.2.2.7 创新治理模式与优化行业治理

“数据二十条”鼓励各参与主体在数据流通交易方面进行创新。具体措施包括：

(1) 鼓励新兴业态和新模式：促进市场中新兴业态和新模式的快速发展，并建立容错纠错机制，以容纳创新。

(2) 建设数据要素市场信用体系：对各类交易主体进行信用评价，引导形成正向良性循环。同时，建议建设数据交易争议仲裁机制，提高数据交易效率。

1.2.2.8 增强安全监管规范

文件从构建新发展格局、推动高质量发展的战略高度，强调构建安全监管规范。主要包括：

(1) 全流程行业监管机制：明确数据要素流通使用全过程的合规公证、安全审查、算法审查、监测预警等机制。

(2) 具体监管措施：建立安全、有证据力、时效性的合规公证服务，算法审查机制，以及风险威胁监测预警和应急处置机制，实现规范有序的数据要素市场生态。

1.2.2.9 企业责任与社会共治

对于石油行业，企业是数据安全治理的关键主体。建议：

(1) 强化自律意识：通过签署声明书和承诺书，在数据流通交易过程中清晰地向社会表明其在有关事项或问题上的权利、立场和态度。

(2) 加强社会责任意识：通过建立数据登记及披露制度，企业能够有效提高数据流通效率，打破“数据垄断”，促进公平竞争。

1.2.2.10 多元共治格局

为加强数据交易市场的安全监督和保障，建议建立完善的企业、行业协会等社会组织多元参与、有效协同的数据安全多元共治格局。具体包括：

(1) 发挥社会组织力量：行业协会、数据业务专业机构和科研服务机构在合规评估、质量评估、资产评估、登记备案等方面发挥关键作用。

(2) 建立数据要素市场信用体系：引导互联网企业间加强信用评价的互通、互联、互认，推动平台企业对网络经营者违法行为实施联防联控。

(3) 加强数据交易标准建设：推动政府和市场主体参与数据要素管理相关标准规范的贯标工作，以建立健全的数据交易安全标准规范和安全制度体系，完善数据安全领域合规、安全审计、风险评估、质量评估等标准建设。

1.2.2.11 数据要素安全治理

为解决数据要素安全治理问题，企业应该：

(1) 完善制度规则：重点关注适用于不同主体多元共治的治理体系，明确不同类型数据的权责主体，制定开放和保密准则。

（2）建立安全标准规范：制定数据交易安全标准规范和安全制度体系，强化数据隐私保护和安全审查制度。

（3）完善企业数据管理制度：制定企业在数据迁移、交易和处置等方面的制度规则，提升数据安全意识，依据法律法规和行业数据标准提升数据安全防护能力。

1.2.2.12 创新技术应用

为破解数据流通交易中的安全问题，企业可充分应用区块链、隐私计算等技术。建议：

（1）利用区块链、隐私计算：实现数据“可用不可见”，管控数据计算价值使用的目的和方式，保障数据使用的安全与合法。

（2）提高监管技术和手段：建立违法线索线上发现、流转、调查处理等机制，提升分析预警、信息公示等监管能力。

通过以上措施，企业可以更好地解决数据要素安全治理问题，推动数据流通交易向更安全、高效、合规的方向发展。

1.2.3 华为的数字化转型

企业数字化转型是一项系统性变革，以数据为核心要素，推动价值体系的重构。这个过程通过数字技术与企业全要素、全价值链的深度融合，对技术模式、管理模式、业务模式和商业模式进行变革。通过信息流带动技术流、资金流、人才流、物资流的协同创新，旨在提高全要素生产率，不断开辟新的价值增长空间。

尽管业界对数据管理的定义存在多种不同的视角和侧重点，至今尚未形成统一标准。在这方面，DMBOK体系、数据资产管理实践白皮书、DCMM体系，以及华为数据之道等已经取得了广泛的认可，成为代表性的数据管理体系与方法论(图1-8)。

图1-8 数据管理理论发展历史

其中，数据管理知识体系(Data Management Body of Knowledge，简称 DMBOK)由国际数据管理协会(DAMA)提出，融合了业界数百位专家的经验，是目前相对全面的国际理论体系之一。这一体系旨在指导企业在数字化转型中更好地管理数据，为实现协同创新、提高生产力和开辟新价值空间提供理论支持。

在这一背景下，企业数字化转型不仅需要深刻理解 DMBOK 体系，还需要结合其他相关体系与方法论，以制定更切实可行、适应企业实际情况的数据管理策略。这种全方位的理论支持有助于企业更好地应对数字技术的变革，实现数据在企业全流程中的高效管理和综合运用。

华为的数据底座和数据治理方法为该公司在全球 170 多个国家和地区开展多业态、差异化运营提供了支撑。《华为数据之道》凝聚了丰富的数据治理和数字化转型方面的宝贵经验、方法论、规范、模型、解决方案和案例，全面阐释了华为在数据治理和数字化转型方面的实践，涵盖技术、流程、管理等多个维度。

这份经验之书不仅是华为自身成功实现数字化转型的见证，更是为其他企业提供的有价值的参考资料。华为数据之道以系统性的方式介绍了数据治理和数字化转型的核心理念和关键方法，为其他企业提供了实践指导和借鉴。

在这个过程中，华为的数据治理方法不仅仅是技术的创新，更包括了流程和管理的全面优化。通过多个维度的系统解读，该方法为企业提供了更加全面、深入的数据治理方案，帮助企业更好地应对数字化转型的挑战，提升运营效率，实现多元化、差异化的全球运营。

因此，《华为数据之道》不仅是华为的数字化转型实践的总结，更是对行业数字化转型的一份深刻思考和分享(图 1-9、图 1-10)。这对于其他企业在制定自己的数字化转型战略和实践中，提供了有益的借鉴和启示。

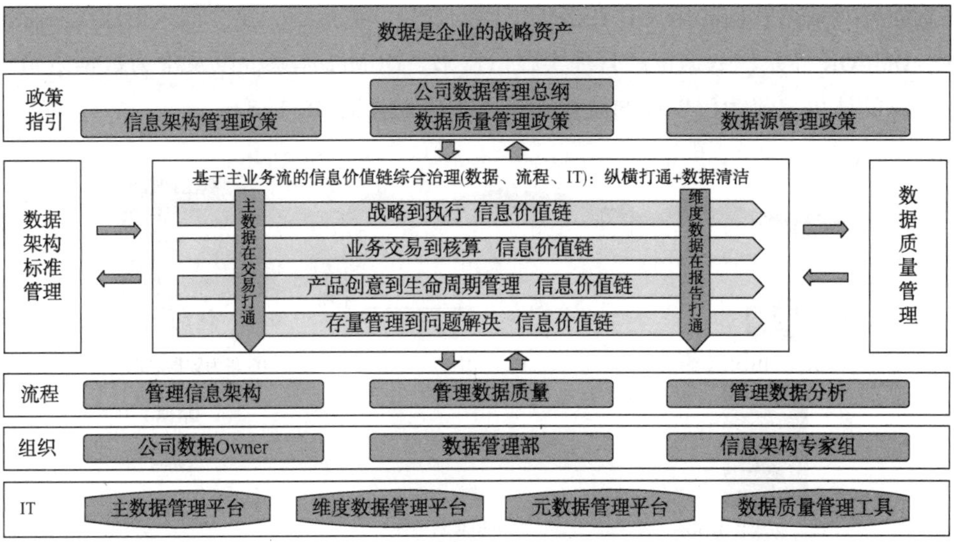

图 1-9 华为数据治理体系

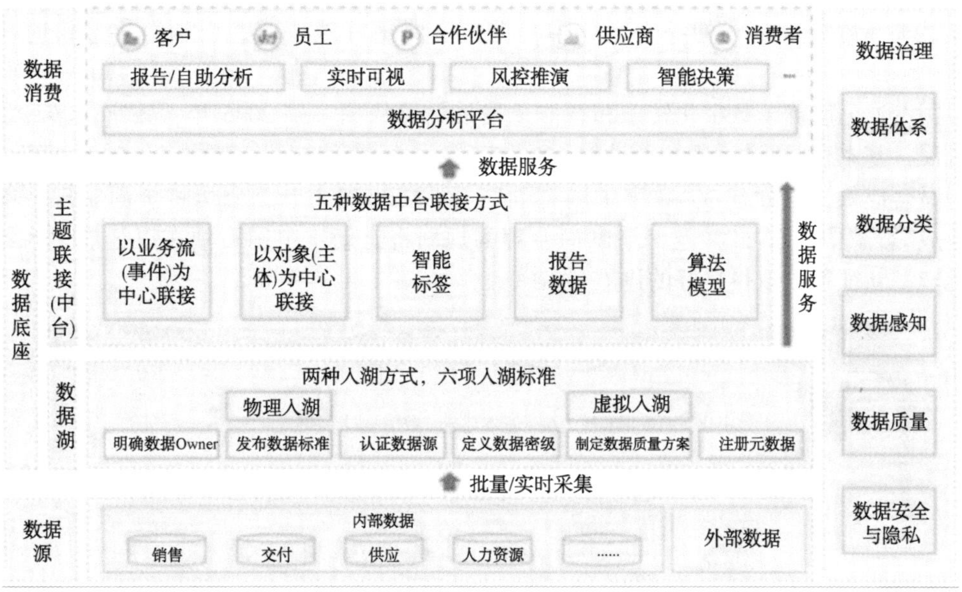

图 1-10　华为数据管理整体框架

1.3　石油行业数字化转型

1.3.1 中国石油

“要发挥数字经济优势，加快产业数字化、智能化转型，提高产业链供应链稳定性和竞争力。”自党的十八大以来，中国石油深入学习贯彻习近平总书记关于网络强国的重要思想，牢牢把握数字经济发展趋势和规律，加快培育高质量发展新动能，“数字中国石油”建设取得一系列重要成果，充分发挥了国有重要骨干企业在新一轮科技革命和产业变革浪潮中的“顶梁柱”作用。

中国石油数字化转型的总体目标是利用自动感知实时采集油气产业链运行数据，通过全面互联广泛获取内外部数据，应用数字化技术持续优化业务执行和运营效率，“十四五”末初步建成“数字中国石油”。其核心思想是构建物理中国石油与数字孪生体融合交互的闭环系统，推进实体业务与数字化世界的双向连接运行，形成内外部连接、共享、协同机制，实现降本增效、协同共享、持续创新、风险预控和智慧决策，不断提高全员劳动生产率和资产创效能力。这一数字化转型战略旨在实现油气产业的全面智能化，为企业在现代科技潮流中的可持续发展提供强有力的支持。

中国石油数字化转型的主要方向是将数字技术融入油气产业链的产品、服务和流程中，以推动公司在发展理念、工作模式、运营管理、科技研发、管理体制机制等方面的全面变革。其旨在通过引入数字化元素，打造智能化生产、网络化协同、个性化服务等新能力，从而开创基于用户、数据、创新驱动的新商业模式、新生产方式和新产业生态。这一数字化转型战略旨在提高公司的综合竞争力，促使企业更好地适应并引领数字经济时代的发展潮流。

中国石油已明确了数字化转型和智能化发展的路线图：到 2025 年，数字化转型将取得实质进展，基本建成"数字中国石油"；到 2035 年，公司将全面实现数字化转型，智能化发展取得显著成效，全面建成"数字中国石油"；到 21 世纪中叶，公司将全面实现智能化发展，建成"智慧中国石油"。这一清晰而合理的规划将有助于中国石油在以智能化为特征的数字化转型新征程中取得良好的进展(图 1-11)。

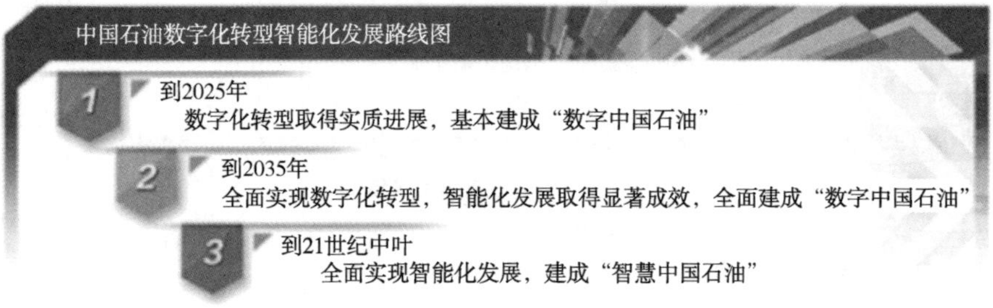

图 1-11　中国石油数字化转型智能化发展路线图

在全球百年未有之大变局的背景下，科技进步的飞速发展使得前沿技术呈现出集中突破的态势，数字经济成为经济发展中创新最活跃、增长最快速、影响最广泛的产业领域。在数字革命和能源转型的加速推进的新形势下，作为全球经济的重要支撑，油气行业与数字信息技术的结合成为实现高质量发展的必由之路。

早在 2000 年，中国石油就已经着手规划了这一发展方向。集团公司在信息化建设上一直秉持"六统一"原则，按照信息技术总体规划持续推进，经历了从分散向集中、从集中向集成的两次阶段性跨越。在"十三五"期间，中国石油成功实现了从集成向共享的新突破。通过多年的努力，中国石油构建了集中统一的信息系统，覆盖了生产管理、经营管理、综合管理、基础设施和网络安全等多个方面，有效提升了生产经营管理的效率和效益，为加快数字化转型打下了坚实基础。这一过程也彰显了公司在信息化方面的坚定决心，以及对未来高质量发展的充分准备。

近两年来，集团公司党组更深刻地认识到数字化转型的紧迫性，围绕数字化转型和智能化发展进行了更高层次的顶层设计和前瞻布局。在这一背景下，"数字中国石油"的建设被提升到了前所未有的高度。中国石油在实施数字化转型时坚持"价值导向、战略引领、创新驱动、平台支撑"的总体原则，并按照业务发展、管理变革、技术赋能这三大主线来进行。通过以工业互联网技术体系建设和以云平台为核心的应用生态系统建设，中国石油构建了"一个整体、两个层次"的数字化转型战略架构。在这个架构下，一个积极创造新辉煌的"数字中国石油"正在迈向我们。这一战略架构不仅展现了公司对数字化转型的深刻理解和清晰规划，更凸显了中国石油在打造数字化未来中的坚定决心和领先地位。通过顶层设计和前瞻布局，中国石油为数字化转型注入了更多活力，推动企业迈向数字化未来的新高度。

在经历了 20 年的集中统一的信息化建设之后，中国石油成功建成并应用了 80 个集中统一的信息系统，涵盖了生产管理、经营管理、综合管理、基础设施和网络安全等多个领域。

这一成就标志着信息化在中国石油内部的发展已经实现了两次阶段性跨越，从分散向集中、再从集中向集成。这种发展路径的背后体现了公司在信息化建设上的坚实积淀和不断创新。中国石油通过集中统一的信息系统，实现了多个业务领域的有机整合，提升了公司内部管理和协同效率。这不仅是对信息化发展的深刻总结，更是对数字化转型的有力支撑。在新的发展阶段，中国石油将以数字化为引领，不断推动信息技术的创新应用，助力公司在数字化时代中更上一层楼。

中国石油将继续遵循数字经济发展的规律，积极抓好数字化转型的顶层设计，坚持试点先行、有序推进的原则。通过推动公司发展理念和工作模式等方面的深刻变革，中国石油致力于全面打造支撑当前并引领未来的新型数字化能力。在这一过程中，中国石油将充分发挥国有重要骨干企业在新一轮科技革命和产业变革浪潮中的引领作用，为行业的可持续发展贡献力量。这一战略定位不仅有助于应对全球百年未有之大变局和经济发展的新形势，也使得中国石油在数字经济浪潮中紧跟时代脉搏，持续推动公司的创新发展。

1.3.2 中国石化

加快数字化转型是能源化工行业实现高质量发展的重要途径和必然选择。近年来，中国石化大力推行“域长负责制”新机制和“数据+平台+应用”新模式，加强自上而下的顶层规划设计和自下而上的反馈调整优化，整体布局“1415”数字化转型工程。通过夯实基础、重构组织、再造流程、重塑模式、整合资源、升级标准等措施，陆续建成或初步打造了石化智云工业互联网平台、智能油气田、智能工厂、智能化研究院、工业品采购电商平台、物流平台等试点示范工程。这些举措对企业组织运营进行了系统性变革升级，提高了相关业务环节的能力水平和运作标准，某种程度上见到了“二次创业”的效果。

作为数字化转型工程的底层基座，中国石化以数字为基、智能为擎、云端为翼，自主建设了石化智云工业互联网平台。截至 2021 年底，已建成 3 个云计算中心，支撑 1000 余套应用系统在云上进行开发和运行；同时，建成 3 个高性能计算中心，为国内上游业务和直属研究院提供弹性算力支持。目前，该平台已连接了 200 余万台(套)工业设备，兼容适配了 100 余种工业协议，沉淀了 1200 余个业务流程模型、2800 余个行业机理模型，涵盖了上千个业务应用系统。注册企业用户超过 100 家，形成了包括中国石化、中化集团、中煤集团等在内的稳定用户群，为研发设计、生产制造、电子商务、供应链物流等业务的数字化转型升级筑牢了坚实基础。

在平台有力支持下，中国石化经过 10 年的探索实践，不断强化数据要素应用、智能功能集成、信息技术共享，初步展现了数字化转型的成效。以中原油田普光分公司、西北油田采油三厂为试点，成功实现了“一湖、一平台、一应用集群”的建设成果。同时，完成了九江石化、镇海炼化、中科炼化等 10 余家智能工厂 1.0 版和 2.0 版的建设，其中 3 家企业入选国家智能制造试点示范项目。在国际上首次提出了智能化研究院的内涵要义和演进路线，并完成了大连院的试点建设以及上海院、安工院的推广建设。

中国石化还建立了分子筛、催化剂、分离器等构效关系模型，通过辅助减少研发试错次数，推动形成了“按需设计”研发模式。通过探索电镜图像识别等分析表征手段，成功替代人力处理复杂实验数据，显著提升了精度和速度。在科技推介、现场连线、远程诊断等应用领域的建设，有效提高了技术转化效率，培育了产学研用良性循环生态。最终，中国石化形成了以“数据推理、模型赋能、计算创新、平台服务”为主要特征的第四科研范式，为推动实现高水平科技自立自强提供了数字化方案和路径。

数字化进程的持续加速有力地推动了企业组织关系的重构，引领公司从产品化向服务化的转型。自 2016 年以来，中国石化以“易派客”工业品采购电商平台为支撑，面向社会提供采购、销售、金融和综合服务。这一平台成功解决了企业在寻求资源能力、采购队伍专业性、采购成本和供应商配合度等方面的问题，构建了“互联网+供应链”的工业品电商运营新模式。

在 2021 年，“易派客”荣获了第一批全国供应链创新与应用示范企业、年度国家中小企业公共服务示范平台等荣誉，成为中国石化线上业务的一张亮丽名片。这一成就不仅显示了中国石化在数字化转型中的成功实践，也为公司未来的服务化发展奠定了坚实基础。

通过提炼各类物流业务的共性，合并同类流程、同化相似流程、优化低效流程，中国石化成功减少了原本 150 余项流程中的近 50 项，实现了物流标准化和一体化管理。在数字技术的有力助推下，中国石化以高起点、高定位、高标准建设物流平台，顶层设计了九大中心，清晰切割业务模块，准确配置数据交互，保证平台具有可弹性和可扩展性，为向全社会提供服务奠定了坚实的架构基础。

同时，在总结九大类物流优化需求的基础上，中国石化集成了运输载具轨迹数据，构建了多种分析模型，推进了仓储、调运、运输、成本、资源等一体化管理，确保了物流全过程的可视化、可控性和可追溯性。这一数字化物流平台的建设不仅提高了效率，还为企业物流管理提供了全新的解决方案。

未来，中国石化将持续加强物联网、大数据、人工智能等技术的创新应用。在经营管理、勘探开发、炼油化工、科技研发等多个领域精耕细作，稳步推进数字化转型工作，致力于建设成为世界领先的洁净能源化工公司，实现高质量发展。

1.3.3 中国海油

中国海油在深入学习贯彻党的二十大精神方面取得了显著进展，全面贯彻习近平总书记的重要指示批示精神，特别是在科技和网信方面，公司的科技和网信战线的广大干部员工深入贯彻落实了总书记对科技创新和网络强国的关键论述，展现出强烈的责任担当。

在集团公司“1534”总体发展思路的引领下，中国海油在 2022 年深耕科技创新，通过扎实推进科技创新强基工程，着眼于未来，着力打造海洋工程技术研发中心，全力投入关键核心技术攻坚战。这一系列努力使得公司圆满完成了相关工程阶段性任务，初步建成了覆盖“水面、水中、水下、井下”的海洋油气技术和装备体系，实现了我国首套深水和浅水水下油气生产系统的成功投产。

值得一提的是，“海油商城”电商平台在公司数字化转型中扮演了重要角色，其累计交易额突破一万亿元，不仅体现了公司在数字经济领域的强大实力，也为公司的科技创新和数字化发展积累了丰富的经验。

同时，公司积极响应原创技术策源地建设的号召，全面启动该项目，为公司未来的科技发展提供了更为坚实的基础。这些卓越的工作成效展示了中国海油在科技领域的高水平、自立自强的决心和能力，为未来的发展奠定了坚实的基石。

中国海油的科技和网信战线的全体干部员工一直以来都在深入学习贯彻党的二十大精神，并坚决贯彻落实习近平总书记有关建设海洋强国、加快深海油气资源勘探开发的重要指示精神，以及关于“深海一号”生产平台的相关要求。在这个过程中，公司充分发挥了关键核心技术攻关的“先锋队”作用，为公司的增储上产和提质增效发挥了重要支持作用。

公司的科技和网信战线在助力公司实现科技创新的同时，也积极参与数字化转型和智能化发展，深入推动各项任务的完成。特别是在 2023 年科技和网信各项任务中，公司明确了使命，坚决完成任务，同时在“三大工程、一个行动”和“四个中心”建设方面再立新功。这不仅为公司推动海洋石油工业高质量发展，保障国家能源安全做出了新的更大贡献，也为公司在科技和网信领域持续发展奠定了坚实的基础。

中国海油科技和网信战线的干部员工将继续在学习贯彻党的指示精神中前行，不断提升科技水平，为公司的未来发展保持创新和领先的地位。

集团紧密围绕主责主业，迅速应对能源转型趋势。在适应经营环境的深刻变化以及管理方式和治理结构的深度调整方面，集团以战略眼光和创新思维规划未来的研究工作。同时，明确科研人才培养的方向，致力于推进科技和网信工作的高质量发展。这一系列措施旨在确保集团在不断变化的市场中保持竞争力，助力其在科技和网信领域取得更为显著的成果。

为了在 2023 年取得更好的科技和网信工作成绩，中国海油将进一步加强自主创新能力建设。坚持实事求是，注重解决实际问题，将焦点聚集在公司主责主业上，明确发展方向，保持持之以恒的努力，真正将研究成果转化为生产力。同时，确保完整、准确、全面地贯彻新发展理念，正确处理自主研发与市场的关系，切实提升科技研发的价值，充分发挥和保持创效能力和成本优势。

紧盯影响高质量发展的技术问题，健全和完善体制机制，加强更新迭代力度，确保科研项目的“接力棒”得以不断传承。同时，积极推动数字化转型，持续推进数据治理，致力于精细化数字化转型示范工程。高度重视网络安全，持续加强网络安全意识，进一步提升基础平台支撑水平、风险防范水平和自主可控水平。这一系列措施旨在确保中国海油在科技和网信领域的引领地位，为公司的可持续发展奠定坚实基础。

1.3.4 哈里伯顿

随着数字化进程的加速，哈里伯顿公司宣布了哈里伯顿 4.0 数字化战略，该战略包括地质研究 4.0、建井 4.0、油藏开发 4.0 和企业大数据 4.0 四个板块。这一全新的数字化战略专门面向数字化时代的石油上游行业，旨在应对未来十年及更远的技术发展。通过采用开放、合作的模式，哈里伯顿公司与行业伙伴共同致力于持续创新和发展。该战略的设计规划聚焦于行业的核心目标，即“降本增效和增储上产”，充分利用云计算、大数据、物联网和人工智能等数字化新技术，为传统油气行业实现数字化转型提供了强有力的技术支撑。

每个板块内都设定了近期(小于 1 年)、中期(1~3 年)和长期(3 年以上)的子目标，以下将对这四个板块进行详细的分析。

1.3.4.1 地质研究 4.0

近期目标：通过大数据驱动的探井分析、盆地到油藏的大数据分析学习、钻前预测和电阻率反演等手段，实现更为精准的地质研究。这包括借助大数据技术对探井数据进行全面分析，深入挖掘盆地到油藏层面的大数据，以及通过预测性建模提高钻井前的决策准确性。

中期目标：实现实时地质建模，全面拓展从盆地到油藏、从勘探到开发的大数据分析学习。通过引入更先进的技术手段，加速地质模型的建立和更新，全面提升对盆地、油藏等多维度数据的分析学习能力。

长期目标：实现敏捷快速的开发方案，将地质模型的更新时间缩短至一天之内，从而在更短的周期内完成井网规划和井设计。这一长期目标旨在实现更迅速的决策响应和更高效的地质资源开发。

1.3.4.2 建井 4.0

近期目标：通过邻井大数据机器学习、大数据钻速优化、DWP 数字化钻井设计等策略，实现对邻井数据的深度学习，优化大数据驱动的钻井速度，推进数字化的钻井规划、设计和作业。通过 EDGE 边缘计算的自动集成和 LOGIX 自动地质导向等技术手段，提高建井过程中的智能化水平。

中期目标：进一步发展复杂工况的大数据预测、一体化供应链系统，并全面实现全自动地质导向。通过引入更为先进的技术手段，进一步提高建井过程中对复杂情况的预测能力，实现与供应链系统的一体化数字化管理，并全面实现对地质的全自动导向。

长期目标：实现全自动钻井，并在钻井参数智能优化方面取得实质性进展。通过建井 4.0 的长期目标，哈里伯顿公司将在全球范围内推动油井建设的自动化水平，实现更高效、更安全的钻井过程(图 1-12)。

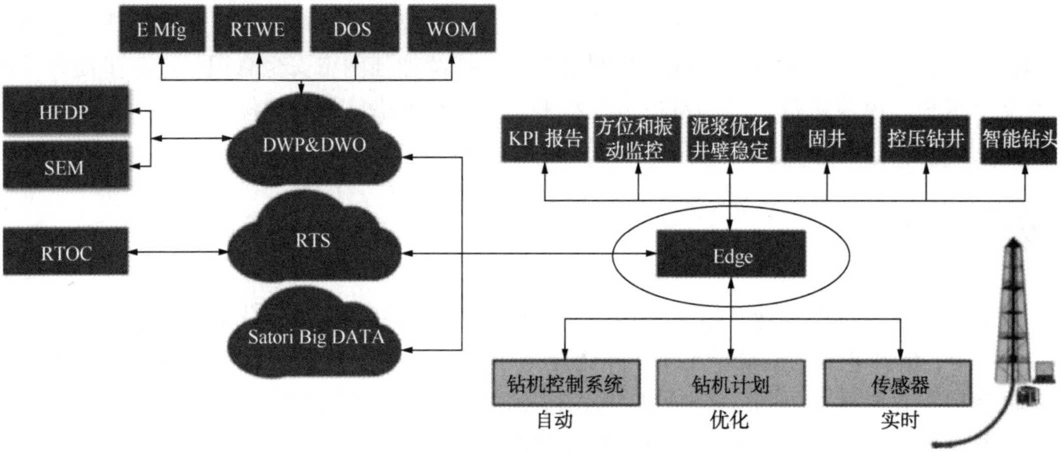

图 1-12 哈里伯顿边缘计算控制的自动钻井规划

1.3.4.3 油藏开发 4.0

近期目标：实现油藏的动态监测，通过实时成本优化提高生产效益，并将油藏、井筒和管网资产模型整合成一体化的 AMI 系统。通过这一系统，实现对油藏开发过程的实时监控和精准化管理。

中期目标：发展全资产监控系统，实现生产自动化，进一步将油藏与井筒整合为一体化描述。通过生产预测与一致性及时保证，提高对油藏开发过程的精细化控制。

长期目标：实现自适应控制的油藏模拟，推动油藏和油田管理的工厂化发展。通过提高最终采收率，致力于资产价值的最大化。通过油藏开发 4.0 的长期目标，哈里伯顿公司将在油田管理方面迈向更为智能、高效的发展阶段，为提高能源产业的可持续性做出贡献。

1.3.4.4 企业大数据 4.0

近期目标：致力于建设高效的大数据平台，实现实时数据分析、数据驱动的 BHA(底孔装备组合)和钻头设计。通过大数据的综合应用，提高油田勘探和开发的工作效率，实现更为智能化的钻探过程。

中期目标：强化大数据驱动的预测性维护，建设数字化制造中心，通过数据的综合分析实现设备的智能维护和管理。逐步推进数字化制造，提高制造业的智能化水平，实现生产过程的数字化监控和管理。

长期目标：打造数据驱动和自动流转的企业平台，实现端到端的全自动化。通过数据的自动化流转和智能决策，实现企业各个环节的高效协同，推动企业进入全自动化运营的阶段(图 1-13)。

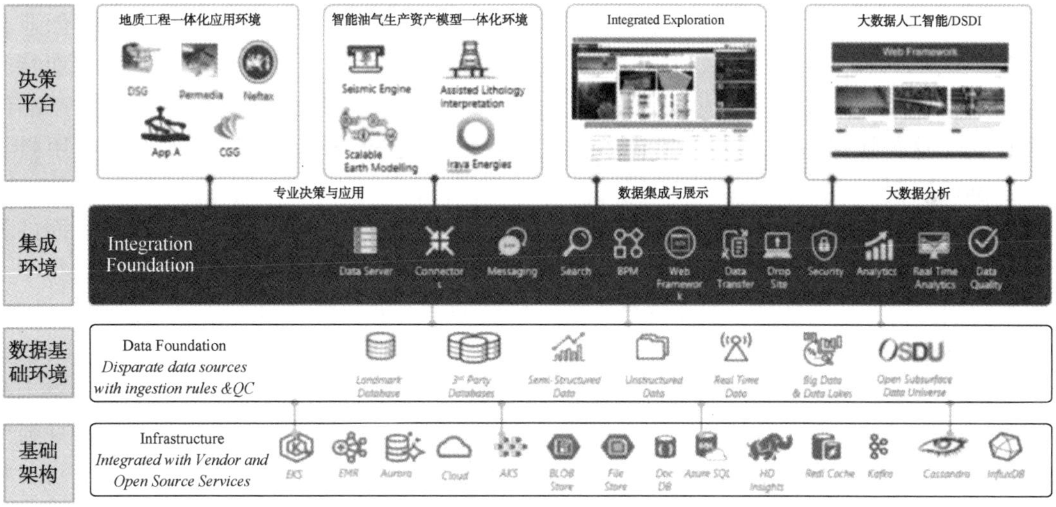

图 1-13 哈里伯顿面向未来数字化油气的勘探开发一体化集成环境

哈里伯顿 4.0 数字化战略以“开放、连接和协同”为核心，旨在实现地质、油藏、建井和大数据平台四大领域相互协同、共同发展。同时，哈里伯顿公司秉持开放的态度，与整个行业共同拥抱数字化技术，共建共享 4.0 数字化生态系统，迎接新时代的挑战。这一战略不仅体现了公司在数字化领域的全球领先地位，更表明了与行业伙伴共同推动数字化转型，构建数字化生态圈的决心。在这一生态系统中，各个领域的数字化平台将协同作战，形成相互支持、共同发展的新格局。

1.3.5 壳牌

壳牌早在20世纪70年代就开始应用数字化技术，率先采用可远程遥控的水下机器人进行海底油田的探测和监控。然而，这些零星的数字化技术应用并不足以支撑整个集团的全面数字化转型。要真正实现数字化转型，壳牌集团必须制定清晰的数字化战略与路径。因此，壳牌在近十年内才真正迎来了全面的数字化转型。

壳牌在数字化转型中首先确立了五项指导原则，包括以客户为中心、充分利用数据资产、业务单元负责数字化项目、提高企业内部数字化实力以及以未来为导向。这五项原则贯穿整个数字化转型战略，覆盖了企业文化、核心业务、关键流程、员工知识与技能，以及供应商关系等多个方面，旨在引领一场全面的数字化变革。

在实施数字化转型战略的路径上，壳牌采用了出人意料的灵活、简单的方式。2015年，壳牌集团执行委员会决定，通过从现有人力资源中挑选技术、市场和管理领域的优秀人才，授权壳牌集团下属的各业务板块各自建立独立的数字创业孵化工作组。这些工作组采用互联网创业公司的运作模式，规模小巧、高度灵活、独立运作。各业务板块则在数字化创业团队的各个创新项目中扮演不同的角色，为其提供商业评估与资金支持。同时，壳牌成立了全球数字化卓越中心，专门为数字化创新项目提供包括数字化专家咨询、数字化工具应用和管理指导在内的全方位支持。

数字化创业孵化工作组的核心成员包括数据分析专家、AI工程师、设计师、程序员，以及了解客户需求的一线市场人员和经验丰富的管理人员。这些团队采用“硅谷创业公司”的模式，以快速迭代的方式进行数字化创新项目的研发与推广。例如，壳牌在鹿特丹设立的数字化创业孵化工作组，规划每八周为一个产品的周期，每两周进行一次产品测试和迭代。这种快速迭代的方式促进了产品的不断优化和升级，为后续规模化应用打下了坚实基础。

经典案例如壳牌在数字孪生技术领域的创新，通过整合多年来在数字化技术方面的积累，结合内外部创投的方式，不断推广、迭代数字孪生技术，使得壳牌在这一领域取得了全球领先地位。这一成功实践凸显了壳牌在数字化转型中的创新精神和实力。

在地下油井数字化方面，数字化为将单一数据源纳入所有地下活动的核心提供了机会，实现了跨技术学科的集成，从而支持最佳商业决策。这种不断提高对地下资源认识的努力使得壳牌能够在新油田和现有油田中实现最大程度的开采。新的可视化和勘探技术为地球科学家提供了前所未有的途径，帮助他们获取存储在庞大数据中的知识，从而加速前景分析并提高成功率。壳牌正在开发机器学习在地下解释中的应用，以提高产量和采收率，特别是在处理更复杂储层时。大量来自地震、测井、钻井、生产、地质、地球物理和岩石物理方面的数据能够更容易、更快地进行分析。

在油田开发方面，数字化使得模拟工作得以改进，有助于更加优化油井布置和注入策略。对于水库的评估和运行，数字化提供了更高准确性的工具。壳牌正在致力于实现数字化油井交付的端到端流程，通过整合单一数据源，实现了壳牌在全球规划、设计、与供应链合作、执行和运营油井活动的一体化。这样的数字化转型将有助于提高效率，优化资源利用，实现更智能、可持续的油井运营。

1.4 数据治理与数字化转型的关系

在当今数字化驱动的时代，企业面临前所未有的机遇和挑战。数字化转型已成为企业获取竞争优势的关键策略。然而，这个过程中涌现的海量数据也引发了一系列问题，其中数据治理成为企业在数字化转型中必须首要解决的问题。

1.4.1 数字化转型与数据治理

数据治理不仅是对数据的管理和维护，更是对数字化转型过程中的核心风险，如安全、隐私保护等的管控。它涵盖了对整体组织形态和运营管理模式的优化调整，同时也是对数字化转型过程中生产关系的重塑。数据治理的核心目标在于兼顾风险防范和效能提升，确保企业在数字化转型的过程中能够持续创造价值、提高竞争力。

1.4.2 构建健全的数据治理体系

建立健全的数据治理体系有助于规范数据的获取、存储和使用，同时能够有效应对潜在的安全威胁和隐私风险。企业需要通过明确的数据治理策略和流程，确保数据的完整性、可用性和保密性，为数字化转型提供可靠的基础支持。

1.4.3 数据治理的深化与拓展

在数字化转型中，数据治理还需更进一步，涉及对组织文化的调整和运营模式的优化。这包括培养员工的数据安全意识，建立透明的数据管理流程，以及推动数据驱动的决策文化。通过全面的数据治理，企业能更好地理解、利用和保护数据资产，为实现数字化战略目标提供坚实的基础。

1.4.4 数据治理在数据质量提升中的作用

在数字化转型过程中，数据治理发挥关键作用，通过规范数据格式、统一数据标准和清除无效数据等手段，显著提高数据质量，为企业决策提供可靠支持。规范数据格式确保一致性和规范性，统一数据标准降低集成和共享难度，清除无效数据减少对整体数据质量的影响。

1.4.5 数据安全问题与数据治理的关联

随着数据的快速增长，数据安全问题成为数字化转型过程中亟须解决的挑战。数据治理通过建立完善的数据安全管理制度，规定存储、访问和传输规范，限制未经授权的访问，确保数据安全性和完整性。制定加密和备份策略，建立漏洞管理和风险评估机制，有助于降低数据安全风险，确保数据在数字化转型中的安全性和完整性。

1.4.6 数据治理促进部门协同与合作

在数字化转型中，数据治理促进企业各个部门之间的深度协同和合作。通过建立数据治理委员会或团队，制定统一的数据管理政策和流程，实现数据的共享和互通。建立数据目录和元数据管理系统，推动数据质量管理，提高数据的可信度，促进部门间的协同工作。

1.4.7 制定明确的数据规则和指引

企业内部需要建立针对数据采集、存储、数据安全使用和数据共享的规则和指引，并设立数据相关规则的执行团队和监督团队。政策、标准、流程及指南为组织提供结构和规则，确保数据相关政策符合外部法规和标准，为数字化转型提供坚实基础。

1.4.8 统一数据字典的重要性

在外部数据采集方面，明确数据的含义和来源，进行合规性评估。在内部数据收集方面，建立企业级数据字典，由数据执行和监督团队统一管理，确保数据一致性和准确性。通过这样的管理方式，企业能够更好地整合和管理外部和内部采集的数据，确保数据的质量和合规性。统一的数据字典不仅有助于协调各个部门的数据工作，还为数字化转型提供了可靠的数据基础。

1.4.9 数据治理是数字化转型的基石

在数字化转型中，数据治理是企业数据质量和安全的基石。将数据治理置于重要位置，先行于其他策略，是确保企业在数字化时代成功转型和持续发展的关键一步。有效的数据治理不仅促进了跨部门协同，提升了数据分析的准确性和效率，还更好地支持企业的战略决策和业务发展。因此，将数字化转型与数据治理有机结合，是企业持续创新和成功转型的不可或缺的组成部分。

第2章 数据治理理论

2.1 全面认识数据治理

2.1.1 数据治理概念

2.1.1.1 数据为什么要治理

数据分为两大类：原始数据和经过处理的数据。原始数据是直接从源头采集而来，未经任何加工的信息；处理后的数据则经过了统计、计算、汇总和应用等环节。这两类数据都面临着各种数据问题，包括但不限于数据归一化、数据标准化和数据质量等方面的挑战。

在众多数据问题中，数据质量问题显得尤为重要。原始数据的质量好坏主要取决于采集的准确性和技术的精度。对于经过处理的数据，人工过程的可靠性和统计时的误差问题更是令人担忧。以一个航班准点率统计的例子来说，统计的口径、起始点和终止点的定义可能带来很大的问题。

举个例子，对于航班准点率的统计，航班时间的定义就是一个典型的口径与定义问题。是按照登机口检票时间起算，还是从机舱门关闭时计算？这一决定可能导致统计结果的显著差异。因此，数据不仅在质量方面存在问题，而且在加工过程中可能面临口径和定义的混乱，需要通过有效的数据治理来解决。

数据治理的核心目标在于提升数据质量、确保数据一致性，并规范数据的处理流程。通过解决数据质量和混乱问题，组织可以更加可靠地依赖数据，从而支持准确的决策和满足业务需求。在这个不断发展的数据时代，数据治理成为确保数据生存和准确表达事物真实性的不可或缺的环节。

因此，数据不仅面临着严峻的质量问题，还存在着数据混乱的挑战，迫切需要进行有效的治理。混乱问题主要体现在以下三个方面。

1. 数据碎片化问题

“碎片化”指的是由于数据分散在不同数据采集部门中，受到历史原因、体制限制等因素的影响，数据呈现割裂状态的情况。数据碎片化是数字油田数据建设中尚未得到有效解决的一个严重问题。这主要是由于油田数据与业务及业务部门之间紧密关联所致。长期以来，数据一直随着业务发展，因此由业务部门负责数据管理是理所当然的。然而，这也导致了专业部门拥有数据，却不愿与其他部门分享数据的问题。因此，勘探部门拥有勘探数据，开发部门拥有开发数据，生产部门拥有生产数据，形成了许多部门分别管理数据的局面，使得数据呈现“碎片化”的状态。

因此，这不仅是油田企业数据管理中的一个巨大问题，也是数据应用中最大的障碍之一。解决数据碎片化问题将为油田企业提供更加统一、一致的数据视图，有助于优化业务流程和提升决策效果。

2. 数据孤岛化问题

数据孤岛化指的是由于数据分散、封闭而形成的一种数据状态。在油田企业中，形成数据孤岛的原因众多，其中最主要的问题源自数字油田建设过程中开发的大量管理应用系统。实际上，这并不完全是数字油田建设的问题，而更是由于 IT 本身存在的缺陷和业务驱动所导致的问题。这是由于不同时间、不同部门、不同 IT 供应商和不同业务需求导致的。

IT 思想主张业务驱动、需求领先，即根据业务部门和管理需求，设计和开发各种分类的管理应用系统。每开发一个业务管理系统都要考虑数据的存储问题，因此每个系统背后都有一个数据库。这导致了每个管理应用系统都对应着一个独立的数据库。

更为严重的是，不同时间和不同主管部门采用了不同的供应商进行开发建设，采用了不同的数据格式、开发环境和数据库系统，使得油田企业的数据管理与数据库呈现五花八门的状态。因此，数据孤岛问题是逐渐积累形成的。

目前，油田企业已经认识到这一问题的严重性，并积极采取措施进行解决，例如采用主题数据库、数据仓库、数据港、数据池以及云数据等方式。然而，由于历史遗留问题根深蒂固，解决难度仍然较大。

3. 数据封闭问题

随着油田企业对油田数据整体作用的认识不断提升，尤其是在大数据时代，数据的作用不再仅仅是一个独立部门或单一业务技术可以解决的问题。相反，需要综合多业务数据和多部门力量形成合力，以实现大数据勘探开发与决策。然而，由于数据无法共享，实现数据决策与大数据技术的理想仍然面临困难，封闭的数据难以实现共享。

未来，数据交易将成为一个趋势。在社会数据、经济数据等方面的交易已经在国家战略层面得到积极推进。特别是在“区块链”技术条件下，实现“块数据”大数据分析。因此，数据必须进行交易才能实现数据共享。据估计，随着时代的发展，油田部分数据交易的可能性也将出现。这就需要对数据做好准备，明确哪些数据可以拿出来共享，哪些数据可以交易，哪些数据是国家机密，哪些数据是企业机密等。因此，对数据进行有效规划是至关重要的，而数据治理正是解决这一问题的关键。

在前述论述中，不论是社会数据还是油田企业数据，要实现数据共享和交易，特别是在大数据环境中挖掘数据的价值，数据治理显得极为重要和必要。我们需要加强对敏感数据的基础设施和基础架构建设，然后通过分级、分类、字段级的安全保护来确保数据的安全性，包括但不限于个人隐私数据和企业机密数据。对于需要共享和交易的数据，大量数据应当存储在数据池和数据湖中，以便人们能够方便地使用。

此外，数据治理的另一个关键原因是智能油田建设。油田智能化是在油田数字化条件下进行的建设。然而，在油田数字化建设的过程中，人们的关注主要集中在硬件安装、系统组成和基本应用上，而对于数据建设关注不够，导致数据混乱，失去了实用性。因此，智能油田建设首要解决的问题是实施数据的完整性建设，其中数据治理是最为关键的一环。没有数据治理，就无法实现智能油田的宏伟愿景。

综上所述，数据治理不仅仅是解决数据质量、共享和交易问题的手段，更是推动智能油田建设的关键因素之一。通过规范的数据管理和治理，我们能够更好地应对当今数据驱动的挑战，为油田企业提供更强大、可靠的数据基础，促使业务的创新和决策的智能化。

2.1.1.2 数据治理的概念

数据治理的目标是为数据应用做好准备，实现数据规范化，即通过科学布局数据，使数据从无序状态走向有序状态，达到标准化的效果。

关于数据标准化存在一些争议，其中一些观点认为数据标准化可能会混淆数据标准的概念。然而，数据标准化、数据标准以及油田专业数据的归一化，在本质上是一致的，都是为数据运行制定规则的过程。

虽然数据标准、数据标准化和数据归一化在本质上是一致的，但在使用和作用上仍存在显著差异。数据标准是计算机领域的重要概念和实践，旨在解决由于数据格式和数据库不同而导致无法通信的问题。专业领域的数据归一化简单来说就是使数据规范化，通常需要将数据的量纲表达式转变为无量纲表达式，使数据呈现为(0，1)之间的小数等形式。

在统计学中，经常提到数据标准化，目前被称为大数据处理中的数据标准化。其主要目的是使得数据之间更具有统计结果的可靠性和结论的正确性。这包括一系列标准化方法，例如中位数、均值、中心化等方法，即按一定比例缩小数据，尽管缩小的范围不确定。此外，还有总和标准化、极差标准化、正态标准化等方法，这些可以将原始数据缩放到一个有限的范围内，例如缩小到[0，1]范围内。同时，一些机器学习方法要求对数据进行正态标准化等处理，这种标准化的数据可以保证后续运算速度更快等。实际上，严格来说，统计学中的数据标准化是对数据进行统计处理的一种规范。

然而，进行数据治理的目的是让数据在大数据分析或业务工作中更加标准化，以使数据发挥作用，推动油田实现智能化。因此，数据治理是一个系统工程，不仅仅是数据治理这一方面的工作，还必须综合考虑数据治理的理念、目的、技术与方法、过程等多个方面。其中，数据正常化是至关重要的一项工作。

数据正常化指的是从数据源头全面规划数据，使得源头上的数据从一开始就被全面数字化。随后，通过最短路径、最高质量、最短时间进入经过大数据环境治理的数据中心，这一过程至关重要。绝不能再进行二次性的数据搬迁工作，因为这必然导致时间、经费和人力资源的浪费，同时也可能再次形成数据孤岛，使工作陷入重复性的困境。

2.1.1.3 数据治理分类

数据治理分为传统数据治理与大数据环境下的数据治理两种。

1. 传统数据治理

传统数据治理是对相对混乱的数据进行有计划的整理，即对数据进行一次整体性的规划处理，然后采用比建设时更有条理的方案进行重新整顿，简言之，就是数据整理。

数据整理的范围涵盖广泛，形式也千差万别。小规模的数据整理是指我们在专业数据采集后进行的数据处理。而大规模的数据整理包括建立数据专题库、构建数据仓库等，对数据库中的数据进行规划与整理。在当前环境下，这是在数据建设中唯一可行的工作。

这种整理性质的治理同样十分重要，因为在数据建设时期，人们通常专注于建设工作，由此在多期次、多厂商、多数据库、多应用系统的环境下产生了多格式数据等不可避免的结果。然而，随着时代的变迁，这种治理方式已经无法满足大数据环境下的需求。为适应时代的需要，我们需要进行更为先进的数据治理。

2. 大数据环境下的数据治理

在大数据环境下，数据治理以利用大数据技术进行分析和挖掘，以为数据应用提供方便。大数据条件下的数据治理思想主要基于以下四点：

（1）关注数据的价值：大数据的特点是低密度，但数据的价值是无限的。数据治理的核心目标是紧盯数据价值的最大化，旨在更便利地使用数据并创造价值。

（2）追求数据好用：数据好用是数据治理的基本指标，即通过治理后，数据"住"得舒适，人们在使用数据时感到愉悦。在大数据环境中，量大是首要特征，同时需要在处理大量数据时实现快速和降低使用成本。通过数据治理，数据规划更合理，使用更为便捷、高效。

（3）保证数据安全：数据安全是一把双刃剑，未来的量子技术有望应用在常规数据安全管理中。数字化、互联网化的目标是实现对所有数据的自由共享，但为确保数据安全，采用了层层加固的技术手段，导致互联网化后数据的流通和使用频率降低。通过数据治理，应解决这一重大问题，以平衡数据安全和共享需求。

（4）长期坚持数据治理：国家面临艰巨的数据治理任务，但如何高效治理、取得一劳永逸的效果，仍需深入研究。目前尚缺乏理想的技术与方法，唯有通过统一规划和标准来推动数据治理，使之成为一个长期而持续的工程。

总之，数据治理，在未来的数据工作和大数据、人工智能过程中显得越来越重要。必须在实施大数据之前先做好数据治理，这是唯一的选择。

2.1.2 数据治理方法

数据治理，其对象是数据。但是，数据治理方法是针对数据应用而采取让数据好用的措施，这比拥有数据更重要。

2.1.2.1 数据治理思想

数据治理思想决定了数据治理方法，即在什么思想的指导下将完成怎样的数据治理工作。数据治理思想包含了数据驱动和数据工作等理念。

1. 数据驱动思想

数据驱动思想旨在将数据视为发动机，即数据引擎的核心。在这一理念下，数据的地位高于业务和技术。在油田企业内，所有工作都以数据为中心，技术创新和应用首先考虑使用何种数据，然后再考虑采用何种技术。例如，在数据采集方面，首先需要考虑需要哪些数据、数据质量和精度要达到何种程度，然后再考虑使用何种技术来完成采集和保障工作。传统的思维方式是按照部门划分任务或编制计划，然后部门按照业务技术执行计划，而数据采集只是技术工作的附带产物。

数据驱动思想以数据为主导，只有根据数据需求才会安排数据采集。数据在业务技术部门中是核心，是提交产品和精品的基础。另一个重要思想是将数据不仅作为资产管理和资源来运营与开发，更重要的是将数据作为基础设施和工程建设的一部分，例如实现数据的“采、存、管、用”一体化的数据驱动架构等。

2. 数据工作思想

数据工作思想是未来让数据替代人类进行操作和工作的理念。这一点非常重要，因为没有良好的数据治理，就无法保障良好的数据工作。

3. 数据治理与数据管理的关系

数据管理是一种常态化的工作，任何存在数据的情境都需要进行管理。然而，在数字油田时代，数据实施“采、存、管、用”，其中的“管”必须得到精心的管理。实际上，在 IT 时代，这通常表现为数据库管理。然而，数据治理不一定是常态化的，而是因为数据管理出现问题，如长期累积导致问题的产生，才会实施治理。数据治理与数据管理不是包含关系，也不是必然的联系，而是在出现问题，需要治理时才进行治理。如果没有问题存在，就不需要进行治理。

2.1.2.2 数据治理模式

数据治理旨在围绕数据最大化的价值展开工作。因此，对于油田企业的数据管理部门或机构而言，必须充分考虑提供高质量的数据服务，以实现油田数据价值的最大化。

1. 数据治理模式

数据治理模式是实施数据治理的基本方式，旨在使数据的增值最大化。数据增值指的是数据资产的增值，其取决于我们所拥有的数据的价值量。然而，要实现数据资产的增值，必须提供良好的条件，而这个条件就是数据治理模式。

数据资产的估值体现在业务中，例如利用一组或一批数据进行地质研究，从而发现新的储层或储量，这就是数据的价值。目前，一个较为困难的问题是在油田创造的价值中如何合理分配给数据，因为许多人认为这与数据几乎无关，而更多地与勘探技术、知识和地质专业相关。

实际上，数据的价值应该来源于数据资产的价值，即数据资产的增值。为此，必须建立一种能够体现数据治理后数据价值的数据治理模式。

2. 数据治理模式架构

数据治理架构，如图 2-1 所示。

图 2-1 展示了油田数据治理的架构，包含理论、技术、实践和数据正常化四个层次。在进行数据治理时，需明确几个关键方面：

（1）明确治理目的。数据治理的第一步是明确治理的目的，即为什么要进行治理以及希望达到什么目标。对于油田而言，数据治理的根本目的是确保数据易于使用，为大数据和数据工作提供便利与保障。

（2）明确数据治理过程。数据治理的过程需要以何为核心，图 2-1 以数据池为核心，形成了一种便于大数据勘探开发的“数据池”。这个池中的数据是通过数据治理后获得的，即符合数据使用模式的数据。

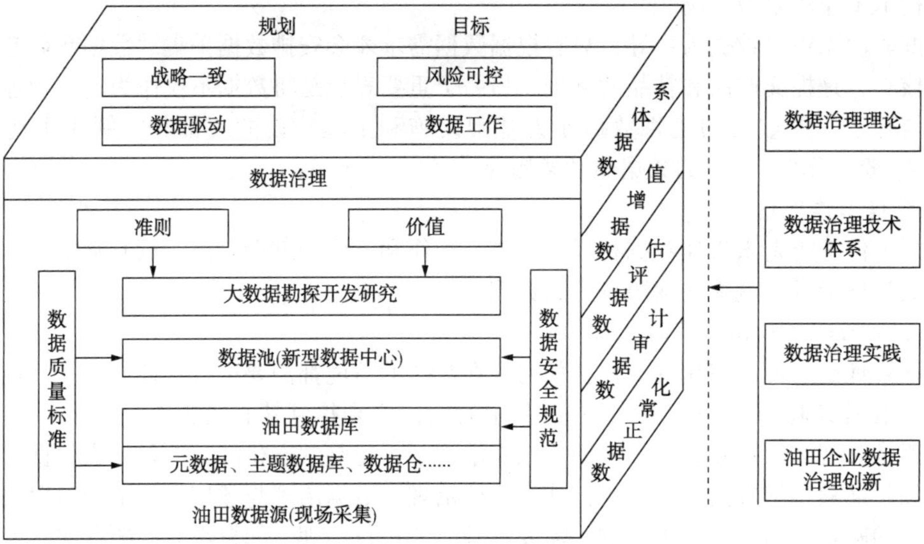

图 2-1　油田数据治理模式构建

(3) 提供数据保障体系。数据治理需要建立一个完备的数据保障体系，其中包括质量标准和安全规范等方面。这确保了数据在整个治理过程中的质量和安全性。

(4) 实现数据增值。数据治理中的另一关键任务是实现数据的增值，包括数据正常化、数据审计、数据评估、数据增值方法和技术措施等。这有助于提高数据的综合价值。

(5) 不断提升数据治理理论与实践。最后，为了源源不断地推动数据治理的创新发展，需要不断提升数据治理理论与实践水平。这包括对数据治理理论的深入研究以及对实际应用的创新和改进，以保障数据治理的持续进步。

2.1.2.3　数据治理与业务关系

数据治理与数据整理有着本质的区别。传统的数据治理主要侧重于数据整理，即对数据进行整理、梳理，然后以主题数据库或数据仓库的方式进行整合。这包括数据质量管理、元数据管理、数据安全管理和数据操作等。然而，我们所提倡的数据治理旨在使业务岗位更便利地使用数据，特别是为大数据分析提供便利。

因此，现代数据治理必须充分考虑大数据环境下数据与业务的关联关系。然而，目前尚未找到十分理想的方法。人们已经尝试了很多方法，比如大家普遍认可的主题数据库或专题数据库建设。人们认为相对而言，主题数据库比数据仓库更好，其原因在于数据与业务结合得更加紧密。主题数据库是一种集约化的数据库环境，构成组织独立于具体应用的数据资源。其特征主要表现在根据业务主题建库，而不是按照业务报表原表进行建库。这要求数据源的唯一性，即所有源头数据一次性进入系统。主题数据库结构的稳定性以基本表为技术保证，这些基本表具有原创性、规范性和演绎性三个主要特点。在数据量不大的条件下，这种关系模式能够很好地解决数据与业务的关系。

2.1.2.4　数据治理方法及数据湖问题

存在多种数据治理方法，如数据仓库、数据湖等。数据湖的概念最初由大数据厂商提出，表面上看，数据存储在基于可向外扩展的 HDFS 硬件上。然而，随着数据量的增加，对各种不同类型的存储需求也越来越大。尽管最终所有企业数据都可以看作大数据，但并非所有企业数据都适合存放在 HDFS 集群上。数据湖的价值在于将不同种类的数据聚合在一起，同时无须预定义的模型即可进行数据分析。当前的大数据架构是可扩展的，并且能够为用户提供越来越多的实时分析。在商业智能(BI)和数据仓库仍未被淘汰的今天，大数据分析和数据湖正在发展成为更多类型的实时智能服务，支持实时决策制定。

然而，数据湖面临的问题主要体现在数据的持久性和安全性不足，这是需要优先考虑的因素。虽然有很多选择可以提供合理的成本，但并非所有选择都能满足数据湖长期存储的需求。其中一个挑战是数据湖中的许多数据永远不会被删除。这种数据的价值在于用于分析以及与年复一年的数据进行比对，但其容量和成本将成为长期存储的挑战。

对于油田企业，我们的数据治理试图按照“两化”融合的梳理和数据与业务融合的过程进行治理，以使数据实现两个“舒服”：数据“住”的舒服，数据“用”的舒服(图 2-2)。

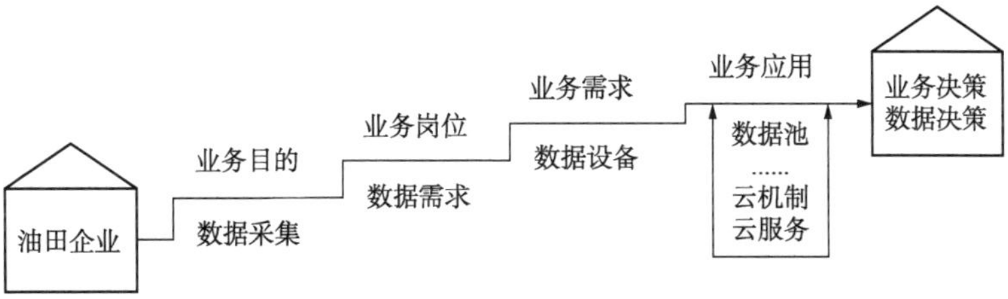

图 2-2　数据治理与业务关系

从图 2-2 中可见，数据与业务始终相伴随，展示了一种在数据驱动下的数据治理思想，即数据从源头开始与业务密切相连，形成一种“数据纠缠”关系。这是因为数据产生自油田与油田企业的生产过程，一直遵循“数据从何而来，到何而去”的数据规律。

首先，某个业务点根据业务目的需要进行数据采集，这种数据采集是按照数据需求进行的。数据作为核心业务，包括数据精度、质量指标、数据数量、数据应用目的和目标等，都用来制定数据采集方案。这与传统的技术指标任务有着明显的不同。

其次，数据与业务相互跟进。业务岗位跟进数据需求，业务需求跟进数据准备，业务应用跟进数据池等，数据与业务紧密联系且相互关联。人们不必为数据的标准而苦恼，因为数据标准就是专业技术用于采集数据的标准。数据管理按照数据库的规则执行。

第三，数据决策是最终目标，也是最高目标。业务岗位提出数据需求，业务需求决定数据准备，数据池辅助业务应用，最终形成数据决策。这使传统的业务决策转变为数据决策，是未来的最高境界，也是数据治理的终极目标。

在整个环节中，数据池的地位至关重要。数据一直与业务纠缠在一起，数据池为业务应用提供保障，提供经过良好治理的数据。这一方法与技术的体现是云数据技术，即数据主动服务业务。

最重要的一点是，我们需要认识到数据治理的重要性，理解数据治理的目的是为数据工作与数据决策提供服务。缺乏数据治理与过程将无法确保数据工作与数据决策的可靠性与成功。

2.2 国际数据治理理论研究

2.2.1 DAMA 数据管理知识体系

DAMA 数据管理知识体系(Data Management Body of Knowledge，简称 DMBOK)是国际数据管理协会(DAMA)提出的数据管理体系框架。DAMA 是一个由全球性数据管理和业务专业的志愿人士组成的非营利协会，致力于数据管理的研究和实践。其出版的《DAMA 数据管理知识体系指南》(简称 DAMA-DMBOK)一书被业界奉为“数据管理的圣经”，目前已出版第 2 版，即 DAMA-DMBOK2。DAMA-DMBOK2 中介绍的数据治理框架，如图 2-3 所示。

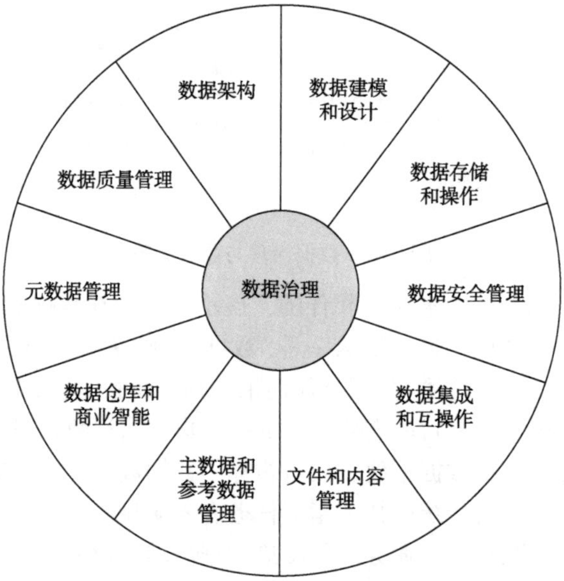

图 2-3　DAMA 数据治理框架

DAMA-DMBOK2 用一个“车轮图”设计定义了数据管理的 11 个知识领域，即数据治理、数据架构、数据建模和设计、数据存储和操作、元数据管理、数据质量管理、主数据和参考数据管理、数据安全管理、数据集成和互操作、文件和内容管理、数据仓库和商业智能。

2.2.1.1 数据治理

数据治理占据“车轮图”的中央位置。在数据管理的 11 个知识领域中，数据治理被视为数据资产管理的权威性和控制性活动，其职责包括规划、监视和强制执行。数据治理是对数据管理进行高层计划与控制的核心，而其他 10 个知识领域则是在数据治理这一高层战略框架下执行的数据管理流程。

2.2.1.2 数据架构

数据架构是与组织业务战略协调的数据资产蓝图，旨在建立战略性的数据需求，并通过总体设计来满足这些需求。它包括数据技术架构、数据集成架构、数据仓库和商业智能架构，以及元数据架构。数据架构要求在不同抽象层级和不同角度上描述组织的数据，以更好地了解数据，帮助管理者做出决策。

这种框架为组织提供了一个指导方针，确保数据资产能够有效地支持业务战略。通过定义数据的组织结构和交互方式，数据架构帮助确保数据在整个企业内的一致性、可靠性和安全性。它是数据管理的基础，为数据治理提供了支持，帮助组织更好地管理和利用其数据资产。

2.2.1.3 数据建模和设计

数据建模和设计是最早出现的数据管理知识领域之一。数据模型通常分为概念模型、逻辑模型和物理模型。建模的方法包括维度建模法、面向对象的建模法、基于事实的建模法、基于时间的建模法以及非关系型数据建模方法等。

尽管数据建模并非近年来的热点，但它却是数据治理中的一个关键领域。随着列式数据库、文档数据库、图数据库等 NoSQL 数据库的发展，新型的建模技术不断涌现。

数据建模为组织提供了定义和理解数据的框架，帮助确保数据在整个生命周期内的一致性和有效性。通过概括和抽象数据，数据建模促使业务和技术团队更好地理解彼此需求，进而创建可维护和可扩展的数据架构。因此，在数据治理中，数据建模与设计的重要性不可忽视。

2.2.1.4 数据存储和操作

数据存储和操作的核心目标是保障业务连续性，包括对存储数据的设计、实现和支持活动，以及在整个数据的全生命周期中从计划到销毁的各种活动。通过为 IT 运营提供可靠的数据存储基础设施，可以最大限度地降低业务中断的风险。

在这一领域，关注数据的完整性、可用性、可靠性和安全性至关重要。有效的数据存储和操作方案不仅能够提供高性能和高吞吐量，还能够确保数据的及时可用，并保护数据不受损害或丢失。此外，合理规划数据的全生命周期管理，包括合理的数据备份、恢复策略和数据销毁策略，对于维护业务的持续运行至关重要。

因此，数据存储和操作在数据治理中占据着重要的位置，为组织提供了稳健的数据基础设施，以支持业务的平稳运行。

2.2.1.5 元数据管理

元数据是描述数据的数据，可分为业务元数据、技术元数据和操作元数据。元数据是定位和查找数据的基础。元数据管理包括规划、实施和控制活动，以确保访问高质量的集成元数据，其中包括定义、模型、数据流以及其他至关重要的信息。

业务元数据帮助理解数据的含义、价值和业务上下文，技术元数据关注数据的存储、格式和技术细节，而操作元数据记录了数据的使用、变更和处理的历史。这三类元数据相互交织，共同构成了全面的数据描述体系。

在数据治理中，元数据扮演着关键的角色。它不仅帮助组织理解和管理数据，还为数据的有效利用提供了基础。通过元数据管理，组织可以更加迅速和准确地定位所需数据，提高数据的可发现性和可用性，从而更好地支持业务决策和运营活动。

2.2.1.6 数据质量管理

数据质量管理涵盖规划和实施质量管理技术，目的是测量、评估和提高数据在组织内的适用性。尽管大家都认识到数据有价值，但实现数据价值的前提是数据本身是可靠和可信的。换句话说，只有质量好的数据才能产生真正的价值。

数据质量管理关注数据的准确性、完整性、一致性、及时性和可信度等方面。通过规划和实施适当的管理技术，组织可以评估数据质量，并采取措施提高数据的质量水平。这不仅有助于降低决策的风险，还提高了数据在业务过程中的可靠性和实用性。

在数据治理中，数据质量管理扮演着关键的角色。它确保组织在数据驱动的决策和操作中能够依赖高质量的数据，进而最大程度地发挥数据的价值。因此，数据质量管理是实现可信、可靠数据的基础，对于组织的整体成功至关重要。

2.2.1.7 主数据和参考数据管理

主数据是企业关键业务实体的核心共享数据，如组织、人员、客户、供应商和物料等。参考数据则是用于描述或分类其他数据，或将数据与企业外部信息联系起来的数据，例如货币代码、地区代码、证件类型等。

主数据和参考数据管理涉及对企业核心共享数据的持续协调和维护，确保关键业务实体的真实信息在各系统之间以准确、及时、相关联的方式得到持续使用。这种管理为企业交易活动和数据分析提供上下文，是企业业务协同和决策分析的基础。

主数据和参考数据管理在整个数据治理框架中扮演着关键的角色。它们确保了企业在不同业务和系统中使用一致的核心数据，提高了数据的一致性和可靠性，从而支持了跨部门协作和全面的业务分析。因此，主数据和参考数据管理是维护企业数据一致性和质量的不可或缺的组成部分。

2.2.1.8 数据安全管理

数据安全管理的目标是确保数据的隐私和机密性得到保护，防止数据被破坏，同时确保数据能够得到适当的访问，以维护企业数据的整体安全性。降低风险和促进业务增长是数据安全管理活动的主要驱动因素。拥有良好的数据安全管理能力不仅有助于节约成本，更是企业核心竞争力的体现。

在数据治理框架中，数据安全管理扮演着关键的角色。它涉及制定和执行数据安全策略、实施访问控制、监测数据使用情况、应对潜在威胁等方面。通过建立健全的数据安全管理体系，企业可以有效应对日益增长的网络威胁和数据泄露风险，确保数据在传输、存储和使用过程中始终受到保护。

因此，数据安全管理不仅仅是为了满足法规要求，更是维护企业信誉、保护客户隐私以及确保业务连续性的基本要素。在数字化时代，数据安全管理已成为企业不可忽视的重要组成部分。

2.2.1.9 数据集成和互操作

数据集成和互操作的主要目的是有效管理数据的移动，包括对数据存储、应用程序以及涉及不同组织之间的数据移动和整合相关的过程。

数据集成的传输方法已经经历了从最初的文件批处理到实时流式数据传输等多种技术的演变过程。无论是在数据治理还是在数据应用方面，都需要关注如何将数据有效地集成并融合在一起，以提升数据资产的价值。

在数字化时代，企业面临着不同系统、平台和数据源之间的互操作性挑战。数据集成和互操作性的有效管理有助于消除数据孤岛，确保信息的流畅传递，提高业务效率。通过实时数据传输和整合，企业能够更快速地做出决策，更好地适应市场变化，实现数据的全面应用。

因此，数据集成和互操作性在数据治理和数据应用中都扮演着至关重要的角色，为企业提供了整合和利用多源数据的关键手段，从而推动组织的数字化转型。

2.2.1.10 文件和内容管理

文件和内容管理旨在管理非结构化数据和信息的整个生命周期，包括计划、实施和控制活动，尤其是支持法律法规遵从性要求所需的文档，例如各种纸质或电子档案、图片、音视频等多媒体文件等。

长期以来，非结构化数据的管理一直是一个比较独立的领域。然而，随着业务和技术的发展，尤其是各种大数据技术的出现，结构化和非结构化数据的融合管理越来越成为趋势。文件和内容管理的演进不仅关注于传统文档的存储、检索和合规性，还在更广泛的层面上关注如何整合和管理多样化的数据形式。

综合管理结构化和非结构化数据，不仅有助于提高信息的可发现性和可用性，还能够更全面地满足业务需求。文件和内容管理在数字化时代的发展中，不仅要关注数据的合规性和安全性，更要适应数据形式的多样性，实现数据的综合管理和利用。

2.2.1.11 数据仓库和商业智能

数据仓库和商业智能包括计划、实施和控制等流程，用来管理决策支持数据，并使业务和管理人员通过分析报告从数据中获得价值。这项技术赋予企业将来自不同来源的数据整合到公共数据模型中的能力。整合后的数据模型为业务运营提供了深刻的洞察，为企业的决策支持和组织价值创造带来了新的可能性，提高了组织决策的成功率。DAMA-DMBOK2 认为，数据仓库和商业智能是数据价值的提供者，而要提供数据价值离不开数据治理的支撑。

数据仓库和商业智能不仅仅是技术系统，更是为组织提供高效决策支持的关键工具。通过将数据整合、存储和分析，它们为企业提供了全面的视角，使得决策者能够更好地理解业务状况，发现趋势，做出更明智的决策。

在数字化时代，企业面临着海量的数据，数据仓库和商业智能的重要性愈发凸显。通过有效的数据治理，这些技术不仅能够提供高质量的决策支持，还能够帮助企业挖掘数据的潜在价值，为组织的发展创造更多机遇。

2.2.2 数据管理能力成熟度模型（DMM）

2.2.2.1 DMM 模型简介

DMM 模型是一个独特的数据管理学科综合参考模型，由卡内基梅隆大学旗下机构 CMMI 研究所基于能力成熟度模型集成(CMMI)的各项原则开发而成。

DMM 模型为企业提供了一个建立、改进和衡量其数据管理能力的标准。它不仅是一个衡量数据管理成熟度的工具，更是一种指导企业实施数据治理改进的框架。通过 DMM 模型，企业可以清晰地了解其数据管理的现状，明确改进的方向，并制定相应的实施计划。

这一模型为企业提供了系统的指导，帮助其建立起更健全的数据治理体系。企业可以根据 DMM 模型的不同成熟度级别，逐步提升其数据管理能力，从而更好地应对不断增长的数据挑战，提高数据资产的价值。DMM 模型是企业数据管理和数据治理的有力助手，有助于确保数据管理活动能够与业务目标保持一致，并实现组织数据驱动决策的最佳效果(图 2-4)。

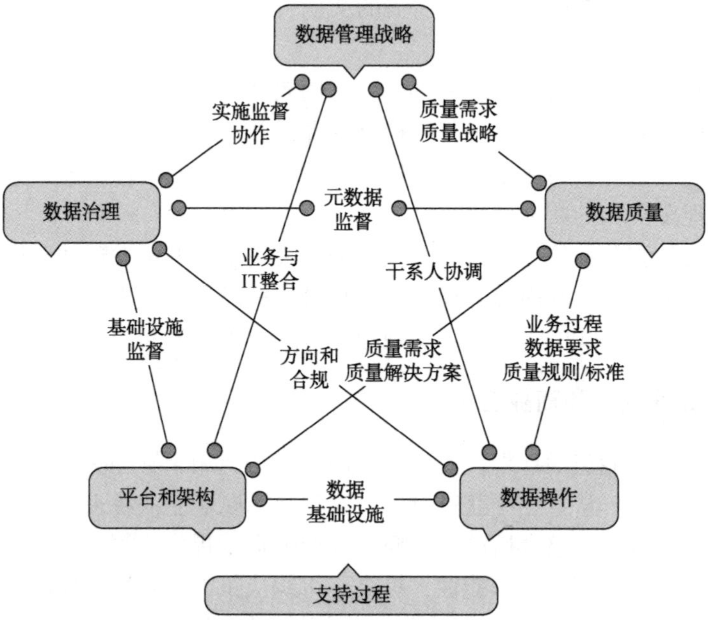

图 2-4　DMM 模型

DMM 模型由 25 个过程域组成，其中包括 20 个数据管理过程域和 5 个支持过程域。这些过程域根据不同的数据管控维度划分为数据战略、数据治理、数据质量、数据运营、平台与架构、支撑流程 6 个分类(图 2-5)。

这 25 个过程域构成了 DMM 模型的基本框架。每个过程域都代表了数据管理的关键领域，而且它们根据其所属的分类反映了数据管理的不同方面。过程域在 DMM 模型中的作用是表达模型主题、目标、实践和工作实例的主要手段。企业通过完成这些过程域实践，能够逐步构建或提升其数据管理能力的成熟度。

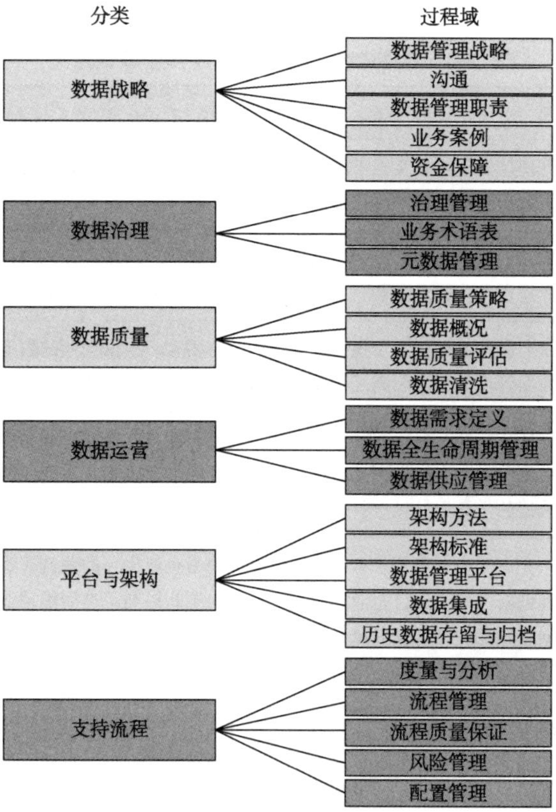

图 2-5　DMM 模型的组成

这一模型的分类清晰，有助于企业全面了解和评估其数据管理状况。通过有针对性地应用各个过程域，企业可以更有针对性地进行数据管理能力的提升，从而达到更高的成熟度水平。DMM 模型提供了一个有序、全面的指南，帮助企业建立起健全的数据管理体系。

2. 2. 2. 2　DMM 数据管理能力成熟度

DMM 模型将数据管理能力成熟度分成 5 个等级，呈阶梯状，越往上成熟度等级越高(图 2-6)。

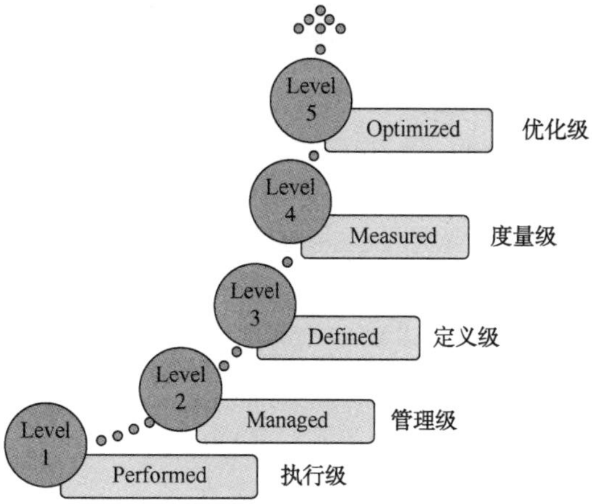

图 2-6　DMM 数据管理能力成熟度

DMM 数据管理能力成熟度等级定义见表 2-1。

表 2-1 DMM 数据管理能力成熟度等级定义

等 级	名 称	描 述
1	执行级	数据管理仅处于项目实施需求层面。没有形成跨业务领域数据管理流程，数据管理过程是被动的。关于数据管理的基本改进可能存在，但改进尚未在组织范围内进行明确、宣贯和推广
2	管理级	企业意识到将数据作为关键基础设施资产进行管理的重要性，局部实现了常态化管理。在这个阶段，数据资产化的观念被企业或组织所认可，企业尝试开展数据管理的相关工作
3	定义级	从组织层面将数据视为实现目标绩效的关键要素。根据企业的数据战略和指导方针，通过一个标准的数据管理过程定制满足企业特定需求的数据管理方法并执行
4	度量级	将数据视为组织竞争优势的来源之一。企业已基本建立起可预测和度量数据的指标体系，以提升数据质量。对于不同类别的数据启动有差异的管理流程，在企业范围内形成一致性的理解，并在整个数据的生命周期中进行管理
5	优化级	在一个充满活力和竞争的市场中，数据被视为企业生存的关键要素，并被持续提升和优化。通过增量和创新性的改进，企业的数据管理能力不断提高，进而推动业务增长和提升决策能力。企业的数据管理能力已经发展成行业标杆，可以在整个行业内进行先进经验分享

2.2.2.3 DMM 模型的使用

DMM 模型的成熟度等级为其 25 个过程域提供了一致的数据管理能力评估标准。这些评估标准由与相应成熟度等级匹配的数据管理实践组成。企业可以根据这些评估标准展开评估工作，以衡量其在一段时间内的数据管理能力。

DMM 数据管理能力成熟度评估工具(表 2-2)提供了对 25 个过程域的能力成熟度标准的描述和定义。这为企业提供了提升数据治理能力的参考。值得注意的是，DMM 模型并不要求企业在实践中必须建立所有 25 个过程域的能力。实际上，在使用 DMM 模型时，企业应根据自身需求对这些过程域进行裁剪，以构建出适合企业发展的数据管理能力。

表 2-2 DMM 数据管理能力成熟度评估工具

核心域	过程域	执行级	管理级	定义级	度量级	优化级	评估结果
数据战略	数据管理战略						
	沟通						
	数据管理职责						
	业务案例						
	资金保障						
数据治理	治理管理						
	业务术语表						
	元数据管理						

续表

核心域	过程域	执行级	管理级	定义级	度量级	优化级	评估结果
数据质量	数据质量策略						
	数据概况						
	数据质量评估						
	数据清洗						
数据运营	数据需求定义						
	数据全生命周期管理						
	数据供应管理						
平台与架构	架构方法						
	架构标准						
	数据管理平台						
	数据集成						
	历史数据存留与归档						
质量保证	度量与分析						
	流程管理						
	过程质量保证						
	风险管理						
	配置管理						

这种灵活性使得企业可以根据其独特的业务情境和战略目标选择性地强化特定过程域，从而更有效地推动数据管理能力的提升。DMM 模型的成熟度评估工具是一个实用而灵活的工具，能够帮助企业量化其数据管理能力，指导其在数据治理领域的改进措施。

DMM 模型是一个强大的工具，它为企业提供了创建数据管理愿景、明确各利益干系人角色、提高业务参与度以及加强数据管理能力的有效手段。然而，值得注意的是，DMM 并非一劳永逸的解决方案。

尽管 DMM 能够提供企业数据管理水平的基本度量，但它并没有提供明确的改进或提升方法。在实施 DMM 数据治理成熟度评估时，企业需要认识到这一点。评估结果应被视为一个起点，而非终点。企业需要进一步结合具体情境和业务需求，制定具体的改进计划和实施策略。

另外，DMM 的应用也需要结合企业自身的特点和发展阶段。不同企业在数据管理方面的需求和挑战各异，因此在使用 DMM 时需要根据实际情况进行灵活调整，以确保其对企业的真正价值。

总体而言，DMM 模型为企业提供了一个全面的、有序的数据管理框架，但企业在应用时需谨慎理解其应用范围和局限性，结合具体情况进行差异化的改进和实施。

2.2.3 DGI 数据治理框架

数据治理研究所(DGI)是业内最早、最知名的研究数据治理的专业机构。2004 年推出的 DGI 数据治理框架为企业在复杂的数据决策和管理活动中提供了新的方法。该框架旨在实现企业数据的价值最大化，同时最小化成本和复杂性，管理风险，并确保数据管理和使用符合法律法规及其他要求。

DGI 数据治理框架的设计遵循“5W1H”法则，将数据治理划分为人员与治理组织、规则、流程 3 个层次，共包括 11 个关键组件。

2.2.3.1 人员与治理组织

(1) 数据利益干系人。
(2) 数据治理办公室。
(3) 数据管理员。

2.2.3.2 规则

(1) 数据治理的愿景。
(2) 数据治理的目标。
(3) 评估标准和推动策略。
(4) 数据规则与定义。
(5) 数据的决策权。
(6) 数据的职责。
(7) 数据的控制。

2.2.3.3 流程

—数据治理流程

这些组件共同构建了一个完整的数据治理框架，使企业能够在决策和数据管理方面更加有效地协同工作。通过设立清晰的愿景、目标和规则，明确决策权和职责，以及建立有效的数据治理流程，企业可以更好地应对日益复杂的数据管理挑战，确保数据的合规性和价值最大化。

其数据治理框架如图 2-7 所示。

1. Why：*为什么要做数据治理*

DGI 数据治理框架中的愿景和目标：

1) 数据治理的愿景

在回答企业为何进行数据治理的问题时，愿景被视为对数据治理的最高指引。DGI 强调，最高级的数据治理方案通常具有 3 个终极目标：

(1) 主动的规则定义与一致性调整。
(2) 为数据的利益干系人提供持续的、跨职能的保护和服务。
(3) 解决因违反规则而产生的问题。

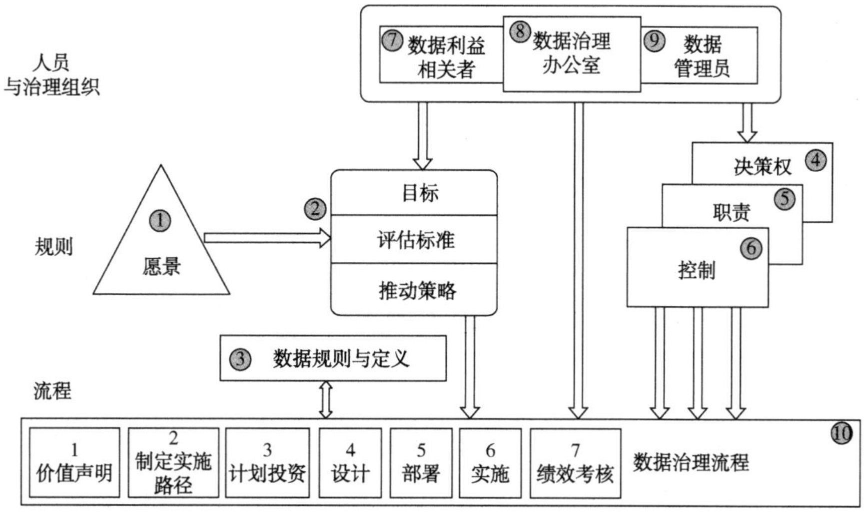

图 2-7 DGI 数据治理框架

相较于数据治理的其他方面，如 What、Who、How，Why 的重要性更为突出。为企业的数据治理活动指明方向，是其他数据治理活动的总体策略。

2）数据治理的目标

数据治理目标的定义应当具备可量化、可衡量、可操作的特点，并服务于企业的业务和管理目标。DGI 认为，这些目标可以包括：

（1）增加利润，提升价值。

（2）管控成本的复杂性。

（3）控制企业的运营风险。

同时，DGI 强调不同组织的数据治理方案可能会有所侧重，一般来说，企业的数据治理可以聚焦于以下一个或多个方面：

① 政策、标准、战略的制定。

② 数据质量的提升。

③ 隐私、合规、安全的保障。

④ 架构和集成的优化。

⑤ 数据仓库与商业智能的升级。

⑥ 支持管理活动的增强。

2. What：数据治理治什么

DGI 数据治理框架中的规则、权力、职责、控制：

在 DGI 框架的第 3 至第 6 组件中，涉及了数据治理的具体实施，包括数据规则与定义、数据的决策权、职责以及控制。这 4 个组件回答了数据治理中关键的“治理什么”问题。

1）数据规则与定义

这一组件关注业务规则和数据标准的定义，包括数据治理相关政策、数据标准和合规性要求等。在这一层面，明确定义业务中数据的基本规则，确保数据的一致性和合规性。这包括对数据治理政策的设定、数据标准的规定以及合规性要求的明确。

2）数据的决策权

该组件强调数据的确权，明确数据的归口和产权。在这一层面，企业建立数据的所有权和决策权，为数据标准的定义、数据管理制度以及数据管理流程的制定奠定基础。确保对数据的管理和决策有明确的责任方。

3）职责

该组件强调数据治理职责和分工的明确定义。明确了谁应该在什么时候承担何种责任，确保在数据治理活动中有清晰的职责划分。这有助于团队在实施过程中更加高效地协同工作。

4）控制

这一组件关注采用什么样的措施来保障数据的质量和安全，以及确保数据的合规使用。通过在数据治理过程中实施有效的控制措施，可以最大限度地降低数据风险，确保数据的质量和安全性，符合合规标准。

这 4 个组件综合起来，为数据治理提供了实际操作的框架，明确了数据治理活动的具体内容和方向。

3. Who：谁参与数据治理

DGI 框架中的数据治理参与者：

在 DGI 框架的第 7 至第 9 组件中，强调了数据治理的主导和参与者的职责分工，明确了谁应该参与数据治理活动，以及各参与者的具体职责。

1）数据利益干系人

定义：数据利益干系人是可能会影响或受到所讨论数据影响的个人或团体。

职责：数据利益干系人包括业务组、IT 团队、数据架构师、DBA 等，他们对数据治理有更加准确的目标定位。他们在整个数据治理过程中发挥关键作用，因为他们的需求和期望直接影响着数据治理的目标和方向。

2）数据治理办公室

定义：数据治理办公室是专门负责促进和支持数据治理相关活动的组织单元。

职责：数据治理办公室的职责包括阐明数据治理的价值，执行数据治理程序，收集及调整政策、标准和指南，支持和协调数据治理的相关会议，为数据利益干系人开展数据治理政策的培训、宣贯等活动。通过这些职责，数据治理办公室确保整个数据治理过程的有效性和顺利推进。

3）数据管理员

定义：数据管理员负责特定业务域的数据质量监控和数据的安全合规使用。

职责：数据管理员的职责包括根据数据的一致性、正确性和完整性等质量标准检查数据集，发现并解决问题。他们在数据管理小组中负责特定业务域（如营销域、用户域、产品域等）的数据问题，确保数据的质量和安全性符合标准。

通过明确这 3 个组件的职责，DGI 框架为企业提供了清晰的数据治理参与者框架，确保不同层面的人员能够在数据治理中发挥协同作用，共同推动数据治理的有效实施。

4. How：如何开展数据治理

在 DGI 框架中，第 10 个组件是数据治理流程，它描述了数据治理项目的全生命周期中的重要活动。DGI 将数据治理项目的生命周期划分为以下 7 个阶段：

1）数据治理价值声明

定义：在这个阶段，企业明确数据治理的目标和期望，制定数据治理的愿景，并明确数据治理对业务和管理的价值。

2）数据治理路径确定

定义：在此阶段，确定达成数据治理愿景的路径。这包括明确数据治理的目标、评估现状和识别潜在的障碍。

3）数据治理计划与资金准备

定义：制定数据治理的计划，包括活动计划、资源需求和资金准备。确保有足够的支持和投资来实施数据治理。

4）数据治理策略设计

定义：在这个阶段，设计数据治理的策略。确定治理的原则、规则、流程和组织结构，以确保数据的质量、安全和合规。

5）数据治理策略部署

定义：将设计好的数据治理策略部署到组织中。这包括培训和沟通，以确保组织成员理解和接受数据治理的策略。

6）数据治理策略实施

定义：在此阶段，开始实施数据治理策略。执行制定的治理计划，监控进展，并及时调整策略以应对变化。

7）数据治理监控、评估和报告

定义：定期监控数据治理的实施效果，进行评估，并报告给利益相关者。根据实际情况调整和优化数据治理策略。

通过这 7 个阶段，DGI 框架为企业提供了一个全面的、系统性的数据治理流程，确保数据治理项目从制定目标到实际执行的全过程能够被清晰地规划和管理。

5. When：什么时候开展数据治理

这一阶段是 DGI 框架中第 10 个组件的一部分，主要用来明确数据治理的实施路径。在这个阶段，企业需要回答关于数据治理的时机和优先级等问题，以确保数据治理项目的成功实施。

数据治理确定路径：

在这个阶段，企业需要明确实施数据治理的路径，回答一系列关键问题，以制定清晰的计划和策略。具体包括：

（1）明确目标：定义实施数据治理的具体目标，包括解决的问题、改进的业务流程等。

（2）现状评估：对当前的数据管理状况进行全面评估，了解存在的挑战和机会。

（3）障碍识别：识别可能阻碍数据治理实施的障碍，包括文化、技术、组织结构等方面的障碍。

（4）时机和优先级：确定实施数据治理的时机和优先级，考虑业务的紧迫性和价值。

通过回答这些问题，企业可以制定切实可行、具有针对性的数据治理计划，确保项目在实施过程中能够取得实质性的成果。这一阶段为后续数据治理流程提供了有力的基础。

6. Where：数据治理位于何处

DGI 框架的第 10 个组件涉及数据治理的全生命周期，其中包括了对当前企业数据治理成熟度的评估和与先进标杆的比较。这一阶段的目标是为制定数据治理目标和策略提供基础，强调了对企业数据治理实践的主动性和持续性。

明确当前成熟度和差距分析：

在这个阶段，企业需要进行对当前数据治理成熟度的评估，了解在数据治理方面的实际水平。具体包括：

（1）成熟度评估：对组织当前的数据治理实践进行全面的评估，包括流程、人员、技术等方面。

（2）标杆比较：将企业的数据治理成熟度与行业或领域的先进标杆进行比较，找出存在的差距和提升空间。

（3）目标设定：基于评估结果，明确数据治理的目标，包括提高成熟度、解决特定问题、改进流程等。

通过这一阶段的工作，企业可以更清晰地认识到数据治理的现状，并有针对性地确定下一步的发展方向。这为后续的数据治理策略设计和实施奠定了坚实的基础。值得强调的是，DGI 框架的特点在于其强调主动性和持续性，适用于不同规模和复杂性的数据治理项目。

2.2.4 ISACA 数据治理模型

国际信息系统审计和控制协会（ISACA）提出的数据治理模型旨在通过从企业愿景、使命、策略与目标等方面出发，综合考虑人的因素、业务流程的因素和技术的因素，构建一个有助于规范、标准化和合规性的数据管理体系。以下是对该模型的简要介绍。

2.2.4.1 ISACA 数据治理模型概述

ISACA 数据治理模型的构建从企业愿景和使命、策略与目标、商业利益和具体目标出发。通过综合考虑治理过程中的人的因素、业务流程的因素和技术的因素，该模型致力于提升数据管理的规范性、标准化和合规性，以确保数据质量。

1. 关键要素

（1）企业愿景和使命：将数据治理的目标与企业整体愿景和使命相协调，确保数据管理与企业战略一致。

（2）策略与目标：在数据治理的实施中，明确与企业策略相契合的具体目标，使数据治理有助于实现企业的长期战略。

（3）商业利益和具体目标：确保数据治理与企业的商业利益和具体目标相一致，使数据成为推动业务发展的有力支持。

2. 综合因素的考虑

该模型在构建过程中综合考虑了人的因素、业务流程的因素和技术的因素，以确保数据治理的全面性和有效性。这包括了对人员参与、业务流程规范化和技术支持等方面的全面考虑。

3. 模型目标

ISACA 数据治理模型的最终目标是建立一个有序、高效、符合规范的数据管理体系，从而保证数据质量，支持企业的决策和运营活动。

通过整合这些要素，ISACA 的数据治理模型为企业提供了一个有序的框架，使其能够更好地应对不断增长的数据管理挑战，推动数据在企业中的合理应用和价值发挥(图 2-8)。

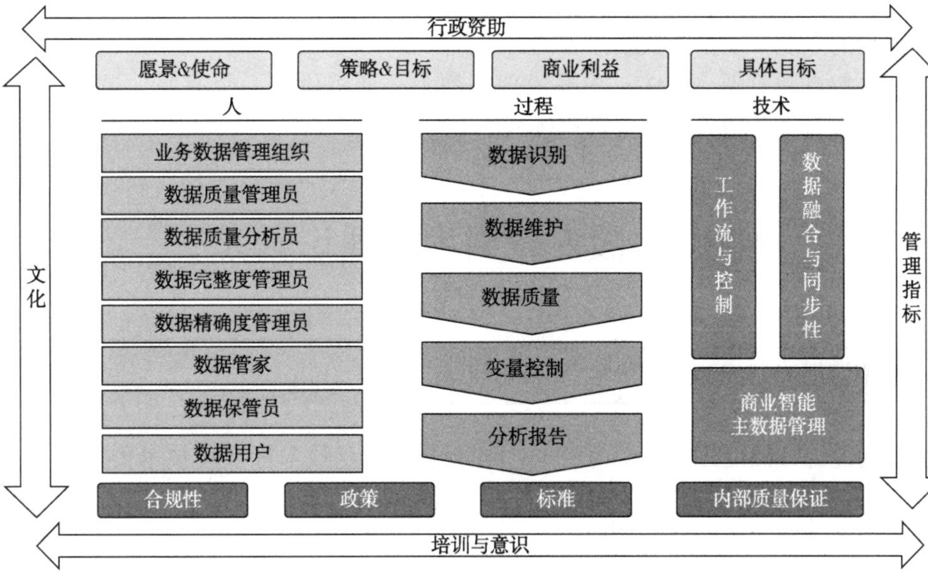

图 2-8　ISACA 数据治理框架

2.2.4.2　ISACA 数据治理模型的特点和原则

ISACA 的数据治理模型是一个灵活而可调整的框架，根据组织的愿景、使命、利益和具体目标，制定数据治理的策略和目标。以下是对该模型特点和原则的介绍。

1. 灵活性和定位准确性

ISACA 的数据治理模型注重在组织愿景、使命、利益和具体目标的前提下确定数据治理的策略或目标。这确保了数据治理的定位更为准确，能够更好地服务于组织的实际需求。治理的灵活性使得模型能够根据组织的需求在一定范围内进行调整，这是该模型的一个显著特点。

2. 人的主导作用

ISACA 数据治理模型充分体现了人的能动性和主导作用，强调人员参与数据治理的全过程。这体现在模型在制定治理策略时充分考虑组织的人力资源，并在实施中通过培训和培养等手段提高相关人员的数据思维和数据意识。人的主导作用是模型成功的关键因素之一。

3. 顶层设计、基层实施

ISACA 模型采用顶层设计、基层实施的方法，秉持简单实用的原则。该模型在需要的地方进行治理，以确保整个组织在数据治理中能够取得增值。这种模式使得数据治理更为贴近实际需求，简化了治理流程，提高了实施的效率。

4. 支持与培训

ISACA 认为实现数据治理的目标需要在人力、物力、财力上给予相应的支持。此外，通过全员数据治理的培训和培养，模型强调了对相关人员数据思维和数据意识的培养。这些措施是确保企业数据治理成功落地的关键。

5. 内外结合的合规性原则

在治理合规性方面，ISACA 模型采用了内外结合的原则。从政策、标准和内部质量保证三方面入手，遵循内外结合的原则，完善内部保证。在各个政策的前提下，紧跟行业标准，提升整个模型的效能，以达到数据治理的目的。

通过这些特点和原则，ISACA 数据治理模型为企业提供了一个有序、灵活、实用的框架，以更好地应对日益增长的数据管理挑战。

2.3 国内数据治理理论研究

2.3.1 数据管理能力成熟度评价模型（DCMM）

数据管理能力成熟度评价模型(DCMM)是由全国信息技术标准化技术委员会于 2014 年启动制定，2018 年 10 月 1 日正式实施的一项国家标准(GB/T 36073—2018)。相较于 DMM 模型，DCMM 更适用于国内企业的应用。

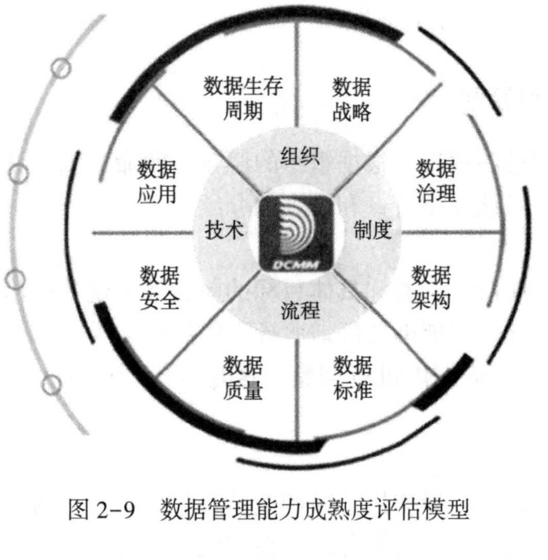

图 2-9 数据管理能力成熟度评估模型

DCMM 通过在组织、制度、流程、技术等方面对数据管理能力进行了分析和总结，提炼出了组织数据管理的 8 个过程域，即数据战略、数据治理、数据架构、数据应用、数据安全、数据质量、数据标准、数据生命周期(图 2-9)。这 8 个过程域共包含 28 个过程项。通过这 8 个过程域，可以清晰地定义企业内数据的能力水平，并以该模型为标准确定组织内数据的改进方向。

1. 主要特点和过程域

(1) 数据战略：着眼于确立组织的数据战略方向，使数据支持业务战略的制定和实施。

(2) 数据治理：通过规范的治理体系和流程，确保数据的合规性、一致性和安全性。

(3) 数据架构：定义了与组织业务战略相协调的数据资产蓝图，以满足战略性的数据需求。

（4）数据应用：着重于管理数据应用的全生命周期，从需求到设计、开发、测试、部署，以确保数据应用的质量和效果。

（5）数据安全：旨在确保数据隐私和机密性，降低数据被破坏的风险，保障数据的适当访问。

（6）数据质量：规划和实施质量管理技术，以测量、评估和提高数据在组织内的适用性。

（7）数据标准：着眼于建立业务和技术规范，确保数据的一致性、可理解性和可维护性。

（8）数据生命周期：关注数据从创建到销毁的全过程，包括数据的采集、存储、分析、共享和归档。

通过这些过程域，DCMM 为企业提供了一个全面的、可操作的评估模型，帮助组织评估和提升其数据管理的成熟度水平，更好地应对数据管理带来的挑战。其评估类别如表 2-3 所示。

表 2-3　DCMM 标准评估类别

类　别	基础评估	中级评估	深度评估
特点	以离线评估为主	演进路线图	最优方案
服务	标准宣贯	标准全面解读	标准全面解读
	现场评估	现场评估	数据管理人员证书
	自评远程支持	现场自评支持	现场评估
	评估报告	评估报告	现场自评支持
	国家标准符合性等级证明	提升建议	现场调研
		最佳实践推荐	整体规划设计
		国家标准符合性等级证明	评估报告
			最佳实践推荐
			国家标准符合性等级证明
平台服务	提供数据能力成熟度评估领域相关动态，参与相关的研讨会，行业平均基准库查询，行业知识和案例的查询等		

2. 数据管理能力成熟度评价模型（DCMM）8 个过程域

1）数据战略

（1）数据战略规划：制定组织的数据战略方向，确保与业务战略的协调与支持。

（2）数据战略实施：贯彻执行数据战略，确保计划的有效实施和目标达成。

（3）数据战略评估：对数据战略进行评估，不断优化与调整以满足组织的需求。

2）数据治理

（1）数据治理组织：构建和规划数据治理组织结构，确保能够高效运作。

（2）数据制度建设：建立规范的数据治理制度，确保数据的一致性、合规性和安全性。

（3）数据治理沟通：强调有效的沟通与协作，促进数据治理的参与和理解。

3）数据架构

（1）数据模型：定义与组织业务战略相协调的数据资产蓝图，帮助管理者做出决策。

（2）数据分布：规划与设计数据的分布，确保满足业务需求的总体设计。

（3）数据集成与共享：确保数据在不同抽象层级和角度上的有效集成与共享。

（4）元数据管理：管理元数据，以便更好地了解数据，帮助管理者做出决策。

4）数据应用

（1）数据分析：着眼于从数据中获取洞察，支持业务运营和决策制定。

（2）数据开放共享：促进数据的开放共享，使其在组织内流通并为外部可用。

（3）数据服务：提供支持业务需求的数据服务，确保其质量和有效性。

5）数据安全

（1）数据安全策略：制定数据安全策略，确保数据隐私和机密性的保护。

（2）数据安全管理：实施数据安全措施，确保数据不被破坏并得到适当的访问。

（3）数据安全审计：进行数据安全审计，降低业务中断的风险。

6）数据质量

（1）数据质量需求：规划和实施质量管理技术，以满足业务对数据质量的需求。

（2）数据质量检查：进行数据质量检查，评估和提高数据在组织内的适用性。

（3）数据质量分析：分析数据质量，确保数据是可靠和可信的。

（4）数据质量提升：实施活动以提高数据质量，确保数据有价值。

7）数据标准

（1）业务术语：确定和维护业务术语，以确保一致性和理解。

（2）参考数据和主数据：管理与描述其他数据或联系外部信息的数据，确保其准确性。

（3）数据元：管理数据元，以支持组织内部和外部的数据共享。

（4）指标数据：确定和维护数据指标，以支持业务分析和决策。

8）数据生命周期

（1）数据需求：根据业务需求规划数据的生命周期，确保数据的及时获取。

（2）数据设计和开发：进行数据设计和开发，以满足业务需求。

（3）数据运维：确保在整个数据生命周期中的稳定运行和支持。

（4）数据退役：确定和实施数据退役策略，确保数据安全和合规。

DCMM 模型通过这 8 个过程域，为企业提供了全面、可操作的评估模型，帮助组织评估和提升其数据管理的成熟度水平，更好地应对数据管理的挑战。

3. DCMM 将组织的数据管理能力成熟度划分为 5 个发展等级

（1）初始级：组织的数据管理活动尚未被正式定义或执行，存在较大的混乱和不确定性。数据管理工作主要是被动应对问题，缺乏明确的计划和战略。

（2）受管理级：数据管理活动在组织中得到了初步的规划和实施，但仍需要更系统的组织和管理。数据管理的责任和流程已经建立，但可能存在一些局部的不一致性。

（3）稳健级：数据管理活动在组织中已经得到有效的管理和控制。有明确的数据管理政策和流程，并通过监控和评估来确保其执行。数据管理的标准化水平较高。

（4）量化管理级：组织已经建立了全面的数据管理体系，通过数据的度量和监控，能够对数据管理的效果进行量化评估。数据管理得到了全面的认可，成为组织文化的一部分。

（5）优化级：组织在数据管理方面达到了最高水平，能够持续改进和优化数据管理的流程和效果。数据管理已经深度融入组织的战略决策和日常运营中，为业务创造了极大的价值。

这5个级别为组织提供了清晰的评估标准，帮助其了解当前数据管理的水平，并指导其未来的发展方向(图2-10)。

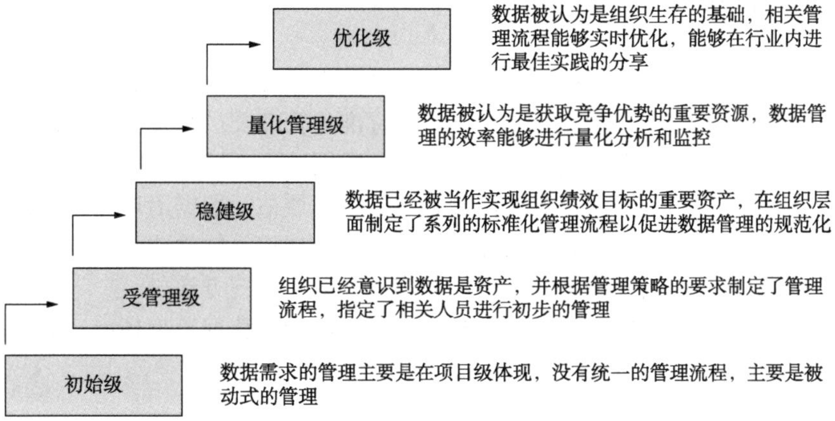

图2-10　DCMM数据管理能力成熟度等级

4. DCMM标准应用评估交付物

（1）评分结果：通过对企业进行访谈、资料评审、一对一访谈和环境检查等工作，综合考虑各方面因素，对企业的数据管理能力进行评级。这是一个全面的、定量的评估，为企业提供了清晰的数据管理成熟度等级。

（2）评估报告：提供对企业数据管理现状的详细评估，帮助企业识别与同业最佳实践的差距、定位问题并分析原因。该报告有助于企业全面理解其数据管理的挑战和优势，为未来改进提供指导。

（3）符合性等级证明：根据企业数据管理能力的评级结果，正式颁发国家标准符合性等级证明。这是对企业在数据管理方面达到一定水平的官方认可，有助于提高企业在行业内的信誉度。

（4）数据管理发展路线图：根据企业的管理需求以及行业最佳实践，制定有针对性的企业数据管理发展路线图。结合现状的评估报告，为企业制定具体的行动计划，推动数据管理能力的不断提升。

总体而言，DCMM标准应用评估交付物提供了一套全面的、系统化的工具和指导，帮助企业规范和提升数据管理能力，促进我国数据产业的健康发展。这对于企业在数字化时代更好地应对挑战、把握机遇具有重要的战略意义，具体体现在以下几个方面：

（1）为企业的数据管理指明了方向：企业可以通过DCMM进行数据管理成熟度的自我评估，找到改进方向，并制定相应的改进措施。这有助于实施有效的改进方案，提升组织的数据管理水平。DCMM评估还有助于企业建立与发展战略相匹配的数据管理能力体系，包括组织体系、制度体系、标准体系以及工具和技术体系等。

（2）培养专业人才，提升组织绩效：DCMM评估有助于企业建立专业的数据管理和应用团队。通过此评估，企业可以培养数字化人才，提升数据管理和应用的专业能力。这进一步推动了组织内部的数字化转型，有利于建立和加强数据思维和数据意识。

(3) 规范行业发展，促进产业发展：DCMM 评估为规范和指导整个数据行业的发展提供了有力的工具。通过 DCMM 的应用，从业人员能够提高对数据资产的认识，促进数据应用的探索和实践。这对于整个数据产业的发展具有推动作用，加速了行业的数字化转型。

2.3.2 数据治理规范框架

国家标准《信息技术服务治理　第 5 部分：数据治理规范》(GB/T 34960.5—2018) 由中华人民共和国国家市场监督管理总局和中国国家标准化管理委员会发布。该标准制定了数据治理的总则和框架，规定了数据治理的顶层设计、数据治理环境、数据治理域以及数据治理过程的要求。标准的应用范围包括数据治理现状的自我评估、数据治理体系的建立、数据治理域和过程的明确、数据治理实施的指导，以及数据治理相关软件或解决方案的研发、选择和评价，同时也包括数据治理能力和绩效的内部、外部和第三方评价。

这一国家标准所规定的数据治理框架包括了顶层设计、数据治理环境、数据治理域和数据治理过程四个方面(图 2-11)。

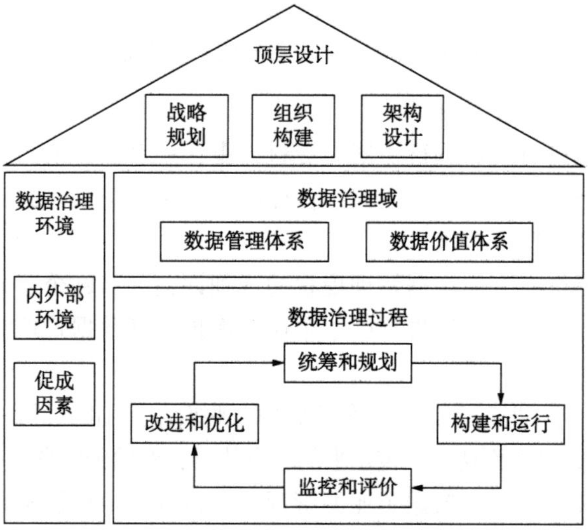

图 2-11　数据治理规范框架

《数据治理规范》通过对治理和管理两个层面的规范，为组织在实现数据价值的过程中实现运营合规和风险可控提供了方法和思路。该标准为中国各行业、机构开展数据治理提供了可靠的依据，为全面提升社会数据管控与应用能力、发挥数据资产价值、促进行业创新发展提供了重要支持和保障。

2.3.3 数据治理白皮书

2015 年，我国发布了《数据治理白皮书》国际标准，详细阐述了数据治理模型(图 2-12)，包括原则、范围、实施与评估框架。该模型以 4 个原则为基础，涵盖 9 个关键领域的治理，范围框架明确了主要工作，分为基础、保障和应用 3 层，其中应用层强调大数据作为战略支撑的应用特性，对基础和保障层有所影响。

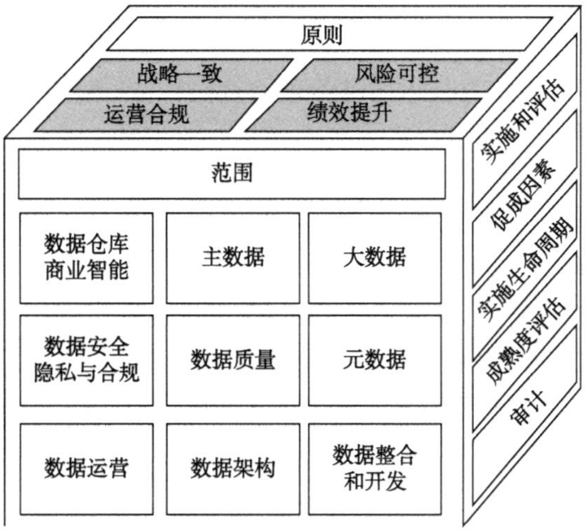

图 2-12 数据治理模型

该模型明确了数据治理关注的 3 个方面：准则、治理域和实施方法。这 3 个方面是组织和企业在进行数据治理时应着重考虑的要点。准则界定了治理应遵循的原则，治理域展示了关注的内容，实施方法则说明了如何实现治理的方法论。

《数据治理白皮书》强调了数据治理的核心理念(图 2-13)：数据是一种资产，通过服务产生价值。数据治理是在数据产生价值的过程中，治理团队对其进行评价、指导和控制的基本概念。数据治理对于确保数据的准确性、适度分享和保护至关重要。有效的数据治理计划通过改进决策、降低成本、减轻风险和提高安全合规性等方式，将价值回馈于业务，最终体现为增加收入和利润。

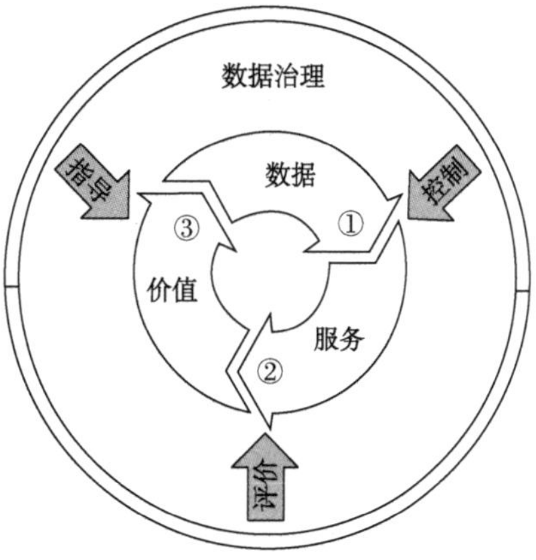

图 2-13 数据治理核心概念

数据治理以目标和准则为导向，在明确目标的同时，考虑了重要的关注领域和促成因素，同时关注流程和活动对促成因素和关注领域的影响。这形成了一个从底层活动和流程到关注领域和组成要素，再到战略层次的业务逻辑。具体实施方法通常是自顶向下，从数据治理的核心内容、战略、组织、驱动因素到关键领域、活动与流程，全面体现标准要求。

2.4 标　　准

2.4.1 国家标准

在对数据治理框架和标准体系的研究方面，国内起步相对较晚，目前主要有 GB/T 34960 和 DCMM 两个标准。

2.4.1.1 GB/T 34960 规定的数据治理规范

我国发布的信息化标准《信息技术服务治理》(GB/T 34960)中包含五部分内容。

第 1 部分：通用要求。

第 2 部分：实施指南。

第 3 部分：绩效评价。

第 4 部分：审计导则。

第 5 部分：数据治理规范。

其中，第 5 部分《数据治理规范》(GB/T 34960. 5—2018)中提出了数据治理的总则和要求，为企业数据治理体系的建设提供了参考。

该标准给出的数据治理架构如图 2-14 所示。

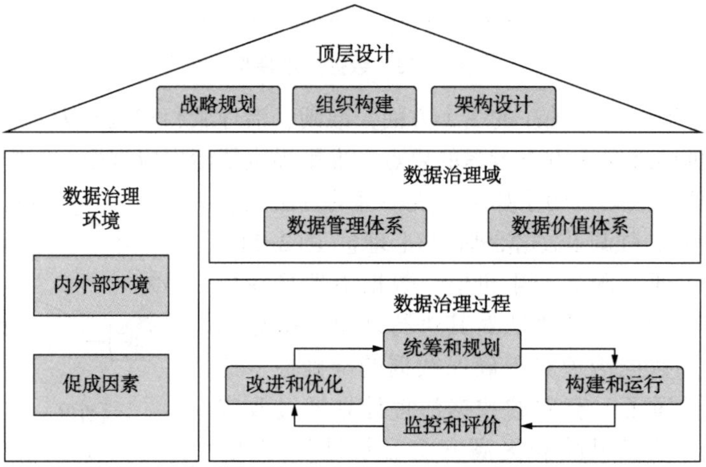

图 2-14 GB/T 34960 数据治理框架

《数据治理规范》涵盖了四大部分：顶层设计、数据治理环境、数据治理域和数据治理过程。

(1) 顶层设计包括数据相关的战略规划、组织构建和架构设计，构成数据治理的基础。

① 战略规划：应与业务规划和信息技术规划保持一致，明确实施策略，包括愿景、目标、任务、内容、边界、环境和蓝图等。

② 组织构建：通过完善组织机制，聚焦责任主体及责任权利，获得利益相关方的理解和支持，制定支持数据治理实施的流程和制度。

③ 架构设计：注重技术架构、应用架构和管理体系，通过持续评估、改进和优化，支持数据的应用和服务。建立与战略一致性的数据架构，明确技术方向、管理策略和支撑体系，以满足数据管理、数据流通和数据洞察的应用需求。

(2) 数据治理环境包括内外部环境和促成因素，是数据治理实施的保障。

① 内外部环境：组织应分析业务、市场和利益相关方的需求，适应内外部环境变化，支撑数据治理实施。这包括遵守法律法规、满足利益相关方需求、识别并评估市场发展、竞争地位和技术变革的变化等。

② 促成因素：包括获得数据治理决策机构的授权和支持、明确人员的业务技能和职业发展路径、关注技术发展趋势和技术体系建设、制定数据治理实施流程和制度、营造数据驱动的创新文化、评估数据资产管理能力和数据运营水平。

(3) 数据治理域包含数据管理体系和数据价值体系，是数据治理实施的对象。

① 数据管理体系：围绕数据标准、数据质量、数据安全、元数据管理和数据生命周期管理进行治理。这涵盖了评估数据管理现状和能力、指导数据管理体系建设和数据治理方案实施、监控数据管理绩效和符合性，并持续改进和优化。

② 数据价值体系：围绕数据流通、数据服务和数据洞察等进行治理，包括评估数据资产运营和应用能力、指导数据价值体系建设和数据治理方案实施、监督数据价值实现的绩效和符合性，并持续改进和优化。

(4) 数据治理过程包含统筹和规划、构建和运行、监控和评价以及改进和优化，是数据治理实施的方法。

① 统筹和规划：明确数据治理目标和任务，营造必要的治理环境，做好数据治理实施的准备。包括评估数据治理资源、环境和人员能力等现状、指导数据治理方案的制定、监督数据治理统筹和规划过程，保证评估客观、组织机构设计合理、数据治理方案可行。

② 构建和运行：构建数据治理实施的机制和路径，确保有序运行。工作内容包括评估数据治理方案与现有资源、环境和能力的匹配程度、制定数据治理的实施方案、监督数据治理构建和运行过程，保证数据实施与方案符合性和治理活动可持续性。

③ 监控和评价：监控数据治理的过程，评价数据治理的绩效、风险与合规，保证数据治理目标的实施。这包括构建必要的绩效评估体系，内控体系或审计体系，制定评价机制，流程和制度，评估数据治理成效与目标的符合性，定期评价数据治理实施的有效性、合规性。

④ 改进和优化：改进数据治理方案，优化数据治理实施策略、方法和流程，促进数据治理体系的完善。这涵盖持续评估数据治理相关的资源、环境、能力、实施和绩效等，指导数据治理方案的改进，优化数据治理实施策略、方法、流程和制度，促进数据管理体系和数据价值体系的完善。

《数据治理规范》在以下方面具有重要意义：促进组织有效进行数据治理的自我评估，建立数据治理体系，明确数据治理域和过程，建立数据治理能力和绩效的内外部评价，以及指导数据治理的实际实施。

2.4.1.2 DCMM 标准

本部分标准可参见 2.3.1 的详细介绍。

2.4.2 中国石油企业标准

2.4.2.1 数据元标准

1. 概述

数据元标准通过对中国石油核心数据元进行统一定义与规范，实现了数据管理者、生产者和消费者对数据的一致理解。该标准的基本信息包括业务信息、技术信息和管理信息。

2. 业务信息

业务信息涵盖了数据在业务层面的定义，用以描述数据与业务相关联的特性，实现对数据业务含义的统一解释及要求。具体信息如下：

（1）数据元标准编码：为便于标识和索引数据元，对其进行统一编码，该编码是数据元标准的唯一技术识别码，编码规则为：ES+6 位顺序码。

（2）标准中文名称：区分不同的数据元，易于数据使用人员理解和识别。作为标准唯一识别标志，标准中文名称不得重复。

（3）标准英文名称：统一英文命名，根据中文名称含义进行翻译，可作为企业逻辑数据模型数据属性的命名或信息系统数据库数据字段命名的参考。

（4）标准别名：常用名称，是业务或技术上针对该数据元的常用名称，用于帮助业务部门快速查找、理解、使用数据标准。如果数据元原始名称与标准名称相同，则用“！”填写，表示本栏不适用。

（5）业务定义：基于创建数据元的业务流程，详细描述数据业务口径和相关业务场景。业务定义可参考相关国家标准和行业标准、外部监管机构的定义、中国石油内部业务制度、信息系统业务需求定义以及行业经验的总结性归纳。

（6）业务规则：具体描述业务对数据元的约束条件，包括相关业务的政策规定以及政策规定发生作用的业务场景，例如：数据的计算方法、数据的编码规则等。业务规则主要来源于外部监管机构规定、中国石油业务制度、信息系统业务需求等。每项规则都应是有实际含义且可执行的描述。业务规则细分为以下几类，根据需要填写相应的业务规则细类，对于不适用的规则细类无须填写：

① 使用约束：描述数据元所需满足的业务条件以及业务条件发生作用的场景，例如合约违约状态，应在业务规则中说明判断合约违约状态的业务事件或条件。

② 度量单位：对于需要描述度量单位的数值类、金额类的数据元，描述其对应的度量单位，例如“万元”“元”等。

③ 编码规则：对于编码类的数据元，描述具体的编码规则，例如客户编码，描述内容包括编码长度、编码构成、各组成部分的业务含义等。

④ 计算公式：若数据元由计算得出，描述具体的计算公式。

⑤ 如果标准没有业务规则的要求，则用“/”填写，表示本栏不适用。

3. 技术信息

技术信息涵盖了数据元在技术层面的定义，描述了数据元与信息技术实现相关联的特性，是数据在信息系统实现时的统一技术方面的定义，包括数据类型、值域和数据格式。具体说明如下：

（1）数据类型：基于数据元的业务定义、业务规则和常见表现形式，定义了其所采用的数据类型。数据类型包括：编码类、代码类、标志类、文本类、金额类、数值类、比例类、日期类、时间类、日期时间类。各数据类型的说明如下：

① 编码类：数据元被赋予具有一定规律、易于计算机和人识别处理的符号，形成编码元素，每个编码均对应特定的业务对象。适用于具有特定编码规则的数据元，例如客户编码和产品编码。

② 代码类：数据元以对各取值范围进行结构化处理的方式体现，每个代码取值只代表

业务对象的一种可能性。适用于有明确分类、分组或多取值的数据元，例如行业代码。

③ 标志类：数据元仅包括“是”“否”两种结果，1 表示是，0 表示否。例如：外部产品标志。

④ 文本类：数据元以纯文本的形式体现，适用于很难结构化的说明描述类信息，例如客户名称、产品简介等。

⑤ 金额类：数据元以货币金额的形式体现，适用于各类财务信息，例如账户余额等。

⑥ 数值类：数据元以整数或小数的形式体现，适用于各类以数量反映的信息，例如办公面积。

⑦ 比例类：数据元以比值的形式体现，适用于各类比率信息，例如利息税率。

⑧ 日期类：数据元以特定日历日的形式体现，适用于各类日期信息，例如注册日期。

⑨ 时间类：数据元以特定时分秒的形式体现，适用于各类时间信息，例如开始营业时间。

⑩ 日期时间类：数据元以特定日历日加上特定时分秒的形式体现，适用于各类需同时记录日期和时间的信息，例如交易时间。

（2）值域：描述了数据元可接受的业务取值范围，即数据的允许值的集合。其中：

① 对于数据类型为数值类、金额类、比例类的标准，应填写取值范围，描述形式例如[0，100.00%)、(0，1]等。如果业务上对数据元的取值没有明确上限，则应考虑该标准的数据格式(即长度和精度)确定最大值。例如，“冻结金额”的数据格式为 16n(2)(应符合表 2-4 的规定)，则取值范围为[0，9999999999999.99]。

表 2-4　数据格式规则

数据格式	表达式
字母字符	a
数字字符	n
字母数字字符	an
字母数字汉字字符	anc
3 位字母字符，定长	3a
3 位数字字符，定长	3n
3 位数字字符，其中包括小数点和两个小数位	3n(2)
3 位字母数字字符，定长	3an
3 位字母数字汉字字符，定长	3anc
最多为 3 位字母字符	a.. 3
最多为 3 位数字字符	n.. 3
最多为 3 位字母数字字符	an.. 3
最多为 3 位字母数字汉字字符	anc.. 3
最少为 3 位字母字符	a3..
最少为 3 位数字字符	n3..
最少为 3 位字母数字字符	an3..

续表

数据格式	表达式
最少为3位字母数字汉字字符	anc3..
年月日	YYYY-MM-DD
年月	YYYYY-MM
年	YYYY
24小时格式	HH：MM：SS
年月日时分秒	YYYY-MM-DD HH：MM：SS：NNMN

② 代码类数据元的值域为代码取值和代码名称清单，若存在对应参考数据标准，则为对应参考数据标准。如果对取值范围没有要求，则用“/”填写，表示本栏不适用。

（3）数据格式：描述了数据元在精度、长度、形态上的定义，包括所允许的最大、最小字符长度，数据的表示格式等。数据格式规则应符合表2-4的规定。

4. 管理信息

管理信息涵盖了数据元在管理层面的定义，明确了标准的状态、标准产生时间、标准责任主体等关键信息。具体说明如下：

（1）标准版本：当前标准的版本信息。

（2）标准状态：标准目前的管理状态，包含已发布、已冻结的管理状态。

（3）标准颁布日期：数据标准在中国石油正式颁布启用的日期，格式为“YYYY-MM-DD”，例如“2021-10-01”。

（4）标准废止日期：数据标准在中国石油正式停止使用的日期，格式为“YYYY-MM-DD”，例如“2021-10-01”。

（5）标准起草单位：具体起草本项标准的组织。对于多组织共同起草，可填写多个组织名称，并用“、”隔开。

（6）标准归口单位：对数据的业务信息拥有最终业务解释权的组织。标准制定者通常为该数据所涉及相关业务的主管业务部门。对于多个主管组织的情况，可填写多个组织名称，并用“、”隔开。

（7）标准管理单位：对标准管理负责的组织。通常为中国石油或各级单位的数据管理部门。对于多个组织共同管理，可填写多个组织名称，并用“、”隔开。

（8）标准制定依据：依据描述数据标准的业务来源，包括但不限于国家法律法规、国家标准、行业标准、外部监管要求、国际标准、国外先进标准、集团内部制度和系统规范、行业惯例等。如果一个数据标准有多个制定来源，则用“、”分隔。主要制定来源及规则如下：

① 外部标准：对于国际标准、国家标准、行业规范，应填写完整的制度名称和文号，格式为“《文件名》(文号)”，例如“《中华人民共和国票据法》(中华人民共和国主席令〔2004〕第22号)”；

② 内部标准和制度：对于中国石油内部标准或制度发文，应填写完整的发文名称和文号，格式为“《文件名》(中国石油文号)”，例如“《中国石油天然气集团有限公司标准化管理办法》(中油科〔2018〕560号)”。

2.4.2.2 参考数据标准

参考数据标准依赖于数据类型为“代码类”的数据元标准，作为其值域的扩展标准。参考数据标准对数据值域进行规范，包括代码值及代码的描述。参考数据标准的信息说明如下：

(1) 参考数据标准编码：该编码是参考数据标准编码的唯一技术识别码，参考数据标准编码规则为：RS+5 位顺序码。

(2) 参考数据代码值：参考数据的代码取值，例如“国家与地区代码”中代码值为“CN”“US”等，代码取值的编码规则应在对应的数据元标准的业务规则处填写。

(3) 参考数据代码描述：参考数据的代码值对应的含义，例如“国家与地区代码”中代码值“CN”对应的代码描述为“中国”“US”对应的代码描述为“美国”等。

(4) 参考数据代码级别：参考数据标准代码项级别。

(5) 参考数据上级代码：记录代码上一级别的参考数据代码值。

(6) 管理信息说明：应遵照 1. 数据元标准中的(4)管理信息。

2.4.2.3 主数据标准

主数据是组织中需要跨系统、跨部门共享的且相对静态的核心业务数据。主数据标准为每类主数据对象定义一组标准，包含标准编码、数据元相关信息等内容，是主数据标准化的关键。主数据标准的信息说明如下：

(1) 主数据标准编码：该编码是主数据标准编码的唯一技术识别码，主数据标准编码规则为：MS+5 位顺序码。

(2) 标准中文名称：从业务上区分不同的主数据。作为标准唯一识别标志，标准中文名称不得重复。

(3) 标准英文名称：主数据的统一英文命名，主要是根据中文名称的含义进行英文翻译。

(4) 数据元标准序号：数据元在主数据标准中的序号。

(5) 数据元标准编码：引用数据元标准的编码。

(6) 数据元标准中文名称：引用数据元标准的中文名称。

(7) 数据元标准英文名称：引用数据元标准的英文名称。

(8) 管理信息说明：应遵照“数据元标准”中的“管理信息”执行。

2.4.2.4 指标数据标准

1. 概述

指标数据是组织在经营分析过程中衡量某一个目标或事物的数据。指标数据标准指组织对内部经营分析所需要的指标数据进行统一规范化定义、采集和应用，旨在提升统计分析和决策支持的数据质量。

2. 业务信息

指标数据标准的业务信息说明如下：

(1) 指标数据标准编码：该编码是指标数据标准编码的唯一技术识别码。指标数据标准编码规则为：IS+5 位顺序码。

（2）标准中文名称：从业务上区分不同的指标数据。作为标准唯一识别标志，中文名称不得重复。

（3）标准英文名称：指标数据的统一英文命名，主要是根据中文名称的含义进行英文翻译。

（4）业务定义：指标的业务描述口径，一般由业务部门使用业务语言制定。

（5）计算公式：用于描述计算指标的数学公式，是满足“口径统一”的要求。计算公式通过数学运算符（如加减乘除等）将参与计算的数据属性联系起来，更好地描述指标的本质和内涵。

（6）范围及条件：用于描述计算该指标标准所采用的各种业务限制条件，如：统计范围的筛选规则、信息间的关联关系和约束条件以及例外情况等，也是满足“口径统一”的要求。主要来源于企业的业务制度发文、系统的业务需求等。

（7）计量单位：指标在经营管理或者报表统计中经常使用的度量衡，包括吨、元、百分比等。

（8）更新策略：根据指标更新制定的若干对应方案，包括定期更新、不定期更新等。

（9）更新频率：更新策略为定期更新的指标每次更新的时间间隔，如按日更新、按月更新等。

（10）指标级别：指标的衍生级别，默认为 1 级，当关联父指标时，则在父指标级别上增加 1 级。

（11）关联父指标：当某个指标被引用参与其他指标的口径汇总或者口径运算时，需指明计算指标与被引用指标的父子关系。

3. 技术信息

指标数据标准的技术信息说明如下：

（1）数据类型：应遵照“数据元标准”中的“技术信息”执行。

（2）数据格式：应遵照“数据元标准”中的“技术信息”执行。

4. 管理信息

指标数据标准的管理信息说明应遵照“数据元标准”中的“技术信息”执行。

1）数据管理原则

在中国石油范围内建立自上而下、协调一致的数据管理体系，应遵循以下原则：

（1）中国石油数据管理遵循统一规划、协同建设、集中共享的原则。

（2）实行归口管理、分级负责、各司其职的工作机制。

（3）推进标准化、专业化和集中化的数据管理工作，鼓励数据共享和数据生态创新。

（4）中国石油实行数据公有制，数据归集团公司所有。

（5）任何单位和员工有合理采集、创建、保护和利用数据的权利和责任；任何单位和员工不得侵占或非授权使用、转让、买卖数据。

2）数据架构管理原则

数据架构以结构化的方式，描述在业务运作和管理决策中所需要的各类信息及其关系，构建中国石油的统一数据视图。数据架构管理应遵循以下原则：

（1）数据架构统一原则：中国石油实行数据架构统一标准、统一管控的要求，保证企业业务对象定义的一致性、准确性、可靠性和可复用性。

（2）数据架构遵从原则：信息系统建设与运行维护过程中，应严格按照数据架构，进行系统功能设计和开发，确保业务对象在各信息系统定义中的一致性。

第3章 数据技术的发展历程

3.1 数据技术

3.1.1 数据库技术

3.1.1.1 数据库技术的演进：从手工管理到数据模型的崛起

数据库技术是信息技术领域的核心之一，几乎所有的信息系统都需要使用数据库系统来组织、存储、操纵和管理业务数据。数据库领域也是现代计算机学科的重要分支和研究方向。在数据库诞生之前，数据存储和管理已经存在了相当长的时间。当时，数据管理主要通过表格、卡片等方式进行，效率低下，需要大量人员参与，容易出错。

20 世纪 50 年代，随着计算机的诞生和成熟，计算机开始应用于数据管理。与此同时，数据管理技术也迅速发展。传统的文件系统难以应对数据增长的挑战，也无法满足多用户共享数据和快速检索数据的需求。在这样的背景下，数据库应运而生。在数据库技术领域，数据库所使用的典型数据模型主要有层次数据模型(Hierarchical Data Model)、网状数据模型(Network Data Model)和关系数据模型(Relational Data Model)。这三种模型是按照它们的数据结构来命名的，它们之间的根本区别就在于数据之间联系的表达方式不同。

层次数据模型以“树结构”表示数据记录之间的联系；网状数据模型以“图结构”表示数据记录之间的联系；关系数据模型则以“二维表”(或称为关系)的方式表示数据记录之间的联系。由于数据模型贯穿了整个数据库技术的发展历史，接下来将以数据模型为依据，介绍数据库的发展过程。

3.1.1.2 数据库技术演进与未来趋势

1. 网状数据库和层次数据库

网状数据库和层次数据库代表了数据库发展的早期阶段，它们在成功解决数据管理问题方面发挥了关键作用。

网状数据库是数据库历史上的第一代产品，于 1964 年问世，首个系统为 IDS(Integrated

Data Storage，集成数据存储）。通过基于网状数据模型建立数据关系，网状数据库成功将数据从应用程序中独立出来并实现了集中管理。这种模型能够自然地表达现实世界中信息的关联，特别适用于描述许多空间对象。美国数据库系统语言协会（CODASYL）在五年后发布的报告中进一步巩固了网状数据库的概念、方法和技术，使其成为数据库领域的代表。

层次数据库紧随其后，1968 年 IBM 公司推出了世界上第一个大型商用的数据库系统——IMS（Information Management System，信息管理系统）。层次数据库采用层次数据模型，以树结构描述实体及其之间的关系。在这个结构中，每个记录类型由节点表示，而记录类型之间的联系则由有向线段表示。这种结构限定了层次数据库系统只能处理一对多的实体联系。

综上所述，网状数据库系统和层次数据库系统在数据库发展的早期阶段占据主导地位。网状数据库模型能较为自然地模拟层次和非层次结构的事物，广泛应用于当时。然而，网状数据库也存在一些问题，包括用户在复杂结构中进行查询和定位操作相对困难、操作命令具有过程式性质以及对层次结构表达不够直接等方面的挑战。

2. 关系数据库

尽管网状数据库和层次数据库在数据的集中存储、管理和共享方面取得了一定进展，但在数据独立性和抽象级别上仍有较大的不足。为了解决这些问题，关系数据库迅速崭露头角。

1970 年，IBM 的研究员 E. F. Codd 发表了一篇重要论文，提出了关系数据模型的概念，奠定了关系数据库的理论基础，成为数据库发展史上的划时代里程碑。Codd 陆续发表多篇文章，论述了范式理论，通过数学理论建立了关系数据库的基础，形成了关系数据模型。这一概念简单而结构灵活，能够满足各种布尔逻辑运算和集合运算规则形成的查询需求。关系数据模型支持搜索、比较和组合不同类型的数据，使数据增加和删除操作变得方便。此外，它具有较高的数据独立性和更好的安全保密性。然而，在处理大型数据库时，查找满足特定关系的数据可能变得耗时，同时难以描述空间数据关系。

1974 年，IBM 的 Ray Boyce 和 Don Chamberlin 将 E. F. Codd 关于关系数据库的 12 条准则的数学定义转化为简单的关键字语法，提出了 SQL（Structured Query Language，结构化查询语言）。SQL 成为一种操作关系数据库的标准语言，包括对数据定义、操纵、查询和控制的功能。SQL 的一体化、灵活使用、非过程化和简易性使其成为几乎所有关系数据库管理系统（RDBMS）产品的通用支持语言，例如 Oracle、SQL Server、MySQL 等。

关系数据库系统以关系代数为坚实的理论基础，经过几十年的发展和实际应用，技术越来越成熟完善。至今，关系数据库仍在数据库领域占据着最重要的地位，应用范围广泛。然而，尽管关系数据库系统技术成熟，但随着市场和信息技术的发展，其局限性也逐渐显露出来，特别是在处理当前越来越多的复杂类型数据（如文本、图像、视频等）方面存在困难。

3. 分布式数据库

在数据库发展的早期，单机数据库足以满足数据存储和管理的需求。然而，随着互联网和移动互联网的普及，数据规模迅速增长，单机数据库逐渐无法满足用户的需求。为解决这一问题，分布式数据库应运而生。

在 20 世纪 70 年代中期，分布式数据库的研究启动，一些分布式数据库系统也开始出现。1979 年，美国计算机公司（CCA）在 DEC（Digital Equipment Corporation）计算机上实现了世界上第一个分布式数据库系统 SDD-1。在接下来的十年中，分布式数据库得到迅猛发展。1987 年，C. J. Date 提出了完全的、真正的分布式数据库系统应遵循的原则，该原则成为分布式数据库系统的理想目标。

自 20 世纪 90 年代以来，分布式数据库系统进入商业化应用阶段，传统的关系数据库产品演变成以计算机网络和多任务操作系统为核心的分布式数据库产品。在 2005 年左右，研究人员对分布式数据库的探索推动了 NoSQL 数据库的发展，这些数据库解决了单机无法保存全部数据的问题。

随着大数据和移动互联时代的来临，数据的特性和应用场景的变化使得分布式数据库成为数据库领域的主流方向。然而，分布式数据库也面临一些问题。例如，众多节点之间的通信会花费大量时间；数据的安全性和保密性在众多节点之间会受到威胁；在复杂的分布式系统中，原本在集中式系统中有效的数据存取技术可能不再适用；分布式的数据划分、负载均衡、分布式事务处理和分布式执行技术仍然面临一些新的挑战。

4. 云数据库

云计算的迅猛发展使得数据库的部署和虚拟化在“云端”成为可能，而云数据库则是在云计算环境下提供数据管理服务的数据库。这种模式通过计算机网络提供数据管理服务，极大地增强了数据库的存储能力，同时消除了人员、硬件和软件的重复配置。

云数据库将传统的数据库系统配置在云上，由专门的云服务提供商进行管理和部署，用户只需通过付费方式即可获取数据库服务。与传统数据库不同，云数据库通过计算和存储分离、存储在线扩容以及计算弹性伸缩等方式提升数据库的可用性和可靠性。云数据库分为关系数据库和非关系数据库两种类型。基于关系数据模型的典型云数据库包括亚马逊的 Aurora 和微软的 SQL Azure 云数据库。基于非关系数据模型的云数据库有亚马逊的 DynamoDB，采用键值存储方式。

在 2019 年 6 月，Gartner 发布了 *The Future of the Database Management System（DBMS）Market is Cloud* 报告，明确表示传统的数据库部署方式已经过时，云是未来的趋势，各种组织不论大小都将越来越多地采用云数据库。然而，云数据库也面临一些问题，其中安全性是最值得关注的方面。云计算对数据安全带来了极大威胁，容易导致数据泄露和意外丢失的风险。这一问题需要持续关注和解决，以确保云数据库的可靠性和安全性。

3.1.2 数据湖

大数据的崛起给数据库研究带来了许多挑战，特别是在物联网、社交网络、科学研究等领域涌现出大量半结构化和非结构化数据。这些复杂且多变的数据集往往呈现出烟筒式的分散结构。因此，企业和组织迫切需要采用更为有效的数据架构，以便存储和处理这些复杂数据，并采用更加灵活的数据分析方法。尽管许多企业和组织一直通过传统的数据集和数据仓库进行数据处理和分析，但在大数据时代，擅长处理结构化数据的数据仓库已经无法满足对复杂数据分析的需求。

为了实现对这些复杂数据的全面、灵活的分析，近年来引入了数据湖的概念。数据湖作为一种新型的数据存储和分析模式，通过将数据以原始形式存储，包含了结构化、半结构化和非结构化的各种数据类型。这种方法打破了传统数据仓库的限制，使得大规模、异构的数据能够被更加灵活地管理和分析。数据湖的优势在于它提供了更大的存储容量、更高的灵活性，以及更适应变化的数据模式。

尽管数据湖在应对大数据复杂性方面表现出色，但同时也带来了新的挑战，例如数据质量、数据管理和安全性等问题。因此，在采用数据湖时，企业和组织需要仔细考虑这些挑战，并制定相应的解决方案，以确保数据湖能够在大数据时代发挥最大的潜力。在这个不断演变的数据管理景观中，数据湖的出现为更加灵活、全面地应对大数据提供了有力的工具。

数据湖是一种技术，以原始数据格式存储各种来源的数据，旨在简化和改进大数据的存储、管理和分析。其独特的设计理念和操作方式引起了大数据领域商业和技术专家、学术研究者的广泛关注，近年来数据湖相关研究取得了飞速发展。这一趋势体现了对更灵活、更综合的数据管理方法的需求，以适应现代大数据环境中多样化和不断增长的数据类型。

数据湖最初以大数据平台解决方案的形式出现，以弥补传统数据集市的局限性。2013年，Pivot 首次提出了业务数据湖架构，试图通过数据湖的理念解决数据集成和实时访问的问题，但是未提供完善的数据治理方案。随后，2014 年，商业领域普遍接受了数据湖作为数据中心的概念，旨在提高可扩展性和灵活性。许多大数据供应商开始炒作“数据湖”概念，但 Gartner 公司提出了对数据湖的批评和质疑，为未来几年数据湖技术的发展指明了方向。与此同时，学术界也开始关注数据湖，并提出通过 AI 和众包来应对数据湖在数据集成、访问和数据质量等方面所面临的挑战。这一系列动态表明，数据湖作为一种创新的数据管理模式，正不断受到业界和学术界的深入关注和探讨。

2015 年，Terrizzano 等在数据湖的实施过程中详细描述了其面临的挑战，涵盖了数据采集、梳理、供应、保障等方面的问题。这一技术文档是在 Gartner 公司对数据湖提出质疑后的首次全面阐述，明确了未来需要解决的问题方向。与此同时，Huang 发表了《大数据时代的数据湖管理》，使数据湖在学术界开始引起广泛关注。在这一时期，数据湖应用方面的研究也开始涌现，许多 IT 商业巨头推出了自己的数据湖产品，例如谷歌的 goodsystem、微软的 Azure Data Lake Store 等。然而，在此阶段，数据湖的研究主要集中在概念定义方面，数据湖架构的研究扩展较为有限，主要聚焦于元数据管理。数据湖的应用研究数量相对有限，目前仅局限于大数据存储方面，尚未达到更深层次的应用拓展。

自 2018 年至今，数据湖在架构、概念、应用和治理等方面经历了丰富的补充和拓展。首先，许多 IT 大厂商纷纷提出了自己的数据湖解决方案。国际上，亚马逊、微软、谷歌等巨头，国内则有阿里、华为、腾讯等，这些企业在数据湖的各个组成部分内都提供了成熟的方法和工具。

与此同时，学术界对数据湖的原型实现进行了广泛关注，涵盖了元数据管理、数据质量、数据来源、数据集成、数据发现等方面的研究。在这一时期，大量关于数据湖应用的研究也应运而生，涵盖了医疗、电力、智慧城市、教育、通信等多个领域。这些研究不仅推动了数据湖技术在各行业的深度应用，也为大数据平台在不同领域的深度融合提供了关键支持。

经过近几年的快速发展，加上数据湖在产业界和学术界不断取得突破，为企业和组织的数据湖实际落地提供了更加丰富的解决方案和建议。然而，当前数据湖的概念仍处于早期发展阶段，其架构尚未形成行业标准，技术细节方面尚存诸多需要解决的难题，而一些解决方案可能过度依赖机器学习等技术，这也是亟需解决的问题之一。

3.1.3 大数据

在20世纪90年代末，随着互联网的普及和计算机技术的迅猛发展，人们开始大规模生成和积累数据。这些数据涵盖了各个领域，包括社交媒体、电子商务、科学研究等。随着信息技术的不断进步，人们开始使用数字设备进行各种活动，从而产生了海量的数字数据，如文字、图片、音频、视频等。互联网的普及使得人们能够更加便捷地获取信息、分享信息和进行交流，各种在线平台上产生的数据量不断增加。物联网和传感器技术的发展使得各种设备和设施能够实时地采集和传输数据，如工厂生产数据、城市交通数据、环境监测数据等。社交媒体平台和移动应用程序的普及，使得人们能够方便地产生和分享各种个人信息和社交数据。

在2001年，分析师道格拉斯·兰宁提出了大数据的三个特征：海量性(Volume)、高速性(Velocity)和多样性(Variety)，这三个特征成为定义大数据的基础。首先，大数据的特征之一是数据规模大。随着互联网、物联网、移动互联网技术的发展，人和事物的所有轨迹都可以被记录下来，数据呈现出爆发性增长。数据的增长速度和处理速度是大数据高速性的重要体现。与以往的报纸、书信等传统数据载体的生产传播方式不同，在大数据时代，大数据的交换和传播主要是通过互联网和云计算等方式实现的，其生产和传播数据的速度是非常迅速的。另外，大数据还要求处理数据的响应速度要快，例如，上亿条数据的分析必须在几秒内完成。数据的输入、处理与丢弃必须立刻见效，几乎无延迟。

此外，大数据的核心特征是价值。实际上，价值密度的高低和数据总量的大小成反比关系，即数据价值密度越高，数据总量越小，而数据价值密度越低，数据总量越大。任何有价值的信息的提取都依赖于海量的基础数据。然而，在当前大数据背景下，一个未解决的问题是如何通过强大的机器算法更迅速地在海量数据中完成数据的价值提炼。

在2005年，Doug Cutting和Mike Cafarella开发了Hadoop，这是一个分布式计算框架，能够处理大规模数据的存储和分析。Hadoop的出现标志着大数据处理技术的重要进展。然而，早期版本的Hadoop并不容易运维和使用，并且无法与标准的数据库SQL语言统一。为了解决这个问题，Yahoo在2008年开发了一个新的系统——Pig。Pig是一个基于类SQL语句的脚本语言，通过编译可以直接生成MapReduce所需的逻辑程序，从而在Hadoop上运行。

同时，Facebook也加入使用Hadoop的阵营，并为了实现对接标准SQL而开发了一种新的分析工具——Hive。此后，只要懂得写SQL语句，就能直接在大数据平台上进行操作，这大大降低了使用的门槛，同时推动了大数据技术的发展。这些工具的出现使得更多的人能够参与到大数据的处理和分析中，促进了大数据技术的普及和应用。

在2012年，一位UC伯克利的博士在使用MapReduce进行大数据实验计算时发现实时性能非常差，无法满足实时计算需求。为了改进这一状况，他开发了一款性能卓越的替代产品——Spark。由于Spark在大数据实时计算性能方面的卓越表现，一经推出便受到了业界的广泛认可。与此同时，2010年之后社区涌现了诸如HBase、Storm、Sqoop、Flume、Oozie等组件，使得Hadoop从最初的Google三驾马车(GFS、MapReduce、BigTable)发展为拥有数十个相关组件的庞大生态系统。这一时期的技术发展加速了大数据处理和分析能力的提升，使得业界更好地适应不断增长的大数据挑战(图3-1)。

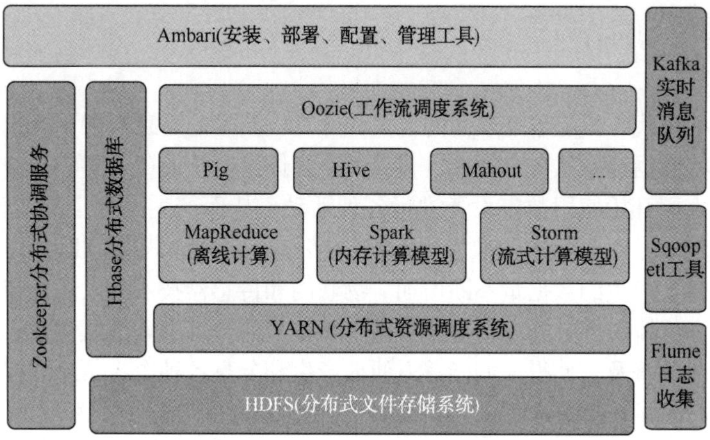

图 3-1　Hadoop 生态部分组件

2006 年，亚马逊推出了弹性计算云(Amazon EC2)，为大规模数据处理提供了灵活、可扩展的计算资源，推动了大数据技术在云平台上的发展。自 2007 年以来，“云计算”成为计算机领域最引人关注的话题之一，也是大型企业和互联网建设着力研究的重要方向。云计算的提出改变了互联网技术和 IT 服务的传统模式，引发了一场变革。

在 2008 年，微软发布了其公共云计算平台(Windows Azure Platform)，由此拉开了微软的云计算大幕。云计算在国内也掀起了一场风波，许多大型网络公司纷纷加入云计算的阵营。2009 年 1 月，阿里软件在江苏南京建立了首个“电子商务云计算中心”。同年 11 月，中国移动启动了云计算平台“大云”计划。到目前为止，云计算已经发展到较为成熟的阶段。

近年来，随着机器学习和人工智能技术的迅猛发展，大数据得以更好地应用于数据分析、预测和决策支持等领域。特别是深度学习等先进技术的涌现，进一步推动了大数据的发展。

3.2　数据平台技术演进历程

通常而言，数据平台是指能够对数据进行收集、存储、处理、计算和分析的软件平台。此外，数据平台还应具备有效的数据安全管理，并根据面对的业务需求提供相应的 SLA(服务级别协议)保证。对企业而言，数据平台是实现数据驱动的核心基础，有助于管理数据资产，为企业决策提供支持数据平台发展见表 3-1。

表 3-1　数据平台发展历程

信息化 IT 系统	存储持久化，简单的关联查询，简单的 OLTP 系统，基本、日常的事务处理，不适合数据多维分析
数据仓库	实现数据生命周期管理、主题域开发，支持复杂多维分析，数据处理能力较弱，在数据和业务预测方面应用有限
大数据平台	基于分布式的实时或者离线计算框架，建立计算集群运行各种计算任务，提供完善的大数据分析基础环境，提供统一数据开发能力，支持多数据集同步、资产管理、多源异构数据整合管理
数据中台	具有全域级、可复用的数据资产中心与数据能力中心，在底层通过技术手段统一数据标准和口径，为前台业务提供平台数据服务能力

在不同的历史发展时期，数据平台的内容、采用的技术以及解决的具体问题都存在差异，这主要受到当时信息技术发展阶段和能力的影响。此外，由于企业规模、业务特点和信息化程度的不同，不同企业对数据平台的要求和使用场景也会有所差异。

3.2.1 信息化 IT 系统

信息化阶段的 IT 系统主要采用关系型数据库和联机事务处理过程(OLTP)技术，注重加强事务性和高执行效率，以小查询为主。典型的 IT 系统包括交易、进销存、客户管理、供应链和履约系统。在这一阶段，企业通常依赖多个 IT 服务商提供的系统，每个系统都操作和管理着独立的数据，导致数据孤岛的存在。当需要对整体流程进行数据分析时，必须从涉及多个系统的数据库中提取数据，这往往变得非常困难且效率低下。

3.2.2 数据仓库（数据平台 1.0）

由于 IT 系统中 OLTP 数据库的独立部署和数据库设计范式的约束，使得使用 OLTP 数据库难以支持高效的数据分析。为了解决这一问题，数据仓库和数据集市应运而生。

数据仓库最早由比尔·恩门(Bill Inmon)在 1990 年提出。1991 年，在 *Building the Data Warehouse* 书中给出了其明确定义：数据仓库是一个面向主题的、集成的、相对稳定的、反映历史变化的数据集合，用于支持管理决策。数据仓库中的数据按照主题域组织，是对原有分散在 IT 系统数据库中的数据进行抽取、清理，并在此基础上经过系统加工、汇总和整理得到的。如图 3-2 所示，数据仓库的架构设计对数据表进行了分层：

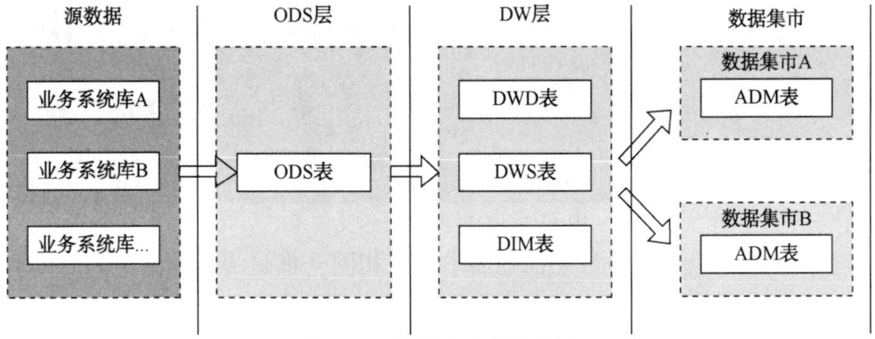

图 3-2 数据仓库架构设计

数据仓库的数据主要用于企业决策分析，涉及的数据操作主要是数据查询。一旦某个数据进入数据仓库，通常将被长期保留。在数据仓库中，查询操作非常频繁，而修改和删除操作则相对较少，通常只需要定期进行加载和刷新。

表 3-2 传统数据库与数据仓库对比

对 比	传统数据库	数据仓库
数据内容	当前业务状态数据	历史的、归档的、计算汇总的数据
数据目标	面向业务操作流程、重复操作	面向主体域分析
DB 设计	面向应用	面向主题
数据访问量	每次一般只访问少量记录	每次一般访问大量记录
数据特性	动态，实时变更、更新	静态，定期加载、刷新

数据仓库采用了一些与标准面向事务的业务系统数据库不同的设计和思路方法，以支持将多个业务运营系统的数据进行 ETL 处理，最终汇集到一个数据仓库中。这种做法使得数据能够更好地关联和分析，从而创造更大的价值。然而，这只是与业务数据库设计方法论的改变和区别，而在底层技术存储架构和数据库选型方面并没有给出明确的建议(表 3-2)。

3.2.3 大数据平台（数据平台 2.0）

在信息化和新业态的带动下，企业采集和存储更多、更全面的数据，数据量已经达到 TB、PB 甚至 EB 级的规模。这种数据量级带来的挑战已经超出了数据仓库模型和传统数据处理技术的解决范围，因此需要采用一套新的技术解决方案，即大数据处理。通过建设大数据平台，使用基础组件如 HDFS、Hive、Spark、Impala 等，打破了数据仓库中数据存储和处理的限制，解决了海量数据的分析难题。这类采用分布式架构进行离线批量、延时较高的静态处理过程被称为离线计算。

随着业务对实时性需求的迫切要求，后续出现了以 Flink 为代表的实时流处理计算方案，可以对实时的数据进行实时计算和结果响应，同时涉及与实时流处理相配合的 MQ、Kafka 等技术(图 3-3)。

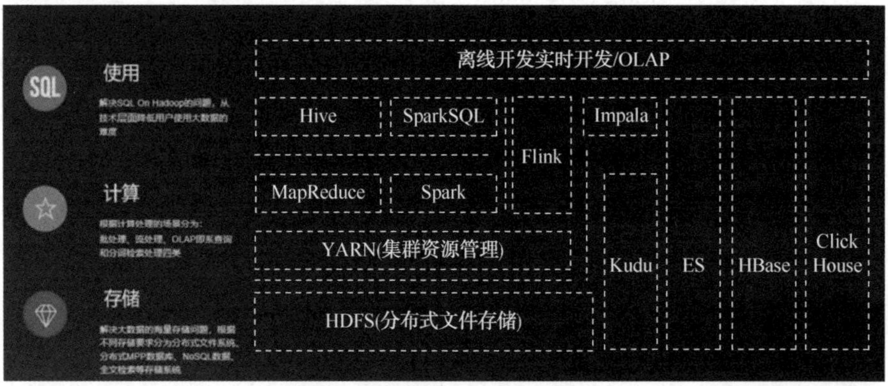

图 3-3 大数据平台相关技术

大数据平台和数据仓库在业务层面的需求大致相同，都是为了满足企业对丰富的维度信息聚合和数据分析的需求。然而，基于大数据实现的数据仓库和传统数仓在架构和技术处理上存在较大差异。由于大数据技术栈的门槛较高，因此大数据平台除了解决常规数据集成和 ETL 处理之外，还需要为用户提供一套自助式的、简单易用的大数据开发平台。这个平台应当支持多租户的任务开发、编排和运行，并保证数据隔离和资源隔离。

同时，随着技术的发展，大数据平台开始引入机器学习和 TensorFlow 等相关的技术架构，使数据服务具备智能化的能力。

3.2.4 数据中台（数据平台 3.0）

大数据平台的建设使得企业各部门能够在平台上快速高效地构建数据应用和数据服务。然而，各个部门独立开发的烟囱式数据导致资源浪费，数据标准不一致，使用成本高昂，业务数据孤岛严重，数据利用率低，这些问题在大数据平台中显露出来，亟待解决。2015年，“中台”的概念由阿里巴巴首次提出，旨在构建“大中台，小前台”的组织和业务体制。中台是一个能够支撑多个业务、促进业务间信息互通和增强的机制。在阿里中台战略的推动下，数据中台作为OneData体系的一部分，通过数据技术对海量数据进行采集、计算、存储和加工，同时实现标准和口径的统一。数据中台将数据进行统一后形成标准数据，再进行存储，构建大数据资产层，为客户提供高效的服务。数据中台的核心在于对数据能力进行抽象、共享和复用，形成全局的管理和规范统一。

数据平台的发展是由数字化转型的业务场景和需求推动的，而不同阶段对技术的要求也有所不同。

数据中台的总体目标是使数据产生业务价值。具体而言，企业可以通过建设数据中台，快速响应数据需求、建设统一数据平台、打通企业数据资产、提供统一数据服务、让数据直接参与业务、产生包括客户价值在内的企业价值等。

为实现这些目标，数据中台需要具备汇聚、整合、加工、提炼各类原始数据以形成数据半成品，进而分析生成可用的数据服务内容的能力。作为企业综合数据能力的集合，数据中台的核心能力必须包括数据汇聚存储、数据开发、数据服务、数据管理、数据资产运营等。

在实践中，企业构建自身数据中台核心能力时，以平台工具建设为主导形式，同时各项能力除了依赖技术工具外，还需要具备非工具类的能力。在一些通用的技术工具之外，为了支持个别针对性的高阶需求，仍需要使用一些专门的非通用技术工具。因此，将数据中台中通用的技术工具提取出来后，各项能力的需求本质将更为凸显。在中国信通院牵头编制的《数据中台能力成熟度模型》系列标准中，企业数据中台能力分为技术工具、架构管理、数据开发、数据服务、数据管理、数据资产运营六大能力域，全面覆盖了企业数据中台核心能力，体现了各类能力对应的层次(图3-4)。具体来看：

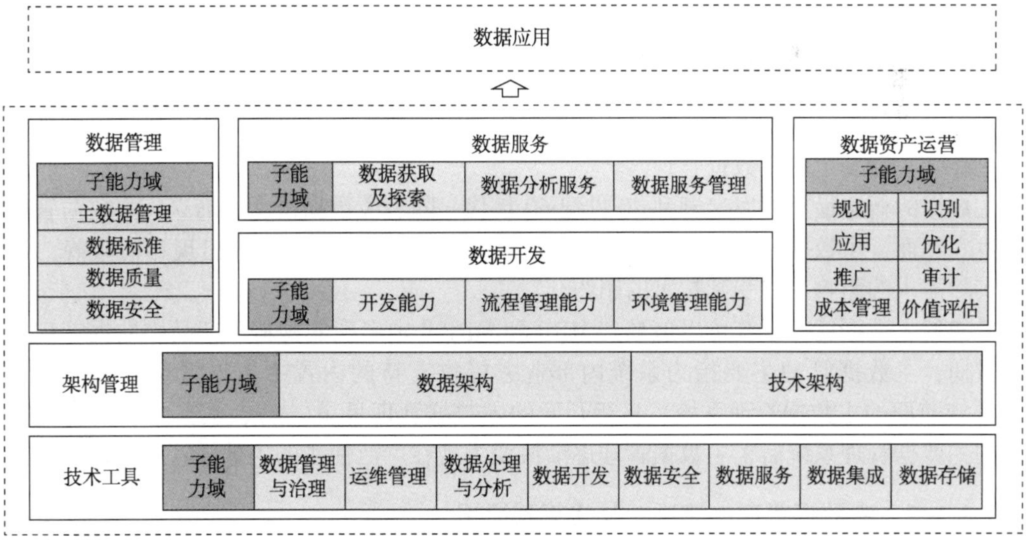

图3-4 数据中台层次

技术工具是数据中台的物理基础设施，从工具功能的角度全面展示了企业构建数据中台所需的全部技术工具能力集合，是对数据中台最为具体的体现形式，勾勒出了数据中台的外部轮廓。

架构管理是根据企业自身需求对数据中台内部架构进行设计并持续管理的过程。其中，数据架构的设计确保了数据中台对大多数企业内部结构化和非结构化数据的汇聚存储，而技术架构的设计则保障了支持数据中台各项能力的技术工具模块能够有效结合并交互运作。

数据开发是维持数据中台运转的重要能力。通过数据开发过程，数据中台能够不断加工、提炼各类原始数据，生成满足业务方需求的数据半成品或其他形式的数据内容或产品，以保证数据中台可以持续运转，支持业务方的各类需求。

数据服务是数据中台对外实际直观可感的内容统一出口。通过数据服务体系中的各项能力，数据中台可以向业务方提供各类数据服务支持，并使业务方能够便捷快速地检索和获取所需的数据服务内容。

数据管理是提升数据中台可产生价值的重要工作。通过数据管理，数据中台整体数据的质量和潜在价值得以提升，使数据中台能够提供效果更好、可用性更强的数据服务，进一步强化了数据中台的内在价值。

数据资产运营是提升数据中台使用效果的重要能力。在相应规划的基础上，对数据资产进行识别和应用，并基于一定的策略和方法对使用情况进行优化和推广。同时，形成基于成本管理和价值评估的评价体系，促进数据中台的良好使用和价值转化。

3.3 数据治理工具

3.3.1 主数据管理工具

3.3.1.1 主数据管理演进：从内置系统到全面平台的历史变迁

随着对主数据管理要求的不断变化和提升，主数据管理工具也在升级换代，以实现更高效、更准确、更安全的主数据管理。

主数据的概念最早可以追溯到20世纪60年代。随着主数据概念的确立，主数据管理应运而生。然而，主数据管理系统（在此指计算机领域中的应用系统）的出现相对较晚，这既受到实际需求的影响，也受到技术的制约。

最初的主数据管理系统可以追溯到MRP和MRP Ⅱ中出现的物料和产品主数据管理。在这个时期，主数据管理主要指为系统内部业务提供支持的内置主数据管理系统。经历了ERP系统兼职的主数据管理系统、自行开发的主数据管理目录（表）、根据主数据管理需求定制的主数据管理系统后，主数据管理逐渐演变为现在广泛使用的主数据管理平台。

3.3.1.2 主数据管理的演进：从代管到通用

1. 代管时代：ERP兼职的主数据管理时代

在20世纪90年代，根据Gartner对企业资源计划（ERP，Enterprise Resource Planning）的定义，ERP系统内部使用的主数据和主数据管理功能也由ERP系统承担。这一时期，ERP

系统中的主数据管理模块不仅支持系统内部业务，还能通过信息网络为其他应用系统提供主数据服务。ERP 系统因此成为真正意义上的主数据管理系统，尽管它只是“兼职”而非专业的主数据管理系统。

在当时，信息系统专业化程度相对较低，组织中信息系统数量有限，主数据共享的需求不是很高。以 ERP 作为数据源，为其他信息系统提供主数据管理的方式是一种可行且适合的方法。此时，主要的 ERP 系统及其他辅助专业化系统通过点对点的方式进行集成，集成解决方案相对简单。

从系统数量的角度看，主要的 ERP 系统和其他辅助的专业化系统相对较少，系统间集成相对简单。从数据标准的角度来看，ERP 的主数据管理模型相对全面，基本能够满足其他系统的主要需求。因此，通过 ERP 系统统一管理数据模型，并结合专业化系统补充特定的模型属性，能够满足当时的主数据管理和业务应用需求。

2. 独立时代：定制简单的主数据管理系统

随着组织的 IT 架构日益丰富，应用系统不断增多，对主数据的需求也日益增加。从数据模型、数据管理到集成效率的各个方面，ERP 系统难以满足主数据的业务需求。进入 2000 年后，专业的主数据管理系统迎来了发展的历史机遇，独立建设成为趋势。同时，互联网迅速发展和 IT 技术的不断进步，使应用系统的定制开发门槛迅速降低，许多 IT 服务商也能够为企业提供相关的开发服务。在主数据管理业务需求不断复杂化的情况下，专业的主数据管理系统逐渐成为企业的首选。

在这一时期，主数据管理需求更加集中于提供主数据的唯一性验证和名称服务。经过在主数据系统中的管理，主数据可以被其他业务系统调用，或者直接推送给其他业务系统使用。专业的主数据管理系统不断演进，从 ERP 系统中独立出来，专注于为某一类主数据提供相关目录服务。

主数据的模型变得更加简单，主要包括编码和名称，还包括少量其他属性。例如，在人员主数据系统中，一般包括管理人员编号、姓名、身份证号等基本信息。

此外，不同的应用系统都需要管理用户和人员。如果没有主数据系统，只能分别进行维护，这既效率低下，又需要多次多批次地收集信息。在进行数据统计和分析时，还需要进行主数据信息的映射。主数据管理系统能够有效解决上述问题，提高数据管理的效率和准确性。

3. 专业时代：开发专业的主数据管理系统

21 世纪 10 年代标志着移动互联网和大数据时代的来临。数据的数量和类型迅速增长，简单的主数据管理已经无法满足组织业务的发展需求。此时需要一个更为强大的主数据管理平台，能够管理产品、客户、供应商、组织、人员等多种类型的主数据。同时，某一类型的主数据所需管理的属性急剧增加，需要与更多的业务系统集成，管理和使用主数据的用户数量也大幅增加。主数据管理平台对系统集成、数据质量、数据模型、管理流程等提出了更高的要求。因此，具有更大灵活性、便利性和适应性的主数据管理平台成为历史舞台上的主角。

专业的主数据管理平台需解决主数据的创建、采集、质量管理、发布共享等关键需求，并提供业务流程管理、数据模型管理、质量验证管理、系统集成管理等必要的集成功能，以满足主数据全生命周期的管理。

在这一时期，组织可以通过自有 IT 能力进行定制化开发，以满足本组织的行业特性和业务特性要求。国际和国内的厂商也开始构建不同风格和水准的主数据管理系统。有的主数据管理系统来源于其他体系，为本体系的其他系统提供主数据服务；有的通过数据集成而衍生，增加主数据标准化管理系统，使其在传统的数据采集、转换、加载的过程中对主数据进行专业化管理；还有一些主数据管理系统是由大型软件厂商通过并购和为特定客户进行项目开发后产品化的。总之，这是主数据管理百花齐放的时代。

4. 通用时代：构建通用的主数据管理平台

21 世纪 20 年代标志着通用 IT 架构进一步完善和主数据管理理论的日益成熟，构建通用主数据管理平台成为不可避免的趋势。

通用的主数据管理平台应当具备以下几个关键架构特点：开放的技术架构，以满足组织的业务拓展和功能扩展需求；易用的产品架构，能够降低应用的门槛，实现快速地应用配置；标准的集成架构，以便捷地与相关的业务系统集成，内置标准应用产品集成解决方案，实现无代码集成；全生命周期的数据质量管理架构，提供全程监控主数据质量、数据日志，进一步提前发现数据问题的时间点。

通用主数据管理平台需要具备适应性、动态性、弹性、个性化和开放性等特点，能够对主数据特征进行抽象，提供高度适应的主数据管理能力。该平台应能够动态调整解决方案，提供弹性的模型和流程，并根据组织的个性需求进行灵活配置，同时提供开放的技术标准和集成服务，以便与相关的业务系统协同解决方案。

通用主数据管理平台必须基于云原生构建，支持云计算，同时提供对公有云、私有云和本地化部署的能力。该平台还应具备高可用性和高度安全保障，以确保组织的数据资产得到有效管理和保护。作为示例，得帆云主数据管理平台采用了基于低代码技术架构的通用主数据平台。

3.3.1.3 主数据管理的演进：构建通用时代的平台

从代管时代的 ERP“兼职”管理到独立时代的专业系统建设，再到专业时代的全生命周期管理平台，主数据管理一直在不断演进以满足企业不断增长的需求。然而，21 世纪 20 年代标志着主数据管理进入了通用时代，这一时代的平台构建成为不可避免的趋势。

通用的主数据管理平台不仅需要开放的技术架构以适应业务拓展和功能扩展，还要具备易用的产品架构，降低应用门槛，实现快速应用配置。其标准的集成架构使其能够与各业务系统无缝集成，提供内置的标准应用产品集成解决方案，实现无代码集成。此外，通用主数据管理平台的全生命周期数据质量管理架构允许全程监控主数据质量和数据日志，提前发现数据问题的时间点。

这一平台具备适应性、动态性、弹性、个性化和开放性等特点，能够对主数据特征进行抽象，提供高度适应的主数据管理能力。通用主数据管理平台不仅支持云计算，而且基于云原生构建，提供对公有云、私有云和本地化部署的灵活选择。高可用性和高度安全保障确保组织的数据资产得到有效管理和保护。

得帆云主数据管理平台作为一个基于低代码技术架构的典型示例，展现了通用时代主数据管理平台的特征。在这个时代，平台的建设不仅仅是满足当前需求，更是为未来不断变化的业务环境提供了持久、灵活和高效的解决方案。

3.3.2 数据分析工具

3.3.2.1 商业智能(Business Intelligence)

1. 第一代传统 BI(1996 年)

第一代 BI 的概念由 Gartner 机构于 1996 年提出，它描述的 BI 是通过应用基于事实的支持系统来辅助商业决策的制定。简而言之，第一代 BI 主要是以 IT 为中心的预定义报表平台。然而，在当时，计算机技术、存储技术等都还在发展中，这也限制了 BI 技术的进一步发展。随着 20 多年的发展，传统 BI 的功能变得越来越强大，但其价值的实现却需要 IT 部门和业务部门共同合作。然而，由于部门间的沟通以及需求的反复调整，导致其存在响应周期漫长、价值难以体现等问题。

2. 第二代敏捷 BI(2011 年)

进入 21 世纪，以具备一定 IT 能力的业务人员为中心的自助式数据分析平台开始迅速流行，敏捷 BI 的时代来临。在这段时间内，BI 厂商如雨后春笋般涌现，纷纷致力于发展可供自助式分析的 BI 产品。尽管敏捷 BI 的出现在一定程度上解决了部门协同的问题，但对于长尾数据的有效处理仍然存在挑战。同时，敏捷 BI 在分析经验和知识体系的沉淀方面也面临困难，因此 IT 部门在后续难以为其提供充分的技术支持，从而局限了其应用范围。

3. 第三代智能 BI(2019 年)

在 2019 年前后，第三代智能 BI 崭露头角，即 AI+BI。这一时代的智能 BI 以纯业务人员为中心，以自然语言处理为主要手段，实现搜索驱动的数据分析平台，技术门槛降至零，并能完美支持长尾数据，同时实现知识沉淀和经验共享。表面上看，智能 BI 的出现似乎解决了前两代 BI 的难题，但实际情况是否真如此呢？目前来看，智能 BI 的实际应用场景相对较少，主要偏向前端，而市面上绝大多数智能 BI 产品在数据采集和预处理环节的智能化能力上仍有待提升。

商业智能的发展历程经历了不同阶段的演进，从第一代传统 BI(1996 年)开始，经过第二代敏捷 BI(2011 年)的崛起，到第三代智能 BI(2019 年)的兴起，见证了行业的变革和技术的不断创新。第一代 BI 起源于 Gartner 机构的定义，以基于事实的支持系统为核心，然而，当时的技术水平限制了其进一步发展。第二代敏捷 BI 在 21 世纪初以自助式数据分析平台为特征，尽管解决了部门协同的问题，但在长尾数据和知识沉淀方面仍存在挑战。第三代智能 BI 以 AI+BI 为特征，以纯业务人员为中心，通过自然语言处理实现搜索驱动的数据分析平台，然而，其实际应用场景尚处于相对较少的阶段。

在这一演进过程中，每个阶段的商业智能都有其独特的优劣势。第一代的强大功能受限于 IT 与业务部门的合作，而第二代在自主性方面取得了一些突破，但在处理长尾数据和知识沉淀方面仍有瓶颈。第三代的智能 BI 虽然在技术上有所突破，但在实际应用中尚待进一步推广。总体而言，这三代商业智能并非互相替代，而是在不同应用场景下进阶和长期共存，为业务决策提供了多样化的选择。随着技术的不断发展，商业智能将继续迭代，为企业提供更加智能、高效的决策支持工具。

3.3.2.2 Python

1. Python1.x(1991~2000 年)

Python 语言在初始阶段主要实现了基本的语法结构、数据类型、异常处理和模块系统等特性。Python 1.0 于 1994 年发布，引入了 lambda 表达式、map、filter 以及 reduce 等函数式编程工具。Python 1.6 发布于 2000 年，是 Python 1.x 系列的最后一个版本。

2. Python 2.x(2000~2020 年)

Python 语言进入成熟阶段，主要引入了许多新功能和改进，包括 Unicode 支持、列表推导、垃圾回收机制、生成器、装饰器、迭代器协议、新式类等。Python 2.0 于 2000 年发布，引入了循环引用检测的垃圾回收机制和全局解释器锁(GIL)。Python 2.4 于 2004 年发布，同时诞生了 Django 框架。Python 2.7 于 2010 年发布，是 Python 2.x 系列的最后一个版本。原计划于 2015 年结束支持的 Python 2.7，后延长至 2020 年，并确定不再发布 2.8 版本。

3. Python 3.x(2008 年至今)

Python 语言进入现代阶段，经历了一系列重大的改变和优化，包括移除旧式特性、统一文本和二进制数据模型、增加类型注解、支持异步编程等。Python 3.0 于 2008 年发布，与 Python 2.x 存在不完全兼容，并提供了 2to3 工具以协助代码迁移。Python 3.6 于 2016 年发布，引入了格式化字符串字面量(f-string)等新特性。Python 3.9 于 2020 年发布，移除了已弃用的 API，包括 distutils 包。截至 2023 年 10 月，Python 3.12 是最新的稳定版本。

Python 语言的发展历程从初期的 Python 1.x(1991~2000 年)开始，逐步演进至 Python 2.x(2000~2020 年)和 Python 3.x(2008 年至今)，见证了语言的成熟和现代化阶段。在 Python 1.x 时代，语言注重实现基本的语法结构和模块系统，而随着版本的更新，Python 2.x 引入了众多新功能，包括 Unicode 支持、垃圾回收机制等，成为成熟阶段的代表。然而，为适应现代编程需求，Python 3.x 进入了现代阶段，通过移除旧式特性、统一文本和二进制数据模型等改进，使语言更具弹性和适应性。Python 3.x 还引入了异步编程等新特性，为开发者提供更丰富的编程体验。随着版本的不断迭代，Python 在 2023 年 10 月的最新稳定版本为 Python 3.12，为开发者提供了更强大、高效的编程工具。Python 语言在技术演进中保持了持续的创新，成为当今编程领域中最受欢迎和广泛应用的语言之一。

3.3.2.3 统计产品与服务解决方案(Statistical Product and Service Solutions)

1. 1968~1975 年：SPSS 成为产品

在技术首次作为学术企业开发并发展成为独立的产品时，SPSS 开始崭露头角。SPSS 的创始人将源代码磁带分发给每一个用户，而维护和增强的责任则由原始作者负责。这个阶段标志着 SPSS 不再仅仅是一种学术工具，而是发展成为一个完整的产品。

2. 1975~1984 年：SPSS 成为公司

当公司的收入开始对其原主办机构芝加哥大学全国意见调查中心的非营利地位构成威胁时，SPSS 决定独立成立。在这一启动阶段，公司进行了业务组织，并采取了若干发展举措。

3. 1984~1992 年：“PC 时代”

借助领先市场的 PC DOS 统计分析系统，公司的收入从 1800 万美元增长至 3800 万美元。SPSS 成为首家在 PC DOS 上发布统计软件产品的公司。

4. 1992~1996 年："Windows 时代"

公司于 1992 年发布了首个 Windows 版本的统计软件包。到 1996 年，这个版本的收入达到了 8400 万美元。业务重点放在统计产品上，通过引进其他统计产品公司的收购战略，如 SYSTAT(1994 年)和 Jandel(1996 年)，以补充这一领域的发展方向。

5. 1997~2002 年：向企业过渡

这一时期是公司通过收购实现增长的阶段，分析应用的兴起为核心统计产品业务提供了有力的补充。通过收购 Quantime(市场研究应用软件)、ISL(数据挖掘软件)、ShowCase(用于中间市场的商业智能软件)、NetGenesis(Web 数据分析应用程序)、LexiQuest(文本挖掘软件)和 netExs(OLAP 技术的 Web 接口)，公司从 1997 年的 1.1 亿美元增长至 2002 年的 2.09 亿美元。同时，于 2000 年正式将英文全称更改为"统计产品与服务解决方案"(Statistical Product and Service Solutions，SPSS)。

6. 2003~2008 年：向预测分析转型

在 2003 年，SPSS 在预测分析方面发挥了思想领导作用，将其视为商业智能软件领域中一个重要且独特的细分市场的兴起。为了强化其对预测分析的关注，SPSS 于 2003 年 11 月收购了总部位于荷兰的 DataDistilleries，这是一家专注于预测分析应用程序的提供商。在 2004 年，SPSS 推出了预测分析应用程序，充分利用其技术实力和整合最新收购的技术，其中包括 DataDistilleries。

统计产品与服务解决方案的发展历程是科技演进和商业智能领域蓬勃发展的缩影。从 1968 年 SPSS 成为产品开始，逐步演化为一个独立的公司，不断推陈出新，拓展业务领域。在 PC 时代和 Windows 时代，SPSS 凭借先进的统计分析系统取得市场领先地位，为公司贡献了丰厚的收入。随后，公司通过收购战略实现了向企业过渡，进一步巩固了在商业智能软件领域的地位。而在预测分析兴起的时期，SPSS 再次展现了领导思想，通过收购和技术整合，成功实现了向预测分析的转型。统计产品与服务解决方案的发展历程，不仅见证了 SPSS 从学术工具到独立产品再到全面解决方案的演变，也展示了公司对技术创新和市场需求不断迭代的坚持。在这个不断变化的商业环境中，SPSS 持续为用户提供高效、先进的统计解决方案。展望未来，SPSS 将继续引领统计分析领域的创新发展。

第4章
数据治理在油气田的实践

4.1 油气行业数据治理规划

4.1.1 中国石油

随着信息技术日新月异迅猛发展、信息化应用广泛而深入普及，各领域数据呈爆炸式增长，数据已成为全球社会关注的重要战略资源。面对海量且高增长、多样化的数据资产，如何实施有序高效的治理以最大化发挥数据价值，是大数据时代的一个重要命题。习近平总书记在“实施国家大数据战略加快建设数字中国”的政治局集体学习时强调：“要加强国际数据治理政策储备和治理规则研究，提出中国方案。”

作为国有重要能源骨干企业，中国石油以新发展理念为重要指引，认真贯彻“推动互联网、大数据、人工智能和实体经济深度融合”、实施国家大数据战略、建设“数字中国”等一系列重要部署，大力推动信息化从分散向集中、从集中向集成的2次阶段性跨越，提出建设“共享中国石油”的发展要求，信息化步入了共享智能的新阶段。“共享中国石油”的核心是数据共享，而数据共享需要数据治理做基础，因此数据治理工作成为事关信息化高质量发展的重要基础工程。

经过近20年的信息化建设和应用，集团公司各信息系统中产生、形成、积累了种类众多、体量巨大的生产经营管理数据，数据主题域可概括为财务、人事、物资、项目4个管控领域，勘探开发、炼油化工、产品销售、管道储运、油田服务、工程建设、金融贸易、装备制造8个专业领域。经过初步梳理，每个数据主题域平均有近300个数据实体，集团公司共有数据实体约3500个，截至2018年年底数据总量达到5PB以上。

多年来，中国石油集团公司数据治理工作是结合信息化工作需要、伴随信息化建设过程而陆续展开的。先后在公共数据编码、数据属性规范、数据字典3个方面，制定发布了共计27项集团公司级的数据标准规范，涉及物资、产品、组织机构、往来单位、会计科目、数据结构等方面。建成应用了公共数据编码平台，包含公共数据编码申请审批、质量管控、集成发布、应用评价的一体化管理功能，依据数据自身特点，按照集中制、审批制和备案制3种策略对公共数据进行管控，目前管理了包括物资、供应商、产品等15类68项主数据，形成了共计1500万条的公共数据资源池，通过与应用系统进行业务和数据的集成，有力地保障了ERP、HR、物资采购平台等40个应用系统中的主数据质量。各应用系统数据治理程度不同，发展不平衡，某些方面差异很大。基于对45个信息系统的调研情况，91%的系统有对应的数据管理部门，82%的系统有相应的数据管理制度，80%以上的系统对数据的操作实施监控，有64%的系统使用通用模型设计工具对本系统的数据架构进行设计并维护，有48%的系统反映出数据存在质量问题，有48%的系统明确指定了数据质量负责人，46%的系统有定期的数据质量评估活动，有34%的系统进行数据清理改进数据质量。

中国石油正积极借助自动感知技术实时采集油气产业链运行数据，同时通过全面互联广泛获取内外部数据，运用数字化技术不断优化业务执行和运营效率，旨在在“十四五”末初步建成“数字中国石油”的雄伟愿景。在集团层面，首先，通过油气业务链协同优化，实现了对油气生产、贸易、炼化、物流、销售等各环节的统筹安排，以整体效益和股东价值最大化为目标。在资源配置、加工、物流和销售优化的过程中，集团通过情景模拟针对突发事件，最终实现市场动态全面感知、生产运行协同优化、风险预警快速响应、支持决策精准高效的目标。

其次，在协同科研与创新方面，中国石油正在利用科研平台集成共享专业软件、仪器设备和专家文献等要素，以提高多专业跨单位协同研发效率为目标。通过整合人工智能、大数据分析等新的数字工具，助力新产品的研发，并提高科研成功率。在主营业务领域，首先，中国石油致力于打造智能油气田，基于感知、互联、数据融合实现了生产过程的“实时监控、智能诊断、自动处置、智能优化”的油田业务新模式。其次，通过提升炼化企业的感知能力、分析优化能力、预测能力、协同能力，中国石油构建了以高效供应链、精益化运营、安全化工控、互联化运维为特色的智能炼化新模式。此外，通过借助物联网、大数据、人工智能等数字化技术，中国石油推进成品油零售业务的转型升级，构建人、车、生活生态圈，实现“智慧化销售、数字化运营、一体化管控”的目标。最后，在打造智能工程方面，中国石油建设了钻井工程全生命周期智能支持平台，全面提升工程作业风险管控水平、工程质量和运行效率。通过建立智能井筒，实现钻完井全过程地面/井下远程实时透明化监控。同时，通过打造智能作业现场，包括智能钻井和数字化地震队，中国石油在油气田行业取得了令人瞩目的进展。

中国石油以其雄心勃勃的数字化转型计划，不断拓展和深化人工智能在油气田行业的应用。通过整合数据、优化业务流程，并运用先进的数字技术，中国石油正在积极打造未来的“数字中国石油”，为行业发展描绘了一幅充满活力和创新的美好蓝图。

4.1.2 中国石化

“十四五”以来，中国石化将数据作为公司战略资源，信息和数字化管理部会同各业务域域长单位积极推进全业务域数据治理工作，强化数据资产化管理和数据价值发挥，以数字化转型和智能化发展推动企业转型升级和高质量发展。

中国石化业务领域众多、管理流程复杂，数据具有种类多、总量大、增速快、存储格式多样、分布广泛等特点。对此，中国石化借鉴业界主流数据治理方法及石油石化行业实践经验，构建了集团公司数据治理体系总体框架，为数据治理工作实践提供理论支撑。

组建数据治理组织。在网络安全和信息化领导小组下设立中国石化数据治理委员会，由集团公司领导、各业务域域长组成，明确了组织架构、工作职责、工作机制，同时组建各业务域数据治理专家团队，打造石化内部数据治理先锋队。

建立“1+6+N”制度流程体系。制定中国石化数据治理相关管理规定和执行细则、管理流程、规范要求、工作模板及操作指导书，形成“1+6+N”制度流程体系，为集团公司数据治理提供政策指引和基础保障。

提出数据治理工作方法。遵照《中国石化数据治理工作指南》，提出数据治理工作方法“七步法”，明确各业务域数据治理工作步骤，为各业务域及相关单位进行数据治理工作提供通用的工作方法和实施工作模板，实现数据治理“有法可依”。

近年来，各业务域域长单位齐抓共建、夯基固本，全力推进数据治理工作并取得新突破。投资管理、内部审计、财务管理、人力资源管理、物资供应管理、国内油气勘探开发、炼油化工、金融服务共计8个业务域或分域通过数据标准审查并发布了一批数据标准，扎实构建数据标准体系，实现数据标准统一管控。

投资管理分域完成4个业务子域数据资源盘点，以及97家企业9万余条项目信息的数据清洗工作；人力资源管理域完成人才管理子域数据治理及域内相关信息系统的贯彻标准工作；国内油气勘探开发分域完成9个主题域的业务梳理及流程绘制，并率先开展了数据湖建设和数据入湖；炼油化工域完成事业部，以及镇海炼化、茂名石化两家试点企业6个主题域的数据资源盘点，初步形成了炼油化工域统一的数据资源目录；信息和数字化管理域开展全域业务对象的识别并形成业务对象清单初稿。

数据安全方面，作为首批试点单位，中国石化圆满完成国家层面数据分类分级标准试点验证工作。同时，结合各业务域数据治理成果，形成具有中国石化特色的数据分类分级指南，进一步明晰数据分类分级工作的路径和方法。

基于石化智云工业互联网平台，信息和数字化管理部同各业务域域长单位设计了提供采、聚、理、用、保、管6大核心能力的多湖一中台体系，实现多湖协同联动、数据统一管控，打造中国石化内畅外联的数据枢纽。

目前，中国石化已完成经营管理数据湖、油田板块数据湖及数据服务平台等建设。其中，数据服务平台上线运行3年多来，直接服务用户3万余个，数据服务累计超过16.9亿次，日访问次数已超过250万次。中国石化获国际数据管理协会(DAMA中国)2021年“数据治理最佳实践奖”，数据服务平台获2022年“数据治理优秀产品奖”。

同时，通过跨域数据共享应用，努力为客户、供应商、合作伙伴提供高价值数据，促进产业链生态建立。炼化业财融合数据应用方面，初步建立炼化指标体系，实现炼油化工、生产营运和财务管理3大业务域的跨域融合。客户服务方面，聚焦客户价值挖掘，形成10大主题数据模型，支撑20余个数据分析应用，为提升用户体验和业务决策效率提供数据支撑。

治“数”如治水，数据治理工作是一项迭代演进的、螺旋式上升的系统工程。未来将聚焦以构建企业数据要素生态为核心的数据赋能新模式，以释放数据要素价值为重点方向，推进跨领域、多层次数据要素共享及业务协调发展，为数字化转型发展提供强劲动力。

4.2 长庆油田数据治理概述

4.2.1 长庆油田数据建设历程

长庆油田作为一个以“三低”油气藏为主的油田，面临着诸多挑战。在快速发展的过程中，传统的生产模式已经难以满足需求，必须转变发展方式，坚持“两化”融合，走向新型工业化道路。为了应对这一挑战，长庆油田借助信息化和数智化手段，有效提升劳动生产率和管理决策水平。随着油田的快速发展和信息技术的进步，长庆油田的数智建设经历了三个阶段：专业系统独立建设、数字化集中建设与应用、数字化转型智能化发展(图 4-1)。

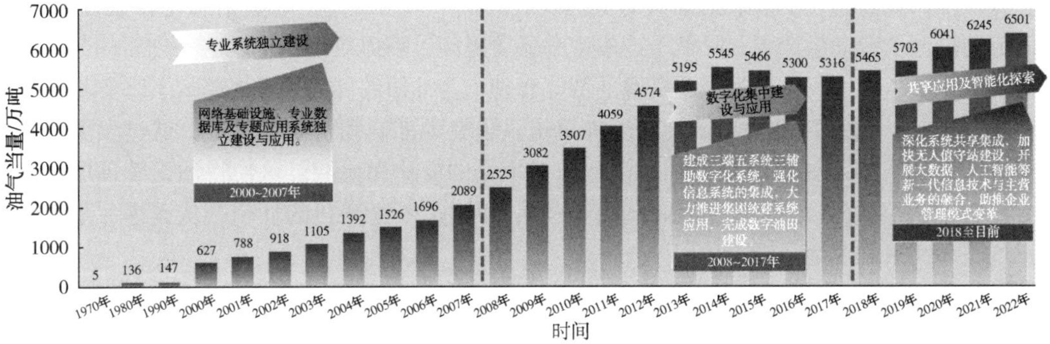

图 4-1　长庆油田的数智建设

在专业系统独立建设阶段，长庆油田通过引入先进的信息技术和设备成功建立了一套完整的数据采集和处理系统。该系统具备实时监测油田生产情况的能力，能够迅速响应并解决问题，从而显著提升了生产效率和安全性水平。同时，长庆油田还进行了网络基础设施和专业数据库的建设与应用，为系统的稳定运行提供了坚实的基础。

随着科技的不断进步，长庆油田迈入了数字化集中建设与应用的新阶段。在这一阶段，油田成功建成了三端、五系统以及三辅助数字化系统，通过强化信息系统的集成，大力推进集团统建系统应用，圆满完成了数字油田建设。这一数字化系统涵盖了前端、中端和后端三个关键层面。前端指的是采集现场数据的设备和系统，包括传感器、计量仪表和监控系统等；中端则是数据处理和管理系统，如 ERP、MES 等；后端包括数据分析和决策支持系统，例如 BI、AI、大数据平台等。通过这三端的构建，油田实现了全方位的数据采集、处理和应用，进一步优化了整个生产流程，提升了生产效率和产品质量。

五系统包括生产管理系统、安全管理系统、环保管理系统、质量管理系统和能源管理系统。这些系统覆盖了油田生产过程中的各个关键环节，通过信息化手段强化了对生产的监管和控制，有效提高了生产安全和产品质量水平。此外，三辅助数字化系统专注于油田运营中的配套服务，包括人员培训、物资采购和设施管理等，通过数字化方式提高了服务效率和水平。

值得一提的是，长庆油田在数字化建设中不仅注重技术方面的提升，还大力推进集团统建系统的应用，将数字化建设与企业管理和决策紧密结合，实现了全面的信息化管理和决策支持。这一综合性的数字化转型战略使得长庆油田在行业内保持领先地位，为未来的智能化发展奠定了坚实基础。

随着时间的不断推移，长庆油田已迈入数字化转型智能化发展的崭新阶段。在这个时期，油田着手大规模应用人工智能、大数据分析等尖端技术，致力于实现生产流程的自动化和智能化。通过建立智能化监控系统，长庆油田得以实时监测和预测异常情况，并能够自动进行调整和优化，从而进一步提升生产效率。

同时，油田还积极探索新的生产模式和技术手段，包括物联网、区块链等创新领域。这些探索旨在进一步提高油气开采效率和资源利用率，为油田的可持续发展创造更为智能、高效的生产环境。这一数字化转型智能化发展的阶段，标志着长庆油田在引领科技前沿、不断追求创新的道路上取得了显著的成就。

长庆油田数智建设的发展为油田的迅速发展提供了有力支持。通过信息化和数智化手段，油田成功提升了劳动生产率、降低了成本，并显著提高了整体效益水平。这一创新的数字化转型不仅优化了生产过程，还加强了资源的智能管理，为油田的可持续发展奠定了坚实基础。

与此同时，数智建设为油田的管理决策提供了更为准确和科学的基础。通过大量准确的数据和智能化分析，油田能够更加灵活地应对市场的变化和挑战。这使得油田管理层能够做出更明智的战略决策，更迅速地调整业务策略，以适应不断变化的环境，从而进一步提高了油田的竞争力和可持续发展能力。

4.2.2 数据现状

随着油田的迅猛发展和信息技术的不断进步，长庆油田的信息化建设经历了专业数据库建设、数字化油气田建设和智能化油气田探索这三个关键阶段，历经 20 余年。在这段时间里，各类信息系统的研发与投用不断加速，为数据建设注入了新的动力。

从 2002 年到 2008 年，长庆油田着手进行专业数据库的建设，为油田信息化奠定了坚实的基础。接着，从 2009 年到 2018 年，油田进入了数字化油气田建设的时期，为提高生产效率和资源利用率做出了重要努力。自 2019 年至今，长庆油田开展了智能化油气田的探索，积极应用先进的智能技术，以期进一步提升生产流程的自动化和智能化水平(图4-2)。

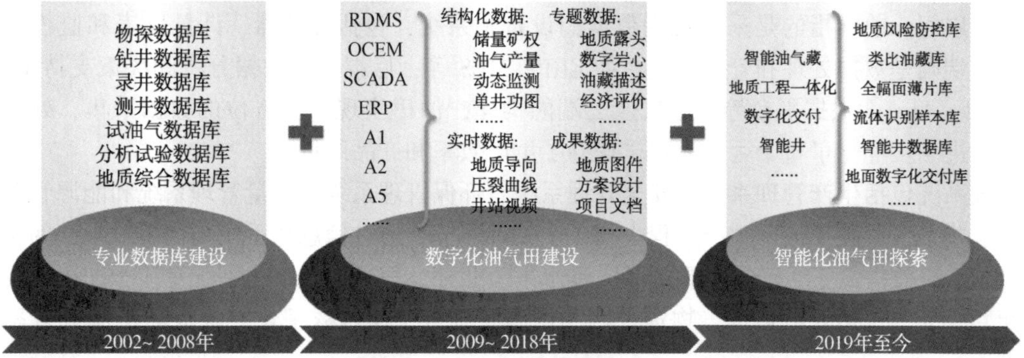

图 4-2 长庆油田信息化建设

根据油田公司科研生产管理模式，数据可分为“地质油藏、井筒工艺、地面工程、综合管理”四大类。尽管地质油藏数据已基本实现了数据的正常化，但其他类型数据仍需进一步治理，以提升数据的价值。

这意味着虽然在地质油藏方面已经取得了较好的数据管理成果，但在井筒工艺、地面工程和综合管理等方面的数据治理工作仍有改进的空间。通过进一步的治理，可以提高这些数据的质量和可靠性，从而更好地支持科研和生产管理决策。这一系统性的数据治理工作将有助于充分挖掘数据的潜在价值，为油田公司提供更准确、可靠的信息基础，进一步优化运营流程和提高管理效能。

4.2.2.1 地质油藏数据

以油田公司勘探开发研究院为依托成立的勘探开发数据中心，统一管理油田勘探开发数据资产，对专业数据库进行整合，形成数据资源池，以提供面向应用的数据集成服务。根据“平台统一、任务驱动、源头采集、集中管理、全面正常化”的原则，对油田公司的地震、地质、钻井、录井、测井、试井、分析实验、油气生产、动态监测、地质图件、研究成果等各类动静态数据进行集中统一管理。这一系统涉及 15 万余口井、6 亿多条记录、15TB 的容量，为下一步的数据治理奠定了坚实的基础(表 4-1)。

表 4-1 地质油藏数据现状

类 别	主要内容	管理现状
主数据	井、地震测线、油田、区块	全油田唯一权威的实体信息
结构化专业数据	钻井、录井、测井、试油气、分层、动态监测、分析试验、储量、矿权等	统一采集端录入，集中入库管理
研究成果数据	生产支撑、地质图件、方案设计、统计报表、项目文档	科研人员按岗位任务归档管理
专题数据	地质露头、数字岩心、油藏精描、经济评价、数字井史、全尺寸薄片	专项建设，统一管理
报表数据	钻前、钻井、试油气、投产投注等生产建设报表	项目组每天 15 点前录入
实时数据	水平井井场气测、岩屑、压裂曲线、视频	井场设备远程实时传输
油气藏空间数据	三级储量、管护区、油气田、开发单元、行政区、保护区等空间属性	根据业务需求持续完善数据

4.2.2.2 井筒工艺数据

井筒工艺数据由油气工艺研究院负责管理，长期以来各类业务系统分散管理，多以单一业务需求为中心，并未在全公司范围推广应用。直到 2020 年，油田公司通过工程地质一体化平台的建设，成功接入了自动采集的油气水井实时数据点位超过 120 万个。这平台不仅整合了单井工艺数据达 8.9 万余口(约 1.2 亿条)，还逐步实现了井筒工艺数据的集中正常化管理(表 4-2)。

表 4-2 井筒工艺数据现状

类 别	主要内容	管理现状
压裂工艺数据	压裂实时数据、地应力剖面、脆性、压裂甜点判识结果、多簇射孔方案、压裂设计方案等数据	由压裂作业监控系统、压裂甜点判识及多簇射孔优化软件、成品压裂软件分散管理，各系统均未全面应用，部分成果数据存储在个人手中
采油工艺数据	自动采集油井载荷、位移、电参等实时数据，生成示功图、动液面、含水率、系统效率等数据	功图计产已全面推广，数据直接推送至 A2 系统
采气工艺数据	自动采集气井油管压力、套管压力、外输压力、瞬时气量等实时数据	数据管理模式基本成型，正在全面推广应用
注水工艺数据	自动采集注水井管压、瞬时流量、累计流量、配注量、汇管压力等实时数据	示范建设，未全面推广应用
措施数据	油气水井措施基础数据、成本、效果评价数据	在 A2、A5、RDMS、地质工艺一体化等系统都有录入，且各系统均未全面覆盖
其他工艺数据	油田化学、三次采油	未全面推广应用

4.2.2.3 地面工程数据

目前，主要依托 A5 和地面数字化交付系统来管理地面工程数据，同时 OCEM、GIS 导航等系统也为地面工程相关数据管理提供了重要的支持，但尚未形成统一的管理体系(表 4-3)。

表 4-3 地面工程数据现状

类 别	主要内容	管理现状
地面基础数据	原油集输与处理系统、气集输与处理系统、水处理与注入系统涉及的井、场站、管道、地面设施、仪器仪表数据	在 A5 系统中管理，数据质量不高，和其他系统有重复录入，数据不统一
地面空间数据	包含单井、场站、管线、井场/井丛、作业区、厂、矿权、输电线路、变电所、路网等数据	2020 年在 OCEM 系统中建设了 GIS 导航功能模块，只在采油三厂、采气一、三、四厂试点，未全面推广应用
地面数字化交付数据	场站及管线建设期的设计、采购、施工、周边环境、质量检查、竣工信息等数据	只在上古天然气处理总厂及庆五联完成示范建设，未全面推广应用
完整性管理数据	管道完整性管理要求的高后果区、失效评价等数据；场站完整性管理要求的检测评价、维修维护、失效记录等数据	在 A5 系统中管理，未全面推广应用
地面工程建设数据	地面工程建设项目的周报、月报数据；可研与初设报告等数据	在 A5 系统中管理

4.2.2.4 综合管理数据

除了前述三类数据之外，油田还划分了综合管理数据，主要包括生产运行、安全环保和经营管理。生产运行数据主要依托公司的 OCEM 系统，实现了统一集中管理，包括对 4300 余座站点的集输流程进行实时监控，总计涵盖了 420 余万点的实时数据以及 37000 余台视频监控数据。然而，安全环保和经营管理数据目前主要由各类集团统建和油田自建系统分散管理，存在跨专业共享的困难(表 4-4)。

表 4-4 综合管理数据现状

类 别	主要内容	管理现状
生产运行数据	管理数据：包括生产、销售、产建、计划、盘库、辅助共 6 类 32 项业务管理数据	OCEM 系统集中统一管理
	实时数据：包括油气水井、场站自动采集的排量、压力、温度等实时数据	OCEM 系统集中统一管理
	视频监控数据：包括生产场站和井筒作业	OCEM 系统集中统一管理
安全环保数据	包括环境、监督、应急、节能节水、能源消耗、固废物、管线泄漏、车辆监控、职业健康、危险作业、可燃气体、危化品等多类数据	由各类集团统建和油田自建系统分散管理，数据资产不清
经营管理数据	投资、计划、财务、合同、造价、销售等方面业务数据	由各类集团统建和油田自建系统分散管理，数据打通与共享难
	设备：基础信息、二维码标识、设备价值等	通过设备管理信息平台统一管理
	物资：采购合同、VMI 仓储、一级库仓储、二级单位仓储、物资检验和监造等 6 类专业数据	通过物资共享平台统一管理
	人力资源：员工基本信息、组织机构数据	通过企业员工智能服务系统统一管理

4.2.3 技术现状

4.2.3.1 油气田数据链技术

针对油气生产现场、生产调度指挥以及油气藏研究与决策的需求，公司研发了油气田数据链系列技术，包括位图格式数据定位关联技术、数据整合技术、数据+模板成图技术、数据感知自动更新技术、地质图件空间分析技术、文档查看技术、专业软件接口技术、安全准入加密信道技术、数据自动采集传输技术以及数据可视化技术十大技术。

这些数据链技术的应用使得在数据、成果与业务之间建立了逻辑关联，快速组织各类动静态数据，实现了业务流与数据流的统一。通过这种先进技术的支持，公司成功提高了效率，实现了在油气田数据处理中的高效协同。这种创新性的数据链技术将有助于加速数据流的传递，提升数据处理的速度，并在油气生产管理、调度和决策方面取得更为显著的成果。

其中位图格式数据定位关联技术开发了测井位图关联分层、岩心照片、铸体薄片、扫描电镜、压汞、试油气等井筒数据(图 4-3)。同时集成岩心扫描、测录井、分析试验数据，实现快速绘制单井综合柱状图。数据+模板成图技术通过区块、层位、深度等空间信息，将多学科、多维度资料在线关联展现。文档查看技术将 PDF、Word、Excel、PPT 等通用文档格式转化为 XOD 格式，并对高分辨率大尺寸图片进行碎片化处理，实现了基于 IE 浏览器的文件在线查看，保障了资料安全。

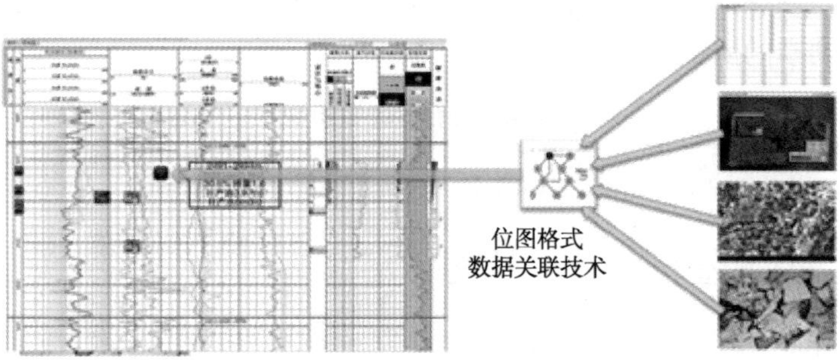

图 4-3　位图格式数据关联技术

4.2.3.2　区域数据湖

2020 年按照梦想云连环湖设计架构，搭建了长庆区域数据湖，初步建成长庆数据资产管控中心，形成了上游数据的集中管控及存储的基础框架，为后续异构数据整合、数据模型标准统一管控、数据流程化管理提供技术保障。面向勘探与生产板块及油田公司，勘探开发梦想云数据湖系统致力于为数据管理人员、应用开发者和业务用户打造一个一站式的数据采集、建设、治理及应用平台。平台满足多源数据接入、数据集中化管理、综合数据治理的需求，同时为业务应用提供安全、高效、高质量的数据服务，让各个组织机构间的研究成果数据可以共享，并为大数据分析、智能化应用提供全面的数据支撑，为企业打造全面、良性的数据生态系统(图 4-4)。主要目标为以下三点：①通过数据湖建设进一步强化主数据管理，实现油气田业务全联接；②通过建立集中的共享模式，打通数据共享技术壁垒，形成更加便捷高效的数据共享应用体验；③引入大数据平台技术，为人工智能应用打下坚实基础。

图 4-4　勘探开发梦想云数据湖系统

通过部署数据湖系统，实现数据资产统一管理与治理，提升数据质量、数据共享能力及数据应用价值。改变油气田公司数据共享管理的生态，提高业务应用支撑能力，为智能化应用奠定了坚实的基础，推动“共享中国石油”战略落地。实现对数据资产的集中管理，数据湖采集并集成企业众多系统中的数据，进行集中化存储、管理，解决信息孤岛问题；对企业核心实体对象(主数据)进行统一编码及管理，保证使用过程中主数据的一致性；通过建立主数据与各业务数据的关联，实现油气田业务数据全联接；建立元数据血缘关系，助力数据人员快速了解数据上、下游关系，提升数据工作效率；结合油田行业建立数据标准及业务规则，进行数据质量监控，全面提升数据质量；提供统一、标准、安全的企业级数据服务，支持数据服务快速、零成本搭建，提升应用间的数据共享能力。图 4-5 为勘探开发梦想云数据湖系统的整体架构图。

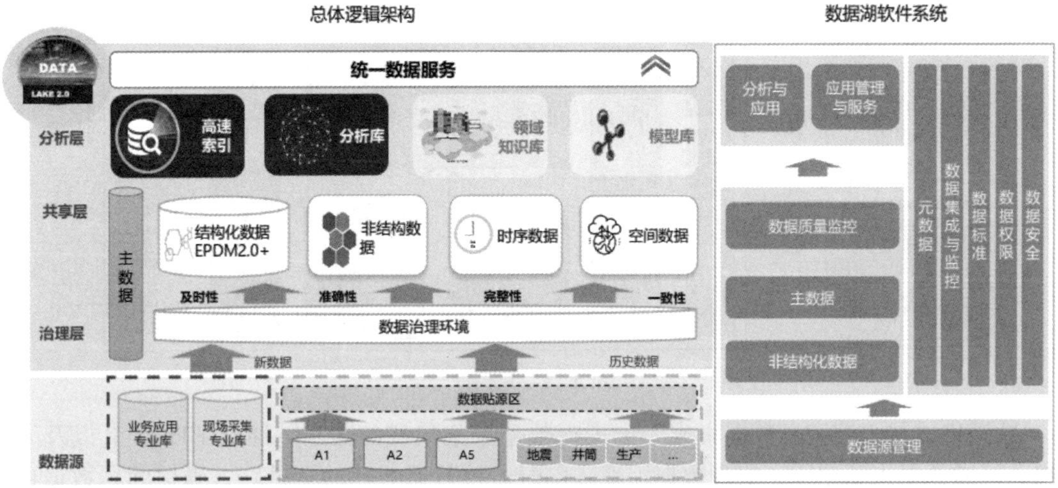

图 4-5 勘探开发梦想云数据湖系统整体架构图

面向数据湖建设，系统提供基于 PaaS 云架构的主数据管理、元数据管理、数据质量管理系统数据治理工具，辅助统一数据库平稳运行及数据质量保证(图 4-6)。主数据是用来描述企业核心业务实体的数据。该模块提供主数据注册、管理以及检索功能。通过主数据管理，规范主数据的注册、管理及维护流程，实现对分散在不同系统的主数据进行统一编码与管理。

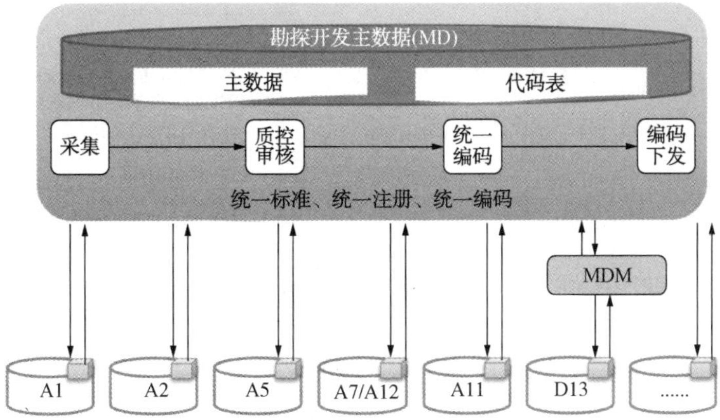

图 4-6 主数据

基于元数据管理模块，实现梦想云各存储单元、各数据源库的元数据、元数据关系以及各版本的元数据统一集中管理，提供研究环境等数据库的快速生成服务，为上层应用奠定基础(图 4-7)。元数据提供元数据采集、在线设计以及管理，并提供元数据检索。通过该模块统一管理、查询数据湖中的数据模型及其变更历程，了解企业数据资产情况(主数据、业务数据模型等)；同时，通过元数据管理构建业务数据与主数据关联关系，元数据的血缘关系，帮助了解数据之间关联关系。

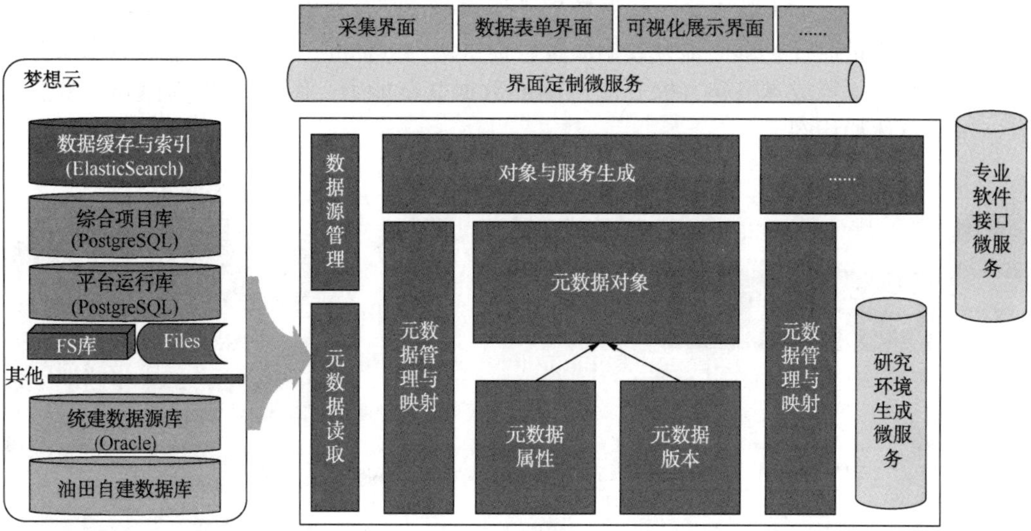

图 4-7　元数据

数据集成与监控满足数据集成人员进行数据采集集成的需求，通过 ETL 工具以及入湖 API，打通数据入湖通道，实现数据汇聚；同时监控数据流转的全链路，确保问题数据可监控，原因可定位；并提供入湖数据的统计，及时掌握数据资产情况。

数据质量监控针对结构化数据建立数据质量规则，并将规则与数据模型建立映射关系，制定质控方案，以人工或自动触发方式对入湖数据进行质量扫描，出具质量评估结果，保证入湖数据的质量，指导后续数据治理工作(图 4-8)。

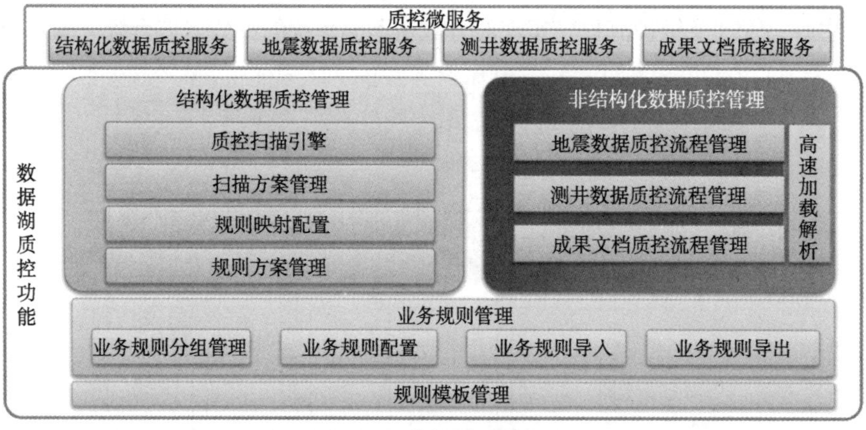

图 4-8　数据质量监控

应用管理与服务对梦想云上的应用提供应用数据集编排，支持简单快捷地创建数据表结构(支持多种数据库)，同时提供统一、标准化、安全的数据服务，满足业务研究统一入口获取多业务系统数据的要求，提升数据共享能力。

数据权限管理对数据权限进行统一管理。采用所有者授权方式进行权限控制，支持按多维、多级方式进行授权：可以对应用、数据集及主数据进行不同维度的数据授权；此外，支持按用户、角色进行不同级别授权。对于数据服务支持字段级的权限控制。

数据安全为数据湖提供统一的数据使用保护能力。对敏感数据(手机号、邮箱、身份证号等)进行分级，数据脱敏，访问监控等措施，让数据的使用安全可控。

数据源管理对数据湖中接入的数据源进行统一管理，提供数据源创建、查询、修改和删除，以及数据源权限管理；支持主流数据源的接入(Oracle、PostgreSQL、ElasticSearch 等)，支持测试数据源连通性，查询数据源服务器状态和网络状态。

4.2.3.3 云平台

1. 云计算中心

根据油田公司 2017 年信息化工作会“统一搭建长庆油田的云资源共享中心”精神，从 2017 年至 2019 年长庆油田完成了云计算数据中心的建设工作，并同步开展了相关配套工作，建成了新一代绿色数据中心。建设完成的云计算数据中心具备了计算资源、存储资源、安全资源的统一管理调配，可以为长庆油田公司各单位提供虚拟机级服务(图 4-9)。

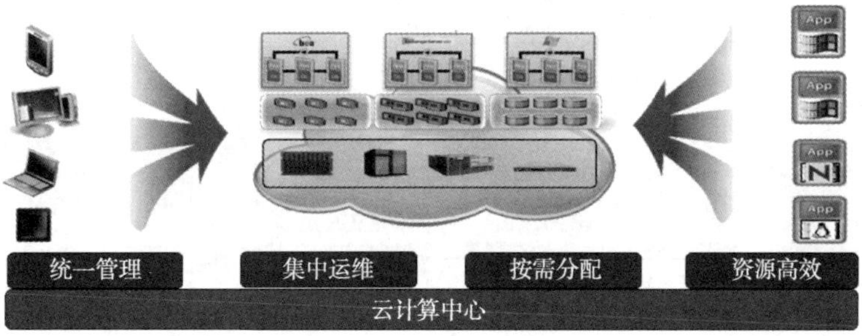

图 4-9　云计算中心

长庆油田云计算中心自 2017 年建成后，现已建成了办公、生产等多个业务资源池，已使用的服务器有 70 余台(CPU3750 核，内存 54T)。为油田公司 60 家单位 360 套应用系统共开通部署虚拟机 900 多个，如图 4-10 所示为长庆油田云计算中心总体架构。

安全防护方面采用基于软件定义安全，根据业务实际需求制定安全策略，深入到云内部，实现统一的云计算底层、虚拟机之间以及对外的安全服务保障和管理。灵活快速，不依赖于专用硬件，低成本提供安全接入、防护、检测、审计、应用等功能，并根据需求，长庆油田云计算中心可对功能和性能弹性扩容升级。

云计算安全资源池能够提供安全接入、防护、检测、审计、应用 5 个模块 13 个安全服务包，包括基础防护、网站安全、主机安全、数据库审计等。主要涵盖了 IPS、WAF、SSL VPN、日志审计、漏洞扫描、运维审计、防火墙、数据审计等多元化的信息网络安全功能。

2. 梦想云平台

面对机遇与挑战，中国石油力促“共享中国石油”发展战略落地，“十二五”末，创新提出以“两统一、一通用”(统一数据湖、统一技术平台、构建通用应用)为核心的勘探开发梦想云蓝图(图 4-11)，旨在实现上游全业务链数据互联、技术互通、业务协同与智能化发展，构建共创、共建、共享、共赢的信息化新生态。

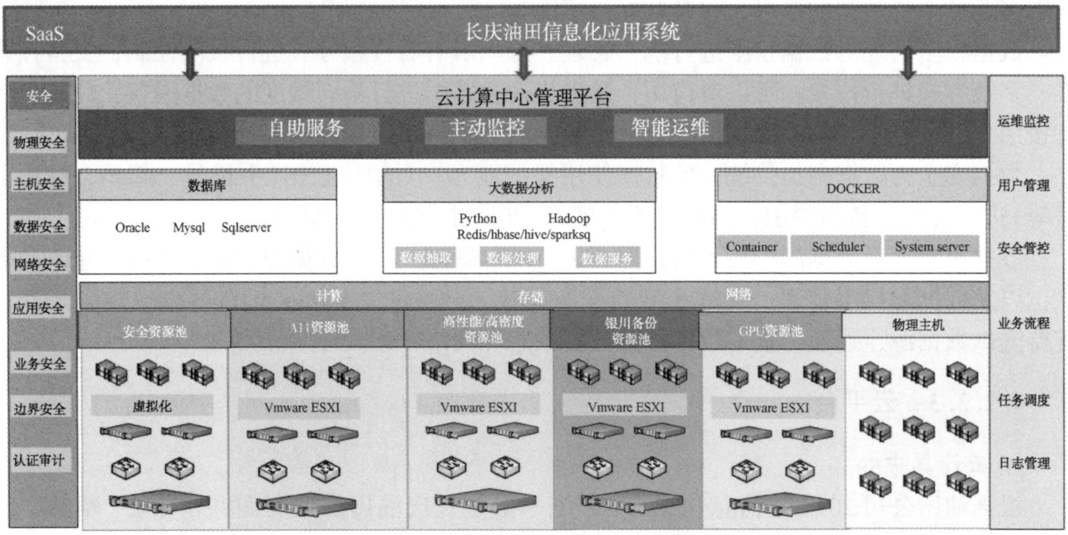

图 4-10 长庆油田云计算中心总体架构

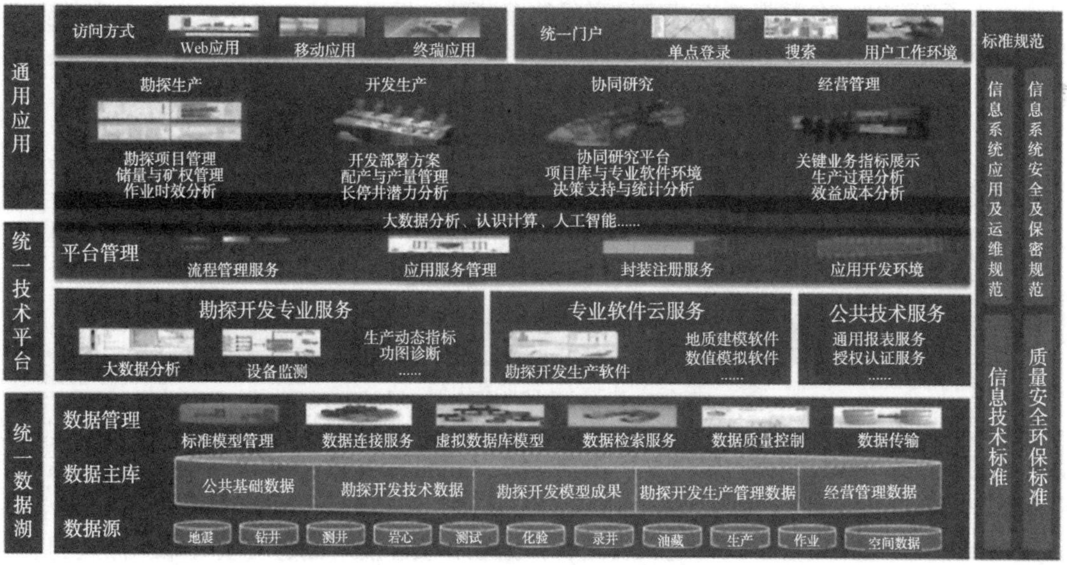

图 4-11 勘探开发梦想云蓝图

“两统一、一通用”是梦想云的建设原则。在这个原则指导下，梦想云平台的建设将为大数据分析、认知计算、人工智能应用的规模化、平台化发展提供更有效的支撑。

统一技术平台是梦想云蓝图的核心“两统一、一通用”的主要内容。经过持续迭代，2019 年，梦想云团队将统一技术平台拆分为通用底台、服务中台两个层次，划分的原则为与行业无关的基础 IT 支撑能力纳入通用底台，包括 PaaS 云平台及系列云化中间件服务，而与行业相关的业务中台、数据中台、共享组件及专业软件服务纳入服务中台。因此，通用底台可以提供跨行业的软基础设施服务能力。事实上，梦想云通用底台已经服务于国资监管、党建云、综合办公平台等行业外应用，未来，梦想云将致力于为能源行业、流程工业提供服务。

梦想云通用底台是基于 PaaS 云架构建立的开放式技术平台，提供容器、微服务、软件开发流水线、企业服务目录、应用商店等主要功能，融合物联网、区块链、人工智能、移动应用等新技术，构建“模块化、迭代式”敏捷开发模式，统一支持业务应用的开发、集成、运行与维护服务（图 4-12）。

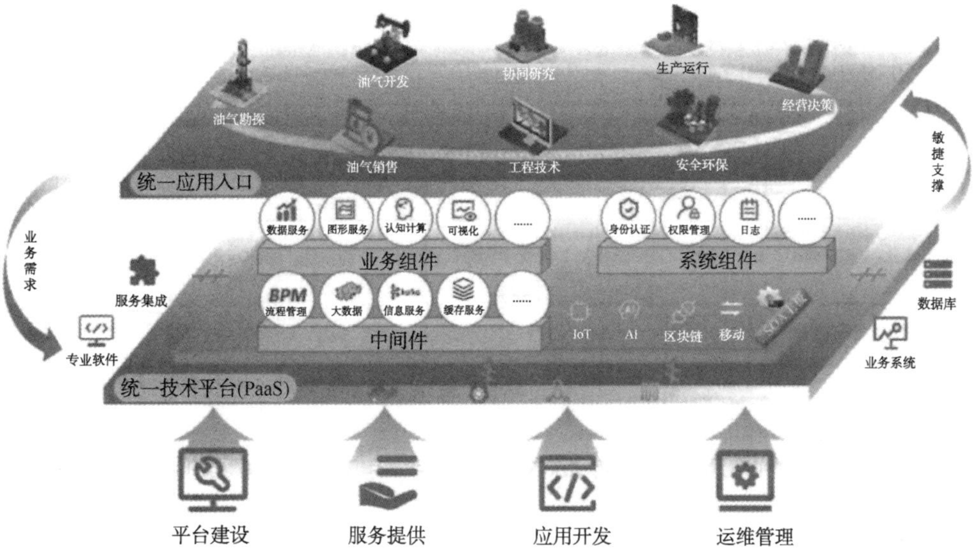

图 4-12 梦想云 PaaS 云平台

梦想云的通用底台是综合的智能云平台，主体架构包括两个层次，一是 PaaS 平台，能够对云原生体系进行完整的支撑；二是融合了物联网、人工智能、区块链、移动应用等新技术，具备开放性与包容性。

2）通用底台关键技术

梦想云 PaaS 平台以微服务、DevOps 和容器技术为三大核心要素，以 API 商店及应用（APP）商店作为应用窗口（图 4-13）。

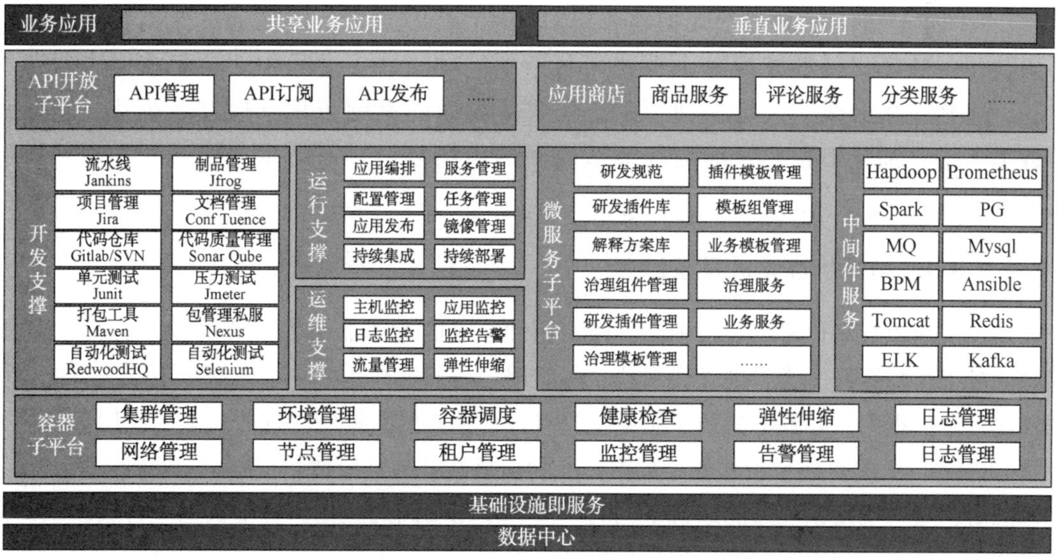

图 4-13 梦想云 PaaS 云平台技术

基于容器技术，梦想云容器平台为容器化应用提供了容器编排、部署运行、资源调度、服务发现、集中管控等系列功能，全面提升运维效率，保障业务稳定(图 4-14)。

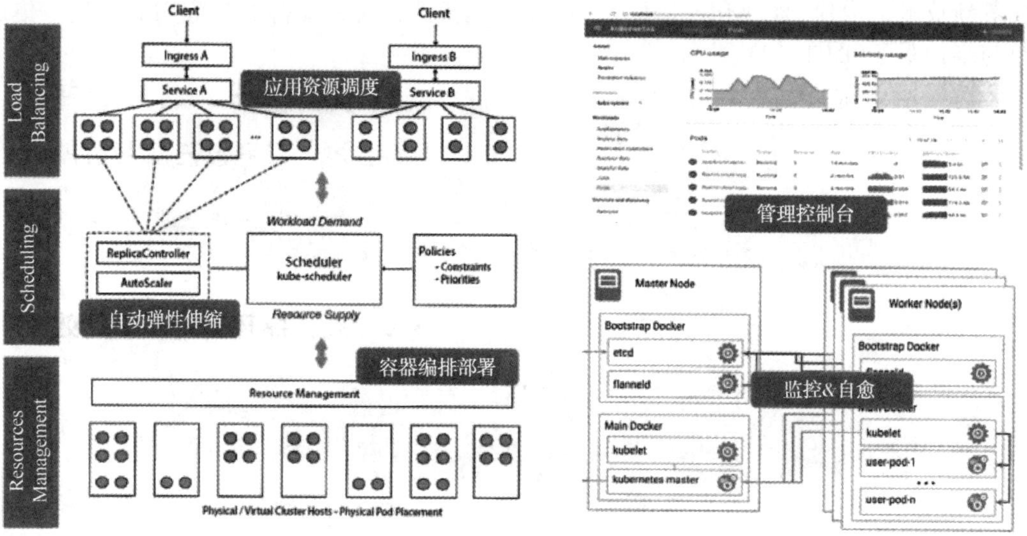

图 4-14　梦想云容器平台

4.2.4　面临的挑战

传统油气田企业是典型的技术密集、资金密集、劳动力密集的行业。随着经济社会的发展，企业用工成本逐渐成为一个制约油气田效益发展的重要因素。为了应对这一挑战，油气田企业需要通过自动化、信息化、数字化和智能化成熟技术的规模应用，实现传统油气生产方式和管理模式的变革，从而大幅度节约一线劳动用工，成为企业降本增效的重要途径。

在“十四五”期间，油田公司面临着新的发展任务和要求，如何通过数据治理来推动油田公司的数字化转型成为一个重要而复杂的问题。这一过程中，企业需要应对各种难题，包括技术升级、人员培训、系统集成等方面的难题。只有通过系统化、全面性的数据治理，油气田企业才能更好地适应新的市场环境，提高生产效益，实现可持续发展。

4.2.4.1　数据标准化涉及系统多

在长庆油田数字化建设过程中，不同专业和层级的业务部门为了解决各自的业务需求，围绕业务工作陆续开发或引进了许多独立的应用系统。每当建立一个新的应用系统，就会单独创建一个数据库，导致不同的应用系统拥有各自独立的数据库。这些分散的应用系统往往注重“实用快上”的目标，却忽视了数据标准和信息共享的重要性。

同时，这些应用系统可能来自不同的厂商、使用不同的版本，各个数据库自成体系，彼此之间缺乏联系，而且数据编码和信息标准也没有统一。由于这些应用系统是在不同时期开发的，其功能和数据交织在一起，底层模型不统一，因此要实施数据标准化，必须充分考虑已建系统，工作量巨大。

油气田统建、自建系统多达上百个，数据接口上千个，数据无法共享、业务无法协同、系统功能重复开发、信息与业务融合不紧密等问题逐步显现。系统多、杂、乱的问题既浪费了资源，又加重了基层负担。目前长庆油田各层级建设各类应用系统多达400余个，以经营管理类系统为例，据不完全统计在用系统就有23个(表4-5)。

表4-5 长庆在用经营管理类系统统计

序 号	系统名称	业务类型	分 类
1	ERP 业务系统	ERP 集成应用	集团统建
2	ERP 门户		集团统建
3	ERP 决策分析系统		集团统建
4	ERP 报表系统		集团统建
5	投资一体化系统	计划投资	集团统建
6	工业综合统计信息系统		公司自建
7	资产管理平台	财务管理	集团统建
8	集中报销平台		集团统建
9	财务共享平台		集团统建
10	财务管理辅助信息系统		集团统建
11	财务管理信息系统 FMIS		集团统建
12	财务管理信息系统科研管理模块		集团统建
13	预算管理信息系统		集团统建
14	造价管理信息系统	合同造价	公司自建
15	合同管理系统(未上市)		集团统建
16	合同管理系统(上市)		集团统建
17	合同管理系统		公司自建
18	物资共享平台	物资供应	公司自建
19	MDM 公共编码平台		集团统建
20	电子商务系统		集团统建
21	物资采购管理信息系统		集团统建
22	IC 卡加油管理系统		公司自建
23	物资管理电子商务系统		公司自建

技术平台方面，规范不一致，组件不能复用，适应性不足，集成共享难；系统应用方面，系统数量多，以管理型为主，应用独立，一体化应用少；系统建设方面，业务需求响应慢，建设周期长，投资回报率低，系统维护成本高；数据方面，数据分散，整合难度大，标准不统一，重复录入，数据不一致。

4.2.4.2 历史数据治理体量大

长庆油田拥有大量油井，对于完成与井相关的所有数据项的历史资料查漏补缺任务具有数据体量庞大和周期漫长的难点。目前，作业区数据管理主要仰赖传统的 Excel 工具进行制作和存储。基层资料员和技术人员每日通过电话、报表等方式进行数据的收集和填报。由于缺乏系统的审核机制，导致数据修改无法统一同步更新，查询和数据分析不便，生产管理效率低，存储安全性也存在较大隐患。

目前，长庆油田使用 Excel 制作报表，大量数据需要手工输入，而且各级报表之间数据无法共享。复制粘贴的前提是必须确保基础条件一致，然而基层员工对电子表格中的各种功能不够熟练，导致存在大量重复录入的工作量。资料员的大部分工作时间都花费在数据填报上，工作效率较低。在录入过程中，Excel 表格缺乏数据自动校准和查错功能，受到人为因素的影响较大，报表数据准确性较差。

此外，现有的报表系统中大部分数据未存入数据库，数据的应用只能通过网络发送。很多时候，后端技术人员无法找到数据填报的源头，一旦 Excel 报表中出现数据错误，需要逐层更新报表并重新发送至使用人，导致数据统计和后端应用不一致。

另外，传统报表中的数据分布存储在各自的办公电脑中，存在信息泄密的风险，而且个人电脑损坏可能导致数据丢失，数据安全得不到保障。

4.2.4.3 数据质量参差不齐

数据信任体系不完善，数据质量参差不齐，难以获得高质量的训练数据集和样本数据库，制约了人工智能在油气行业的应用。油田公司积累了海量数据，基本满足各系统应用的需求，但是在数据质量上还存在较大问题。例如主数据方面：以井数据为例，无权威主数据来源，各自建立，各类系统入库井数据存在较大差异，注册井号不规范、不清楚，来源不一致，变更不统一；已入库井的井型、井别、坐标等关键实体信息不完整，编码在各系统不一致。历史数据方面：以井为维度，存在专业类别数据缺失的情况；以时间为维度，存在同类数据多个版本；已入库的专业数据存在数据质量问题，数据来源多样，数据重复，错误数据多。

4.2.4.4 数据技术亟需升级

中国石油规划对基础网络架构进行升级演进，实现网络软件定义、按需定制、自动部署、集中管控。而油田公司企业网络仍属于传统架构，在建设管理及应用部署上较为固化，无法匹配集团统建规划及“云大物移智”信息化业务的灵活部署需求。

1. 网络及资源承载能力有限

目前，企业网络组网采用裸光纤直连模式，部分主干光缆利用率已超过 90%，厂内站间光缆利用率已达 100%，无线网络承载不稳定、传输带宽也难以满足大数据量实时传输需求。数据中心的计算资源已经接近饱和，传统的数据中心架构难以有效支撑区域数据湖建设和数字油田信息系统可靠部署。

2. 网络安全防范需要加强

长庆油田网络安全缺少主动分析、动态防御、联动协防能力，仍需进一步加强网络安全防御加固及应急管理建设。工控安全防护方面，目前仅完成了工控主机的安全防护，对于工控网络隔离、安全审计、统一监管等层面仍未开展，亟需持续开展工控安全纵深防御体系专项建设。

3. 物联网建设亟待升级完善

油水井数字化设备设施老化、失效情况时有发生，升级改造迫在眉睫；站库数字化关键是设备监测参数少、随着地面工艺的优化，需要优化、改进地面物联网套；管道泄漏预警没有全面覆盖，针对管道的安全预警建设仍存在短板。

4.2.5 数据管理体系评估

4.2.5.1 集团公司数据管理能力自评工作整体介绍

为落实集团公司党组的工作部署，进一步释放数据要素潜力，更好地支撑集团公司数字化转型和智能化发展，按照集团公司党组领导要求，集团公司于 2022 年组织开展数据治理专项行动。根据《数据治理专项行动工作方案》要求，对标国家 DCMM(数据管理能力成熟度评估模型，GB/T 36073—2018)，将“对照评估模型，开展能力自评”列为 2022 年主要工作安排之一。此次数据管理能力自评工作对油田公司数据管理体系全面评估、查找差距，理顺数据管理流程，制定适应长庆油田高质量发展的数据战略、解决方案和实施路线，为数据持续建设、治理提供了指导依据。

数据管理能力自评工作通过线上方式组织各专业领域开展数据管理能力全面摸排，力求客观、全面地掌握集团公司数据管理整体情况，了解各领域当前存在的主要问题，对各领域以及集团公司数据管理水平进行量化评分，为有效衡量和持续追踪集团公司整体数据管理水平奠定基础，为后续明确数据工作重点、优化资源配置提供重要的决策依据。对外，落实了国资委关于央企数据管理成熟度评估的相关举措。对内，全面掌握和了解集团公司当前真实的数据管理水平，为持续追踪和衡量集团公司数据管理能力奠定基础。帮助各专业公司、地区公司客观了解自身数据管理能力，帮助相关总部部门了解基层部门对本领域的建议，作为管理决策参考。

数据管理能力自评工作开展采取三项原则：一是可量化原则，评价结果将以各领域分值的形式呈现；二是客观性原则，各单位自评需提交相关补充支持材料；三是高效性原则，问卷设计详略得当，避免问题过于简单影响评估全面性或过于复杂增加基层单位负担。

评估以“一个模型、一个平台、多种渠道”为基础实现，结合国内外理论以及数字化转型发展的需要，形成专业化评估模型。固化形成线上评估工作平台，为后续集团公司通过数字化方式开展线上调研进行实践探索。通过线上问卷、会议研讨、专项访谈等多种渠道保证信息收集的广度和深度。通过“一个模型、一个平台、多种渠道”打造形成集团公司数据管理能力评估机制，为后续常态化开展数据管理能力自评奠定基础。

全国信息技术标准化技术委员会于 2018 年 3 月 15 日发布国家标准《数据管理能力成熟度评估模型》(GB/T 36073—2018)，将数据管理能力成熟度评估模型分为数据战略、数据治理、数据架构、数据标准、数据生命周期、数据应用、数据安全、数据质量 8 个一级能力域。

集团公司数据治理专项行动小组基于集团公司数据管理蓝图框架，结合集团公司“4+6”数据治理总体框架，参考业界成熟数据管理评估模型(DCMM)，设计覆盖中国石油现阶段数据治理关注点的数据能力评价体系，共 10 个能力域，32 个能力项，360 个评估标准。十大领域如图 4-15 所示。

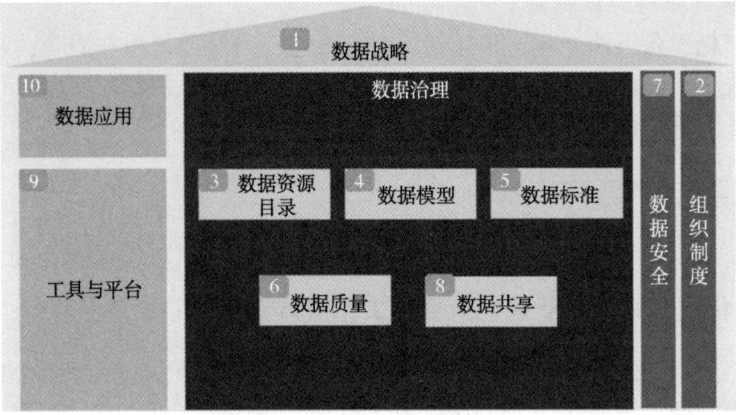

图 4-15　集团公司数据能力评价体系十大领域

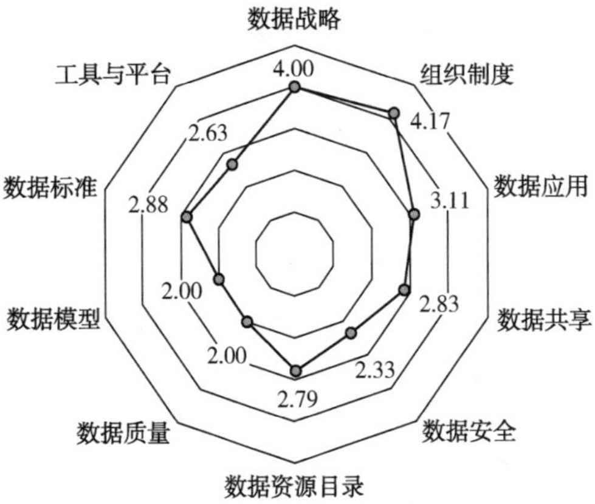

图 4-16　十大能力画像

4.2.5.2　自评工作开展情况

长庆油田作为第二批数字化转型试点单位，按照总部要求，开展了数据管理能力自评工作。按照集团公司数据治理专项行动小组的统一安排，长庆油田数据治理项目组组织业务人员召开多轮会议，经过前期准备、问卷填写、专家评审、意见反馈、问卷完善、结果确认 6 个环节，对长庆油田的数据战略、组织制度、数据资源目录、数据模型、数据标准、数据共享、数据质量、数据安全、数据应用、工具与平台十大能力域进行了全面评估，结果如图 4-16 所示。

数据战略包含企业为实现业务目标而做出的数据规划和部署，包括数据战略规划、数据战略实施、数据战略评估 3 个方面。

组织制度是通过完善组织机制，获得利益相关方的理解和支持，以支撑数据管理的实施，包括数据管理组织制度、数据制度建设、数据管理文化 3 个方面。

数据资源目录是以全局视角对企业数据资源进行分类和定义，以便对数据资源进行管理、识别、定位、发现和共享的一种分类组织方法。数据资源目录能力域包含建设数据资源目录、梳理数据分布、明确可信数据源、落实数据认权、管理元数据等内容。

数据模型指通过细化业务对象的属性信息，描述业务对象之间的关系，从企业的视角梳理业务的整体架构。通过统一的数据模型，可规范业务定义，指导应用系统开发，自上而下分为主题域模型、概念模型、逻辑模型和物理模型。主题域模型是根据主题域组和主题域建立的公司顶层数据模型；概念模型是根据业务对象关系，建立的企业业务信息模型；逻辑模型是根据逻辑实体和属性建立的逻辑数据模型；物理模式是根据 IT 平台以及存储设计的高性能物理数据模型。

数据标准是指企业为保障数据的内外部使用和交换的一致性和准确性而制定的规范性约束。而数据标准管理则是一套由管理制度、管控流程、技术工具共同组成的体系，是通过这套体系的推广，应用统一的数据定义、数据分类、记录格式和转换、编码等实现数据的标准化。

数据共享是指通过本单位内部建立的制度、标准、流程、规范、技术工具等管理策略和技术保障，以实现数据在本单位内部或外部的流通共享，主要分为数据内部共享和数据外部共享 2 个能力项。

国际数据管理协会的《数据管理知识手册》中规定，数据质量是“既指与数据有关的特征，也指用于衡量或改进数据质量的过程”。从用户层级定义，就是满足特定用户预期需要的一种程度；从数据本身定义，即从数据质量的指示器和参数指标等方面来衡量其优劣；从数据约束关系定义，即从数据的原子性、数据的关联性及对数据的约束规则来度量数据质量；从数据过程定义，需要从数据能被正确使用、存储、传输等方面定义质量。

数据安全是指通过采取必要措施，确保数据处于有效保护和合法利用的状态，以及具备保障持续安全状态的能力，包括数据安全策略、数据安全管理、数据安全审计 3 个方面。

数据应用是指通过对本单位数据进行统一的管理、加工和应用，支持业务运营、流程优化、营销推广、风险管理、渠道整合、数据服务等活动，从而提升数据在本单位运营管理过程中的支撑辅助作用，主要分为数据分析和数据服务 2 个能力项。

数据治理工具与平台是指在企业内部搭建的，支撑日常数据管理和各数据应用的工具和平台。主要分为 3 个类别：数据采集平台，实现对各类数据源的汇聚；数据存储与计算平台，实现对数据的加工，提供给各数据应用使用；数据治理平台，提供对数据的全生命周期管理。

长庆油田此次数据管理能力自评的 10 个能力域，共涉及 72 个选择题，28 个主观题，各能力域的问题根据问题内容侧重可分为管理类问题和技术类问题。

数据管理能力自评估总分由能力项、能力域得分逐级加权汇总获得，根据总体评分结果可判定自评单位所处的数据管理能力成熟度阶段。各能力域得分情况见表 4-6。

表 4-6 各领域得分情况表

序号	能力域	得分	说明
1	数据战略	4.00	长庆油田已形成具体数据治理思路，制定 2 个数据基础、3 个治理体系、4 个数据中心的建设路线。规划将 2022、2023、2024 每年作为一个阶段，通过 3 年集中治理，于“十四五”末全面完成全域数据治理工作，实现数据全面应用
2	组织制度	4.16	长庆油田建立了数字化与信息中心，下设“六部、三中心、五站”，其中的数据管理中心负责数据管理和技术支持、数据管理制度和标准规范制定、数据治理及数据湖建设、数据建设及质量情况考核检查等工作。已发布《长庆油田分公司勘探开发数据管理办法》，明确管理机构及职责，包括入库管理、数据应用、维护管理等方面的要求

续表

序号	能力域	得分	说明
3	数据应用	3.12	长庆油田构建了报表定制中心，完成了油田开发领域的报表分析统一管理；构建了数据共享中心，配置了各类 API 接口；构建了智能算法中心，集中管理算法模型，部分算法模型已被业务部门使用
4	数据共享	2.83	长庆油田的数据共享服务中心数据来源于数据智能体(数据智能体是一个数据库)，通过相关平台实现资源目录生成、数据服务设计开发、服务监控，通过数据自助服务等为用户提供满足多种需求场景的数据服务。目前数据共享中心在建设推广过程中
5	数据安全	2.33	长庆油田规划构筑“数据安全管控+云中心安全防护+网络安全策略”的 3 层安全体系，目前建设了云资源池数据库防护策略。基于项目或业务需求，对系统平台内部的数据进行了分类分级，未开展统一的数据分类分级工作
6	数据资源目录	2.75	长庆油田技术部门和业务部门共同针对 5 大业务域 26 个专业进行梳理，形成数据资源目录，目前已全部梳理至 L2 级，部分梳理至 L5 级，并被维护到数据共享中心，可供快速检索
7	数据质量	2.00	数据共享中心中内置规则校验库进行自动的数据检查，根据具体数据质量问题制定处理方案，未开展数据质量分析、数据质量控制等工作
8	数据模型	2.00	长庆油田通过制定统一的《数据模型命名规范》规范数据模型命名，在日常项目建设中，仅基于项目需求和要求进行业务系统中的数据模型开发工作，未对数据模型进行统一的管理
9	数据标准	2.88	数据共享中心中维护了数据资产的数据元信息和指标数据的量纲、规则和描述。梳理了油田开发相关术语，形成了《油田开发类指标及专业术语统计表》
10	工具与平台	2.55	长庆油田基于梦想云建设区域湖，通过勘探开发梦想云数据湖管理系统进行管理。在数据质量和数据安全方面具备一些零星的工具

答题过程中，总部专家认为长庆油田数据治理工作已形成清晰的整体思路，有独立的数据规划，并与集团公司整体数据规划保持一致，在中石油的 30 个试点单位中，长庆油田的数据治理工作走在了前沿。尤其是在远程观摩了长庆油田新版 IOFM 蓝图展示后，总部专家认为在数据共享、数据应用理念方面长庆油田已经达到了业界优秀水平。

4.2.5.3 初步成果

此次中国石油参加数据治理能力自评的共有 103 家单位，依据得分情况将 103 家单位划分为 4 个档次，分别是探索型、起步型、成长型、领先型。其中，探索型企业大多未开展数据治理工作，在单位内仅对数据做系统集成和相关应用；起步型企业已经开始着手或开展了部分数据管理能力工作，但是建设成果不明显；成长型企业在部分数据管理能力域有较大的进步，并建设了集中的数据管理工具和平台帮助开展数据工作；领先型企业已在部分数据管理能力上有了突出的成绩，帮助企业实现数据赋能。

在长庆油田完成数据治理能力自评答卷后，审核小组与自评小组开展了多轮沟通研讨，对长庆油田提供的佐证材料认真审核，逐一分析，对长庆油田的自评模型采取加权计算后，最终得分为2.81分，属于中国石油数据管理能力领先型企业，其中领先型企业仅占参评单位总数的8.7%。

综合测评结果显示长庆油田数据治理整体思路、数据规划、数据标准、数据共享及数据应用理念等方面已达到业界优秀水平，部分智能算法已经在业务部门使用，地质分层、测井解释达到智能化水平。但在组织机构、制度流程、业务支撑方面仍存在不足，对比新疆油田，长庆油田尚未成立专门的数据管理的组织机构，新疆油田已组建数据管理二级单位，管理流程已成体系；大港油田已对外提供数据服务，但长庆油田的数据共享及应用平台仍处于研发阶段，尚未支撑业务智能化应用。

在集团公司数据治理专项工作中，长庆油田工作体现出几方面亮点：一是思想认识到位，油田从上至下统一思想，坚定不移依靠数字化促进管理变革，充分认识到数据治理是作为释放数据要素价值的基础和前提，提升数据治理能力是数据从资源到生产要素的重要一环；二是组织管理到位，油田提前谋划，坚持问题导向、目标导向、结果导向，采取"统筹推动、分步实施、以点带面、多维支撑"的行动策略，将数据治理与数字化转型、智能化发展建设相结合，加快践行"以数促管、以数促用"的理念；三是业务引领到位，从业务角度出发，因势利导，加强数据资产全生命周期管理，健全数据治理体系，促进数据有序流通和共享应用。

4.3 长庆油田数据治理方法

4.3.1 数据治理目标

4.3.1.1 目标

应用新一代信息技术重构数据与技术底座，加快推进大数据治理平台的建设与应用，实现数据资源统一规划、统一标准、统一存储和统一管控，并从制度约束、责任落实方面建立一套行之有效的工作机制，推动数据从资产管理向应用开发转变。

提升五种治理能力：健全管理体系、优化制度流程、完善标准规范、强化技术支撑、内化服务意识。

形成六项技术系列：岗位标准化采集、数据湖仓一体存储、数据全生命周期管控、数据管理与服务云化、数据智能应用、数据治理架构。

取得八大治理成效：资源目录统一完整清晰、岗位数据认责明确、数据资源集中高效管理、数据质量管控到位、数据血缘/链/网关系显性可追溯、人力成本下降/投资方向优化、资源整合集成/智能油田建设加快、数据智能应用/数据价值释放。

4.3.1.2 蓝图

围绕数据“采、存、管、找、看、用、智”全生命周期主线，按照“夯实两个基础、健全三个体系、构建四个中心”的“234”工作方法，实现数据驱动下的业务创新与智能化(图 4-17)。

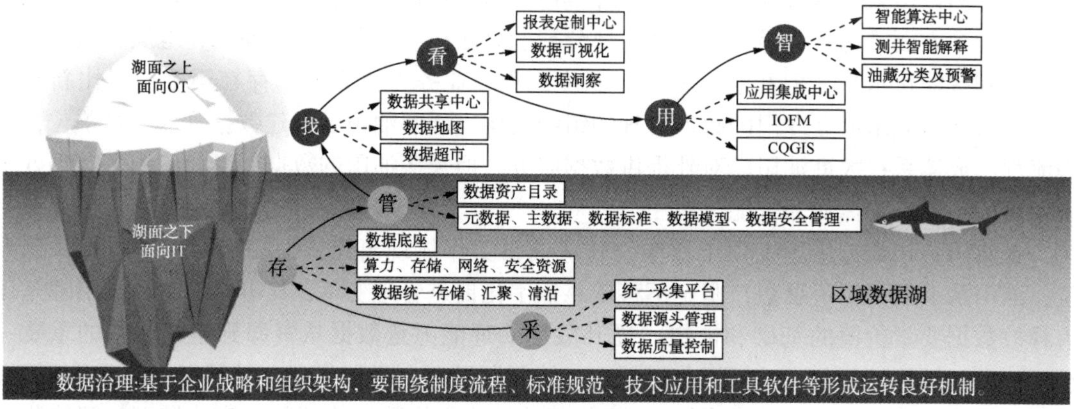

图 4-17　数据治理蓝图

编制数据资源编目、推进数据全量入“湖”是长庆油田数据治理的基础。公司践行“以数促管、以数促用”理念，围绕资源勘探、油气开发、新能源三大主业，开展全域数据资源普查，收集业务数据约 18 万条，精细核查数据结构，细致比对重复内容，经过去噪归一化，保留数据万余条。制定数据标准规范，编制长庆油田全域数据资源目录，形成权威的企业级数据资源编目。

以数据“采、存、管、找、看、用、智”的全生命周期为主线，依托区域“数据湖”体系架构，建立长庆油田数据底座。调研长庆油田在用信息系统，按专业领域划分梳理系统间数据的关联关系，确立权威数据源业务系统，维持原库结构，建立同步机制，保证原有系统平稳运行的同时推进全域数据入湖，实现全域数据的汇聚、清洁与管理。

建立数据质量控制体系、数据管理责任体系以及“数据安全管控+云中心安全防护+网络安全策略”三层安全体系，是数据治理的必由之路。长庆油田积极开展数据治理体系研究，围绕组织与管理、制度与机制、人才与能力、技术与标准、观念与理念，研究数据正常化运营管理模式，探索出一套协调有序、运转良好的数据治理体系。秉承“一次录入、多次复用”的理念，长庆油田整合现有资源，规范数据采集，打破信息壁垒，清除数据“乱、重、缺、低”现象，从根本上杜绝信息孤岛的产生，提升各级数据的应用效率，为数据共用共享奠定良好基础。

长庆油田建立专业代码库、规则校验库、派生指标数据库，制定数据采集计算标准，健全源数据质控规则，完善数据质量控制体系。同时，拓展数据应用维度，挖掘数据生产价值，运用智能化技术开展数据质量评估、多维探查和智能清洗，全面提升数据质量。

完善数据“采、存、管”体系后，如何“找、看、用、智”才是数据价值的真正体现。围绕如何让数据“会说话”“能办事”，长庆油田率先提出建立数据共享中心、报表定制中心、智能算法中心、集成应用中心的先进理念。

在数据共享中心建立过程中，长庆油田创新“数据超市”理念，以自助服务为核心搭建自主可控的数据治理平台，打造统一标准、统一采集、统一质控、统一监管、统一服务的油田公司数据共享服务中心，打破业务壁垒，形成“共建、共用、共享”的数据生态。

报表定制中心不仅实现了油气田开发管理类报表的自动生成、数据自动提取，更进一步打破传统二维数据表现方式的制约，推进 BI 深化应用，盘活表中数据，突出综合分析、智能对比、可视化展示，不断提升工作效率和质量。

4.3.2 数据治理规划

长庆油田数据治理“234”工作方法契合集团公司、勘探与生产公司以及油田公司转型发展战略部署和总体规划方案(图 4-18)。

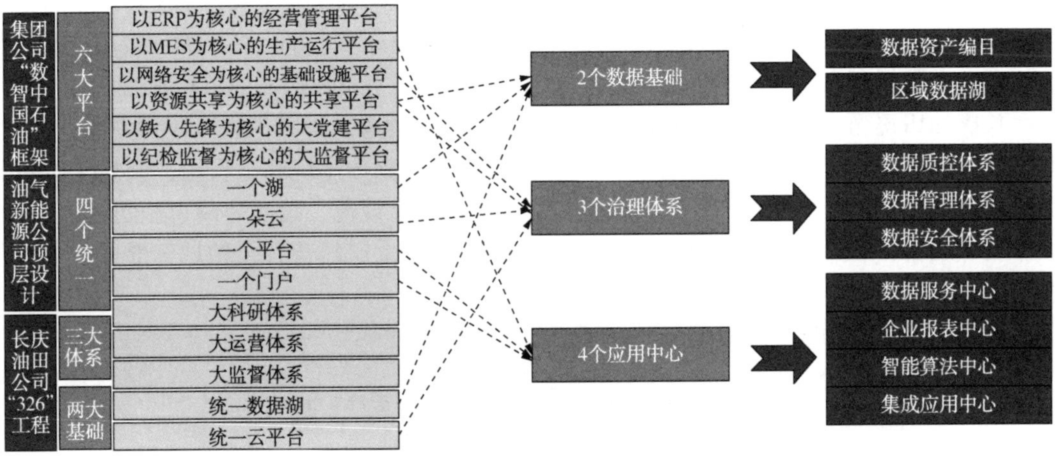

图 4-18 “234”工作方法

“234”工作方法包含 2 个数据基础、3 个治理体系、4 个应用中心。2 个数据基础包含数据资产编目和区域数据湖；3 个治理体系包含数据质控体系、数据管理体系、数据安全体系；4 个应用中心包含数据服务中心、企业报表中心、智能算法中心、集成应用中心。

4.3.3 数据治理路径

4.3.3.1 基础建设

全面开展业务岗位数据梳理，精细核查数据来源、数据结构等基本情况，制定数据标准规范，在集团公司率先出台油气田企业级数据资源编目；基于数据湖体系架构建立长庆数据底座，实现全域数据汇聚、清洁与管理。2 个数据基础如图 4-19 所示。

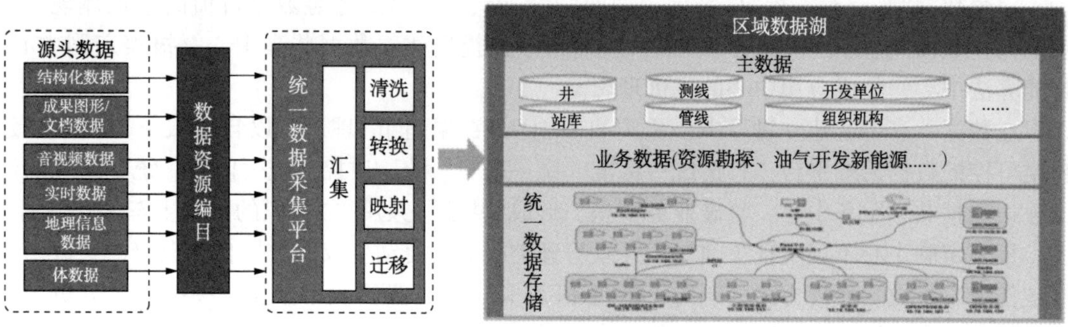

图 4-19　2 个数据基础

1. 数据资源编目

数据作为企业重要资产和关键生产要素，是数字经济最核心资源，能否充分挖掘和有效利用，将是企业数字化转型智能化发展成败的关键。长庆油田数字化建设起步早、基础好，面向大科研、大运营、大监督体系，相继建成了 RDMS、OCEM 等系统，由于历史原因以及受当时技术条件的制约，底层数据多数采用了接口集成和局部整合方式，加之各单位各部门多年来围绕自身需求也建立了大量的信息系统，导致数据库多、平台多、孤立应用多，彼此之间还存在数据冗余、数据不一致、重复录入等问题，没有形成可靠的数据资产。

长庆油田遵循集团公司“以数促管、以数促用”发展理念，不断推进“业务数据化、数据业务化”进程。2021 年 12 月份成立了长庆油田数据治理领导小组和项目组，开启了全域数据治理。通过全面开展业务岗位数据梳理，制定数据标准规范，编制完成了《长庆油田全域数据资源编目》(图 4-20)，内容涵盖油气田勘探开发、生产经营各个领域，形成了油气行业上游业务数据标准。

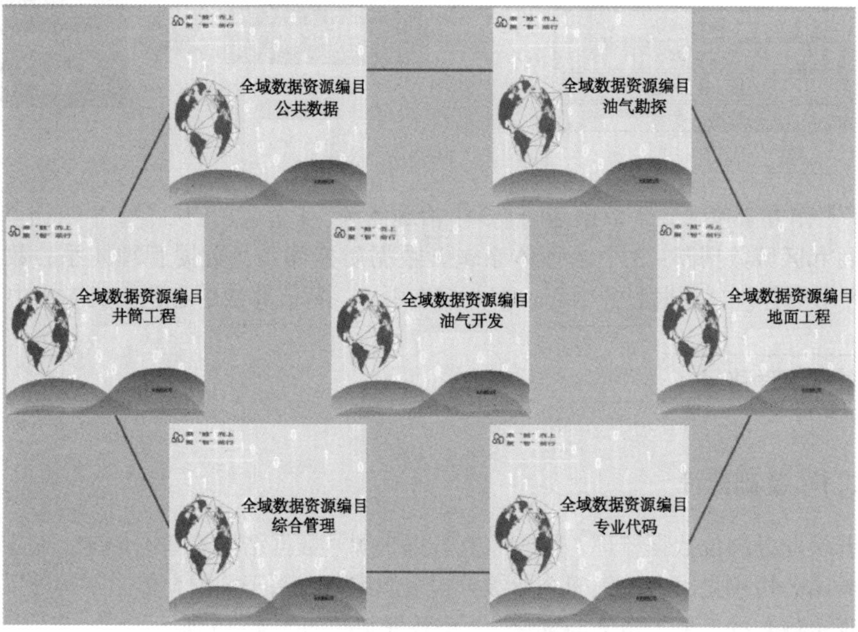

图 4-20　长庆油田全域数据资源编目

《长庆油田全域数据资源编目》包括公共数据、油气勘探、井筒工程、油气开发、地面工程、综合管理、专业代码 7 大分册，共计 12305 个数据项，内容包括数据项名称、数据项类型、量纲、验证规则、填报单位、填报方式、填报内容、时效要求、审核流程。全域数据资源编目成为盘活数据资产、释放数据价值的“纽带”，也是开启数字化转型之门的“钥匙”，对加快数智化发展具有十分重大的意义。

2. 数据湖建设

长庆油田区域湖管理平台搭建在科研楼的云平台上。

建立了完整的元数据采集、审核、发布、授权、变更历程追踪等管理流程。完成了数字化油气藏系统、智能服务系统、钻录试采集系统、压裂作业监控系统、井筒工艺系统、分析化验系统六个系统的元数据采集及版本迭代。图 4-21 为元数据管理介绍。

图 4-21　元数据管理

建立主数据定义、注册、变更、管理、审核流程，保证主数据及时、准确入区域湖。梳理主数据类型共计 15 类，完成主数据入湖共计 9 类。解决当前主数据管理规范不统一，实体关系不一致，命名不规范、变更无记录等问题。图 4-22 为主数据管理示意图。

图 4-22　主数据管理

提供数据服务中台功能，实现数据服务接口的开发及联调联试工作。通过统一的标准化的数据服务接口(图 4-23)，实现业务应用系统与数据库的隔离，在保障数据安全的同时提升数据的查询效率。提供了 8 类数据服务接口，包括元数据查询、聚合查询、分组查询等方式。同时用户可以根据实际需要进行个性化的数据查询过滤和定制。

平台预置 1300 个数据服务接口，目前对外可以提供数据服务的接口共计 206 个。图 4-24为应用管理与服务 API。

通过 ETL 工具以及入湖 API，打通数据入湖通道，实现数据汇聚。同时监控数据流转的全链路，确保问题数据可监控，原因可定位(图 4-25)；并提供入湖数据的统计，及时掌握数据资产情况(图 4-26)。

图 4-23　统一数据服务接口在线文档

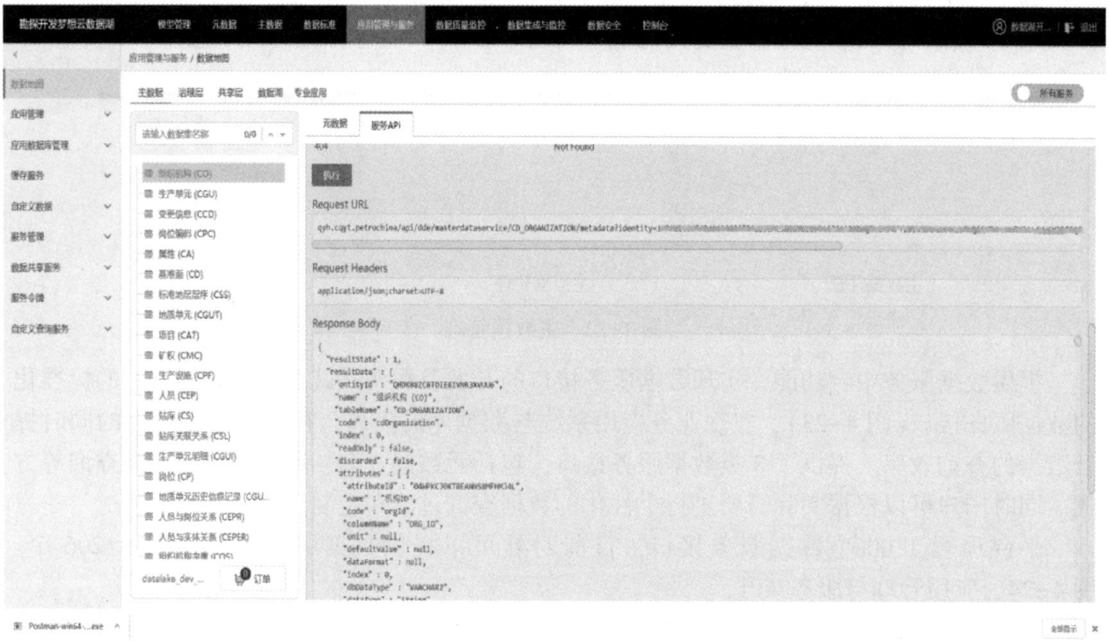

图 4-24　应用管理与服务

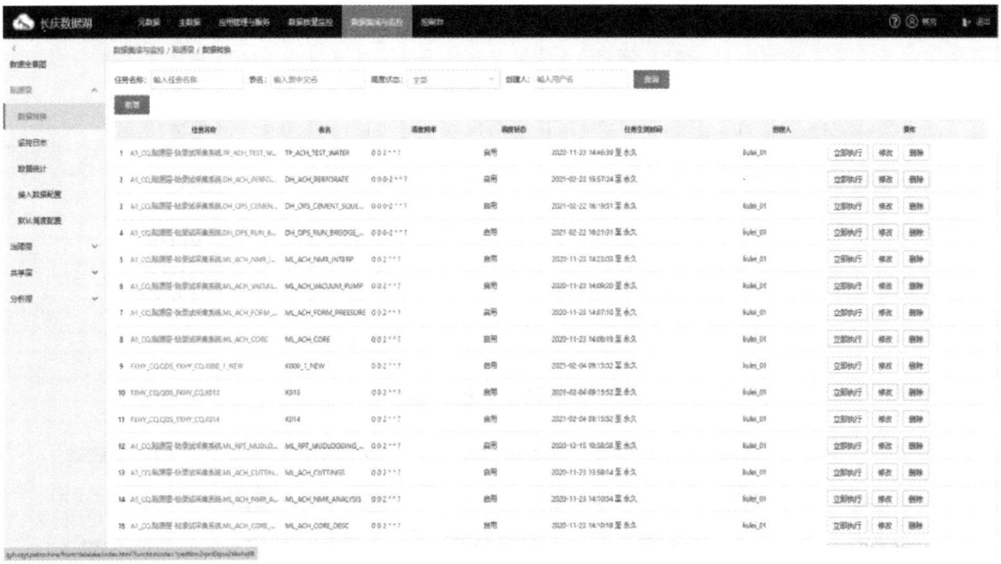

图 4-25　数据转换监控

建立元数据血缘关系，挖掘数据关系网络，助力业务人员快速了解数据关系，提升数据应用效率和效果。

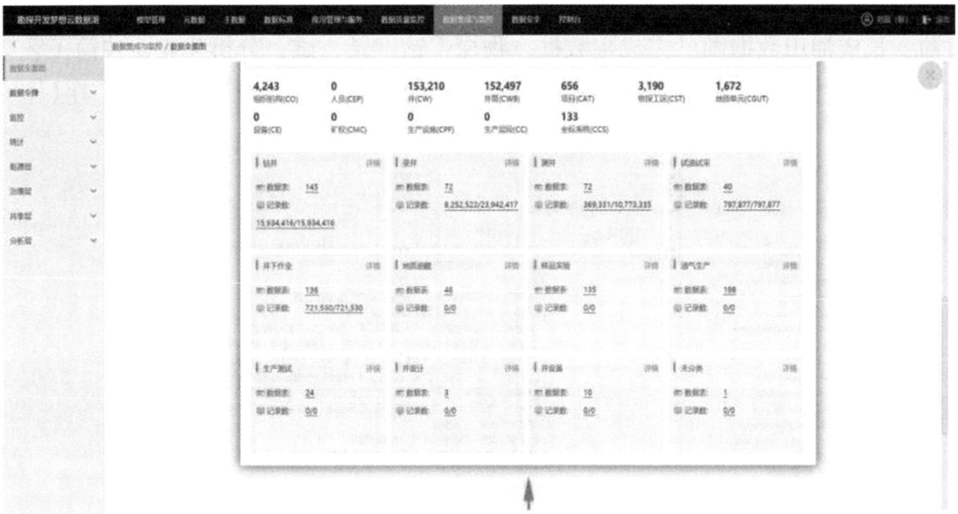

图 4-26　结构化数据全景图

长庆油田完成 10 类 662 个数据质控规则的定制，映射 15 个专业 873 张表 8817 个字段(图 4-27)。支持复杂规则的定制，跨表数据检查。

长庆油田数据湖按照主数据进行权限分发，系统管理员可自定义权限组，并可将权限组的权限分发给用户或系统。例如采油三厂的人员只可查看采油三厂的井及井相关数据。临时用户可以根据实际需要查看对应的井数据，并设置期限，到时过期。

长庆油田数据湖建立了完善的数据访问机制，数据访问审批流程，通过令牌申请及权限审批，有效保障数据消费安全(图 4-28)。

图 4-27　数据质控

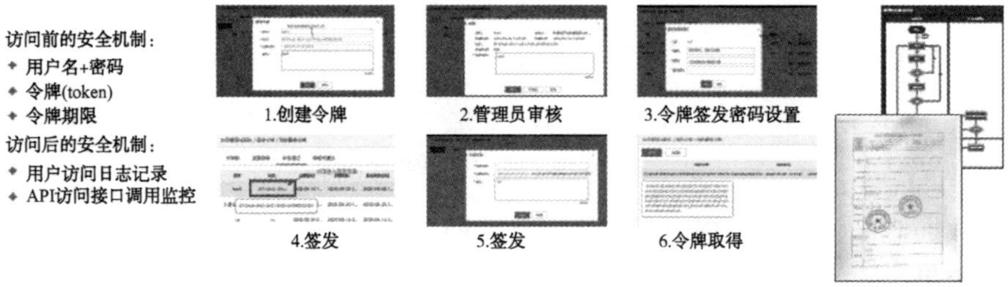

图 4-28　数据安全机制

目前，长庆油田数据湖已完成主数据、物探、钻、录、试、分析化验、井筒工艺 7 个专业的成果数据共计 408 个数据接口编制，完成 396 张表，2.4 亿条数据迁移工作(图 4-29、图 4-30)。

对象　正在处理 -- 分析表结果

打开表　设计表　新建表　删除表　导入向导　导出向导

名	行	注释
ml_ach_depth_parameter	27329400	管理从综合录井仪采集的时间数据中按整米间距连续提取的工程、钻井液数据
dr_ach_casing_tally	27236900	套管记录数据信息
b$x_dr_ach_casing_tally	27172400	
ml_ach_cuttings	15969700	管理岩屑的岩性、物性、含油气性描述数据
wl_ach_borehole_inter	15108000	裸眼井测井最基本解释成果数据
wl_ach_well_deviation_inter	7812590	测量详细列表，井斜解释成果，包含定向井轨迹数据
dr_ops_fluid	2209690	钻机日报中包含的钻井液日采集汇报数据1、参考A1数据规格说明书中钻井液日数...
dr_ops_drilling_prescription	2132000	日钻井时效汇总表1、添加A7需要的行状态标识、上传标识等字段2、轨迹控制时...
dr_ops_bit_operation	2083490	日钻头数据记录每日钻进过程中钻头的使用情况关联钻头运行记录表，提取钻头...
ml_rpt_logging_daily	2066610	管理每日地层、岩性、油气显示、钻井液、工况等信息
dr_ops_operation_rept	1999180	每日钻井、作业报告的综合日常信息一次实体1、修改原A1钻井日报表部门字段数...
dr_ach_fluid_performance	1550380	钻井液全性能
ml_ach_mud_logging_interp	1359130	管理各种录井资料综合解释数据
ml_ach_drilling_liq_data	1252390	管理钻井液录井人工采集的性能数据
dr_ops_nozzle_info	1207530	喷嘴信息
ml_ach_core_desc	1128690	管理钻井取心描述数据，描述岩心成分、结构、构造及含油气性信息
dh_ops_test_daily	932755	试油试采专业日报
ml_ach_gas_interp	563170	管理气测显示井段全烃、组分、解释方法、解释结论等数据
ml_rpt_mudlogging_data_stat	521419	管理整口井每个录井项目的井段、间隔、数量等数据
dh_ach_stim_fluid	512590	管理措施液的参数及使用情况
dr_ach_fluid_ma_consump	468693	钻井液材料消耗信息增加进货表，材料消耗挂进货下，入库
dr_ops_drilling_report	468538	
dr_ach_cal_basic_data	446643	
wl_ach_interpretation	408391	测井解释基本信息类数据
dh_ops_work_list	393551	记录所有工序的开始时间、结束时间，除是否是生产时间字段外其它记录是程序...
dr_ach_bha_run	372960	钻具运行记录
wl_ach_interpretation_copy1	347955	测井解释基本信息类数据
dr_ach_drill_tool_comp_run_rec	343602	钻头使用情况数据
dr_ops_pad_fluid	312929	冲洗液及隔离液使用数据
dr_ach_construct_directional	298069	定向井施工工艺信息
ml_ach_vacuum_pump	271071	管理钻井液热真空抽吸或全脱气分析数据
dr_ach_wellbore_profile	235910	新增字段：1）、是否带扶正器 2）、是否短套3）、删除注水泥、短套深度、分级...
dr_ops_cementing_info	235017	注水泥基本信息
dr_ops_cement_info	222446	固井基础数据信息
dr_ops_cementing	213365	注水泥施工数据
dr_ops_cement_slury	205926	水泥浆信息
dh_bas_layering_job	196852	记录一次压裂作业的基础信息，是串起一次作业所有数据的主线。

图 4-29　数据入湖情况统计

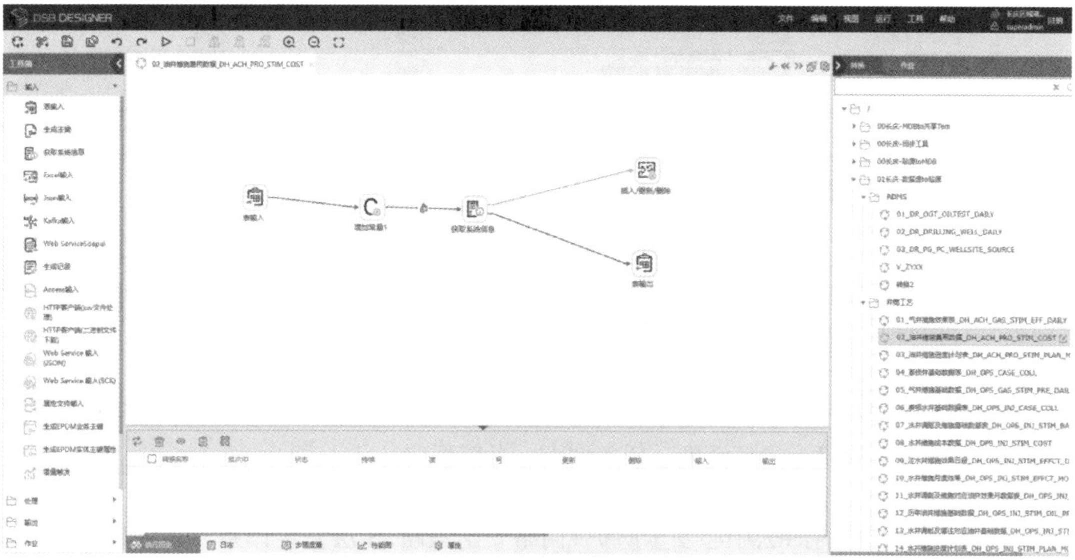

图 4-30　数据入湖接口统计

主数据权威源包括智能服务系统、RDMS、A2 及总部统一管控四类。主数据确认原则是共享性、稳定性、唯一性。梳理主数据共计 15 类，确定 9 类主数据并迁移入湖，主要包括组织机构、人员、地质单元、井、井筒、物探工区等。建立了实体之间的关联关系，为后续查询统计、大数据分析、知识图谱构建奠定基础。

目前，长庆油田数据湖已有 6 个系统开通了与数据湖的数据访问权限，并引用入湖数据开展工作。数据范围包括主数据和井筒工程质量相关的钻井、录井数据。图 4-31 为后台管理系统，图 4-32 为区域湖数据服务对接系统。

图 4-31　后台管理系统

区域湖数据服务对接的系统

序号	管理部门	项目名称	进度	项目负责人	调用的数据
1	数字化与信息中心	蓝图（IOFM）	已完成		主数据
2	数字化与信息中心	手机门户	已完成		主数据
3	第三采油厂	第三采油厂井筒预警分析平台	已完成		主数据、钻录测试业务数据
4	第三采油厂	第三采油厂油藏动态分析与产量预警	已完成		主数据、钻录测试业务数据
5	集团统建C5	车辆共享	进行中		主数据
6	集团统建C5	车辆平台	进行中		主数据

图 4-32　区域湖数据服务对接的系统

4.3.3.2　体系建设

1. 数据质控

建立数据质量控制体系，运用智能化技术开展数据质量评估、多维探查和智能清洗，达到数据“六性”评价标准(及时性、准确性、完整性、一致性、有效性、唯一性)。

2. 数据管理

建立数据管理责任体系，制定组织架构、岗位职责以及数据建设、验收、监管与考核工作流程，做到分工明确、责任清晰、任务到人、考核到位。

3. 数据安全

构筑“数据安全管控+云中心安全防护+网络安全策略”3 层安全体系，强化数据权限控制、数据加密脱敏、敏感信息识别、数据库审计能力，确保数据接入、传输、存储、使用、共享全过程安全可控。

4.3.3.3　中心建设

1. 数据共享中心

成为公司权威数据唯一出入口平台，提供数据发布、智能检索、自助分析、安全访问以及权限管理，面向应用提供开放共享数据服务。

2. 报表定制中心

建立集中统一的报表访问环境，构建业务数据指标体系，为报表设计、定制开发、数据统计分析可视化提供高性能、高效率的一体化解决方案。

3. 智能算法中心

对数据进行分类、转换、聚合验证以及建模，构建高质量样本数据库，开展智能算法研究，提升 AI 技术赋能油气行业的能力。

4. 集成应用中心

强化“数据+”集成能力、消除信息孤岛，实现业务应用统一集成，充分体现数据价值，提高综合研究与决策支持工作效率和质量。

4.4　夯实数据基础

4.4.1　数据标准规范建设

长庆油田遵循集团公司“以数促管、以数促用”发展理念，不断推进“业务数据化、数据业务化”进程，优先开展业务岗位数据梳理，制定数据标准规范工作(图 4-33)。

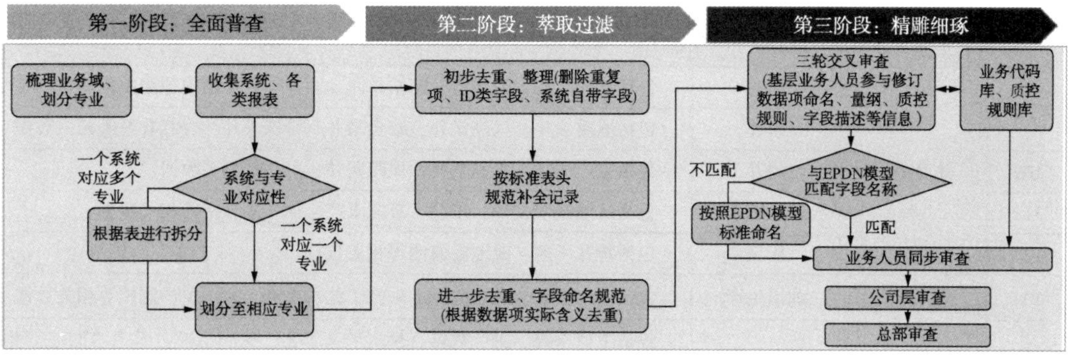

图 4-33 制定数据标准规范的 3 个阶段

4.4.1.1 划分业务领域

通过征求相关单位意见、组织专家讨论等形式，对标集团业务分类，将长庆油田油气勘探生产领域数据资产划分为公共数据和油气勘探、井筒工程、油气开发、地面工程、综合管理 5 大业务域共计 26 个专业。

4.4.1.2 制定数据标准规范历程

1. 全面普查

1）划分业务领域

通过征求相关单位意见、组织专家讨论等形式，对标集团业务分类，将长庆油田油气勘探生产领域数据资产划分为公共数据和油气勘探、井筒工程、油气开发、地面工程、综合管理五大业务域共计 26 个专业(表 4-7)。

表 4-7 长庆油田油气勘探生产领域业务分类汇总表

长庆油田油气勘探生产领域业务分类汇总表			
序号	业务域	专业类别	描 述
1	公共数据		包括组织机构、人员、矿权、物探工区、测线、地质单元、储量单元、井、站库、管线、承包商、设备相关数据
2	油气勘探	矿权	包括探矿权、采矿权的登记和年检等相关数据
3		地球物理	包括地震工区基本信息，地震采集、处理、解释等相关数据
4		地质油藏	包括单井地质、区域地质、油藏评价等相关数据
5		分析试验	包括岩矿分析、地化分析、物性分析、渗流物理等相关数据
6		储量	包括动态储量和三级储量等相关数据
7		井设计	包括井基本信息等相关数据

续表

长庆油田油气勘探生产领域业务分类汇总表			
8	井筒工程	钻井	包括钻前准备、钻井液、随钻导向、固井、井身结构等相关数据
9		录井	包括地质录井、气测录井、综合录井、特殊录井、岩芯数据等相关数据
10		测井	包括生产测井、工程测井、裸眼测井、射孔等相关数据
11		试油试采	包括试油试采设计、工艺，排液求产，油气水分析等相关数据
12		压裂	包括新井压裂、微地震监测等相关数据
13	油气开发	油田生产	包括生产参数、生产数据、举升工艺、生产工艺、生产监控等相关数据
14		气田生产	包括生产参数、生产数据、排水采气工艺、生产监控、采出水回注等相关数据
15		油田注水	包括注水参数、注水数据、注水工艺、生产监控等相关数据
16		老井措施	包括油气增产工艺，包括酸化、补孔、调驱等相关数据
17		井下作业	包括小修、大修、维护性作业等相关数据
18		油田化学	包括化验分析、化学药品、腐蚀检测等相关数据
19		动态监测	包括剖面测试、压力测试等试井数据相关数据
20	地面工程	设施仪器	包括生产设备、网络设备、仪器、仪表等相关数据
21		集输工艺	包括场站建设、场站完整性、管道完整性、地面集输、管道设施、管道运行、阴保等相关数据
22	综合管理	生产运行	包括生产调度、生产经营、车辆管理、水电路讯、应急管理、新能源等相关数据
23		质量安全环保	包括质量、安全、健康、环保、节能、监督、监理等相关数据
24		承包商管理	包括承包商准入、日常管理、考核等相关数据
25		油气销售	包括轻烃销售、天然气销售、原油销售等相关数据
26		经济评价	包括经济效益分析评价等相关数据

2）现场数据调研

历时6个多月，投入千余人次对油开处、气开处、研究院、油气院、采油气厂等共33家单位开展数据调研，通过数据资产盘点、收集调研问卷、现场访谈等方式，对企业数据来源、数据采集手段和硬件设备情况进行摸底，全面收集整理长庆油田业务数据。

3）梳理信息系统

深入分析已建的各类应用系统，对长庆油田各业务在用系统进行盘点，共梳理系统37个，按照业务所涉及的数据项，收集整理数据项154386项。现场调研+信息系统梳理共计收集数据项186325项。

2. 萃取过滤

1）去重整合

针对收集的18万余数据项，进行了初步去重及精简，以梳理刚性数据需求为目标，通过全面整合、比对、查重和梳理，删除无效、重复数据项，共计保留数据项11698项(表4-8)。

表 4-8 资产目录梳理汇总表

资产目录梳理汇总表											
序号	业务域	专业类别	EPDM	CQEDM	其他系统收集到数据项	无效数据项	剔除重复项	保留数据项(字符型)	保留数据项(数值型)	保留数据项(日期型)	保留数据项(总数)
1	公共数据		168	102	158	69	164	114	63	18	203
2	油气勘探	矿权	1235	1306		236	1408	434	321	142	897
3		地球物理	1527			345	555	264	334	29	627
4		地质油藏	1519	127	1886	451	2395	174	480	32	686
5		分析试验			8551	2018	5834	121	575	3	699
6		储量	458	494	36	389	274	135	170	20	325
7		井设计	231			67	72	36	55	1	92
8	钻井工程	钻井	4694		882	1105	3457	349	622	43	1014
9		录井	2972		1279	698	2639	234	601	79	914
10		测井			1877	476	791	185	404	21	610
11		试油试采	951		2564	321	2348	222	493	131	846
12		压裂			3533	115	3186	48	172	12	232
13	油气开发	油田生产			35431	11040	23845	188	337	21	546
14		气田生产			15016	6169	8461	114	256	16	386
15		油田注水			13767	7946	5525	87	192	17	296
16		老井措施	1269		3648	1112	3611	43	139	12	194
17		井下作业	3452		11346	8858	5481	189	226	44	459
18		油田化学			6689	3277	3127	50	226	9	285
19		动态监测	1179	2137		1480	1291	70	456	19	545
20	地面工程	设施仪器			13013	5886	5770	760	474	123	1357
21		集输工艺			27152	10799	12428	880	2945	100	3925
22	综合管理	生产运行			5281	2237	2520	181	313	30	524
23		质量安全环保			2492	1007	1180	190	85	30	305
24		承包商管理									
25		油气销售			4691	1157	3405	31	96	2	129
26		经济评价			3212	1045	1644	314	166	43	523
合计			19655	4166	162504	68303	101411	5413	10201	997	11698

2）数据项标准化

将收集到的数据项进行逐一标准化，共计规范 11 万个数据描述信息(表 4-9)。

表 4-9　各业务方向产生的数据项梳理表单

各业务方向产生的数据项梳理表单									
业务对象	序号	数据项	数据项类型	量纲（单位）	验证规则	采集方式	采集频率	采集系统	字段描述
必填项	必填项	必填项	必填项	数值型必填	数值型必填	必填项	必填项	必填项	必填项
填写该数据项由哪个业务主体（对象）产生	数据项序号	填写数据项的标准名称。本次填报暂不考虑重复事项	数值型：验证规则按照大小判断填写；字符型：如果有限需要罗列可填报的内容；日期型：填写格式为 yyyy-mm-dd hh：mm	填写该数据项的标准单位，数值型的必填	详细填写该数据项的取值范围，数值型的必填	该列只有 3 种方式，人工录入、自动采集、计算参数	填写多长时间周期填报一次	填写当前该数据项的填报系统，没有填报系统的填写“无”	填写该数据项详细的填报内容、填报规则、填报注意事项，计算参数填写计算公式。具体可见下方各类型示例

3）标准化命名

针对 EPDM 模型匹配的数据项，建立映射关系，延用数据项名称（表 4-10）；对于不匹配的数据项，结合长庆油田业务特点和应用需求，遵循 EPDM 命名规范，重新规范化命名，共计标准化命名 6000 余项。

表 4-10　数据项与 EPDM 模型匹配情况

业务对象	数据项	数据项类型	采集系统	数据项描述	EPDM 字段名	匹配情况
矿权	矿权许可证号	字符型	RDMS_矿权管理系统	填写许可证号	LICENSE_ID	匹配
矿权	矿权类型	字符型	RDMS_矿权管理系统	填写探矿权、采矿权	MINING_CLAIM_TYPE	匹配
矿权	矿权项目名称	字符型	RDMS_矿权管理系统	填写项目名称	MINING_CLAIM_NAME	匹配
矿权	矿权项目简称	字符型	RDMS_矿权管理系统	填写项目简称	MINING_CLAIM_S_NAME	匹配
矿权	矿权项目类型	字符型	RDMS_矿权管理系统	填写延续、变更、新立、变更延续	IN_ITEM_TYPE	匹配
矿权	矿权首立日期	日期型	RDMS_矿权管理系统	填写发证日期，填写格式：yyyy-mm-dd	FIRST_EST_DATE	匹配
地质界线露头	地质界线描述	字符型	RDMS	填写地质界线描述		不匹配
露头观察点信息	露头名称	字符型	RDMS	填写露头观察点名称		不匹配
露头观察点信息	露头观察点层位	字符型	RDMS	填写露头观察点层位		不匹配
露头观察点信息	露头观察点地质描述	字符型	RDMS	填写露头观察点地质描述		不匹配

续表

业务对象	数据项	数据项类型	采集系统	数据项描述	EPDM 字段名	匹配情况
露头剖面信息	露头剖面名称	字符型	RDMS	填写剖面名称		不匹配
露头剖面信息	露头剖面简述	字符型	RDMS	填写剖面简单描述信息		不匹配
露头剖面信息	露头区	字符型	RDMS	填写露头区名称		不匹配
露头剖面成果	露头剖面地理位置	字符型	RDMS	填写露头剖面地理位置		不匹配

4）数据项英文名称总体命名规则

（1）命名全部采用大写字母、数字和“_”。

（2）命名的全长不得超过 30 个字符。

（3）命名名称来自业务，全部采用英文单词。

（4）英文单词过长可以采用通用的缩写，尽量表达出业务的含义。

（5）如需要 2 个以上的英文单词做标识名称，单词之间要用下划线“_”连接。

（6）名称由名词组成的，按照从大范围到小范围排序取名。

（7）完成某功能的名称，如函数和过程，以动宾形式取名。

（8）精雕细琢。

5）开展内部审查

与基层借调人员、各采油气厂 150 余位业务人员进行 3 轮内部交叉审查，针对提出的 18093 条修改意见，逐一进行修订完善(表 4-11)。

表 4-11 审查轮次及意见

审查轮次	存在主要问题	修订工作量
第一轮审查	主要为数据项重复，数据项类型错误，量纲、质控规则缺失，采集频率缺失	1. 钻井专业修改业务对象 25 项，数据项 33 项，数据项类型 8 项，量纲 18 项，验证规则 23 项，字段描述 18 项，建议更正补充完善 41 项，新增 2 项(防喷器型号，钻头型号)，建议挪移至主数据中有 26 项，有 12 项建议纳入安全管理中，建议删除 774 项中有 59 项建议保留
第二轮审查	主要为业务对象名称、数据项的名称不规范，业务对象以及数据项未按照业务流程重要性、主次关系进行排序，同类数据项未合并，数值型未备注保留小数位数，日期格式错误	2. 压裂专业修改业务对象 40 项，数据项 21 项，数据项类型 1 项，字段描述 30 项； 3. 油田生产专业修改业务对象 126 项，数据项 121 项，数据项类型 15 项，量纲 31 项，验证规则 148 项，字段描述 148 项，新增 5 项，建议删除 4 项； 4. 井下作业专业业务对象 46 项，数据项 131 项，数据项类型 5 项，量纲 7 项，验证规则 1 项，字段描述 1 项，提出修改意见共计 81 条； 5. 油田化学专业修改业务对象 39 项，数据项 113 项，数据项类型 28 项，量纲 19 项，验证规则 81 项，细化字段描述 15 项 6. 气田生产专业修改业务对象 46 项，数据项 187 项，数据项类型 36 项，量纲 38 项，验证规则 10 项，字段描述 155 项，新增 20 项，建议删除 31 项
第三轮审查	主要为量纲上、下标不标准，质控规则不准确，字符型数据项描述信息不全面、不准确	7. 油田注水专业修改业务对象 91 项，数据项 130 项，数据项类型 46 项，量纲 56 项，验证规则 28 项，字段描述 126 项； 8. 老井措施专业修改业务对象 113 项，数据项 61 项，数据项类型 3 项，量纲 12 项，验证规则 5 项，字段描述 35 项

6）专业人员审查

将三轮交叉审查后的结果提交研究院、油气院、设计院等专业人员进行审查，针对反馈的5600余项审查意见进行讨论修订完善(表4-12)。

表4-12　专业人员审查

业务对象	数据项	数据项类型	量纲(单位)	验证规则	数据项描述	修改意见	会议讨论意见
采油井	采油井泵径	数值型	mm	(0，200)	填写泵径，保留整数	数据类型：数值型；量纲：mm；验证规则：(0，200)	同意修改
采油井	采油井冲程	数值型	m	(0，50]	填写油井冲程，保留1位小数	验证规则：(0，100]	需落实验证规则
采油井	采油井井口回压	数值型	MPa	[0，10)	填写井口油管压力，保留1位小数	验证规则：[0，30)	不修改
采油井	彩油井套管压力	数值型	MPa	[0，20)	填写井口套管压力，保留1位小数	验证规则：[0，30)	不修改
采油井	采油井动液面	数值型	m	(0，5000)	填写油井动液面，保留整数	验证规则：(0，3000)	需落实验证规则
采油井	采油井沉没度	数值型	m	(0，5000)	填写油井沉没度，公式：沉没度=泵挂深度-动液面深度，保留整数	验证规则：(0，3000)	需落实验证规则
采油井	采油井累产水量	数值型	10^4t	[0，10000)	填写公式：Σ投产后采油井日产水星，保留2位小数	量纲10^4m^3 验证规则：[0，10000)	量纲10^4t 验证规则：[0，10000)
采油井	采油井累产气量	数值型	10^4m^3	[0，10000)	填写公式：Σ投产后采油井日产气量/10000，保留2位小数	验证规则：[0，10000)	量纲10^4m^3 验证规则：[0，10000)
机采指标	油井检泵周期	数值型	d	(0，1000)	填写检泵周期，需要多少天检泵一次，保留整数	数据项描述：填写检录需要多少天检泵一次，保留整数	验证规则：(0，1000)
机采指标	油井计划关井数	数值型	口	(0，10000)	填写计划关井数，保留整数	验证规则：(0，+∞)	验证规则：(0，10000)

7）专家审查

开展数据资源目录外部审查，共计聘请专家14人进行各专业的审查，收集审查意见共计3436条(表4-13)。

表 4-13 数据资源编目外部专家审查意见统计表

专 业	修 改	新 增	删 除	合 计
矿权	236	72	17	325
地球物理	120	3	5	128
地质油藏	148	8	2	158
分析试验	89	5	30	124
储量	47	3	52	102
井设计	13	1	1	15
钻井	39	7	3	49
录井	138	2	1	141
测井	163	3	18	184
试油试采	12	4	5	21
压裂	35	2	3	40
油田生产	269	26	114	409
气田生产	35	5	4	44
油田注水	95	14	32	141
老井措施	65	3	9	77
井下作业	143	33	42	218
油田化学	36	2	11	49
动态监测	145	216	4	365
地面工程	114	501	6	621

4.4.2 数据底座建设

4.4.2.1 结构化数据治理

近年来，随着云计算技术的不断发展和普及，越来越多的石油和天然气企业开始建设云技术平台，以提高数字化转型和智能化运营的水平。

目前，许多石油和天然气企业已经建设了云技术平台，并取得了一些成果。例如，中海油天津分公司建设了以云计算为核心的数字化平台，实现了油气田数据的统一管理和分享，提高了数据安全性和可靠性，促进了油气田开发和管理的智能化和数字化。中国石化工程建设有限公司也建设了云计算中心，利用云计算技术提高了工程设计效率，降低了设计成本，提升了工程质量；中国石化石油工程技术研究院也建设了以云计算为核心的智慧油田平台，实现了油气田全生命周期的数字化管理和智能化运营。随着云计算技术的不断完善和普及，相信云技术平台将会在石油和天然气行业发挥更加重要的作用，为企业的发展带来更多的机遇和挑战。

长庆油田云计算中心是中国石油长庆油田分公司为实现数字化转型和智能化运营而建设的云计算平台。该中心利用云计算技术，对长庆油田的数据进行存储、处理和分析，并提供数据决策支持服务，帮助企业实现数字化转型和智能化运营。

长庆油田云计算中心的主要功能包括：数据存储、大数据处理、数据分析和决策支持等。该中心可以实现大数据的存储和处理，对数据进行深入分析和挖掘，为企业提供数据决策支持服务，并帮助企业优化油田开发和管理的全过程。

此外，长庆油田云计算中心还可以为企业提供多种服务，如智能化调度、智能化安全监测、智能化油田管理等，助力企业实现数字化转型和智能化升级。

总的来说，长庆油田云计算中心是中国石油长庆油田分公司在数字化转型和智能化运营方面的重要探索和创新，也是长庆油田数字化转型和智能化运营的重要支撑。通过该中心的建设，长庆油田将能够更好地利用云计算技术，提高数字化管理和智能化运营的能力，推动企业持续发展。图 4-34 为云平台示意图。

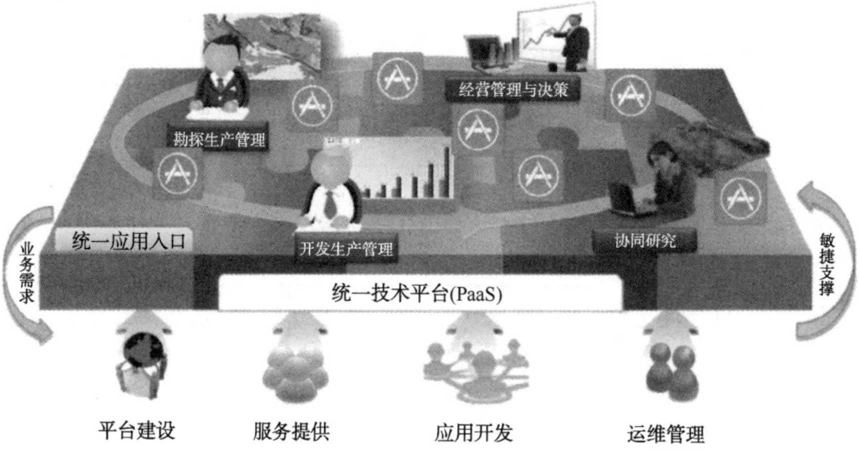

图 4-34　云平台示意图

数据湖的概念，最早是在 2011 年由 CITO Research 网站的 CTO 和作家 Dan Woods 首次提出。其比喻是：如果我们把数据比作大自然的水，那么各个江川河流的水未经加工，源源不断地汇聚到数据湖中。

所谓区域数据湖是相对于集团公司而言，长庆油田数据湖是集团公司连环湖中的一环，所以称为长庆油田区域数据湖。图 4-35 为数据湖的生命周期，图 4-36 为数据湖系统。

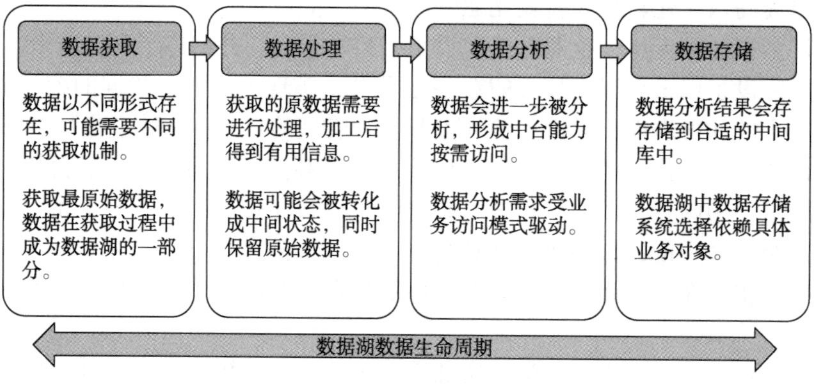

图 4-35　数据湖生命周期

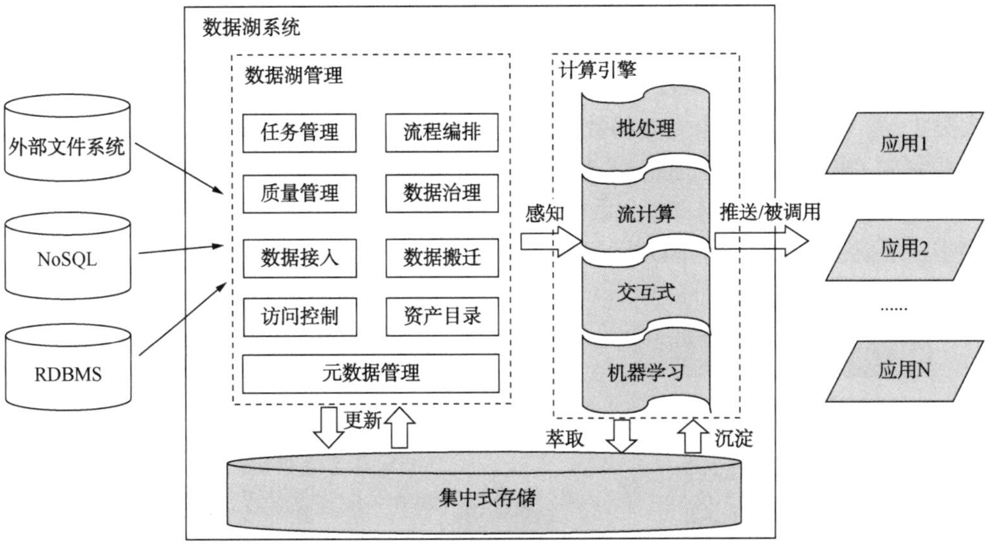

图 4-36 数据湖系统

让数据资源真正变成数据资产的第一步，是将散落在各信息系统中的数据采集并存储起来。如果我们把数据比喻成水，聚水成湖，构建数据底座。

数据湖能给企业带来多种能力，例如，能实现数据的集中式管理，在此之上，企业能挖掘出很多之前所不具备的能力。另外，数据湖结合先进的数据科学与机器学习技术，能帮助企业构建更多优化后的运营模型，也能为企业提供其他能力，如预测分析、推荐模型等，这些模型能刺激企业能力的后续增长。企业数据中隐藏着多种能力，然而，在重要数据能够被具有数据洞察力的人使用之前，人们无法利用它们来实现真正的价值。数据湖负责捕获数据、处理数据、分析数据，以及为业务系统提供数据服务。

数据湖能从以下方面发挥作用：实现数据治理与数据血缘。通过应用机器学习与人工智能技术实现商业智能。预测分析，如领域特定的推荐引擎。信息追踪与一致性保障，根据对历史的分析生成新的数据维度。有一个集中式的能存储所有企业数据的数据中心，有利于实现一个针对数据传输优化的数据服务，帮助组织或企业做出更多灵活的关于企业增长的决策。

数据资产化能力：利用数据湖，企业可以将属于自己的数据持续沉淀下来，保存多长时间的数据，耗费多少成本，完全由企业自主决定。数据湖还提供了数据资产管理能力，除了能管理原始数据外，还能将处理过的过程数据和结果数据分门别类保存，极大地提升了数据价值。

分析模型化能力：数据湖中不仅仅有原始数据，还有分析加工后的数据。体现了全域数据智能服务平台对于业务逻辑的抽象，通过数据湖，除了将原始数据作为资产输出外，还将数据模型进行了输出，借助加工数据，企业可以更深入的理解数据背后所体现的价值，帮助企业更好挖掘数据价值，获取分析结果。

服务定制化能力：借助数据湖提供的数据集成和数据开发能力，基于对数据的理解，各业务可以定制数据处理过程，不断对原始数据进行迭代加工，从数据中提炼有价值的信息，最终获得超越原有数据分析服务的价值。

从2020年开始，长庆油田区域数据湖在数据模型、数据入湖、数据治理、数据共享方面取得一定实效，初步建成油田的数据生态。基于CQEDM1.0，并结合EPDM2.0及各专业数据库数据字典，梳理CQEDM2.0数据模型，初步确定一级大类15类，二级大类69类，三级大类27类。已完成12个专业的数据模型报告初稿编制工作，并重点扩充了井筒工艺29张表。并完成了长庆油田5大业务域26个子域的数据资产目录的编制，为全面提升数据质量、数据安全奠定基础。图4-37为数据湖的4个关键组成部分，这些组成部分需要紧密配合和协作，才能保证数据湖的高效运行和管理，为企业的数字转型和智能化运营提供强有力的支撑。

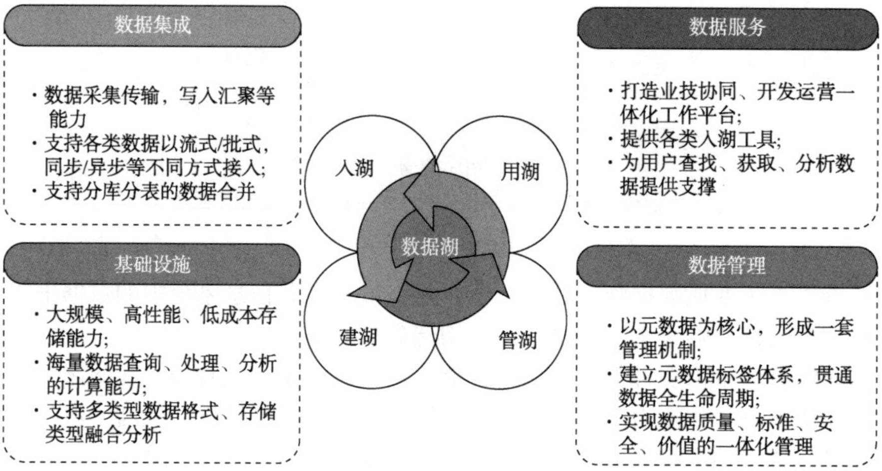

图4-37　数据湖的4个关键组成部分

完成元数据管理、主数据管理、数据源管理、数据权限管理、应用管理、数据质控等区域湖工具的部署工作，初步形成了数据治理的环境，强化数据资产的管控能力。完成主要业务应用的30多个数据库，覆盖主数据、物探、钻、录、试、分析化验、井筒工艺7个专业的成果数据共计967个数据接口的编制工作，完成356张表，2.7亿条数据迁移整合入湖工作，进一步优化完善数据生态架构，奠定数据共享基础。目前已开通10个系统对数据湖的数据访问权限，并引用入湖数据开展工作。

通过数据区域湖的搭建，应用统一数据湖技术构建长庆特色数据底座，汇聚了全域数据，实现了数据资源统一规划、统一标准、统一采集、统一存储和统一管控，并从制度约束、责任落实方面建立一套行之有效的工作机制，推动数据从资产管理向价值挖掘转变。基于统一的数据标准，构建"通快全准"的数据管控流程及数据治理体系，保障各类数据自动化、半自动化平滑迁移入湖，提高数据入湖效率、降低人工处理数据的工作量，并面向油田提供统一的数据服务体系。逐步构建上游全域数据的逻辑统一、互联互通，支持跨专业、跨机构、跨地域的数据共享运营模式，实现以流程为核心的管理体系转变成用数据驱动业务的数据生态。

4.4.2.2　非结构化数据

长庆油田在勘探开发过程中积累了大量非结构化数据，其中包括各种重要资料，如岩心照片、测井蓝图、录井综合图、四性关系卡片、试油(气)地质设计、老井措施总结报告等。

这些数据具有多样化的格式和内容，直接反映了研究对象在油气田勘探开发和生产中的各项参数和指标，对于科研和业务决策至关重要。

在数据管理方面，长庆油田认识到非结构化数据对于科研人员和业务人员的价值重大。为了更有效地管理这些数据，油田在数据治理过程中借助梦想云平台建立了消息中心、文档中心和日志中心等技术中台。特别是文档中心，对非结构化数据进行了精准的统一管理、标准化命名和分类存储，为非结构化数据的应用提供了有力支持。

然而，要让这些成果数据更广泛地应用于勘探开发、油气生产等业务过程中，并非易事。实现跨平台兼容性，同时要支持各种浏览器，以便进行图件的放大、缩小、旋转和拖拽等操作。此外，它们还需要具备图件标注、数据叠加、搜索和权限控制等复杂功能。

为解决这些挑战，长庆油田立足于文档中心，着手开展了针对非结构化数据展示技术的深入研究，并研发了基于 H5 技术的多终端成果展示与数据交互关联技术平台。该平台不仅能够支持各类非结构化数据的展示，而且作为通用技术中台，将在长庆梦想云上部署，为未来各类非结构化数据应用提供全方位支持和解决方案。

1. 设计思路

当设计基于长庆油田文档中心的非结构化数据展示系统时，特别重要的是将系统与文档中心的数据源紧密结合，确保系统能够有效地处理和展示这些数据。以下是关于这个方面的设计思路：

1）数据源集成

数据源类型：详细了解文档中心提供的数据类型和格式，涵盖文档、图像、视频等各种非结构化数据。

数据连接：建立与文档中心的稳定连接，确保数据能够安全、高效地传输到系统中。

2）数据存储与索引

适应性存储：设计灵活的存储结构，能够容纳不同类型和格式的非结构化数据。

索引建立：建立全面而快速的数据索引系统，以便用户可以快速找到需要的文档和信息。

3）安全性

数据保护：确保从文档中心到系统的数据传输安全，并在系统中对数据进行加密或权限控制，以防止未经授权的访问和篡改。

4）用户体验

快速访问：优化系统性能，使用户可以快速访问和预览文档，无论其大小或格式如何。

用户个性化：根据用户需求和偏好，提供个性化的文档推荐、标注、分享和评论功能。

5）合作与协作

多用户协作：设计支持多用户同时访问、标注和共享文档的功能，促进合作和沟通。

系统整合：考虑系统与文档中心现有系统的整合性，确保数据交换和共享的顺畅性。

6）技术创新

新技术应用：探索和应用新技术，如机器学习、自然语言处理等，以提高文档分类、搜索等功能的精准度和效率。

系统的设计需要以文档中心的数据为核心，确保能够最大限度地利用和展示这些数据，同时保障系统稳定、安全、高效的运行。

2. 系统功能

1）显示功能

文件独立预览服务包含多个组件，前端界面、后端处理、文件存储和转换等。前端界面是用户与系统互动的界面，通常是一个网页应用程序。它提供了用户上传文件、预览文件、编辑文件等功能的界面。用户可通过前端界面选择要预览的文件，并在浏览器中进行文件预览操作。后端处理是系统的核心组件，负责接收用户上传的文件，并进行相应的处理和转换，以便在浏览器中进行预览。该组件通常包括文件解析、格式转换、缩略图生成等功能。能将不同格式的文件转换为浏览器可识别的格式，以便在线预览。

文件存储是系统用于存储用户上传文件的组件。可采用本地文件系统、云存储服务或数据库等。该组件负责将用户上传的文件保存在可靠的存储介质上，并提供接口供后端处理组件使用。

此外，文件独立预览服务系统还包括用户管理、权限控制、日志记录等辅助功能。用户管理用于管理用户账号和权限，权限控制用于限制用户对文件的访问和操作权限，日志记录则用于记录用户操作和系统运行状态。

文件独立预览服务系统通过前后端协作，为用户提供方便快捷的文件预览功能，提升了文件的可访问性和可用性。这种架构不仅简化了文件预览流程，还提升了用户体验，使文件查看更加高效便捷。

2）加密处理

要实现对于 doc、docx、xls、xlsx、ppt、pptx 和 PDF 等办公类文档的加密处理和 Web 端预览，需采取以下步骤。

对于 doc、docx、xls、xlsx、ppt、pptx 文件，利用第三方库(例如 Python 的 PyCrypto 库)进行加密处理。这包括定义密钥和偏移量，并利用 PyCrypto 创建一个 AES 加密器。读取文件内容并将其转换为字节数组，接着使用加密器对数据进行加密，并将加密后的数据写入新文件。这种方式确保文件内容的安全性(图 4-38)。

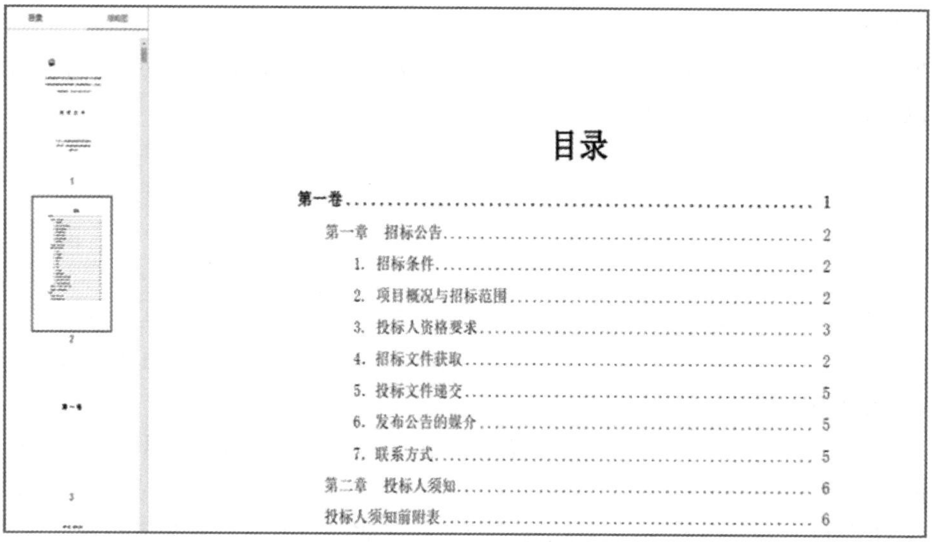

图 4-38 word 加密预览

对于 PDF 文件，可使用 PDF 加密软件（例如 Adobe Acrobat）。PDF 文件早期版本采用 RC4 加密算法（40~128 位），而自 PDF1.6 起，引入了 AES 加密算法（128 位）。选择适当的加密算法和级别对 PDF 文件进行加密保护。需要注意，对称加密算法依赖于简单密码，因此密码一旦泄露，保护效果就会受到影响。

3）Web 端预览

对于 doc、docx、xls、xlsx、ppt、pptx 文件，利用 Office Online 或 Google Docs 等在线办公套件实现 Web 端预览功能。这些套件支持直接在网页上预览和编辑文档，用户可以通过浏览器进行查看、编辑等操作。Google Docs4 的接口可用于文档的创建、读取和更新。其中，使用 documents. create 方法创建新文档、documents. get 方法检索指定文档的全部内容、documents. batchUpdate 方法以原子方式对指定文档执行一组更新。这些方法需要提供文档 ID 作为参数来指定目标。batchUpdate 方法返回响应对象的列表。

对于 PDF 文件，使用 PDF. js 等开源的 JavaScript 库实现 Web 端预览功能。PDF. js 可将 PDF 文件解析为 HTML5 元素，使其在网页上以类似图片的形式进行预览。用户可以通过浏览器直接查看 PDF 文档。使用 PDF. js 库的步骤包括：在 HTML 文件中引入 PDF. js 库文件；使用 PDFJS. getDocument 方法加载 PDF 文件，并指定回调函数处理加载完成的 PDF 文档；使用 PDFDocument 对象的 getPage 方法获取 PDF 文档的页面；使用 Page 对象的 renderToCanvas 方法将页面渲染到 HTML5 的 canvas 元素中。

这些方法和工具为加密处理和 Web 端预览提供了全面而有效的解决方案，确保文档的安全性和便捷性（图 4-39）。

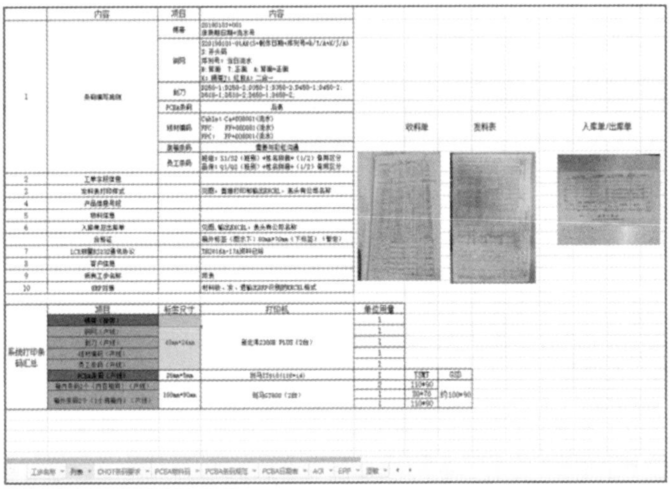

图 4-39　excel 加密预览

4）压缩文件预览设计

系统的 ZIP 文件预览技术是通过使用第三方库（例如 Java 的 Apache Commons Compress 库）来解压 ZIP 文件，并提取其中的文件内容实现的。这个过程涉及根据文件类型选择相应的预览方式进行展示。比如，对于图片文件，可以直接在网页上显示图片；而对于文本文件，则可以将文本内容呈现在网页上（图 4-40）。

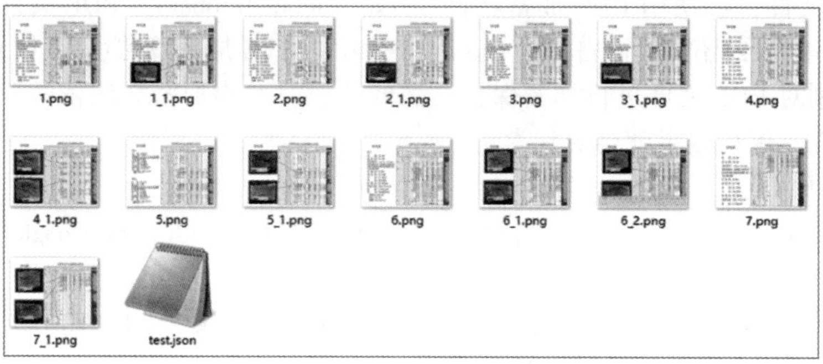

图 4-40　ppt(测井蓝图)在线预览

类似地，系统的 RAR 文件预览技术和 7z 文件预览技术同样利用第三方库(例如 Java 的 SevenZipJBinding)来解压 RAR 或 7z 文件，并提取其中的文件内容。这些技术都依赖于根据文件类型选择相应的预览方式进行展示。

SevenZipJBinding 是一个强大的工具，内置了多个动态链接库文件，支持多种操作系统和不同位数系统的跨平台应用。它支持多种压缩格式的文件，比如 7z 等。

另外，系统也实现了对 TAR 文件的预览技术，同样利用第三方库(例如 Java 的 Apache Commons Compress 库)来解压 TAR 文件，并提取其中的文件内容。根据文件类型选择相应的预览方式进行展示是其核心特点。

这些技术的实现基于第三方库的解压和文件内容提取功能。但具体的预览方式需要根据不同文件类型进行选择和实现。例如，在网页上直接显示图片文件，或在网页上呈现文本文件的内容。对于特定格式的文件，可能需要使用特定的预览工具或库进行展示(图 4-41)。

压缩文件信息　文件名：1.zip　|　文件类型：.zip　|　文件大小：36 MB

文件名	类型	文件大小	查看
⌄ doc	[目录]		
招标文件.doc	.doc	806 KB	查看
招标文件.doc.pdf	.pdf	2 MB	查看
⌄ pdf	[目录]		
⌄ 方案	[目录]		
平台方案.pdf	.pdf	929 KB	查看
信息系统.pdf	.pdf	754 KB	查看
招标文件.pdf	.pdf	2 MB	查看
2.mp4	.mp4	4 MB	查看
flv视频.flv	.flv	22 MB	查看
mp3音频.mp3	.mp3	2 MB	查看
mp4视频.mp4	.mp4	5 MB	查看
yx1.webp	.webp	44 KB	查看
yx2.webp	.webp	28 KB	查看

图 4-41　压缩文件在线预览

Apache Commons Compress 作为 Apache Commons 的子项目，是一个用于处理压缩的底层库。它定义了处理多种压缩格式文件的 API，涵盖了 ar、cpio、Unix 转储、tar、zip、gzip、XZ、Pack200、bzip2、7z、arj、lzma、snappy、Deflate、lz4、Brotli、Zstandard、Deflate64 和 Z 等格式。

5）主流的图片文件预览技术

HTML 标签：使用 HTML 的<img>标签可以在网页上直接展示图片。通过设置 src 属性指定图片的 URL 或 Base64 编码，即可在网页中显示所需图片。

JavaScript 库：诸如 jQuery、Viewer. js、Lightbox 等 JavaScript 库可以实现更丰富的图片预览效果。Viewer. js 是一个轻量级的 JavaScript 库，专门用于在网页中嵌入 PDF、Office 文档、HTML 和 LaTeX 等多种文档的查看功能。它基于开源项目开发，具有简单、灵活和可定制的特点，支持多种文档格式，并能在不同设备上运行。该库提供了图片缩放、旋转、拖拽等功能，以提升用户体验。

CSS 样式：利用 CSS 样式控制图片的展示效果，例如居中、缩放、裁剪等。通过设置 background-image 属性或 background 属性，可以将图片作为背景显示。

响应式设计：运用响应式设计技术，使图片能够根据设备的屏幕大小和分辨率进行自适应调整。利用 CSS 媒体查询和断点设置不同的图片尺寸和展示方式，以适应各类设备。

在使用这些图片预览技术时，需确保图片文件已上传到服务器或可通过 URL 访问。此外，为了提高网页加载速度，可以对图片进行优化，如压缩、缓存、懒加载等处理。

这些技术能够丰富网页的图片展示效果，提升用户体验，并随着技术的不断演进，带来更多的可能性和创新。

实现 MP3、MP4、FLV 等多媒体文件的预览，可使用多种技术：

（1）HTML5 标签：使用 HTML5 的<audio>标签嵌入 MP3 音频文件，通过设置 src 属性指定音频文件的 URL。同样地，使用<video>标签嵌入 MP4 和 FLV 视频文件，设置 src 属性指定视频文件的 URL。这些标签提供基本的多媒体播放功能，使得音频和视频文件能够直接在网页上播放。

（2）JavaScript 库：诸如 Video. js 和 jPlayer 等 JavaScript 库能够提供更丰富的多媒体预览效果。Video. js 提供了一系列简单易用的接口，用于控制视频播放、暂停、音量调整等操作。这些接口包括了控制播放、暂停、音量、时间等方面的方法。此外，它还支持插件扩展，可以通过插件接口实现更多功能，比如支持多种视频格式（如 MP4、FLV、WebM 等）。

（3）嵌入第三方播放器：针对特定的多媒体格式，可使用第三方的播放器插件或组件来实现预览功能。比如，使用流行的多媒体播放器插件如 Flowplayer、JW Player 来播放 MP4、FLV 等视频文件。这些播放器插件提供了丰富的接口，可用于控制视频播放、暂停、音量调整等操作，并支持定制播放器的外观和行为。

这些技术都可以有效实现多媒体文件的预览功能，提供了基础的播放控制选项和样式定制，并支持多种视频格式。它们对于网页多媒体内容的展示和用户体验有着重要的作用。

6）DeepZoom 技术处理大型图件

DeepZoom 技术是一种用于处理大型高分辨率图像的技术，允许用户在不必加载整个图像的情况下逐步放大并平滑缩放和导航图像，从整体到细节（图 4-42）。

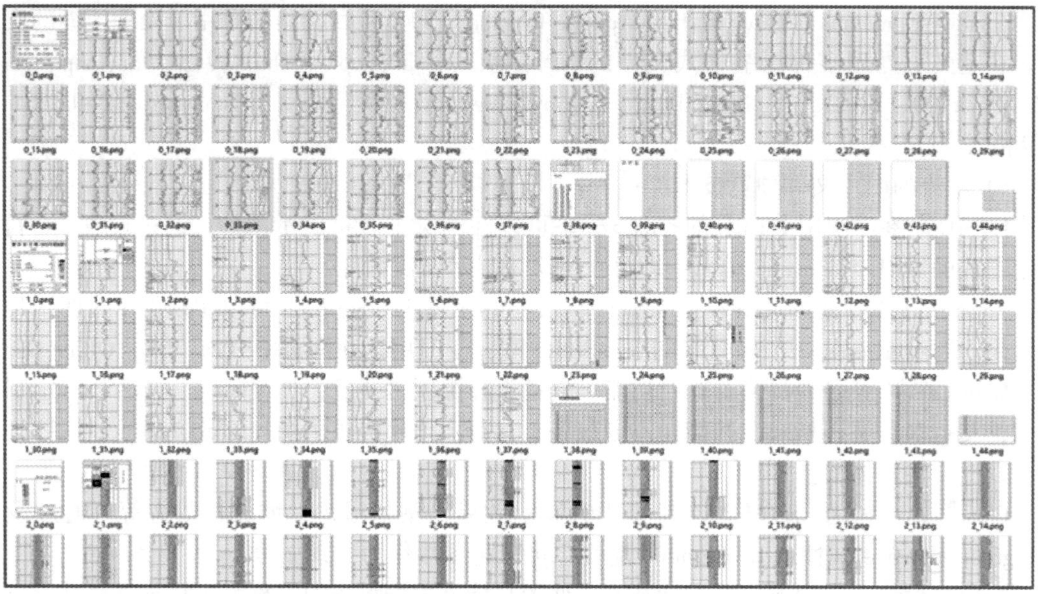

图 4-42　大型图片切片预览

系统利用 DeepZoom 技术实现以下功能：

（1）图像分割：首先将大型高分辨率图像切割成多个小块，通常是固定大小的瓦片。每个瓦片是独立的图像，具有自己的缩放级别。

（2）图像编码：对每个瓦片使用高效的图像编码算法进行压缩，如 JPEG 和 PNG，以减小存储空间和加载时间。

（3）图像索引：为每个瓦片创建唯一标识符，并组织成索引结构，通常是树状结构，以便用户可以根据需求加载和显示特定的瓦片。

（4）缩放和导航：提供平滑的缩放和导航功能，用户可通过滚动、缩放和拖动来浏览图像。系统根据用户操作选择和加载适当的瓦片。

（5）图像渲染：在浏览器或应用程序中需要图像渲染引擎来组合瓦片为无缝图像。根据需要加载、排列和渲染瓦片，确保呈现图像的正确性。

DeepZoom 技术旨在实现高效的图像浏览和导航，无须加载整个图像。它被广泛应用于地图浏览、医学影像、艺术品展示等领域，是一种由微软公司开发的图像缩放技术，常用于 Web 应用程序中，快速缩放图像而不影响性能。

提供的接口有：

（1）DeepZoom. Zoomify. getZoomifyData（src，width，height，maxZoom）：获取 Zoomify 数据，src 为图像源，width 和 height 为图像宽度和高度，maxZoom 为最大缩放级别。

（2）DeepZoom. Zoomify. createZoomifyServer（ZoomifyData，options）：创建 Zoomify 服务器，ZoomifyData 为获取的 Zoomify 数据，options 为其他配置选项。

（3）DeepZoom. Zoomify. createZoomifyViewer（ZoomifyServer，options）：创建 Zoomify 查看器，ZoomifyServer 为创建的 Zoomify 服务器，options 为其他配置选项。

DeepZoom 技术提供了更多接口，如 DeepZoom. Zoomify. Zoomify 用于创建 Zoomify 对象，DeepZoom. Zoomify. ZoomifyViewer 用于创建 Zoomify 查看器对象，DeepZoom. Zoomify. ZoomifyServer

用于创建 Zoomify 服务器对象。

转换图片格式：采用 OpenSeadragon、Deep Zoom Composer 等工具将大体积图片转换为 Deep Zoom Image（DZI）格式，这种格式适合 DeepZoom 技术。

分割图片：利用 DeepZoom 技术将图像分割成多个碎片（tiles），每个碎片代表一个小的图像块，灵活调整碎片大小和分辨率。

构建图像金字塔：根据分割后的碎片构建图像金字塔，这种多层次结构允许不同层级的图像显示，每一层都有不同分辨率的图像版本。

编写前端代码：利用 DeepZoom 相关的前端库（例如 OpenSeadragon），加载和展示碎片化的图片，透过参数设置实现图像平滑缩放和高效显示。

PDF 流式显示技术处理型办公文档：

（1）确定热点数据：通过监控系统或数据分析确定经常被访问的热点数据。

（2）部署高速缓存节点：在距离用户最近、响应速度最快的位置部署高速缓存节点，可使用 Redis、Memcached 等分布式缓存系统。

（3）设置缓存策略：根据热点数据特性设置缓存策略，包括过期时间、更新策略等，根据数据的访问频率和重要性设置。

（4）实现数据同步：当热点数据变化时，可利用订阅/发布机制或缓存更新通知等方式，确保缓存节点与分布式存储库中数据同步。

（5）数据访问优化：在应用程序中，优先检查本地缓存节点是否存在需要的数据，若存在则直接返回缓存数据，否则从分布式存储库获取数据并存储于缓存节点，以便下次访问。

（6）监控和维护：建立监控和维护机制，监控缓存节点状态、性能和可用性，及时处理故障并优化性能。同时监控缓存命中率、使用情况，根据情况调整和优化。

（7）文档格式转换：利用工具（如 Apache PDFBox、iText 等）将大体积办公文档（Word、Excel、PowerPoint 等）转换为 PDF 格式。

（8）PDF 转为流：将转换后的 PDF 文件转为流形式，可通过特定语言的库（如 Java 中的 InputStream、C#中的 MemoryStream）进行处理。

（9）前端流式显示：在前端代码中使用适当的 PDF 阅读器库（例如 PDF. js、MuPDF. js），加载并展示 PDF 流，通过动态加载和渲染页面实现大体积文档的流式展示。

这些步骤详细描述了如何利用 DeepZoom 和 PDF 流技术处理大体积图片和办公文档，以及如何实现分布式缓存来优化热点数据的访问效率和性能。

DeepZoom 接口：

（1）DeepZoom. Zoomify. getZoomifyData（src，width，height，maxZoom）：获取 Zoomify 数据，包含图像源、宽度、高度和最大缩放级别。

（2）DeepZoom. Zoomify. createZoomifyServer（ZoomifyData，options）：创建 Zoomify 服务器，接受 Zoomify 数据和其他配置选项。

（3）DeepZoom. Zoomify. createZoomifyViewer（ZoomifyServer，options）：创建 Zoomify 查看器，接受 Zoomify 服务器和其他配置选项。

7）分布式缓存设计

建立非结构化文件分布式存储库是一个复杂的过程，需经历多个关键步骤来确保其可靠性和高效性。

（1）设计架构：基于需求设计分布式存储库的架构，包括节点数量、通信方式和数据分片策略。这包括横向扩展、节点间通信协议和数据备份策略等方面的考量。

(2) 选择存储技术：根据需求评估和选择合适的分布式存储技术，比如 Hadoop HDFS、Ceph、GlusterFS 等，考虑其适应性、容错性和性能等因素。

(3) 部署存储节点：根据设计的架构，在各节点上部署选定的存储技术，并进行配置和优化，确保节点间的有效通信和数据一致性。

(4) 实现上传和归档服务：开发上传和归档服务，包括文件上传、归档和索引等功能，确保文件能够有效存储和检索。

(5) 实现共享服务：开发共享服务，让用户能方便地访问和共享存储库中的文件，可以通过对象存储接口或 Web 界面等方式实现。

(6) 配置安全策略：根据需求配置存储库的安全策略，包括用户权限管理、数据加密和访问控制，确保文件的安全可靠。

(7) 监控和维护：建立监控和维护机制，持续监控存储库的状态、性能和可用性，并及时处理故障，优化性能，确保系统稳定运行。

(8) 扩展和扩容：根据实际需求扩展存储容量和节点数量，确保存储库能够满足不断增长的需求。

(9) 测试和优化：进行系统测试，验证存储库的功能和性能，根据测试结果对系统进行优化和调整，确保其稳定性和效率。

以上步骤的严谨执行和细致考量能够确保建立的分布式存储系统能够满足业务需求，并且能够在高效、安全的环境下运行。

智能路由技术依赖于分布式存储库和分布式缓存，能够实现用户对文件的智能访问，以确保用户始终能够快速访问到最近最快的文件服务。以下是实现方案的详细描述：

(1) 构建分布式存储库：将文件分散存储在多个服务器上，借助分布式文件系统或对象存储实现。这样做可以确保文件具备冗余存储和高可用性。这一功能已经使用文档中心实现。

(2) 构建分布式缓存：利用分布式缓存系统(例如 Memcached 或 Redis)缓存用户最近访问的文件。这些缓存可置于应用服务器的前端，也可以构建独立的缓存服务器层。

(3) 实现智能路由算法：当用户访问文件时，智能路由算法根据用户位置、网络质量和文件位置，选择最近、最快的文件服务。负载均衡算法(例如轮询、最少连接、哈希等)可实现路由。

(4) 更新缓存：若文件已存在缓存中，则直接返回缓存副本；若不存在，则从分布式存储库获取文件，并缓存到分布式缓存中，以便下次访问加速。

(5) 处理缓存一致性：由于文件可能在分布式存储库中被修改或删除，需要处理缓存一致性问题。采用缓存失效策略(例如 LRU 或 TTL)，定期清理过期缓存，并通过事件通知或定期检查来保持缓存更新。

用户可应用智能路由技术访问到最近、最快的文件服务，充分利用分布式存储库和分布式缓存，提供高性能、高可用性的文件访问体验。

8) 在线数据标注

当设计标注数据模型时，明确的分类和定义可以确保数据结构的清晰性和一致性。设计标注数据模型的步骤如下：

(1) 数据结构定义。

① 确定标注数据的基本结构，包括：

② 标注内容：指定需要标注的内容或图像。

③ 标注类型：定义不同类型的标注，如文本、几何形状、区域标记等。

④ 标注结果：存储用户对图像的标注结果。

（2）用户模型设计。

根据需求设计用户模型，包括：

① 基本信息：用户身份、姓名等基本信息。

② 权限：区分用户权限，如管理员、普通用户等，决定其能否进行标注、访问数据等。

（3）数据存储模型设计。

建立数据存储模型，以关联标注数据和用户信息：

数据关联方式：确定如何关联用户与其进行的标注数据，可以使用用户 ID 和标注数据的关联方式。

（4）数据存储功能实现。

将标注数据存储到数据库或其他介质中，包括：

① 数据库设计：创建标注数据表和用户表，确保可以有效存储数据和关联用户信息。

② 数据存储操作：使用相应的数据库操作语言或编程语言接口，将标注数据存储至数据库。

（5）数据读取功能实现。

根据用户模型和数据存储模型，从存储介质中读取标注数据：

筛选特定用户数据：使用查询语句从数据库中获取特定用户的标注数据，以用户 ID 作为筛选条件。

关于图上标注技术的部分，涉及在线业务图件的标注和数据关联（图 4-43）。该技术基于 H5 的 Canvas 绘图功能，在业务图件文件上实现标注和数据关联。步骤如下：

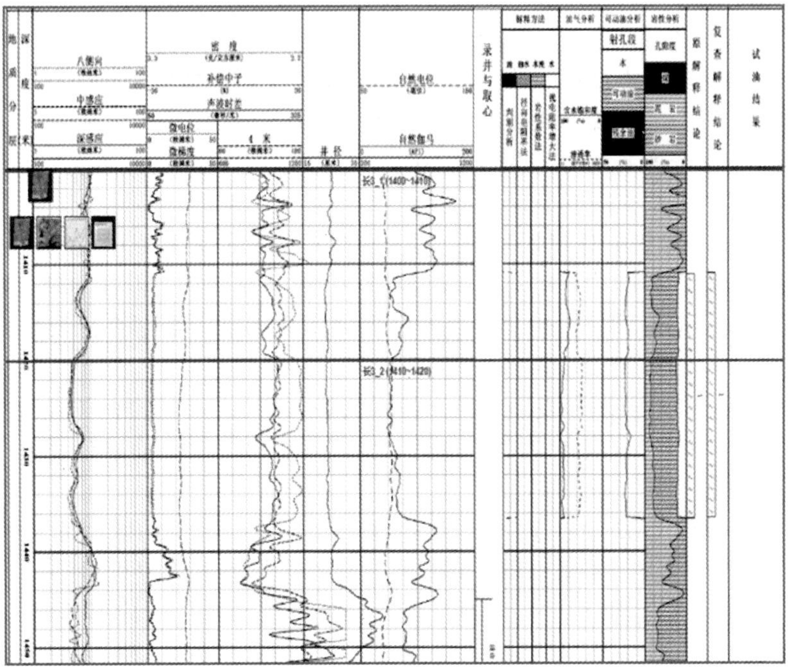

图 4-43　在线图文标注

（1）准备业务图件文件：确保业务图件文件（图片、SVG 等）可以在网页中显示。

（2）创建 Canvas 元素：使用 HTML 的 canvas 标签创建一个 Canvas 元素，在其中进行图像标注。

（3）加载并绘制图件文件：使用 JavaScript 加载业务图件文件，并将其绘制到 Canvas 上，可借助 Canvas 的 drawImage 方法实现。

（4）实现标注功能：利用 Canvas 的绘图 API，在图件上进行标注，可以通过鼠标事件捕获用户操作，使用 Canvas 的绘图方法进行标注绘制。

（5）实现数据关联：根据业务需求，在用户标注时实现自动标注和数据关联，可在用户完成标注后，将结果存储到数据库或其他存储介质中。

Canvas 接口提供了一系列绘图方法，如 getContext（'2d'）、drawImage、fillRect、strokeText 等，可以实现图像标注的各种绘制操作。

4.4.2.3 时序数据管理

时序数据是在时间轴上随时间变化而产生的一系列数据，通常包含时间戳或时间序列。它们具有时间敏感性、自相关性、季节性、噪声和异常值等特征，可以来自各种不同的来源，例如物联网设备、金融交易、天气预报、工业过程控制等。时序数据分析可以用于提供未来发展趋势、异常检测、性能优化等方面的重要信息，因此在大数据和人工智能时代变得越来越重要。

时序数据在油田领域有着广泛的应用，它可以用于监测油井生产情况、预测油藏产量、优化注水和采油方案、识别设备运行异常以及预防事故发生。通过对油井产量、注水量、压力、温度等数据的时序分析，可以帮助油田工程师更好地理解油田运行状况，提高油田生产效率，并有效降低生产过程中的风险和成本。

长庆油田分公司经过十余年的数字化建设，形成了一整套能够满足公司、厂、作业区的生产现场、调度指挥、生产管理的多级信息化体系，为长庆油田的生产效率和管理模式的革新提供了基础。但由于各系统的建设阶段不同，造成众多系统并立，形成数据孤岛，在数据的共享、数据的处理效率上逐渐显现出不足。

长庆油田在 2019 年智能化规划初期，对实时生产数据的入湖集中管理规划是通过打通已有实时数据库的数据接口，实现生产实时数据一次性入湖管理。但在治理过程中发现，各单位建设标准存在一定差异，已建实时生产数据并不能满足大数据分析及数据质量分析的需求。

因此，紧密结合工业互联网发展思路和技术趋势，建立统一标准的工业数据时序数据库既符合集团公司“一个湖”原则和“整合”理念，也能从根源上解决油田公司生产实时数据缺失与智能化应用的迫切需求矛盾。

为解决这个问题，长庆油田于 2022 年建设一套规范、统一的数据库系统，既能与现有的智能油井、智能水井、智能气井、OCEM、设备管理等系统进行对接，又能满足未来新的生产需求。该系统实现了三个关键目标：首先，将原有的时序数据成功迁移至新的时序数据库中；其次，完成既有系统与时序数据库的无缝对接，确保数据的顺畅传输和共享；最后，确保时序数据库具备水平动态扩展的能力，以应对未来可能出现的数据规模和需求的增长。

该时序数据库系统针对接口的统一性，所有的写入和查询应用都采用相同的数据库接口，以确保系统的一致性和互操作性。在数据规范方面，所有的时序数据都按照相同的规范进行写入数据库，以便实现数据的一致性和可靠性。在写入性能方面，系统能够支持高并发写入，写入速度应达到每秒超过1400万个数据点，以满足油田领域大规模数据采集和处理的需求。同时，为了提高查询效率，系统具备处理百亿级别数据聚合的能力，以支持油田领域复杂的数据分析和挖掘任务。为了降低存储成本，系统支持数据压缩功能，使得数据在存储时可以达到较高的压缩比，最高可达1：20，从而节省存储空间和成本。同时，为了满足未来的扩展需求，系统支持水平动态扩展，可以根据需要灵活地增加更多的节点和计算资源，以应对不断增长的数据规模和处理需求。

4.4.2.4 空间数据管理

空间数据包括矢量数据和栅格数据两种，存储方式也各有不同。

矢量数据是由点、线和面的集合来表示地理对象的。每个地理对象都有其对应的地理位置以及相关的属性信息。矢量模型精确地表示了地理对象的形状，并且可以精确地表示和定位地理对象，其数据量小，便于存储和显示。常见的矢量数据包括井、站、管线数据。

矢量数据全部存储在PostgreSQL中，使用Geometry类型进行保存，但根据数据类型的不同，保存的数据模型又不完全相同。如井、站等要素使用点模型进行保存，管线、道路等要素使用线模型进行保存，湖泊、保护区等要素使用面模型进行保存。

点是表示坐标空间中的单个位置的零维几何图形，根据数据不同，有两种不同的模型POINT(107 37)、POINT Z (107 37 1324)。

线模型表示坐标空间中的一维几何图形，由多个点模型连续形成，如LINESTRING(107 37，108 38，109 39)。

面模型是由外部边界(壳)和零个或多个内部边界(洞)分隔的二维平面区域。每条外部边界或内部边界都是一条线，如：POLYGON[(107 37 0，108 38 0，109 39 0，109 38 0，109 37 0，107 37 0)，(107.5 37.58 0，107.6 37.68 0，107.8 37.88 0，107.9 37.98 0，107.5 37.5 0)]。

除了坐标以外，还需要存储坐标系的信息，即空间参考标识符(SRID)，通常的存储方式如下：['POINT(107.1640574 37.192475 1234.1)'，4326]。

栅格数据是由像元(或称为栅格单元)组成的，每个像元都有一个地理位置和一个数值，表示某种特定的地理信息。其占用存储空间大。常见的栅格数据包括卫星影像、高程模型等。

由于栅格数据就是超大图片，图片大小超过1GB很常见，大范围的卫星影像甚至可以超过1TB，如何能将如此巨量的图片在一定的带宽下快速传到客户端，成为栅格数据在网络传输时要面临的普遍问题。为了解决此问题，需要将栅格文件按照分辨率裁剪、分层后，像金字塔一样存储，即瓦片(Tile)金字塔模型。瓦片等级越大，组成地图的瓦片数越多，可以展示的地图内容也就越详细。在某一瓦片等级下的地图瓦片，是由它的上一层级的各瓦片切割成的4个瓦片组成，如果把这种层级关系自顶向下依次排列，就如同金字塔一样，如图4-44所示。可以看出，从瓦片金字塔的底层到顶层，分辨率越来越低，但表示的地理范围不变，地图的最小级别为0，此时整张地图是一个瓦片。

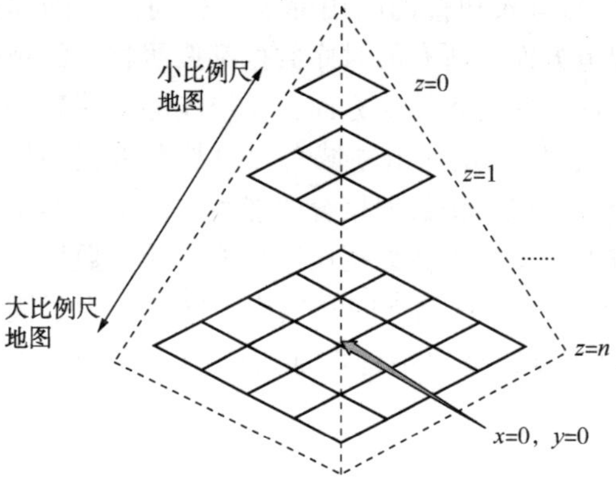

图 4-44　瓦片金字塔模型

高清卫星影像的栅格数据，使用的是Google 的瓦片地图规范，其坐标原点为东经180°、北纬 85. 05°，x 轴向右，y 轴向下，瓦片级别最小为0、最大为21。为了平衡数据量大小和清晰度，高清卫星影像最大级别为 18 级，每一级一个文件夹，每个文件夹下包含若干个 256 * 256 像素的 PNG 图片。

空间数据和地理信息系统(GIS)之间存在密切的关系。空间数据是 GIS 的基础，而 GIS 是用于获取、存储、分析和展示空间数据的工具和系统。

长庆油田油区移动 GIS 导航与空间数据建设旨在通过统一管理油田 GIS 空间地理数据，构建长庆油田基础地理信息平台。该平台的目标是实现油田矿权范围内的空间地理数据共享和地图引擎的共用。通过将单井、站点、管线等基础生产单元进行空间关联，该系统实现了可视化的生产组织管理。此外，它支持油区内部移动 GIS 导航，并满足全油田范围内的空间数据应用需求。

通过整合空间数据，这一系统提供了对油田地理信息的一体化管理，使得各种基础数据能够在一个统一的平台上进行协同。这种空间数据的关联性，不仅为生产组织管理提供了可视化的工具，同时也为地理信息的多层次分析提供了支持。这样的综合平台有助于提高油区内部的工作效率，同时促进了全油田范围内空间数据的协同应用，推动了长庆油田的信息化和数字化发展。

中国石油地理信息系统(A4)采用中国石油统一购买的地图，其影像精度达到 1：10000 标准。中国石油工程运行管理系统(A5)则是在 A4 系统基础上建设的应用系统，其地理信息数据全部源自 A4 系统。

移动 GIS 导航与空间数据建设(一期)遵循原国土资源部发布的[2017]30 号文件、《石油勘探与生产数据模型(EPDM)2. 0 版》和《长庆油田分公司勘探开发数据模型》，结合各单位 GIS 应用情况进行前期调研。根据《长庆油田空间数据模型标准》，制定了包括厂、场站、路网、作业区、管线、单井等多方面数据标准。

按照标准，完成了采气一厂、采气四厂、采油三厂、输油二处 4 家试点单位的单井、场站、道路以及环保敏感区域等专题空间数据的入库工作。目前已入库的数据包括油、气管线 996 条，油井、气井、水井 115346 口，采油厂、采气厂、合作区矿权 40 块，站点 2910 个，10kV 电缆 564 条，35kV、110kV 变电所 114 个，GPS 轨迹点约 2. 3 亿个，高清影像约 5TB，地形地貌数据约 1TB，水源保护地 33 个，自然保护区 13 个。

这些数据按照 WMS/WFS 标准进行配置，包括深浅两种常用风格、高清影像和数字高程服务，以适应不同的业务场景。已为陇东页岩油监控、无人机应用、第二输油处智能管道、气井智能生产管控、注水井智能管理等多个系统提供了数据支持。通过已发布的空间服务，成功上线了地图管理平台和导航 APP。地图管理平台实现了新数据的预览和入库，以及历史数据的查询、编辑和删除功能。导航 APP 则实现了按分类查询、分图层加载数据、位置收藏、路径规划和导航等功能。

非试点单位的空间数据治理入库工作，遵循项目一期制定的数据标准规范，对包括 12 个采油厂、8 个采气厂和 2 个输油处在内的 22 个非试点油气生产单位的空间数据进行了收集、治理和入库。具体见表 4-14。

表 4-14 空间数据模型

序 号	数据类别	数据模型
1	单井	cd_ well
2	场站	cd_ station
3	管线	cd_ pipeline
4	井场/井丛	cd_ wellfield
5	作业区	cd_ operation_ area
6	矿权	cd_ mining_ right

油区道路标识管理：统一规范道路命名规则，实现油区末端道路命名、类型、路面分级、维护管理，危险路段(弯道、坡度、事故多发)标识标定。联动导航对特殊路段进行提醒。数据模型见表 4-15。

表 4-15 道路模型

序 号	列 名	数据类型	是否必填	注 释
1	id	varchar(64)	是	道路编号
2	name	varchar(200)	是	道路名称
3	start_ name	varchar(200)	是	起点名称
4	end_ name	varchar(200)	是	终点名称
5	length	number(11, 2)	是	长度
6	level	int	是	等级(柏油、砂石、土路)
7	prod_ date	date	是	建设时间
8	source	varchar(64)	是	管理单位
9	dangerlist	blob	否	危险路段坐标集
10	last_ maintenance_ date	date	是	最新养护时间
11	create_ user_ id	varchar(64)	是	数据录入人

注水系统管网数据入库：对全油田注水井、站和管网的空间数据进行集中收集和整理，设计相应数据标准，并完成数据入库工作，支撑注水相关业务需求。

通信线路数据入库：收集和整理全油田通信线路数据，设计相应数据标准，并完成数据入库工作。同时设计通信线路空间数据可视化面板。数据模型见表 4-16。

表 4-16 通信线路模型

序 号	列 名	数据类型	是否必填	注 释
1	id	varchar(64)	是	编号
2	name	varchar(200)	是	名称
3	start_ name	varchar(200)	是	起点名称
4	end_ name	varchar(200)	是	终点名称
5	length	number(11, 2)	是	长度

续表

序　号	列　名	数据类型	是否必填	注　释
6	level	int	是	等级
7	prod_ date	date	是	建设时间
8	source	varchar(64)	是	管理单位
9	last_ maintenance_ date	date	是	最新维护时间
10	create_ user_ id	varchar(64)	是	数据录入

电力数据完善：完成全油田电力线路和变电所的空间数据整理入库工作，梳理场站、井场与变电所的关联关系，支撑停电影响产量等业务需求(图 4-45)。

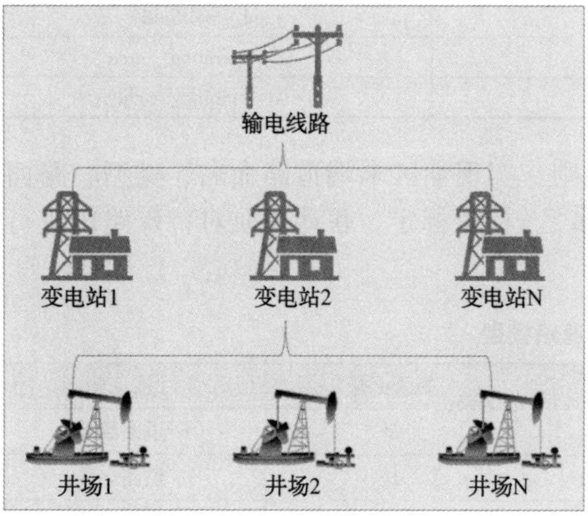

图 4-45　电力数据

4.4.2.5　数据开发

对于勘探开发过程中产生的大量数据进行开发与分析可以揭示隐含在数据背后的模式和规律，帮助科研和生产专家更好地理解现象的本质，并为新的发现和创新提供基础。此外，数据开发与分析还可以加速创新过程，降低成本，提高效率，使科研生产能够更快地做出有意义的结论，从而推动勘探开发技术的积累和进步。因此，对海量数据进行开发与分析不仅是科研生产的关键工具，还有助于解锁前所未有的机会，为未来的研究和创新打开新的大门。

大数据的价值无可估量。然而，由于数据来源的多样性、数据质量的不确定性、数据处理过程对计算机专业的高度依赖等挑战，目前很难将大数据有效地应用于决策和创新中。为了解决这个问题，本项目基于大数据的标准化和规范化处理流程，开展了针对海量异构结构化数据的低代码、交互式开发技术研究，并研发了低代码交互式数据开发平台。该平台在长庆梦想云上部署，能够支持连接各类勘探开发数据库，支持用户以可视化拖拽的方式快速构建数据开发与分析流程，迅速计算必要的指标信息，还支持用户开发自定义的数据处理算法，对平台能力进行灵活扩展。低代码交互式数据开发平台能够大幅提高数据开发效率，为各类结构化数据应用提供全方位支持和解决方案，具有重要的价值和意义。

1. 系统设计

在设计低代码交互式数据开发平台时，主要考虑了数据开发过程的四个关键阶段：数据采集与预处理、数据分析、模型开发与评估，以及结果解释与报告(图 4-46)。

首先，数据采集与预处理阶段着重于从多源获取数据、清洗和准备数据以确保质量。随后，数据分析部分包括了数据的初步探索和可视化，以发现潜在的模式和关系。进入模型开发与评估阶段，数据科学家将使用机器学习和统计方法构建模型，并对其性能进行评估。最后，结果解释与报告部分将模型的结果解释为可理解的洞见，并将这些见解以清晰的方式传达给相关利益相关方。整个流程形成了数据科学项目的有机整体，旨在从原始数据中提取有用信息，支持决策和问题解决。

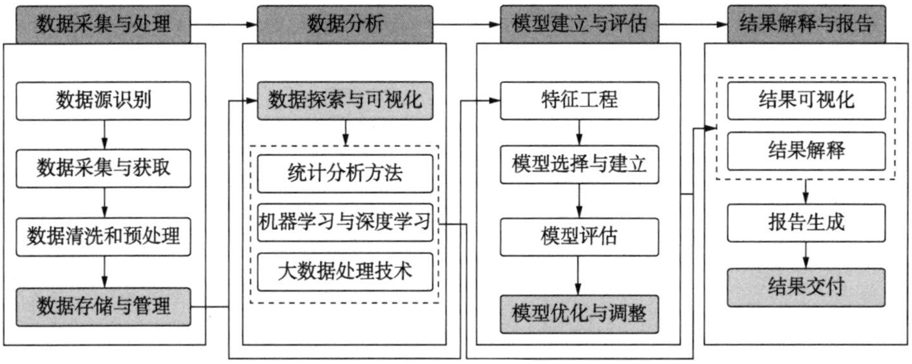

图 4-46 数据开发流程

基于上述设计思路，系统分为系统交互、业务处理和数据存储三个层次(图 4-47)。

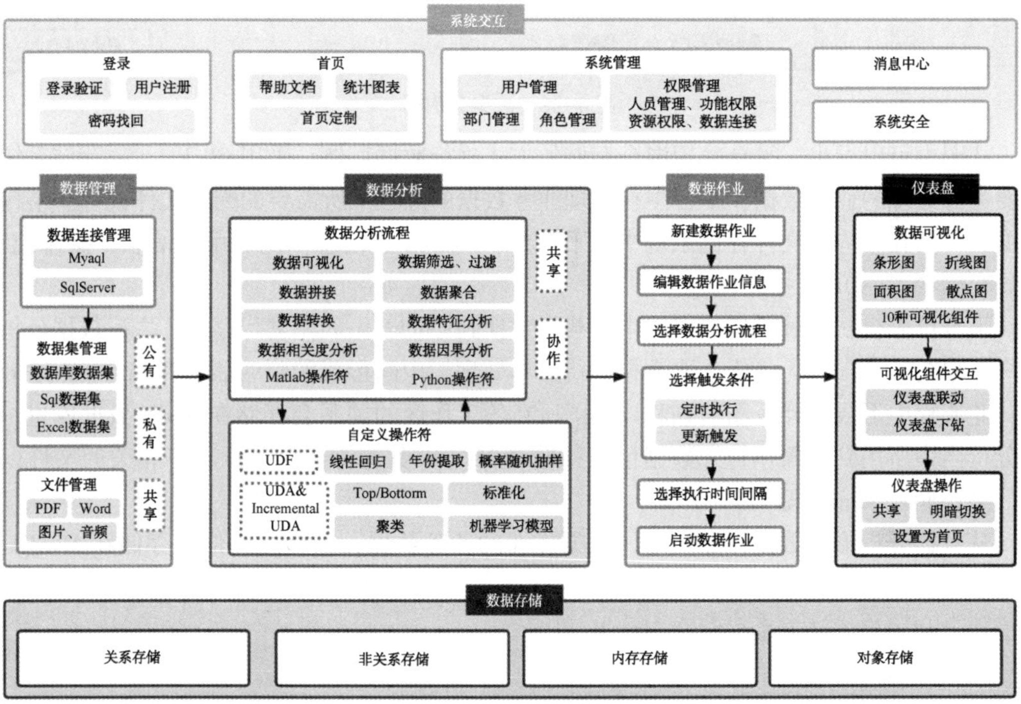

图 4-47 系统架构图

系统交互主要包含登录、首页、系统管理等模块，主要完成系统管理类功能。

业务处理细分为四个模块：数据管理、数据分析、数据作业、仪表盘；其中数据管理主要针对系统中的数据集、数据连接、文件等进行管理；数据分析模块通过可拖拽的画布连接数据集与操作符实现低代码算法开发，针对业务场景复杂的代码，也可以使用自定义操作符进行代码封装；数据作业模块可以对已经生成的数据分析算法设置定时执行的条件；仪表盘模块将处理好的数据以自定义布局的形式呈现出来。

数据存储可以从存储对象的不同分为关系存储、非关系存储、内存存储、对象存储。

从数据开发角度看，整个系统的架构如图 4-48 所示。

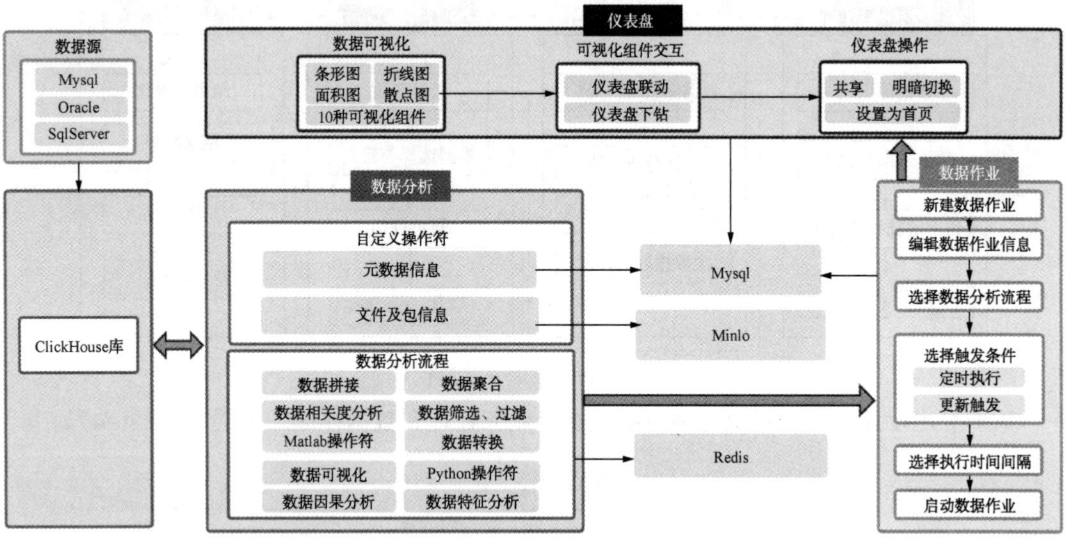

图 4-48　数据架构图

从图中可以看出，平台采用混合存储的方式进行数据存储，采用 ClickHouse 存储系统存储要进行处理的业务数据，平台中在处理业务数据的过程中所需要的配置文件或者非结构化数据会存储在 MinIO 文件存储系统中。平台所有的非业务信息，比如用户信息，操作记录，主要存储在 MySQL 数据库里。

平台首先会从多种异构数据库中加载表数据到 ClickHouse 库进行存储。之后数据分析的分析流程会从 ClickHouse 库获取数据进行操作处理，中间形成的临时表会存储在 ClickHouse 中，此流程中形成的计算图信息和计算图所在的工作区的关系会存储在 Redis 数据库里，数据分析当中所用到的操作符元数据信息存储在 MySQL 数据库里，与操作符相关的文件以及包信息存储在 MinIO 里。

从数据分析形成数据作业之后，数据作业的业务数据，例如用户信息存储在 MySQL 数据库里面，数据作业所用到的 Airflow 这个软件本身也会用到 MySQL 数据库。最后形成的仪表板信息和用户关联关系存储在 MySQL 里面。

2. 关键技术

1）基于计算图模型的数据分析技术

将多种数据分析功能封装为可组装、可插拔的操作符，多个操作符之间通过联动组成基于计算图模型的数据分析流程，支持用户多样化的数据分析需求。产品内置基于计算图的数据分析执行优化框架，包括计算图结构重写与优化、多任务并行化处理、多任务资源管理与调度等。

2）实时渐进式计算框架

基于渐进式计算框架，通过合理的架构设计，使其支持以渐进式的方式计算和返回结果的能力，并且能够展示计算进度，保证进度成果交付的时间限制，允许在运行时更改分析参数，从而实现更好的人机交互；产品内置自适应实时流数据处理算法，能够根据响应时间动态调整样本大小，并支持准确预测计算结果的误差。

3）数据可视化表征与灵活呈现技术

提出数据分析结果的可视化表征结构，支持将分析流程与分析结果数据有效关联起来；产品包含在可视化表征结构之上的数据灵活渲染技术，实现实时化、定制化渲染中间结果，并基于可视化表征结构自动映射多样化数据呈现。

4.4.2.6 湖仓一体架构

长庆区域数据湖采用了湖仓一体技术架构，总体技术框架如图 4-49 所示。

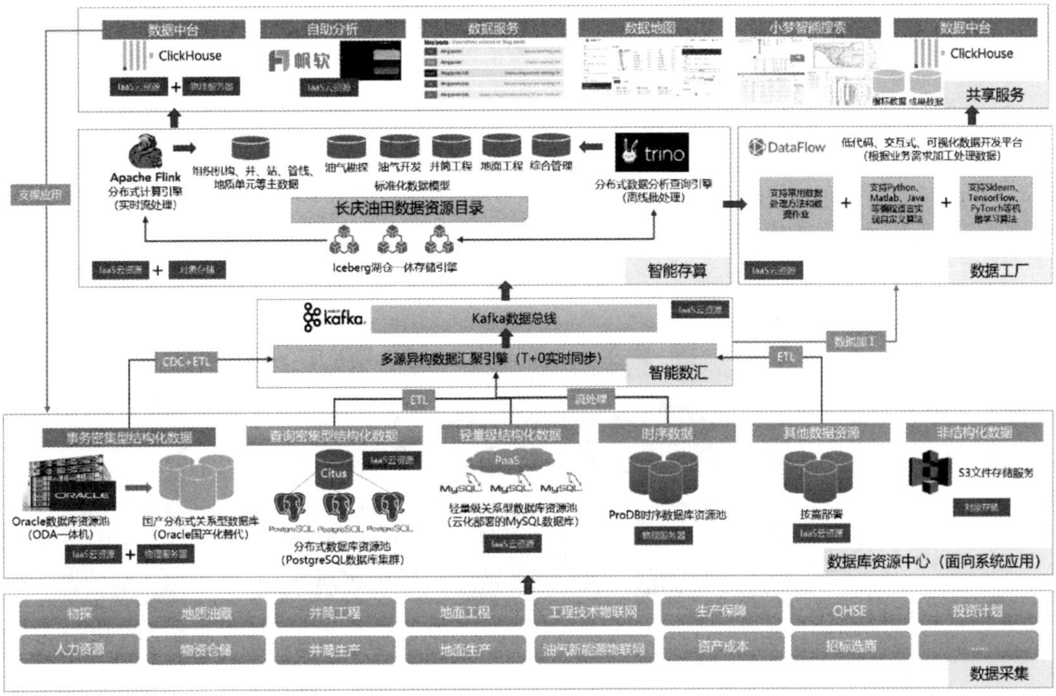

图 4-49 技术框架

主要由数据库资源中心、智能数汇、智能存算、数据工厂、数据共享服务五部分组成。

1. 数据库资源中心

数据库资源中心面向系统应用。对于事务密集型结构化数据采用 Oracle 数据库资源池和商用国产分布式关系型数据库，后期逐步采取数据库产品的国产化替代；对于查询密集型结构化数据采用开源分布式数据库资源池(PostgreSQL 数据库集群为主)；对于轻量级结构化数据采用云化部署的 MySQL 数据库；对于时序数据采用国产主流时序数据库；对于非结构化数据采用 S3 文件存储服务。

2. 智能数汇

采用成熟实时 ETL 和 CDC 工具，实现多数据源、异构数据源技术支持，以及离线和实时同步、全量和增量数据，支持资源调度查看与监控以及工作流调度可视化、任务实时监控功能，可实现 T+0 式的数据汇聚，可为后期数据治理和加工提供环境(图 4-50)。

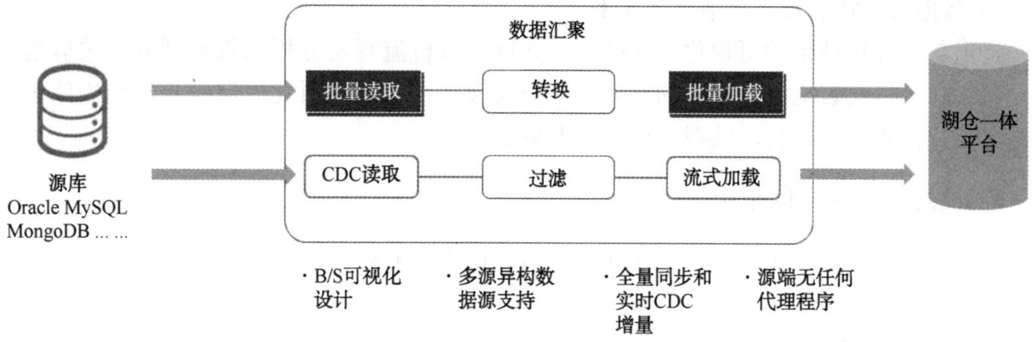

图 4-50　智能数汇

3. 智能存算

采用存储计算分离架构，统一数据基础架构与开发逻辑，支持系统数据流批一体处理；支持基于 Iceberg 的 ACID 事务能力，支持同时读取和写入数据，支持 schema 的执行和演变，支持数仓的星模型/雪花模型(图 4-51)。

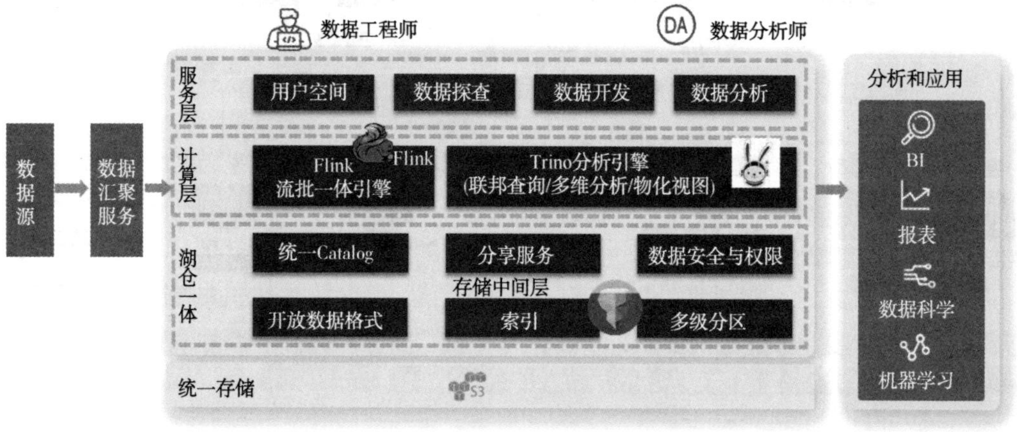

图 4-51　智能存算

采用 Flink 作为主要的大数据计算引擎，支持实时数据入湖、大数据分析过程中的计算任务处理。Flink 可以扩展到数千核心，其状态可以达到 TB 级别，扩展后仍能保持高吞吐、低延迟的特性。

4. 数据工厂

数据工厂采用低代码、交互式、可视化的数据开发平台，可根据业务需求加工处理数据，能够从智能存算数据体中获取数据，也可以直接通过智能数汇直接获取。数据工厂支持常用数据处理方法和数据作业，支持 Python、Matlab、Java 等编程语言实现自定义算法，支持 sklearn、TensorFlow、PyTorch 等机器学习算法。

5. 数据共享服务

加工后的数据推入云数仓列式存储的 ClickHouse，提供高性能的查询服务，其数据压缩比高，单表超大数量级的查询速度快。最后通过标准 RESTful API 对外提供数据服务，集成 BI 软件，为业务人员提供自助式数据分析和报表定制。

同时应用全文搜索、知识图谱、自然语言处理、大语言模型等先进技术，接入企业多源数据，构建面向数据搜索、知识搜索、资源搜索等多类搜索服务，支持非结构化数据检索，降低知识获取难度，提高准确率与相关性(图 4-52、图 4-53)。

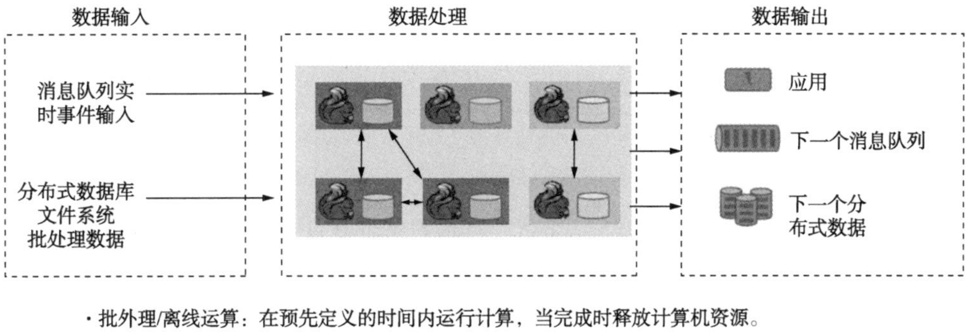

图 4-52 技术流程

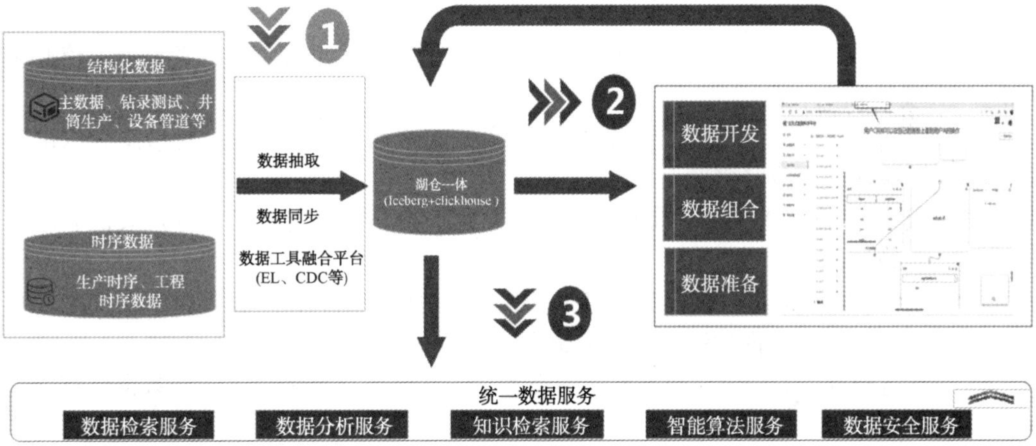

图 4-53 数据共享服务

升级“湖仓一体”架构后，长庆区域湖能够提供统一的数据存算引擎、数据资产管理与运营工具、数据集成与开发环境，能够实现异构多模数据源高效实时入湖仓，支持高性能数据查询，可应对 BI 分析、AI 计算、智能检索等大数据应用场景。

4.5 构建数据体系

4.5.1 数据质量控制体系

数据质量控制就是把油田生产所产生的数据按照一定的规则限定，使其符合油田生产的实际情况。长庆油田经过多年的经验积累，在统一的规范与标准的基础上，按照数据的完整性、一致性、深度性、准确性等数据质量的关键特性，面向数据的采集、录入、审核、汇总、传输、应用等，持续优化专业代码库及规则校验库，依靠数据智能体服务开展数据质量评估、多维探查和智能清洗，达到数据“六性”(及时性、准确性、完整性、一致性、有效性、唯一性)评价标准，构建数据质控体系。同时搭建统一数据采集平台，消除多头采集、重复录入、数据冗余等问题，实现数据一点录入、多点调用，以用促建，建立历史数据查漏补缺长效机制。

4.5.1.1 数据质量管理

1. 数据质量管理定义

数据质量管理(Data Quality Management)，是指对数据从计划、获取、存储、共享、维护、应用、消亡生命周期的每个阶段里可能引发的各类数据质量问题，进行识别、度量、监控、预警等一系列管理活动，并通过改善和提高组织的管理水平使得数据质量获得进一步提高。

数据质量不是追求100%，从数据使用者的角度定义，满足业务、用户需求的数据即为“好”的数据质量。目前业界对于数据质量的衡量标准，分为以下六大维度：

(1) 完整性(Completeness)：衡量所必需的数据的完整程度，如不能缺失的空值检查。

(2) 唯一性(Uniqueness)：针对某个数据项或某组数据，没有重复的数据值。值必须是唯一的，ID类数据。

(3) 及时性(Timeliness)：对于数据更新频率的满足程度，针对用户对信息获取的时间及时性要求，确保数据及时更新。

(4) 有效性(Validity)：对于数据的值、格式要求符合数据定义或业务定义的要求，如某些电话、邮箱的格式。

(5) 准确性(Accuracy)：确保数据必须反映真实的业务内容。不仅仅与原始文本或单据比较准确性，也可以是数据的源头与目标做比较。

(6) 一致性(Consistency)：数据元素的类型和含义必须一致和清晰，如数据迁移或加工的前后数据表大小一致性对比。

2. 数据质量管理目标

数据质量分为绝对质量和过程质量，绝对质量是指业务数据的真实性、完备性和自洽性，过程质量指业务数据的使用质量、存储质量和传输质量。数据质量管理目标包括：

(1) 建立稳定运行的数据质量测控体系，及时发现并改正数据质量问题。

(2) 建立可靠的数据质量评估流程，判断改进趋势，衡量数据质量改进效果。

(3) 建立一套改进、提升数据质量的管理机制。

3. 数据质量管理内容

(1) 制定、修订数据质量管理遵循的标准。

(2) 确立、修订数据质量管理工作流程，优化部门协同机制。

(3) 制定数据质量管理决策机制。

(4) 监督日常数据质量管理的有序进行。

(5) 数据质量的核查。

4. 数据质量影响要素

(1) 信息类要素：由于对数据本身的描述、理解及其度量标准偏差而造成数据质量问题的影响要素。

（2）技术类要素：由于具体数据处理的各技术环节异常而造成数据质量问题的影响要素，技术实现上的某种缺陷是其产生的主要原因。

（3）流程类要素：由于系统作业流程和人工操作流程设置不当造成数据质量问题的影响要素。

（4）管理类要素：由于人员素质及管理机制方面的原因造成数据质量问题的影响要素。

4.5.1.2 搭建专业代码库及规则校验库

1. 专业代码库

从产能建设阶段到生产运行期搭建专业代码库671个(图4-54)，分别有井别、井型、井网方式、井口坐标类型、井筒类型、井段类型等。

图4-54 专业代码库

举例：以下分别从井别、井型、措施类型说明(图4-55~图4-57)。

图4-55 井别专业代码数据

图4-56 井型专业代码数据

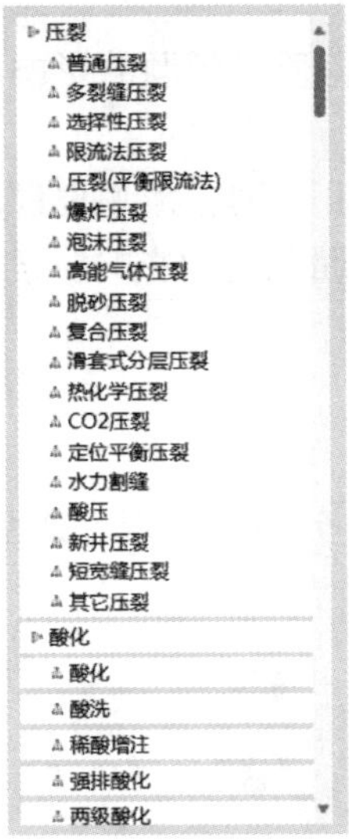

图 4-57　措施类型专业代码数据

2. 规则校验库

搭建规则校验库数据 7370 个，包括油气井主数据、钻井、录井、测井、试油、生产等各阶段的数据规则校验库。

举例：以下分别从主数据的井，钻井数据的日时效，录井数据的岩屑描述、井壁取心说明，见表 4-17。

3. 数据质量规则和脚本校验

原理：通过 shell 调用 hivesql 来检验数据质量。

首先，创建存放校验数据的数据库；然后创建存放校验数据的表，表的字段就是我们要校验的指标；最后，编写 shell 脚本校验流程。

4.5.1.3　构建数据采集的质控体系

由于石油领域的特色，采集主要分自动化仪器采集和人工采集，自动化仪器的应用减少了人工采集的误差，保证了数据源头的准确。理想的数据输入是数据产生和输入在同一天进行，或间隔很短。但是，采集数据的计算机在线输入目前在油田公司还不具备必要的物质和人力条件。目前可行的方案是严格按照统一数据采集体系，按照数据质量的控制格式将采集的数据通过解释后直接进入数据库。但是对于不同厂家同一类型的采集仪器，各厂家提供的解释处理软件的解释方法、数据格式和内容都不统一，数据经常以报表的形式输出，再由数据录入人员将报表的输出结果进机，这样不仅增加了数据录入人员的重复工作量，而且增加了数据录入的不准确性。

表 4-17　规则校验库数据

序号	专业	业务对象	数据项	数据项类型	量纲（单位）	验证规则	采集方式	数据项描述
1	主数据	井	设计井深	数值型	m	(0，10000)	人工录入	填写设计井深，保留 2 位小数
2	主数据	井	地面海拔	数值型	m	(500，2500)	人工录入	填写地面海拔，保留 2 位小数
3	钻井	钻井日时效	钻井日时效泵压	数值型	MPa	[0，50)	人工录入	填写钻井日时效泵压，保留 1 位小数
4	钻井	钻井日时效	钻井日时效测井	数值型	h	(0，24]	人工录入	填写钻井日时效测井时长，保留 2 位小数
5	录井	岩屑描述	岩屑顶界深度	数值型	m	顶界深度<底界深度	手工录入	填写岩屑顶界深度，保留 2 位小数
6	录井	井壁取心	壁心设计颗数	数值型	颗	[0，50]	手工录入	填写壁心设计取心颗数，保留整数

采用的数据质量控制方案是依据数据质量控制文档，所有的数据结构都统一到这个标准上来。要求各厂家严格按照统一数据采集端提供的数据标准，提供采集数据，再用统一的解释软件进行采集成果解释和上报。

对于人工采集的误差或者采集条件不满足的情况，如流压、静压不同时测试，数据的一致性不够。针对这种情况，要以管理人员的实际抽样调查数据为基础，从管理制度上加以制约，或者加强自动化仪器采集的研究工作，逐步替代人工采集的工作。

4.5.1.4　统一数据采集平台

根据数据产生和应用主体，建立了统一数据采集体系，对油气开发主营业务进行了数据管理智能划分(图 4-58)。

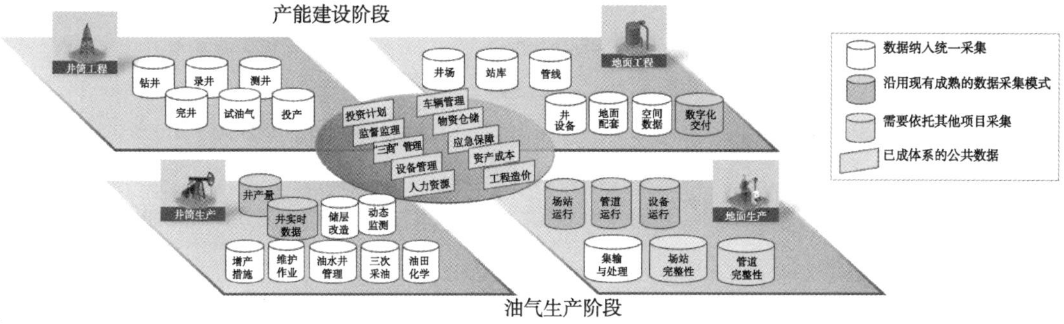

图 4-58　四大统采平台

1. 井筒工程采集端

RDMS 生产建设实时报表系统是一个基于 RDMS 技术开发的系统，旨在为油气勘探、评价项目组提供实时的生产建设报表服务。该系统于 2013 年开始建设，并于 2014 年在 6 个油气勘探、评价项目组上线运行。随后，在 2015 年，该系统被全面应用于所有产建项目组中。RDMS 生产建设实时报表系统实现了单井井筒全生命周期数据的统一采集，并可以自动生成各种类型的产建报表。此外，该系统还可以自动推送 5 大类 130 余项数据，为生产指挥与应急管理(OCEM)、工程技术管理、集团 A5 等系统提供数据支持，如图 4-59 所示。

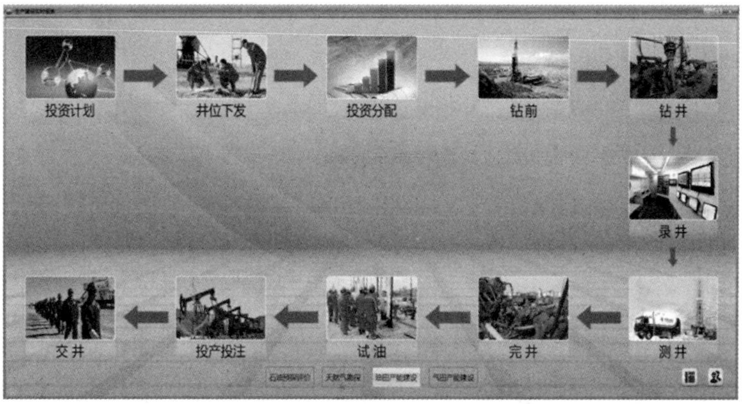

图 4-59　RDMS 生产建设实时报表系统界面

在 2020 年 1~3 月期间，根据生产运行部的要求，对生产建设实时报表系统进行了升级改造。在这次升级改造中，RDMS 成为井筒数据采集与质量管理的唯一入口，生产指挥与应急管理(OCEM)不再进行数据采集。同时，通过数据接口支撑，OCEM 可以进行生产数据上报和应用。

在 2020 年 5~6 月期间，对生产建设实时报表系统进行了云化升级工作。该升级工作将系统独立部署至油田公司云中心，并且与 RDMS 形成了双备份。这样就解决了因停电导致的数据无法录入的问题，同时实现了 7×24 小时不关机运行，确保了井筒数据采集时效性，生产建设实时报表系统云化部署效果图如图 4-60 所示。

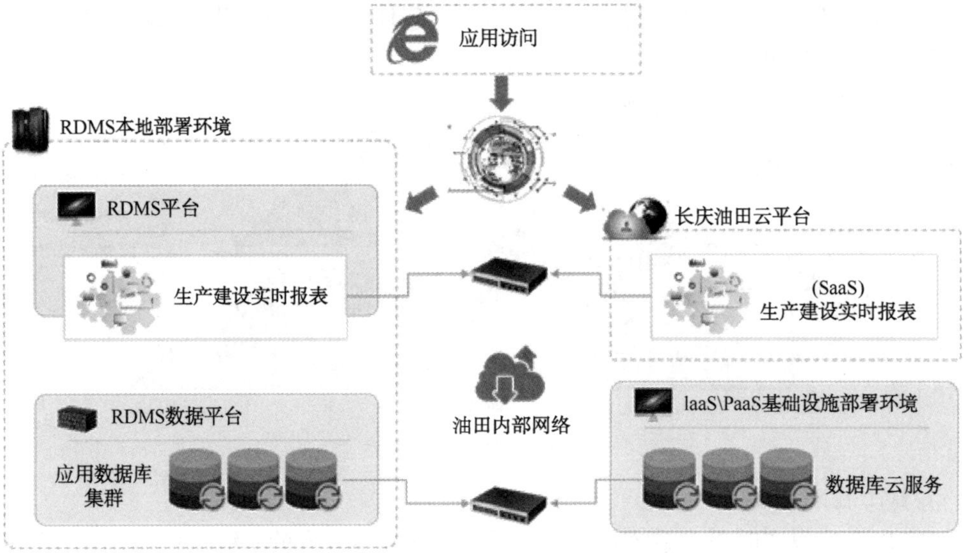

图 4-60　生产建设实时报表系统云化部署效果图

在 2022 年 3 月，按照生产运行部和工程技术管理部对井控风险管理的要求，在钻井、试油和试气阶段增加“单井、区块、盆地井控风险级别录入”(图 4-61)、“单井与队伍井控风险级别匹配性校验”(图 4-62)等功能，队伍严格执行《施工队伍与风险井匹配关系》，在能力范围内施工，为现场安全生产作业提供有力支撑。

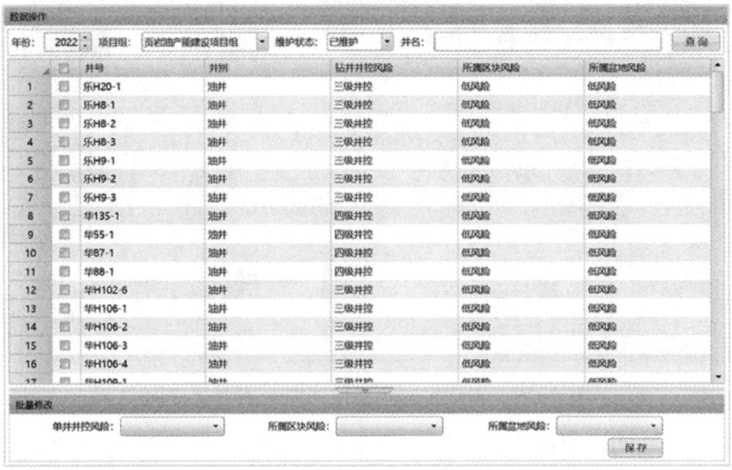

	井号	井别	钻井井控风险	所属区块风险	所属盆地风险
1	乐H20-1	油井	三级井控	低风险	低风险
2	乐H8-1	油井	三级井控	低风险	低风险
3	乐H8-2	油井	三级井控	低风险	低风险
4	乐H8-3	油井	三级井控	低风险	低风险
5	乐H9-1	油井	三级井控	低风险	低风险
6	乐H9-2	油井	三级井控	低风险	低风险
7	乐H9-3	油井	三级井控	低风险	低风险
8	华135-1	油井	四级井控	低风险	低风险
9	华55-1	油井	四级井控	低风险	低风险
10	华87-1	油井	四级井控	低风险	低风险
11	华88-1	油井	四级井控	低风险	低风险
12	华H102-6	油井	三级井控	低风险	低风险
13	华H106-1	油井	三级井控	低风险	低风险
14	华H106-2	油井	三级井控	低风险	低风险
15	华H106-3	油井	三级井控	低风险	低风险
16	华H106-4	油井	三级井控	低风险	低风险

图 4-61　单井、区块、盆地井控风险级别录入

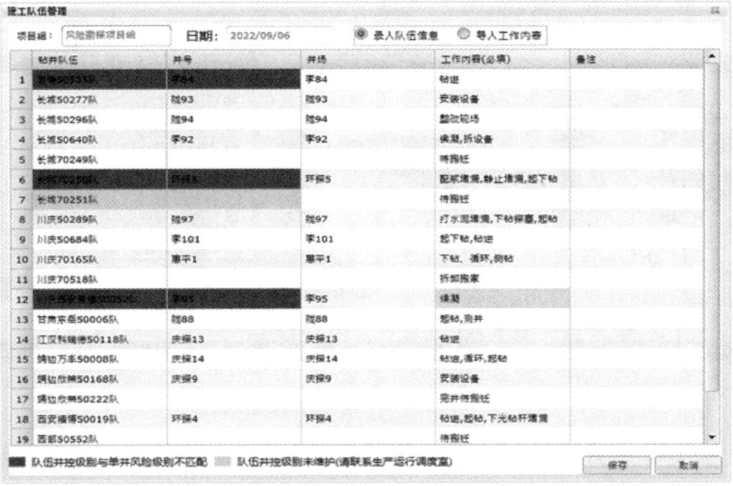

图 4-62 单井与队伍井控风险级别匹配性校验

十年来，勘探开发研究院与各项目组严格落实《长庆油田数字化油气藏研究与决策支持系统(RDMS)运行管理办法》及《勘探开发数据中心数据链建设任务书》要求，在降低现场工作量的同时，实现井筒数据采集的标准化、规范化管理，打通了现场作业与室内研究的信息通道，真正做到"数据一次录入、多系统复用"。数据流转模式从传统报表转变为数字化模式，目前已为 A1、A5、OCEM、工程技术管理等 10 多个系统开放访问接口 31 个，年均提供数据服务超 80 万次(图 4-63)。

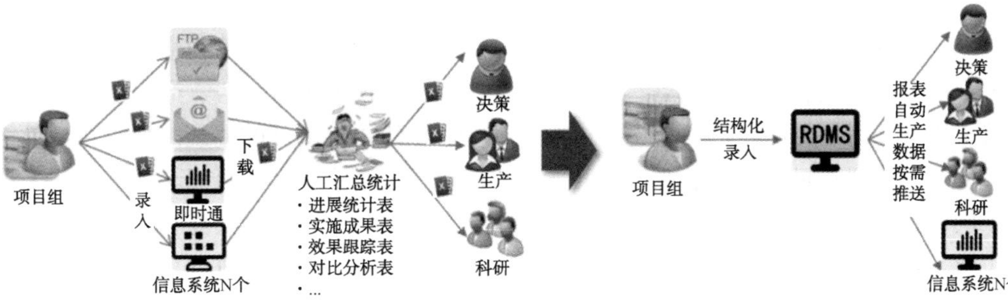

图 4-63 数据流转模式转变

随着信息技术的快速发展和产业建设(产建)管理需求的不断增长，生产建设实时报表系统面临两个主要问题：①技术架构老旧，采用了 Silverlight 技术架构，导致与产建闭环管理系统的功能模块集成困难，运维技术人员稀缺且成本高昂，因此需要进行开发框架的升级；②系统数据采集项存在不完善之处，特别是在部署和投资环节，存在一些缺失的数据采集项，无法完全满足产建闭环管理的需求，因此需要对数据模型、采集功能和数据采集项进行扩充和完善。产建闭环管理系统建设目标如图 4-64 所示。

由此，根据油田公司全域数据治理统一规划，以技术架构升级、数据模型扩展、数据质量提升、数据共享畅通为目标，对 RDMS 生产建设实时报表系统进行升级，形成井筒工程数据统一采集端，实现投资计划、井位下发、投资分配、钻前、钻井、试油、试气、完井等 608 项数据统一采集，为数字井筒、数字井史筑牢数据底座。具体工作如下：

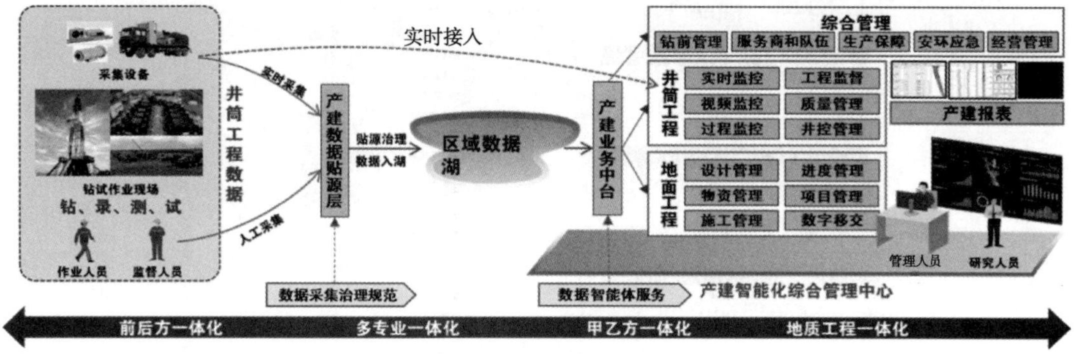

图 4-64　产建闭环管理系统建设目标

（1）升级技术架构，满足未来需要。采用云原生开发技术和 H5 前端展示技术进行架构升级，满足独立部署与集成应用的需求；

（2）扩展数据模型，完善采集范围。根据数据资产目录和各部门、各系统对井筒工程阶段的数据需求，梳理业务数据项，查漏补缺，完善数据采集范围；

（3）数据入湖共享，简化数据链路。通过数据入湖，由区域湖提供服务，简化数据链路，降低应用间影响，为产建闭环等系统提供高效数据服务；

（4）实现源头治理，提升入库质量。依托全域数据治理项目成果，完善填报阶段数据校验逻辑，将数据治理融入数据采集过程，实现数据入库即治理。

自 2022 年 6 月工作启动以来，得到油田公司相关部门大力支持，项目组制定了详细的工作计划，并安排专人跟进。为了确保项目的顺利进行，项目组采取了现场办公和驻点开发的方式，并紧密关注各个实施节点。同时，还建立了工作内容的日报告、周小结和月总结管理模式，以便及时跟踪和评估项目进展情况。开发中采用由点到面的建设流程，在苏里格气田开发分公司调研项目组，以及在勘探开发研究院进行规则优化，项目团队始终立足于本职工作，同时也注重整体大局。充分发挥试点作用，与其他相关部门密切配合，共同推进项目实施工作。通过扎实高效的工作，项目得以顺利推进并取得了良好的进展。完成井筒工程数据统一采集端中投资计划、井位下发、投资分配、钻前、钻井、录井、完井、试油、试气、交井 10 个一级功能模块以及 38 个二级功能模块的数据采集开发工作，具体如图 4-65所示，系统界面如图 4-66 所示。系统面向 26 家产建、勘探、评价项目组开展并轨试运行工作，系统各模块使用正常，运行情况良好。

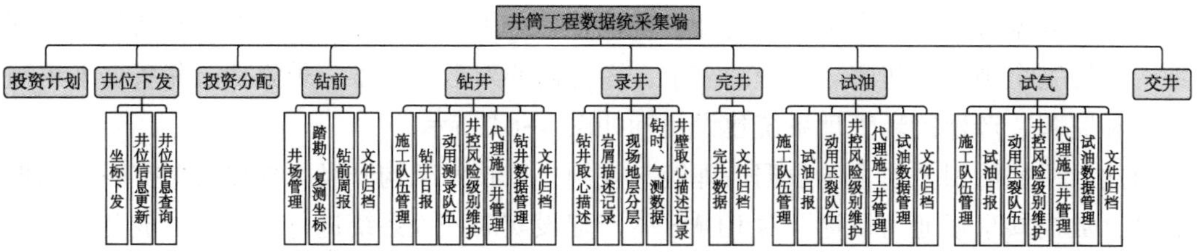

图 4-65　井筒工程统一数据采集端系统功能

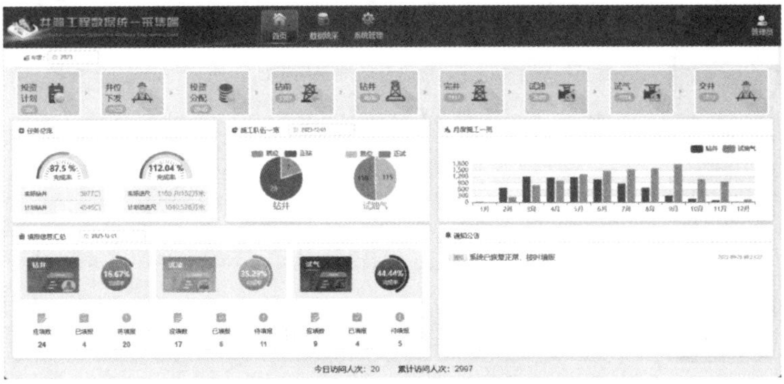

图 4-66 井筒工程统一数据采集端系统界面

1）系统功能介绍

油田产建项目组相对评价项目组多出了投资分配等信息，相同的业务阶段也各有区别。油田产建项目组业务流程包含井位下发、投资分配、钻前、钻井、完井、试油等信息。气田产建项目组与油田产建项目组相似，相对评价项目组多出了投资分配等信息。气田产建项目组业务流程包含井位下发、投资分配、钻前、钻井、完井、试气等信息。勘探、评价项目组的业务流程可以分为：井位下发、交井、钻前、钻井、完井、试油、试气，共 6 个业务阶段。

（1）投资计划：实现油气田公司投资计划以及投资单元的管理，并以年度、版本控制不同时期的投资计划信息。

（2）井位下发：提供设计井入库的接口，批量数据以文件模板导入的形式导入数据库。提供数据校验功能，提示项目组研究人员错误的数据项。提供已下发井数据查询功能，如图 4-67所示。

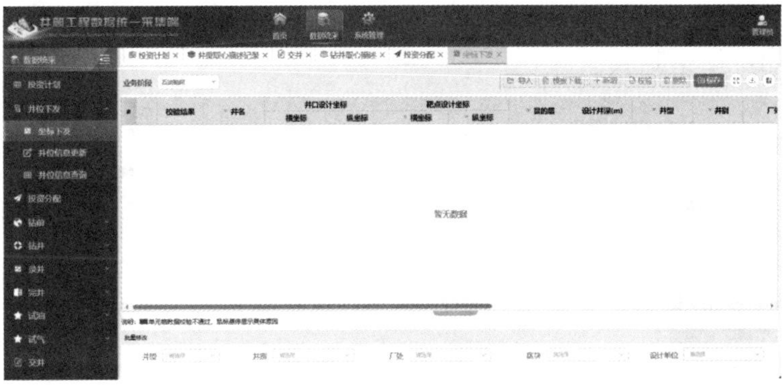

图 4-67 井位下发界面

（3）投资分配：实现功能可以快速地将未投资计划的井分配到对应投资单元中，也可以根据结算分配等原因对井进行重新分配，如图 4-68 所示。

（4）钻前：提供设计井场入库的接口，实现功能可快速地将井分配到对应井场中。单井踏勘复测后相关坐标更新录入。单井钻前审批状态的管理，满足项目组研究人员钻前周报报表的自动生成。

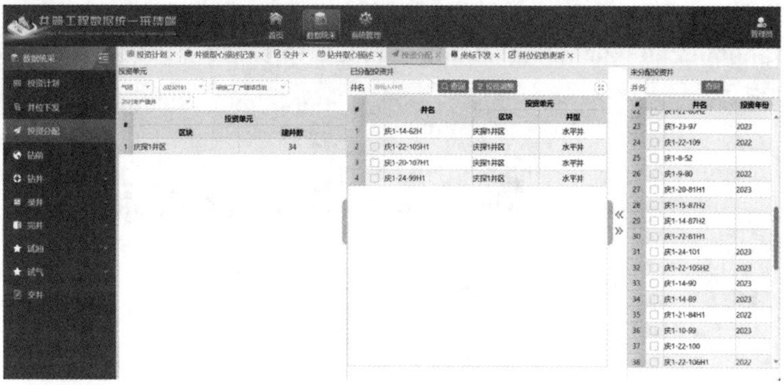

图 4-68　投资分配界面

（5）钻井：提供数据录入界面，能够快速维护单井风险级别；进行施工队伍与井关联，能够快速录入当天的钻井工作动态；快速实现项目组井代理施工分配；快速录入当天动用测录队伍数量；提供单井钻井动态数据、钻机动态等钻井信息查询功能，如图 4-69 所示。

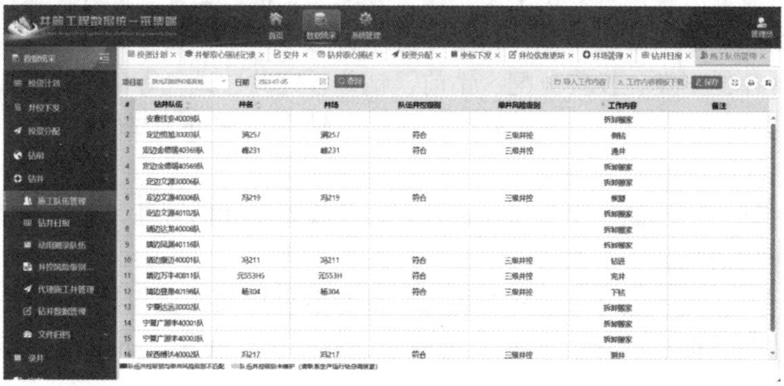

图 4-69　钻井界面

（6）录井：提供钻井取心、岩屑描述、井壁取心等非结构化文档导入并自动解析为结构化数据功能，如图 4-70 所示。

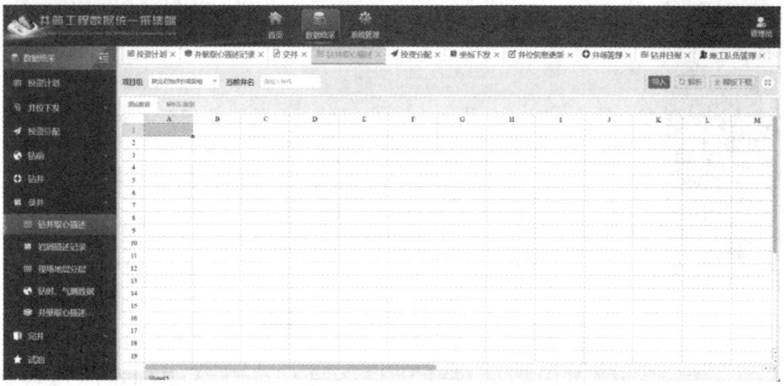

图 4-70　录井界面

（7）完井：提供单井基础信息的维护界面，汇总完成单井卡片。其中单井卡片包含了单井基础信息。

（8）试油：提供精确到班次的试油日数据录入功能，并根据试油数据生成试油日报等试油报表。

（9）试气：提供精确到班次的试气日数据录入功能，以日数据为基础生成试气相关报表。

（10）交井：根据探评项目组历史井当年施工需求，进行跨年交井、重新分配区块等操作，如图4-71所示。

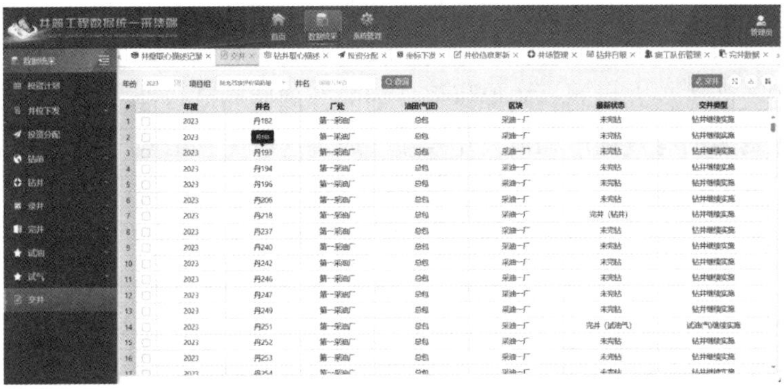

图4-71　交井界面

2）升级技术架构

遵循数字化转型智能化发展“九性与十二个统一”要求，采用云原生技术进行开发和部署。通过云原生技术，系统能够更好地适应动态变化的需求，并具备高可靠性、弹性扩展和灵活性等特点。九性分别为：整体性、系统性、穿透性、适用性、先进性、可操作性、安全性、经济性和推广性；十二统一分别为：统一业务场景、统一数据采集标准、统一区域湖架构、统一平台、统一功能开发、统一应用软件、统一体制架构与组织机构、统一业务管理与操作流程、统一报表系统、统一信息化硬件设施标准、统一设备编码以及统一支持服务。

在数据采集方面，项目将数据统一存储至数据湖，以确保数据的一致性和完整性。这样做不仅可以满足独立部署的需求，还可以实现与产建闭环管理系统的集成，实现数据的共享与交互。通过采用云原生技术和数据湖存储，项目能够同时满足独立部署和集成至产建闭环管理系统的双重需求。这种架构能够有效提升系统的灵活性、可靠性和可扩展性，为数字化转型提供了有力支持。井筒工程数据统一采集端技术架构如图4-72所示。

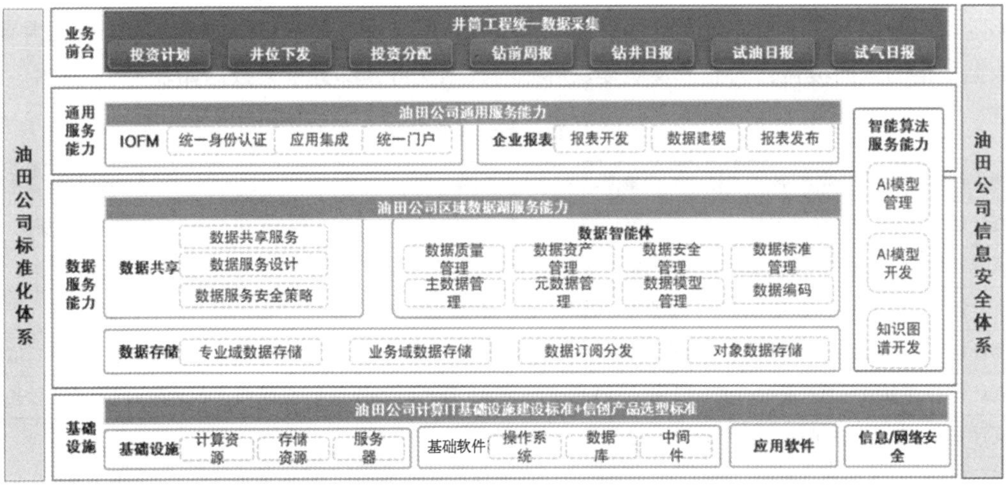

图4-72　井筒工程数据统一采集端技术架构

3）扩充数据采集范围

为了满足产建闭环管理系统的需求，重点完善产建部署、投资计划和投资分配等业务流程。通过对这些流程的完善，可以夯实数据基础，提供准确的产建部署完成情况、投资计划完成情况以及执行过程的跟踪和监控。在产建部署方面，关注各个节点的完成情况，确保按照计划有序地进行。这包括对各项资源的配置和调度、进度的把控以及质量的监督，以确保产建部署的顺利进行并达到预期目标。在投资计划和投资分配方面，加强对资金的管理和监控。通过完善相关的流程和机制，确保投资计划的合理性和可行性，同时对投资分配进行精细化管理，确保资源的有效利用和最大化效益。通过这些完善措施，产建闭环管理系统将能够提供准确、可靠的数据基础，为产建部署情况、投资计划完成情况以及执行过程的跟踪和监控提供支持，进一步提升管理效率和决策的科学性，图 4-73 为产建投资计划数据流。

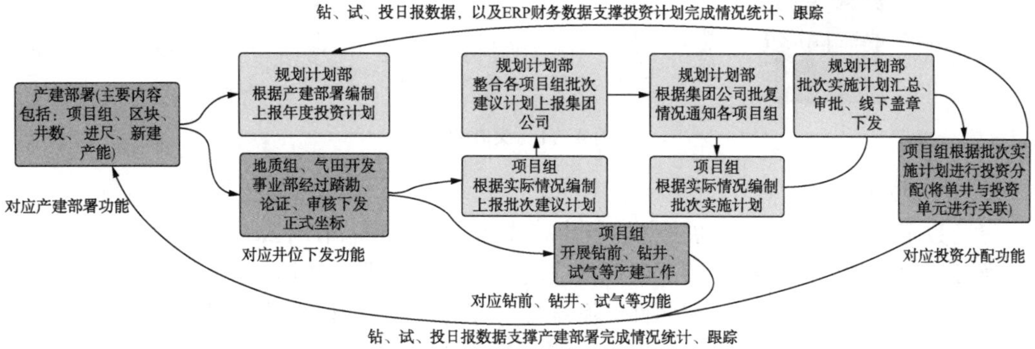

图 4-73　产建投资计划数据流

根据“急用先建”“以用促建”的系统开发原则，项目将新增采集投资计划、侧钻井等 40 余项数据，以满足业务的迫切需求。同时，为了持续完善数据、统一采集范围，还将为业务需求升级预留采集项扩展功能，以确保井筒工程数据采集能够实现全覆盖。通过新增采集投资计划和侧钻井等 40 余项数据，系统能够更全面地反映业务现状，提供更具体、准确的数据支持。这有助于加强对投资计划和侧钻井等关键业务的监控和管理，提高决策的科学性和准确性。同时，为业务需求升级预留采集项扩展功能，意味着系统具备了灵活的拓展能力，能够随着业务的发展不断完善和扩展数据采集范围，以满足日益增长的业务需求，确保井筒工程数据采集的全面覆盖，为业务发展提供可靠的数据支持，部分采集数据如表 4-18 所示。

表 4-18　部分采集数据

功能节点	数据项	功能节点	数据项	功能节点	数据项
投资计划	动用地质储量	投资计划	新建产能—水平井	钻井	侧钻后完钻层位
投资计划	动用可采储量	投资计划	弥补递减产能—直/定向井	钻井	侧钻后静态分类
投资计划	钻井—直/定向井	投资计划	弥补递减产能—水平井	钻井	报废进尺
投资计划	钻井—水平井常规	投资计划	平均单井配产	钻井	侧钻前水平段长度
投资计划	钻井—水平井大斜度	投资计划	备注	钻井	侧钻后完井水平段长度
投资计划	钻井—水平井老井侧钻	钻井	侧钻前完钻井深	钻井	静压
投资计划	钻井—井深	钻井	侧钻前完钻层位	钻井	关井恢复油压

续表

功能节点	数据项	功能节点	数据项	功能节点	数据项
投资计划	钻井—水平井进尺	钻井	侧钻前静态分类	钻井	关井恢复套压
投资计划	钻井—总进尺	钻井	侧钻原因	钻井	流压
投资计划	配产—直/定向井	钻井	侧钻类型	试气	稳定压力油压
投资计划	配产—常规水平井	钻井	侧钻有无公司主管部门审批	试气	稳定压力套压
投资计划	配产—大斜度井	钻井	侧钻后完钻时间	试气	测试日产量
投资计划	配产—老井侧钻水平井	钻井	侧钻后完钻井深	试气	测试日产水量
投资计划	新建产能—直/定向井	钻井	侧钻后侧钻点井深	试气	试气无阻流量

井筒工程统一数据采集端采用Oracle数据库，数据模型以井为核心，围绕井进行投资计划、井位下发、投资分配、钻前、钻井、完井、试油气等业务操作。系统数据模型根据石油数据库及数据项设计标准建立，采用“专业_属性_功能”三段式命名方式，产建报表填报基础数据和成果数据部分包括基本实体、钻井、试油气、产建项目组、数据字典和生产运行6个部分组成，共计57张数据表，专业分别如表4-19所示。

表4-19 各专业数据表数量

序号	专业	表数量
1	基本实体 DR_CD	13
2	钻井 DR_DRILLING	1
3	试油气 DR_OGT	9
4	产建项目组 DR_PG	14
5	数据字典 DR_PK	15
6	生产运行 SCYX	5
7	合计	57

4）完善校验规则

基于数据资源编目梳理结果及新增需求，在原有校验逻辑的基础上，进一步完善系统的校验规则和功能，以提升数据采集质量和用户应用体验。具体而言，将增加校验规则和系统功能10处，新增校验规则如表4-20所示。

表4-20 新增校验规则

序号	分类	内容
1	完善校验规则	增加日报自动锁定功能，在OCEM当日数据短信发出后，锁定系统禁止修改当日数据
2	完善校验规则	在试油、试气施工队伍管理中，仅在原有施工队伍已关联井对时允许新增此施工队伍，且新增施工队伍只能关联同一井场内的井
3	完善校验规则	坐标数据自动进行格式匹配，减少误操作
4	优化系统功能	设计个人门户首页，方便模块跳转、整体进度把控以及当日填报任务完成状态提醒
5	优化系统功能	油田投资计划增加引用功能，便于提前将实施类投资计划与当年实施类投资计划间进行关联

续表

序号	分类	内容
6	优化系统功能	投资计划增加井信息查询，方便井历史数据的查询
7	优化系统功能	井位下发增加井信息查询，方便快速检索
8	优化系统功能	日报录入增加搜索功能，方便快速检索
9	优化系统功能	调整日报缩略信息界面，展示内容更直观
10	优化系统功能	试气完试完井弹窗界面保留历史填报记录，便于检查修改

通过增加校验规则，系统能够更全面、准确地检测和排查数据采集过程中的异常情况，例如数据格式错误、字段缺失等，提高数据的准确性和完整性。这有助于避免因数据错误引发的后续问题，并提升数据的可信度和可用性。同时，新增的系统功能将进一步提升工作人员的应用体验。这些功能包括数据自动填充、智能提示、错误修正等，使工作人员能够更便捷地完成数据采集任务，减少操作的复杂性和烦琐性。通过系统的友好界面和实用功能，更高效地完成数据采集工作，从而提升工作效率。通过对校验规则和系统功能的增加，不断提升数据采集质量和用户应用体验，为工作人员提供更可靠、便捷的数据采集环境，促进项目的顺利进行和业务的健康发展。

2. 井筒生产采集端

采集端涵盖油气水井 19 家采油气单位，实现生产阶段井筒全维护作业、井筒大修、动态监测等功能。在井筒生产阶段，涉及多个应用系统，包括智能油井系统、油井措施管理系统以及 A5 系统等。这些系统在运作过程中都需要基层岗位的人员手动录入数据。然而，由于这些系统之间无法实现有效的数据交互，导致了一系列问题的出现。数据重复录入，填报不一致的情况频繁发生，同时也存在数据缺失的情况。

在优化井筒生产阶段的应用系统时，还应该注重培训基层岗位的人员，以提高其对数据管理的理解和操作水平。通过培训，可以有效降低数据录入的错误率，提高数据质量，从而为生产阶段提供更为可靠的数据支持。总体而言，通过整合先进技术和有效的培训措施，可以在井筒生产阶段的应用系统中实现更高效、更可靠的数据管理和操作。

目前在用的与机械采油和井下作业相关的系统包括一个统建系统是采油三厂机械采油平台（图 4–74）和 3 个自建系统，分别是：智能油井系统、油井措施管理系统和 A5 系统（采油与地面工程运行管理系统）（图 4–75~图 4–77）。

图 4–74　采油三厂机械采油平台

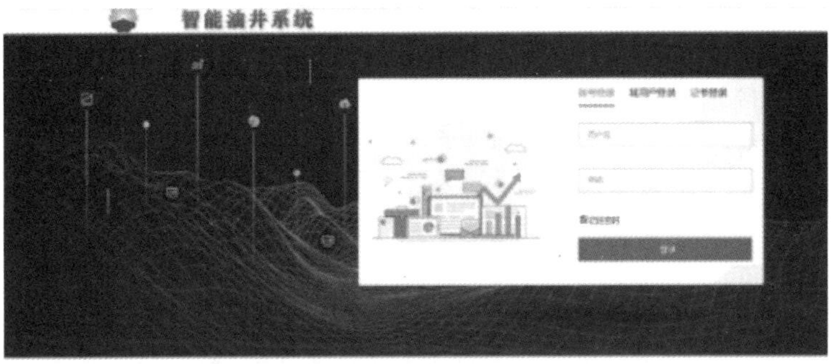

图 4-75 智能油井系统

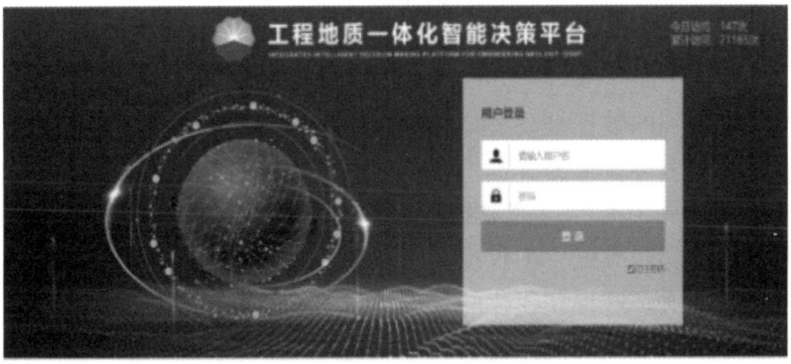

图 4-76 油井措施管理系统

图 4-77 A5 系统（采油与地面工程运行管理系统）

1）采油三厂机械采油平台

首先是采油三厂机械采油平台的主要功能通过专业工具的集成开发实现，其与 A11 报表系统共享同一平台。通过这一系统，能够高效采集机械采油和井下作业相关的数据，实现了报表的自动生成以及各项指标的自动计算，采集数据范围如表 4-21 所示。更为重要的是，系统还具备将日产量动态数据直接推送至 A2 系统的功能，确保了数据在不同系统之间的流畅交互。

表 4-21 采集数据范围

表名称	数据来源	录入岗位
井下作业跟踪数据	报表系统录入	作业区修井组
泵及配件信息数据	报表系统录入	作业区修井组
其他附件信息数据	报表系统录入	作业区修井组
杆柱组合数据	报表系统录入	作业区修井组
管柱组合数据	报表系统录入	作业区修井组
井下器材发放明细数据	报表系统录入	作业区修井组
作业现场图片数据	报表系统录入	作业区修井组
动态生产日数据	A2 抽取	
动态生产月数据	A2 抽取	
井采机械参数	A2 抽取	

目前，这些采集得到的数据被妥善地存储在系统自建的 Oracle 数据库中。这种数据存储方式既确保了数据的安全性，也为其提供了高效的检索和管理手段。值得一提的是，整个系统已经成功部署在云计算中心，这为数据的存储、管理和访问提供了高度灵活性和可扩展性。采用云计算中心的部署方式，不仅提高了系统的稳定性和可用性，同时也为用户提供了更灵活、便捷的访问方式。这种现代化的架构不仅有助于系统的升级和维护，还使得数据能够更好地适应日益复杂和多变的业务需求。

与资产目录匹配情况说明：

在进行数据项的去重后，得到 82 个独立的数据项，而原始数据项数量为 106 项。如表 4-22所示，其中，有 56 项数据项能够与资产目录进行匹配，这表明这些数据项已经在资产目录中（图 4-78）有相应的记录。然而，仍需补充的有 21 项数据项，这些数据项在系统中尚未完整收集。此外，还有 2 项数据与主数据重复、2 项为计算的衍生数据以及 2 项为非业务数据项。

表 4-22 资产目录数据项

表	数据项名称	数据来源	录入岗位	资产目录数据项名称	备 注	说 明
井下作业跟踪数据	作业队伍名称	报表系统录入	作业区修井组	井下作业上修队伍		
	作业类型名称	报表系统录入	作业区修井组	井下作业类型		
	完井名称	报表系统录入	作业区修井组	井下作业结束时间		
	故障类别名称	报表系统录入	作业区修井组	井下作业申请类别		
	故障位置名称	报表系统录入	作业区修井组	井下器材故障核实		
	故障原因名称	报表系统录入	作业区修井组	井下作业施工原因和目的		
	核实原因名称	报表系统录入	作业区修井组	井下作业核实原因		
	措施类型名称	报表系统录入	作业区修井组		需补充	
	措施内容名称	报表系统录入	作业区修井组		需补充	
	作业内容名称	报表系统录入	作业区修井组	作业井施工内容		
	作业原因名称	报表系统录入	作业区修井组	井下作业原因		

续表

表	数据项名称	数据来源	录入岗位	资产目录数据项名称	备注	说明
井下作业跟踪数据	附加工序名称	报表系统录入	作业区修井组	井下作业施工工序		
	用液	报表系统录入	作业区修井组	洗井液用量		
	砂面位置	报表系统录入	作业区修井组	冲砂前砂面深度		
	处理至位置	报表系统录入	作业区修井组		冲砂后井底深度	
	详细作业（故障）原因描述	报表系统录入	作业区修井组	井下作业详细原因描述		
	是否返工（0：否，1：是）	报表系统录入	作业区修井组		需补充	
	杆故障型号名称	报表系统录入	作业区修井组	抽油杆型号		
	杆故障规格名称	报表系统录入	作业区修井组	抽油杆规格		
	杆故障来源名称	报表系统录入	作业区修井组		需补充	
	杆故障深度	报表系统录入	作业区修井组	井下器材故障核实		
	管故障规格名称	报表系统录入	作业区修井组	油管型号		
	管故障来源名称	报表系统录入	作业区修井组		需补充	
	管故障深度	报表系统录入	作业区修井组	井下器材故障核实		
	光杆故障型号名称	报表系统录入	作业区修井组	光杆型号		
	光杆故障规格名称	报表系统录入	作业区修井组	光杆外径		
	光杆故障厂家名称	报表系统录入	作业区修井组	井下器材故障核实		
	光杆故障类别名称	报表系统录入	作业区修井组	井下器材故障核实		
	工况类别名称	报表系统录入	作业区修井组		需补充	
	工况描述	报表系统录入	作业区修井组	井筒工况描述		
	封隔器类型	报表系统录入	作业区修井组	封隔器类型		
	封隔器型号	报表系统录入	作业区修井组	封隔器型号		
	封隔器规格	报表系统录入	作业区修井组		需补充	
	隔采类型名称	报表系统录入	作业区修井组		需补充	
	隔采工艺名称	报表系统录入	作业区修井组		需补充	
	坐封压力	报表系统录入	封隔器坐封压力			
	坐封位置	报表系统录入	作业区修井组	封隔器坐封深度		
	清洁作业方式类型名称	报表系统录入	作业区修井组	本次清洁作业方式、类型名称		
	污泥量	报表系统录入	作业区修井组	井下作业污油泥产生量		
	油管更换	报表系统录入	作业区修井组	井下器材故障核实		
	抽油杆更换	报表系统录入	作业区修井组	井下器材故障核实		
	防磨附件更换	报表系统录入	作业区修井组	井下器材故障核实		
	器材名称	报表系统录入	作业区修井组	井下器材发放		
	原始入井时间	报表系统录入	作业区修井组	作业区修井组		需补充

表	数据项名称	数据来源	录入岗位	资产目录数据项名称	备注	说明
井下作业跟踪数据	作业队伍名称	报表系统录入	作业区修井组	井下作业上修队伍		
	作业类型名称	报表系统录入	作业区修井组	井下作业类型		
	完井时间	报表系统录入	作业区修井组	井下作业结束时间		
	故障类别名称	报表系统录入	作业区修井组	井下作业申请类别		
	故障位置名称	报表系统录入	作业区修井组	井下器材故障核实		
	故障原因名称	报表系统录入	作业区修井组	井下作业施工原因和目的		
	核实原因名称	报表系统录入	作业区修井组	井下作业核实原因		
	措施类型名称	报表系统录入	作业区修井组		需补充	
	措施内容名称	报表系统录入	作业区修井组		需补充	
	作业内容名称	报表系统录入	作业区修井组	作业井施工内容		
	作业原因名称	报表系统录入	作业区修井组	井下作业原因		
	附加工序名称	报表系统录入	作业区修井组	井下作业施工工序		
	用液	报表系统录入	作业区修井组	洗井液用量		
	砂面位置	报表系统录入	作业区修井组	冲砂前砂面深度		
	处理至位置	报表系统录入	作业区修井组		冲砂后井底深度	
	详细作业（故障）原因描述	报表系统录入	作业区修井组	井下作业详细原因描述		
	是否返工（0：否，1：是）	报表系统录入	作业区修井组		需补充	
	杆故障型号名称	报表系统录入	作业区修井组	抽油杆型号		
	杆故障规格名称	报表系统录入	作业区修井组	抽油杆规格		
	杆故障来源名称	报表系统录入	作业区修井组		需补充	
	杆故障深度	报表系统录入	作业区修井组	井下器材故障核实		
	管故障规格名称	报表系统录入	作业区修井组	油管型号		
	管故障来源名称	报表系统录入	作业区修井组		需补充	
	管故障深度	报表系统录入	作业区修井组	井下器材故障核实		
	光杆故障型号名称	报表系统录入	作业区修井组	光杆型号		
	光杆故障规格名称	报表系统录入	作业区修井组	光杆外径		
	光杆故障厂家名称	报表系统录入	作业区修井组	井下器材故障核实		
	光杆故障类别名称	报表系统录入	作业区修井组	井下器材故障核实		
	工况类别名称	报表系统录入	作业区修井组		需补充	
	工况描述	报表系统录入	作业区修井组	井筒工况描述		
	封隔器类型	报表系统录入	作业区修井组	封隔器类型		
	封隔器型号	报表系统录入	作业区修井组	封隔器型号		
	封隔器规格	报表系统录入	作业区修井组		需补充	
	隔采类型名称	报表系统录入	作业区修井组		需补充	
	隔采工艺名称	报表系统录入	作业区修井组		需补充	
	坐封压力	报表系统录入	作业区修井组	封隔器坐封压力		
	坐封位置	报表系统录入	作业区修井组	封隔器坐封深度		
	清蜡作业方式类型名称	报表系统录入	作业区修井组	本次清蜡作业方式类型名称		
	污泥量	报表系统录入	作业区修井组	井下作业污油泥产生量		
	油管更换	报表系统录入	作业区修井组	井下器材故障核实		
	抽油杆更换	报表系统录入	作业区修井组	井下器材故障核实		
	防磨附件更换	报表系统录入	作业区修井组	井下器材故障核实		
	器材名称	报表系统录入	作业区修井组	井下器材发放		
	原始入井时间	报表系统录入	作业区修井组		需补充	

专业	业务对象	序号	数据项	数据项类[型]
井下作业	通井	127	通井时间	日期型
井下作业	通井	128	通井设计深度	数值型
井下作业	通井	129	实际通井深度	数值型
井下作业	通井	130	通井目的	字符型
井下作业	通井	131	通井规规格	字符型
井下作业	通井	132	通井放喷管规格	字符型
井下作业	洗井	133	洗井方式	字符型
井下作业	洗井	134	洗井深度	数值型
井下作业	洗井	135	洗井液名称	字符型
井下作业	洗井	136	洗井液温度	数值型
井下作业	洗井	137	洗井液密度	数值型
井下作业	洗井	138	洗井液粘度	数值型
井下作业	洗井	139	洗井液PH值	数值型

专业	业务对象	序号	数据项	数据项类[型]
井下作业	替液	253	替液隔离液氯离子含量	数值型
井下作业	替液	254	替液隔离液用量	数值型
井下作业	替液	255	顶替液粘度	数值型
井下作业	替液	256	顶替液PH值	数值型
井下作业	替液	257	顶替液氯离子含量	数值型
井下作业	替液	258	替液深度	数值型
井下作业	替液	259	替液替入量	数值型
井下作业	替液	260	替液进口压力	数值型
井下作业	替液	261	替液出口压力	数值型
井下作业	替液	262	替液返出液变化情况	字符型
井下作业	试挤	263	试挤液名称	字符型
井下作业	试挤	264	试挤液密度	数值型
井下作业	试挤	265	试挤液粘度	数值型
井下作业	试挤	266	试挤液量	数值型
井下作业	试挤	267	试挤泵压	数值型
井下作业	试挤	268	试挤排量	数值型
井下作业	试挤	269	试挤时长	数值型
井下作业	试挤	270	试挤结论	字符型
井下作业	找漏	271	找漏方式	字符型

图 4-78　数据资产目录

机械采油系统的主要覆盖范围包括井下作业的基础信息以及施工成果类数据。然而，存在一个问题，即井下作业各类工序产生的现场第一手资料数据存在缺失。具体而言，在资产目录中涵盖的井下作业专业中的工序类数据项（包括通井、洗井、试压、替液、试挤等共计 24 类）总数为 350 项，在机械采油系统中尚未得到充分体现。这意味着系统目前对于这些关键工序的数据收集还不完善，存在信息缺失的情况。

目前在采集端存在一些问题，其中包括以下几个方面：

（1）报表数量众多：目前需要填报的报表数量相当庞大，包括基础数据表 28 张、中心站 35 张、作业区 44 张。这种多样性导致了基层、中心站和作业区报表相对较多，其中主要的报表，如机械采油报表，虽然基本覆盖了 80%左右的采集数据，但一些不常用的表则存在数据录入和维护不足的情况（图 4-79、图 4-80）。

图 4-79　单井加药数据表（多数数据为空）

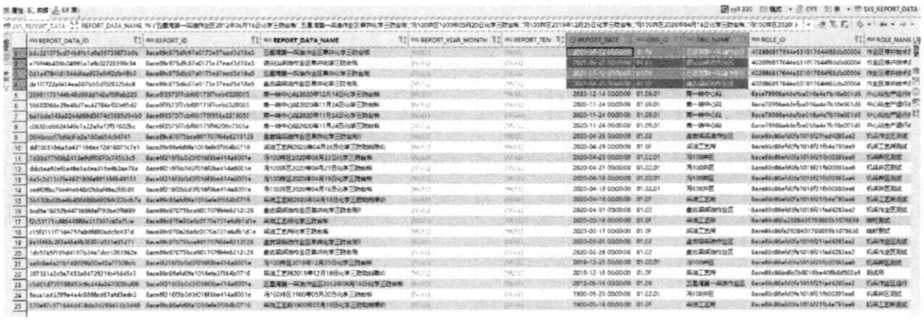

图 4-80 化学三防台账（最后更新时间为 2021 年 9 月 22 日）

（2）钻完井阶段数据的重复填写：在井筒治理阶段，钻完井阶段的数据需要进行重复填写，这导致了大部分数据缺少维护。这种情况可能影响数据的一致性和准确性，增加了数据处理的复杂性（图 4-81、图 4-82）。

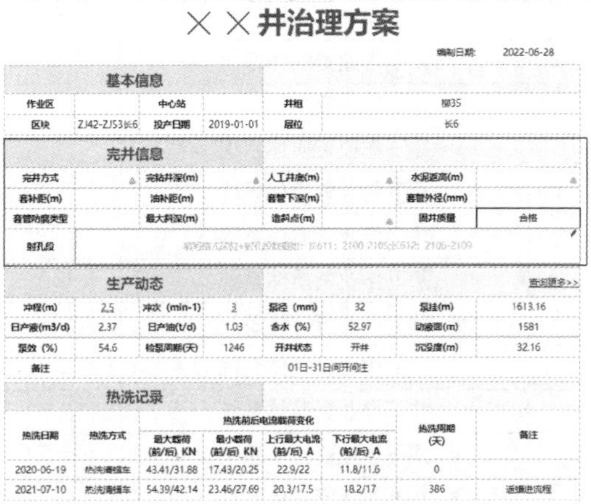

图 4-81 某某井治理方案（完井信息需重复填写）

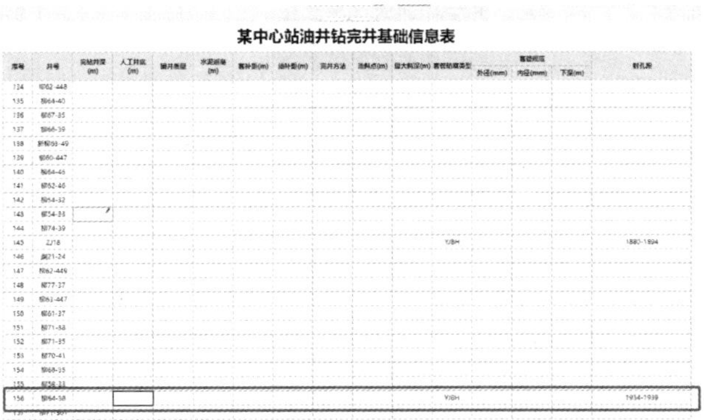

图 4-82 基础信息表（需重复填写）

（3）重复提交和空数据提交：存在部分记录重复提交或提交了空数据的情况，缺乏数据校验环节，需要投入大量人员进行维护。这不仅浪费了人力资源，还可能导致数据质量下降，增加了数据管理的难度。

2）油井措施管理系统

油井措施管理系统具有多项关键功能，旨在对油井的措施基础数据、施工参数、措施费用、方案总结等数据进行综合管理。其中，系统通过制定措施效果计算标准，为用户提供了数据查询和报表输出的功能。通过对当年措施效果的计算和评价，系统能够为油田提供实时的措施运行指标监控，确保采取的措施对油井产量和效益的影响得到及时而准确的反馈，数据采集范围如表4-23所示。

表4-23 数据采集范围

表名称	数据来源	录入岗位
油井计划进度控制数据	油井措施系统	油开处
施工参数数据表	油井措施系统	采油厂工艺所
油井措施费用数据	油井措施系统	采油厂工艺所
井架检测信息表	井下作业资质体系统	采油厂工艺所
井架基本信息表	井下作业资质体系统	采油厂工艺所
队伍设备表	井下作业资质体系统	采油厂工艺所
设备主表	井下作业资质体系统	采油厂工艺所
其他设备	井下作业资质体系统	采油厂工艺所
修井车	井下作业资质体系统	采油厂工艺所
企业基本信息表	井下作业资质体系统	采油厂工艺所
企业管理人员信息表	井下作业资质体系统	采油厂工艺所
井控器材试压表	井下作业资质体系统	采油厂工艺所
队伍信息表	井下作业资质体系统	采油厂工艺所
企业队伍明细表	井下作业资质体系统	采油厂工艺所
企业管理人员信息表	井下作业资质体系统	采油厂工艺所
井控器材试压表	井下作业资质体系统	采油厂工艺所
队伍信息表	井下作业资质体系统	采油厂工艺所
企业队伍明细表	井下作业资质体系统	采油厂工艺所
队伍资质业绩考核明细表	井下作业资质体系统	采油厂工艺所
人员培训信息表	井下作业资质体系统	采油厂工艺所
队伍人员表	井下作业资质体系统	采油厂工艺所

现阶段，油井措施管理系统将所有相关数据存储在系统自建的Oracle数据库中，并成功地部署在云计算中心。这种部署方式不仅确保了数据的安全性和可靠性，同时也为用户提供了更灵活、便捷的访问方式。云计算中心的应用进一步增强了系统的稳定性，保障了用户能够随时随地访问系统。

在应用范围方面，油井措施管理系统已经在长庆油田的12个采油厂进行了推广应用。这意味着系统已经在大规模的实际生产环境中得到验证，并成功为油田提供了全面而高效的措施管理解决方案。通过系统的广泛应用，油田能够更好地监控和分析措施的效果，进一步优化生产流程，提升油井的产能和经济效益。

与资产目录匹配的情况说明如下：通过去重和排除不必要的数据项，系统总计有259项独立的数据项（原始数据项为948项）。其中，能够与资产目录匹配的数据项共计39项，已确定需补充的有13项，上游产生的数据有2项，通用字段有1项，还有204项待确认。

在措施管理系统（表4-24）中，特别需要注意的是，涉及的措施施工参数目前仅采集和管理了通用措施数据，如用量、排量、压力等。然而，资产目录（表4-25）中关于酸化、压裂施工过程各阶段产生的具体工艺参数却未完全得到系统的管理。具体而言，涉及前置液阶段、携砂液阶段、泵注阶段、顶替液阶段、抽汲等共145项数据，尚未在措施管理系统中完善记录和管理。

表4-24 措施管理系统

序号	表名称	数据项名称
16	施工参数数据表	油层顶深
17	施工参数数据表	油层底深
18	施工参数数据表	水平段长
19	施工参数数据表	层位
20	施工参数数据表	液体类型
21	施工参数数据表	支撑剂类型
22	施工参数数据表	暂堵级数
23	施工参数数据表	暂堵剂类型
24	施工参数数据表	暂堵剂用量
25	施工参数数据表	加酸量（油管）
26	施工参数数据表	加酸量（套管）
27	施工参数数据表	加砂量（油管）
28	施工参数数据表	加砂量（套管）
29	施工参数数据表	入地液量（油管）
30	施工参数数据表	入地液量（套管）
31	施工参数数据表	排量（油管）
32	施工参数数据表	排量（套管）
33	施工参数数据表	破裂压力（油管）
34	施工参数数据表	破裂压力（套管）
35	施工参数数据表	施工压力（油管）
36	施工参数数据表	施工压力（套管）

表4-25 数据资产目录

专业	业务对象	序号	数据项
老井措施	酸化工艺	95	酸化入井液量
老井措施	酸化工艺	96	酸化实排液量
老井措施	酸化工艺	97	酸化盐酸用量
老井措施	酸化工艺	98	酸化氢氟酸用量
老井措施	酸化工艺	99	酸化缓速酸用量
老井措施	酸化工艺	100	酸化铁稳剂用量

续表

专 业	业务对象	序 号	数据项
老井措施	酸化工艺	101	酸化缓蚀剂用量
老井措施	酸化工艺	102	酸化助排剂用量
老井措施	酸化工艺	103	酸化黏稳剂用量
老井措施	酸化工艺	104	酸化水锁抑制剂用量
老井措施	酸化工艺	105	酸液初始浓度
老井措施	酸化工艺	106	酸化前置液稠度系数
老井措施	酸化工艺	107	酸化自生酸稠度系数
老井措施	酸化工艺	108	酸化前置液流态指数
老井措施	酸化工艺	109	酸化自生酸流态指数
老井措施	酸化工艺	110	酸化注入前置酸开始时间
老井措施	酸化工艺	111	酸化注入前置酸结束时间

为了提高系统的完整性，建议系统在未来的优化中将这些待确认的数据项加以补充。这样一来，系统将能够更全面、准确地管理和分析措施施工的各个阶段，为油田提供更精准、实时的数据支持，有助于进一步提升生产效率和决策质量。

目前在采集端存在一个重要问题，主要表现在以油井措施效果分析研究为主要目的的系统中。尽管该系统已经致力于对数据进行深入的分析处理，以支持油井措施效果的评估和研究，但随着大数据分析需求的不断增长，系统对更多井下作业相关参数的需求也在逐渐提升。

目前来看，系统中的基础数据相较于实际需求仍显不足（图 4-83、图 4-84）。这意味着系统在面对更广泛、更复杂的井下作业数据时存在一定的局限性。为了更全面地支持大数据分析的要求，有必要考虑系统的升级和扩展，以整合更多井下作业相关参数，包括但不限于施工过程中的工艺参数、地质条件、设备状态等。通过增加这些关键参数的采集和分析，系统将能够提供更为全面和深入的数据视角，为油井措施效果的研究提供更有力的支持。

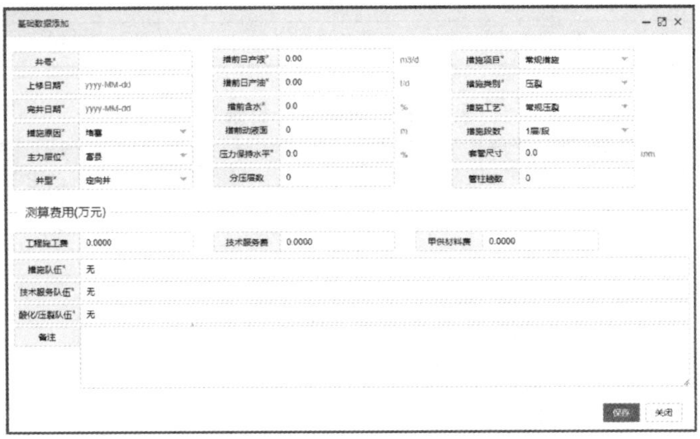

图 4-83 基础数据添加

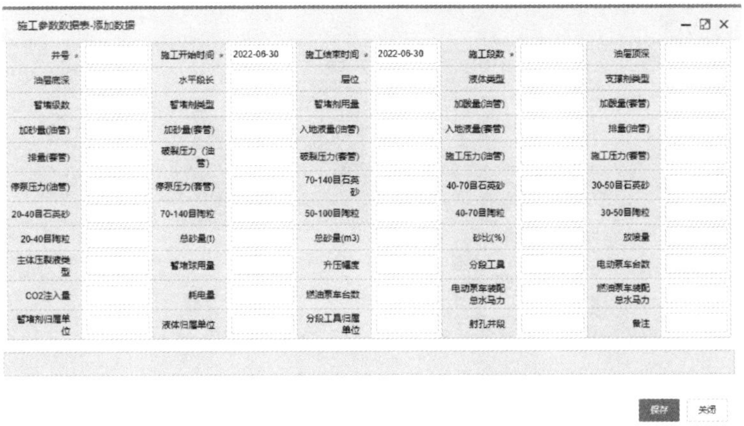

图 4-84　施工参数数据表-添加数据

3）智能油井系统

智能油井系统作为一个综合性的管理平台，具有多项关键功能，旨在通过对组织机构、井组信息、油井基本信息、油井静态数据、杆柱信息以及井斜数据的录入，实现对油井生产的全面监控和管理。系统的主要功能包括油井生产数据计量、功图查询、工况预警与诊断，同时通过宏观的动态分析评价、参数优化分析以及报表分析汇总，为油井生产提供全方位的数据支持。

目前，系统的数据存储采用系统自建的 Oracle 数据库，并成功部署在云计算中心。这种先进的部署方式不仅确保了数据的安全性和可靠性，同时也为用户提供了更灵活、便捷的访问方式。云计算中心的应用进一步增强了系统的稳定性和可用性，使得用户能够随时随地获取所需的数据。

在应用范围方面，智能油井系统目前已在长庆油田的采油一厂、采油七厂以及采油九厂这 3 个采油厂得到成功推广应用。通过在实际采油厂中的广泛应用，系统得到了验证，展现了其在油井生产管理方面的强大功能。通过实时监控和综合分析，系统支持生产中的加药、小修、措施等进行跟踪管理分析，从而提高了生产过程的智能化和效率。

在与资产目录匹配的情况说明中，我们通过数据项去重的处理，目前系统总计有 41 项独立的数据项（原始数据项为 51 项）。这种去重的操作有助于减少冗余数据，提升数据整体质量。在这 41 项数据中，有 32 项能够与资产目录匹配成功，这表明系统已经很好地涵盖了与资产目录相关的数据内容。

然而，还存在 5 项数据项需要补充。这意味着系统中有一些关键的数据内容尚未完全覆盖，可能需要在后续的优化和升级中进行追加。此外，还有 3 项通用字段和 1 项计算衍生数据，这些数据项可能需要进一步的定义和完善，以确保其在系统中的正确应用。

通过这一匹配情况的说明，我们可以得知系统在与资产目录的数据匹配方面已经取得了一定的成功，但也存在一些有待完善的数据项（图 4-85）。建议系统在后续的升级和维护过程中，重点关注这些待补充的数据，以确保系统能够更全面、准确地反映资产目录中的信息。这种系统与资产目录的有效匹配，将为企业提供更为可靠和实用的数据管理工具，为决策和运营提供更全面的支持。

[illegible]	[illegible]	[illegible]	[illegible]	[illegible]	[illegible]	[illegible]
井基本信息表	井名	功图2.0同步数据	新井需要数字化岗维护		井名	
FluidPVT 流体PVT物性	原油密度	功图2.0同步数据	新井需要数字化岗维护	计划从A2读取	油藏单元原油密度	
	水密度	功图2.0同步数据	新井需要数字化岗维护	计划从A2读取	储量计算单元地层水密度	
	原油粘度	功图2.0同步数据	新井需要数字化岗维护	计划从A2读取	储量计算单元地层原油粘度	
	饱和压力	功图2.0同步数据	新井需要数字化岗维护	计划从A2读取	储量计算单元地层饱和压力	
Reservoir 油藏物性	油藏中深	功图2.0同步数据	新井需要数字化岗维护	计划从A2读取	油层中深	
	井底温度	功图2.0同步数据	新井需要数字化岗维护	计划从A2读取	井筒温度	
WelboreTrajectory 井身轨迹	测深	功图2.0同步数据	新井需要数字化岗维护	计划从A1读取	最大井斜角处的测深	
	井斜角	功图2.0同步数据	新井需要数字化岗维护	计划从A1读取	最大井斜角	
	方位角	功图2.0同步数据	新井需要数字化岗维护	计划从A1读取	井斜测量闭合方位角	
Pump 抽油泵参数	泵类型	功图2.0同步数据	新井需要数字化岗维护	计划从A2读取	抽油泵类型	
	泵径	功图2.0同步数据	新井需要数字化岗维护	正在做接口从A2同步	采油井泵径	
CasingString 套管参数	套管外径	功图2.0同步数据	新井需要数字化岗维护	计划从A2读取	套管外径	
ProductionParameter 生产数据	体积含水	功图2.0同步数据	新井需要数字化岗维护	计划从A2读取	采油井体积含水	
	生产时间	功图2.0同步数据	新井需要数字化岗维护	正在做接口从A2同步	采油井日开井时间	
	停井开始时间	功图2.0同步数据	新井需要数字化岗维护	计划从A2读取	采油井运行状态	
	气液比	功图2.0同步数据	新井需要数字化岗维护	计划从A2读取	采油井气油比	
PUMP_UNIT_MODEL抽油机数据	抽油机型号	功图2.0同步数据	新井需要数字化岗维护	计划从A2读取	抽油机型号	
	电机型号	功图2.0同步数据	新井需要数字化岗维护	计划从A2读取	抽油机电机型号	
A5井下作业（油井）维护作业动态日报（n_scyx_zy_whrb）	采油厂	从A5读取			组织机构名称	
	作业区	从A5读取			组织机构名称	
	作业公司	从A5读取				需补充
	作业队伍	从A5读取			井下作业上修队伍	
	井号	从A5读取			井名	
	井别	从A5读取			井别	
	措施大类	从A5读取				需补充
	措施小类	从A5读取				需补充
	日报日期	从A5读取				通用字段
	占井周期	从A5读取				计算值
	备注	从A5读取				通用字段
A5井下作业（油水井）模块–措施作业动态日报（措施日报：n_scyx_zy_csrb）	措施大类	从A5读取				需补充

图 4-85　资产目录信息表

4）A5 系统

A5 系统作为中国石油统建系统的重要组成部分，具备多项关键功能，旨在通过对井下工具质量管理、井下作业生产运行、监督管理、承包商管理、井控管理等方面的综合管理，实现计划、设计、施工、效果评价、队伍和报表等多个管理功能模块，从而全面提升井下作业的管理水平。系统的设计旨在规范和标准化井下作业的各个环节，使得作业管理更加高效和有序。

目前，A5 系统中的数据得以存储在系统自建的 Oracle 数据库中。这种数据库存储方式既确保了数据的安全性，同时也为系统提供了高效的数据管理和检索手段。Oracle 数据库的应用进一步加强了系统的稳定性和可靠性。与资产目录匹配情况说明方面，A5 系统与资产目录中的井筒工艺相关数据项进行了完全的匹配。

当前系统存在以下问题：

（1）功能交叉、数据重复录入：不同系统之间存在功能交叉的情况，导致相同的数据项在不同系统之间重复录入。这种多头采集和重复录入的现象不仅增加了工作量，还降低了数据的一致性。此外，各系统仅满足自身的业务需求，缺乏统一的数据管理标准。

（2）数据项缺乏统一标准：数据项在各个系统之间缺乏统一的标准，导致相同的数据在不同系统中可能以不同的名称存在。这种不一致性使得数据的整合和比较变得困难，影响了系统的协同工作效率。

（3）数据未结构化采集：部分数据未经过结构化采集，缺乏统一的数据格式和标准，使得后期的数据查询、统计分析、图件绘制等操作变得不够便捷。结构化的数据采集是保证数据质量和可用性的关键步骤。

（4）分散存储导致资源浪费：各系统均采用自建数据库，导致数据存储分散，存在大量硬件资源浪费的情况。这样的架构不仅增加了维护成本，还影响了系统的整体性能。

在本次采集中，涉及投产后井筒工艺相关的数据项，主要包括老井措施、井下作业和动态监测等方面，总计共有 1228 个数据项，如表 4-26 所示。这些数据项的广泛涵盖反映了井筒在投产后的多个关键方面的工艺信息，为后续的数据分析和管理提供了坚实的基础。

表 4-26 采集范围

采集专业	采集范围	数据项数量
老井措施	酸化、压裂、措施液、添加剂、化学堵水、井口段塞设计、水井调驱、水井增注、补孔	457
井下作业	单井施工作业、施工设备、作业班报、作业记录、作业工序（通井、洗井、清蜡、冲砂、试抽、试压、解卡、替液、试挤、找漏、找窜、验窜）、钻铣、大修、打捞、套损井、套损油井治理、套管补贴、封隔器坐封/解封、井下作业危害因素辨识、异常情况、井控器材试压运行	192
动态监测	试井项目、油井系统试井、水井系统试井、产能试井、干扰试井、地层压力测试、流压测试、流静压测试、压力恢复测试、产气剖面测试、产液剖面测试、探液面、吸水剖面测试、井下取样测试、井斜测量、井筒温度压力、井间电位测试、井间示踪监测、工程测井、水井分层测试、水驱前缘测试、注水井分层测压、注水井分层调配、示踪剂测试、采油井分层测压、陀螺测井、饱和度测井、修正等时试井、原油分析、气质全分析、水质全分析、水露点检测、油田水分析、注水水质分析、硫化氢分析、氯根含量	545

根据具体业务场景，搭建一个统一的数据采集模块（图 4-86），旨在实现井筒生产数据的标准化入湖流程。数据录入任务由施工队伍承担，而作业区和厂负责部门负责对录入数据进行审核。同时，油气工艺研究院在这一流程中扮演着数据监督的角色。这一体系保障了数据录入的准确性和完整性。

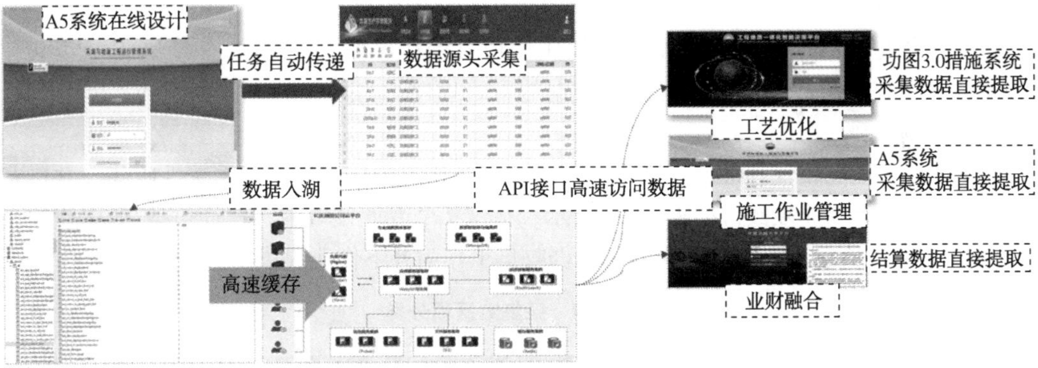

图 4-186 井筒生产数据采集流程

通过这个统一的数据采集模块，采集到的数据可以直接应用到智能油井系统、油井措施管理系统、A5 系统等多个应用领域。这种紧密的集成和应用能力，有效地促进了数据在不同系统间的流通和共享，提高了数据的综合利用效率。

为确保井筒生产阶段数据的一致性和标准化，采用长庆油田数据资源编目作为参考标准进行规范。这一规范化的过程包括对井筒生产阶段数据项进行详细的定义，包括但不限于数据类型、量纲、验证规则、采集方式以及字段描述等关键信息，如表 4-27 所示。

表 4-27　井筒生产采集模块数据项梳理表单

井筒生产采集模块数据项梳理表单									
业务对象	序号	数据项	数据项类型	量纲（单位）	验证规则	采集方式	采集频率	采集系统	字段描述
必填项	必填项	必填项	必填项	数值型必填	数值型必填	必填项	必填项	必填项	必填项
填写该数据项由哪个业务主体（对象）产生	数据项序号	填写数据项的标准名称，本次填报暂不考虑重复事项	数值型：验证规则按照大小判断填写；字符型：如果有限需要罗列可填报的内容；日期型：填写格式为 yyyy－mm－ddhh：mm	填写该数据项的标准单位，数值型的必填	详细填写该数据项目的取值范围，数值型的必填	该列只有 3 种方式，人工录入、自动采集、计算参数	填写多长时间周期填报一次	填报当前该数据项的填报系统，没有填报系统的填写无	填写该数据项详细填报内容、填报规则、填报注意事项，计算参数填写计算公式，具体可见下方各类型示例

按照长庆油田数据资源编目的标准，确立了井筒生产阶段数据项的标准化定义，明确了每个数据项的含义和属性。数据类型指定了数据项的格式，量纲明确了数据的单位，验证规则定义了数据的有效性和合法性，而采集方式字段描述了数据的来源和获取方式。

通过这一规范化的过程，可以确保不同系统、部门和业务流程中涉及的井筒生产阶段数据项有着一致的定义和规范。这有助于提高数据的质量、可靠性和可比性，减少了因数据不一致而导致的误差和混淆。

这种规范化的数据管理方法将促进长庆油田井筒生产阶段数据的有效集成、共享和利用。通过确立统一的数据标准，提高了数据的可管理性，为数据的有效利用和深度分析提供了更加坚实的基础。

为确保数据的完整性和准确性，进行对井下作业相关报告和报表的系统性收集，并进行了梳理，形成了 7 个专业领域，如表 4-28 所示。在这 7 个专业领域中，总计包括 78 张表单，涵盖了 1313 个数据项。这一广泛而详尽的数据收集工作为井下作业提供了全面的数据支持。

表 4-28　采集数据项分类

井下作业类型	油井					动态监测		气井	
	维护作业	井筒大修	增产措施		六小措施			增产措施	井筒大修
所需采集表单	基本数据变化表(7) 附件检查及更换信息表(6) 施工叙述(7) 油管单根记录(14) 油杆单根记录(15) 井下附件记录(15) 施工总结基本信息(9) 成果文档	基本数据变化表(7) 附件检查及更换信息表(6) 施工叙述(7) 油管单根记录(14) 油杆单根记录(15) 井下附件记录(15) 施工总结基本信息(9) 大修作业(13) 封井作业(9) 成果文档	基本数据变化表(7) 附件检查及更换信息表(6) 施工叙述(7) 油管单根记录(14) 油杆单根记录(15) 井下附件记录(15) 施工总结基本信息(9) 措施作业动态日报(28) 成果文档	压裂施工参数(51) 酸化压裂曲线数据(13) 酸化解堵施工参数(20) 堵水施工参数(22) 补孔施工参数(29) 转注转采施工参数(22) 套损治理施工参数(23) 侧钻施工参数(9) 分注施工参数(21) 求吸水(11)	六小措施(6)	产出剖面(20) 注入剖面(23) 剩余油监测(31) 水驱前缘(28) 井间电位(20) 示踪剂监测(37) 陀螺测井(33) 工程测井(20) 井斜测量(22) 不稳定试井(37)	油井系统试井(34) 水井系统试井(17) 油井分层测试(35) 水井分层测试(36) 分注调配(16) 干扰试井(34) 流静压测试(46) 原油分析(39) 油田水分析(38) 注入水分析(21)	气井酸化压裂施工参数(31) 气井酸化酸液参数(12) 气井酸化曲线数据表(9) 气井压裂施工参数(37) 气井压裂曲线数据 (13) 气井射孔补孔施工参数(29) 气井井下附件记录(15)	气井打桥塞(12) 气井打捞桥塞(16) 气井更换管柱(15) 气井永久性封堵(8) 气井压井修井(22)
合计采集数据项	73	95	322		6	587		146	73

为了确保数据的质量，对每一个采集得到的数据项都进行了严格的质量把控。这包括确保数据的准确性、一致性和完整性。通过制定合适的验证规则和质量标准，可以有效地排除数据中的异常和错误，提高了数据的可信度。

同时，在数据的管理中，进行了对派生参数的自动计算。这意味着一些参数可以通过系统自动计算得出，减轻了手动录入的负担，也降低了数据录入错误的概率。这样的自动计算机制有助于提高数据录入的效率和准确性。

借助 A5 系统进行设计审批，实现了一套高效的数据流程（图 4-87）。具体而言，设计审批任务在 A5 系统中完成后，任务会被自动推送至井筒生产采集模块。在这个模块中，数据采集工作得以顺利进行，确保了数据的准确性和完整性。

图 4-87　设计流程

完成数据采集后，数据并不仅仅停留在采集模块。相反，各应用系统可以直接从数据湖中提取所需的数据。这一操作保障了数据的完整性、唯一性和一致性，确保了各个应用系统使用的数据源头是经过验证和准确的。

这种数据湖的模式实现了数据源头的输入，并通过共享和复用的方式让各个应用系统直接获取所需的数据。这不仅提高了数据的可用性，也避免了因为多个系统维护各自数据而导致的不一致性问题。这种整合的数据管理方式有助于提高数据的整体质量，减少了数据流转过程中的误差和重复劳动。

为满足井筒生产的需求，秉持统一的目标，着手进行数据采集模块的搭建工作。这一工作的核心是结合业务流程，设计了五大功能模块，同时也定制了 4 种用户角色，以确保模块的功能和权限能够满足各种操作和管理的需求（图 4-88）。

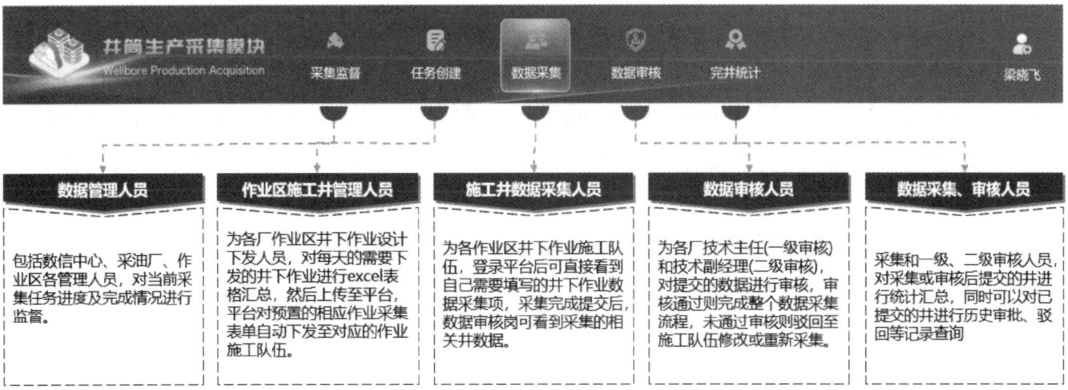

图 4-88　模块建设

这五大功能模块涵盖了井筒生产全过程的各个关键环节。这包括但不限于采集、审批、监控、查询和统计等功能，以确保模块的全面性和实用性。通过对业务流程的深入分析，能够更好地了解不同环节的需求，从而设计出更贴近实际操作的功能。

为了更好地适应不同用户的需求，定制了 4 种用户角色，分别具有不同的操作和管理权限。这样的角色设置有助于实现数据采集模块的安全性和灵活性，保障了模块的高效运行。

在任务模型方面，以油田开发、气田开发和动态监测为主题，设计了 15 种油田开发任务模型、7 种气田开发任务模型以及 20 种动态监测任务模型。这样的分类建设有助于更好地组织和管理各项任务，提高任务执行的效率和质量。

为提高采集效率和方便用户操作，采用多种灵活的录入方式（图 4-89）。首先，实现了在线实时编辑，使用户能够直接在系统界面上对数据进行编辑，实现即时录入和修改。其次，通过标准模板导入，用户可以将已有的数据模板快速导入系统，减少手工输入的工作，提高数据录入的准确性和效率。此外，引入了施工图片关联，使得用户能够通过图片直观地关联和录入相关数据，提高数据的可视化程度。

图 4-89　采集方式

为了更好地支持不同数据的录入，引入了业务代码库，实现了 15 类采集项的下拉框录入。这种方式不仅规范了数据录入的内容，减少了数据录入错误的可能性，同时也提高了录入的速度和便捷性。通过设定预定义的选项，用户可以更快速地完成数据录入，减轻了录入过程中的操作负担。

为了适应移动办公的需求，基于原生 H5 进行开发，实现了系统的移动端部署。

采集数据存在填报错误、数据不一致、标准不统一等问题（图 4-90）。为提高数据录入的效率和减少无效工作，采取一系列严格的措施来控制非产生数据的录入。首先，实施了一项严格的策略，只允许产生数据进行录入，从而减少了不必要的工作量和填报的复杂性。

引入开发报告一键生成功能，如图 4-91 所示，允许用户通过简单的操作，即可生成完整的开发报告，省去了烦琐的手工报告编写过程，降低了出错的可能性，同时提高了报告的标准化程度。在井基础数据的提取方面，实现了自动提取功能，包括射孔段、套管节箍等关键数据。减轻了用户的手动录入负担，同时也降低了数据录入的错误概率。采集数据的自动计算是另一项关键功能。通过设定合适的计算规则，系统可以自动计算采集数据中的一些关键参数，比如深度、长度等，从而确保了数据的一致性和准确性。

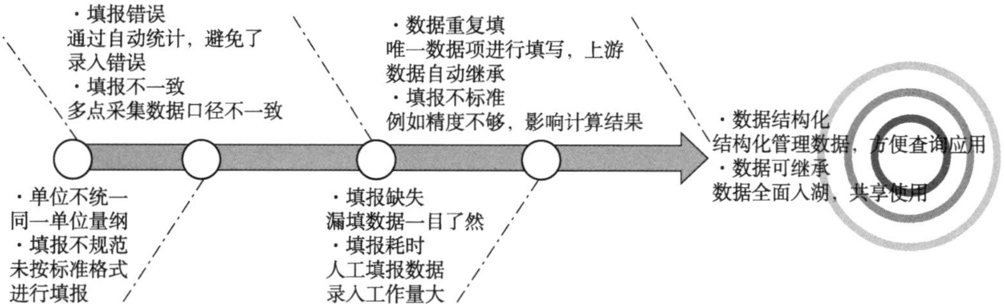

图 4-90　采集数据问题

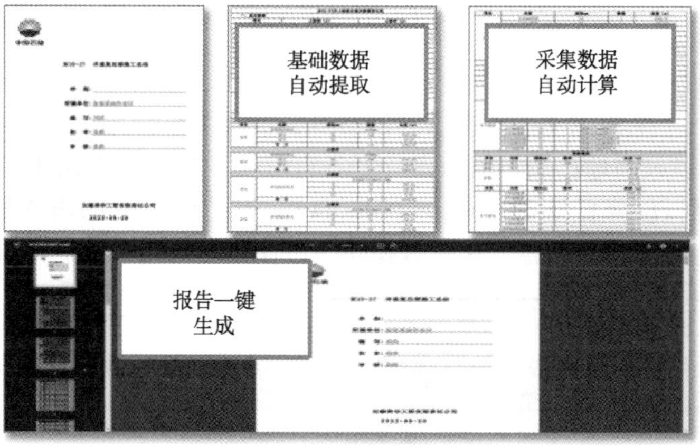

图 4-91　报告一键生成

通过将区域湖设立为数据资产管理中心，实现数据采集、管理和服务平台的有机驱动。建议直接将数据输入区域湖的数据治理层，并在完成审查后移至共享层，以提供外部的统一服务，如图 4-92 所示。

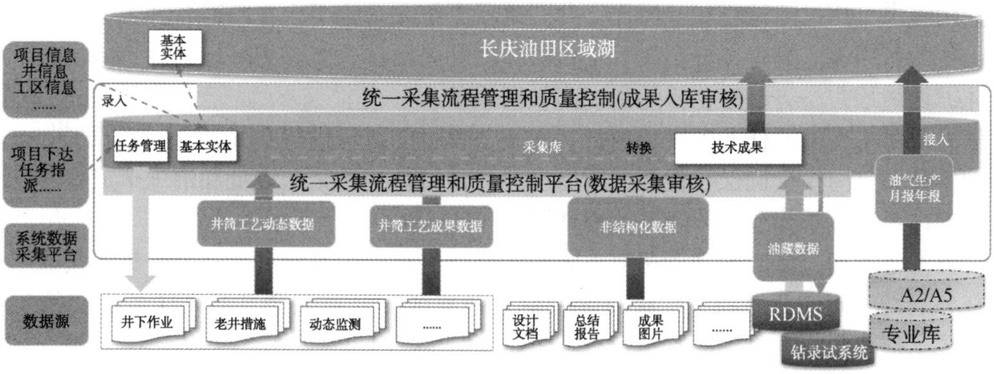

图 4-92　长庆油田区域湖

进一步提升数据录入的及时性和便捷性，首先将统一采集平台优先部署在办公网的梦想云平台上（图 4-93），此方案有助于提供高效的数据采集服务，使得用户可以更方便地访问和利用平台的功能。同时，为了加强数据的安全性，在 DMZ 区也进行了镜像部署，以确保数据在传输过程中的隐私和完整性。在数据传输过程中，采用加密技术，进一步保障数据的安全。

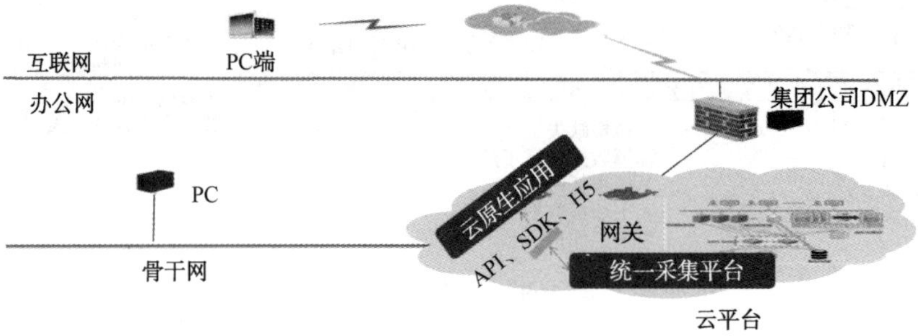

图 4-93　部署架构

为确保统一采集平台的高可用性，采用两级高可用保障策略。首先，充分利用云平台底层 Kubernetes（K8S）的强大功能，提供容器的多实例和弹性伸缩能力。在面对访问量突然增加的情况下，可以灵活地扩展实例来支持更多的访问需求。一旦访问量减少，可以根据需要销毁多余的实例，以降低资源消耗（图 4-94）。当扩展实例超出资源限制时，引入了 Spring Cloud 网关，用于进行限流、熔断等操作，以保障核心用户的正常访问。

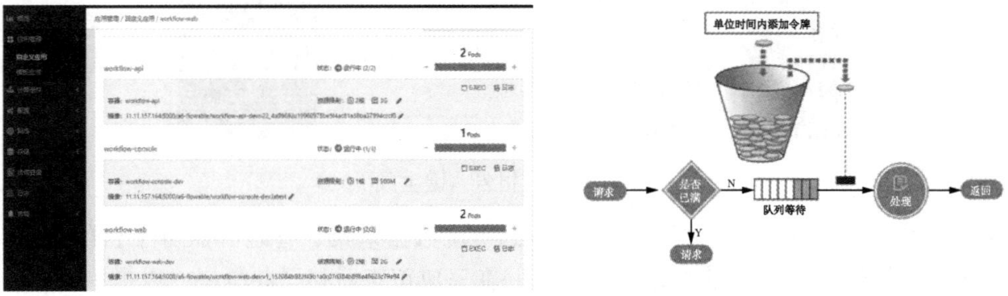

图 4-94　一级：弹性伸缩和二级：限流、熔断

这两级高可用保障策略相互协作，共同确保了统一采集平台在面对各种突发情况时能够保持高度的可用性。通过充分利用云平台的弹性和灵活性，能够更好地适应不同场景下的需求变化，保障用户始终能够获得稳定、高效的服务。

统一采集平台按照任务下发、执行、检查、审批的流程进行全面管理，形成了一个闭合的管理模型。这一模型确保了任务的有序进行，使得数据采集、审批和治理形成责任到人的有效管理体系。井下作业总体业务流程如图 4-95 所示。

任务的下发通过即时通知和短信方式通知采集人员。一旦任务下达，采集人员能够迅速收到任务通知，确保及时响应。在数据采集任务完成后，系统会自动将任务提交给审批人员，形成了任务执行和审批的紧密衔接。审批流程如图 4-96 所示。

系统支持一键生成任务的功能。例如，在压裂数据采集这类任务中，对于不同井具有相同的采集项，只需在生成任务时更改井名即可实现任务的一键生成。这种功能简化了任务下发的流程，减少了重复性的操作，使得任务的管理更为便捷和高效。一键任务生成功能如图 4-97所示。

页面设计器是一个专注于用户界面表单开发的工具，其主要功能是为用户提供方便、高效的

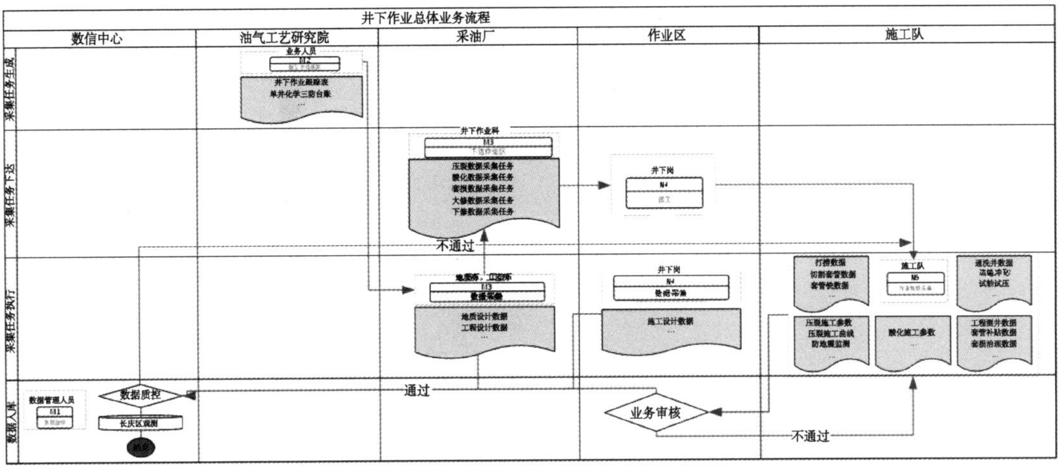

图 4-95　井下作业总体业务流程

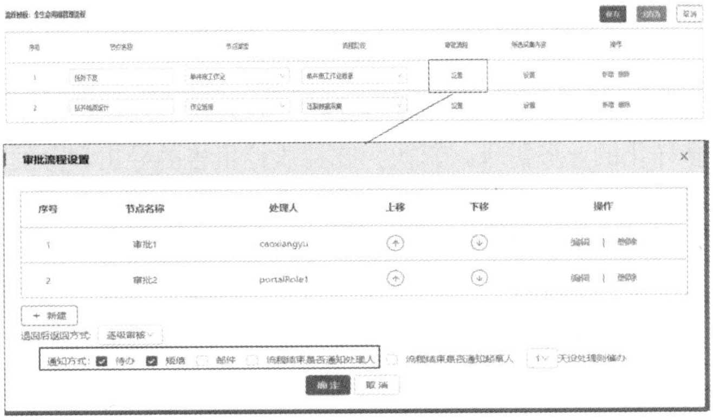

图 4-96　审批流程

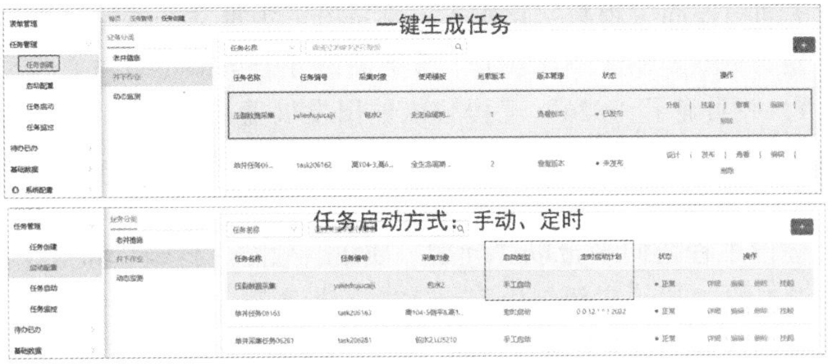

图 4-97　一键任务生成功能

表单设计体验（图 4-98）。在平台内，内置了 129 种常用的表单设计组件，还支持表单组件的扩展开发，使得用户可以根据特定业务场景或个性化需求，自定义和添加新的表单组件。

页面设计器不仅提供了丰富多样的内置组件，还为用户提供了一个开放的平台，使其能够通过扩展开发，创建符合自身需求的定制化表单组件。

借助区域湖统一质控平台的强大功能，能够对入湖的数据进行全面的规则校验，实现了

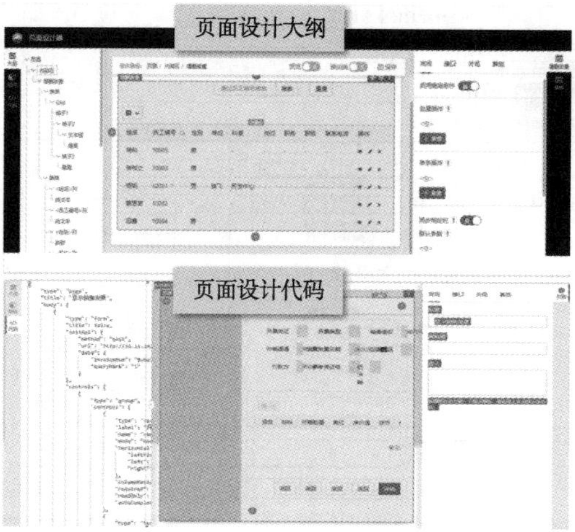

图 4-98　页面设计器

全自动化的数据质控流程。通过调用该平台，确保了数据的完整性、准确性和一致性，为数据质量提供了可靠的保障。

该质控平台具有多项显著优势。首先，采用了松耦合设计，实现了质控方案的灵活定制，使其能够适应多样化的业务需求。其次，支持质控报告的导出和分发，为用户提供了方便的结果分享和管理手段。此外，平台还涵盖多种质控类型，拥有丰富的质控规则，旨在提供全面而高效的质控解决方案。通过 ID 的精准定位，用户能够方便地在后期快速纠正错误，提高了数据处理的迅捷性。自动执行的定时任务、复杂规则的定制以及错误数据的快速溯源功能进一步强化了该平台在数据质控领域的卓越表现。

3. 地面工程采集端

地面工程采集端按照地面工程数字化交付标准，依托地面建设智能管理系统建设，涵盖井场、场站、管道、配套工程等建设期数据。

近年来，长庆油田地面工程数字化水平不断提升，为推动公司的“数字化转型、智能化发展”做出了显著贡献。在这一背景下，长庆油田分公司精心编制了《长庆油田智能化油气田建设规划》，并明确了“326”工程智能油田发展蓝图，该蓝图以地质油气藏工程、采油气工艺与地面工程协同三大平台为支撑，共同构建了支持油田公司油气勘探开发生产的三大科研体系。

其中，地面建设工程协同平台以“问题、质量、效益、低碳、和谐、目标”为导向，旨在解决地面建设中的“战线广泛、用工量大、工艺庞杂、设备众多、生产管理难度大、安全风险高”等问题。该平台充分发挥地面工程的多专业特性，充斥数字化和智能化技术，解决井站管线数量快速增长、运行维护管理难度加大、用工总量限制等矛盾，不断提升公司全员的获得感和幸福感，为油田公司在“十四五”末率先实现高质量发展提供有力支持，为基业长青的百年长庆提供了地面工程服务技术力量。

地面建设工程智能管理系统作为“326”工程的重要组成部分，致力于推动地面工程实现数字化转型和智能化发展，为响应国家“数字中国、网络强国、科技强国、制造强国”的要求而采取了重大举措。通过系统建设，该管理系统实现了地面建设工程的“五化”管理，即“流程化、网络化、协同化、数字化、智能化”。

项目数据范围涵盖了项目实施管理、承包商管理、质量监督、工程监理、智慧工地五大类。在项目实施管理方面，涉及了项目前期、开工准备、工程施工、试运投产、竣工验收等相关数据。承包商管理方面包括承包商资源库、考核管理等相关数据。工程监理方面包含了进场初期监理管理、实施过程监理管理、监理工作检查等相关数据。质量监督范围包括质量监督注册、质量监督准备、工程竣工阶段质量监督、工程资料核查等相关数据。智慧工地方面，涵盖了人员考勤数据、定位数据、现场质量问题、安全隐患巡检数据、施工进度数据、实时环境数据、安全监控数据、风险隐患数据、进出车辆数据等多方面的信息。这些数据范围的明确性有助于项目的综合管理与决策制定。

目前，长庆油田地面工程建设项目管理采用以传统管理方式为主，集团公司统建 A5 系统建设管理模块为辅的管理模式。2017 年起，长庆油田业务主管部门及基层单位开始应用 A5 系统建设模块，但除了进行周报、月报收集上报以外，其他功能均不能满足长庆油田地面工程建设实际需要，现有油田自建系统也无法满足管理需求，难以实现地面工程建设高效管理目的（图 4-99）。

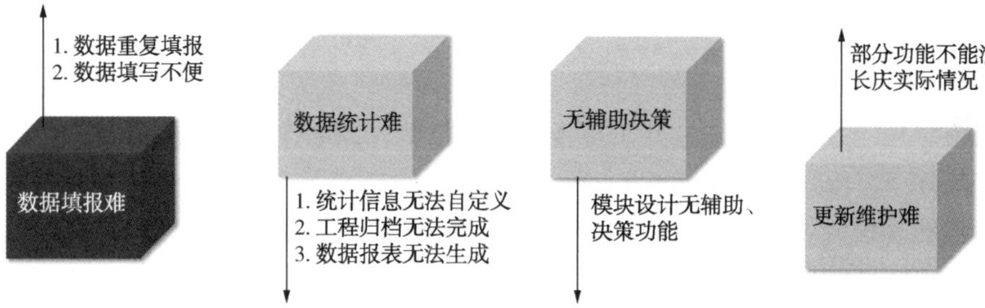

图 4-99 长庆油田地面工程建设管理现状

针对地面工程全域全业务链，以需求为导向，规划了“协同设计、协同建设、协同运营、协同创新”四大场景。这一规划旨在高水平支持地面工程全业务链、项目全生命周期管理以及生产运行管理效率，站在智能技术新起点，以提升产业发展的新高度，为油田公司在“十四五”末率先实现高质量发展提供助力。

在业务目标方面，主要致力于实现数据共享化。通过数据采集，集成整合基建的各类信息，完善数据标准，以实现基建业务全要素数据管理，并支持项目参与各方在同一平台下实现项目数据的在线管理。此外，业务标准化依托信息化管理平台，将标准化管理纳入平台管理，使基建管理更为程序化、制度化，减少人为干预因素。通过智慧工地的协同化管理，实现对现场的管控，通过流程引擎实现无纸化办公，通过信息流转代替人员的跑动，实现结果共享，以支撑各单位的协同管理，从而实现数字化管理的初期目标。

在功能目标方面，致力于实现地面建设项目在前期阶段、实施阶段、竣工验收及结算阶段的全过程、全要素在线管理。同时，实现地面建设管理职能部门、建设单位、施工单位、监理单位、质量监督单位等单位（部门）的协同在线管理。包括重点资料的在线审批流转，承包商资源库的备案及考核管理，地面建设项目质量监督、工程监理等在线监督管理与考核。报表在线智能汇总与分析，施工资料、监理资料、建设资料的一键智能归档管理，以及工程数据的设计、建设、运营业务横向自动汇总，视角自上而下穿透数据应用场景，对关键数据指标的汇总进行向下钻取，以实现决策管理层对项目的总体掌握由看得见向看得清、看得真的转变。

要实现地面工程协同平台各个业务系统之间的数据采集、获取和共享，以及地面建设工程项目数据标准化采集的目标，还需要打通与协同设计的共享。此外，计划基于设计成果管理，将施工数据成功移交至协同运营，以实现工程建设向生产运营的无缝过渡。

长庆油田全域数据湖已经在完整性和设备管理系统方面取得了进展，成功实现了设备仪器、站库完整性、管道完整性主数据与业务数据的管理。尽管如此，仍需进一步加强地面建设工程业务数据标准规范。为此，计划建立一个面向数据模型的数据资源目录，并设立量化评估单元，为地面建设数据的全量入湖范围提供划分标准。最终目标是顺利完成数据入湖工作，确保数据能够流入全域数据湖。

在符合企业相关标准规范的要求下，结合完整性管理规范及数字化交付规范，地面工程智能管理系统数据库将基于 EPDM 模型进行设计，建好地面建设工程业务数据标准规范及数据资源目录，补充完善长庆油田现有数据资产。

数据资源目录包括项目实施管理、承包商管理、质量监督、工程监理、智慧工地五大类。

项目实施管理包含项目前期、开工准备、工程施工、试运投产、竣工验收等子模块的数据资源需求描述。

数据治理的过程必须遵守特定的标准要求，以实现数据规范化的目标。数据规范化工作的推进需要确立明确的任务目标，参照国家或行业标准，并最终制定进行数据规范化治理的基本标准和规范。实现地面建设数据规范化的关键在于根据数据现状，围绕各个数据来源的共同特征，解决统一术语定义、数据描述、数据分类编码、数据结构、数据质量、数据交换格式、接口规范等问题，并提出规范化的原则和具体要求。同时，结合数据系统的软硬件环境、数据通信与系统互联、系统安全与保密等方面的标准和规范要求，最终实现数据资源的共享和应用。

数据规范化工作需关注以下事项：分析地面建设管理业务对数据标准的需求，编制数据字典和相关数据采集规范。研究现有的国家、行业、企业标准，提出标准完善建议。组织制定数据标准和规范，并通过实践逐步提升和完善。长庆油田地面建设智能管理系统需要制定统一标准的数据管理规范，包括项目实施管理、承包商管理、质量监督、工程监理、资料归档、辅助决策、智慧工地等信息库。

数据规范化治理标准和规范包括元数据标准、数据关系构建标准、数据库设计标准、要素业务编码规则、物理存储规范、数据采集管理规范、质量管理规范、数据发布管理规范、日志管理规范。

元数据标准分为确认和检索、著录描述、资源管理、资源保护与长期保存四个部分。数据关系构建涉及概念数据模型、逻辑数据模型和物理数据模型。数据库设计遵循三大范式和五大约束。要素业务编码规则采用分段编码方式。物理存储规范包括业务表和系统表的存储规则。数据采集管理规范包含各采集数据项的配置信息。质量管理规范涵盖结构化和非结构化数据检查。数据发布管理规范明确数据人员对待发布数据的整合或筛选。日志管理规范分为数据库运行、系统运维和业务运维三类。

（1）元数据标准：元数据标准按应用目的分为确认和检索、著录描述、资源管理、资源保护与长期保存四个部分。结合油气田单位的层级关系和业务特性，对地面建设工程各类型数据进行分类分级，形成数据资源目录。元数据的详细描述涉及作者、标题、主题、位置等信息，支持资源的存储和使用管理，同时保障资源的长期保存。

（2）数据关系构建标准：数据关系构建涉及概念数据模型、逻辑数据模型和物理数据模型。概念数据模型基于实体-关系理论，建立业务实体和关系模型。逻辑数据模型将概念数据模型转换为数据库逻辑模式，而物理数据模型在此基础上设计物理存储和索引，确保数据的高效管理。

（3）数据库设计标准：数据库设计需遵循三大范式和五大约束，确保数据库表的原子性、主键关联性和直接相关性。创建表时，静态数据的系统字段包括要素主键、业务主键、业务分类编码、时间属性、数据状态等，而动态数据需要更强调时间属性，建议采用实体表存储主线要素信息，而应用类信息采用视图存储，避免数据冗余。

（4）要素业务编码规则：要素业务编码规则是识别要素的关键。采用分段编码方式，四段编码分别表示要素的所属单位、所属业务系统、要素类型和要素序号，涵盖单位权属关系、业务关系、层级关系。

（5）物理存储规范：业务库中业务表和系统表的存储规则包括将它们独立存储和管理，逻辑上保持业务表和系统表的关系维护，但不允许跨数据库存储。对于实体表和视图的应用规则，推荐使用实体表存储主线要素信息，而应用类信息采用视图方式，以减少数据冗余和内部更新工作。

（6）数据采集管理规范：数据采集管理规范明确各采集数据项的配置信息和操作信息，包括数据源配置、成果存储中间库配置以及数据采集操作信息，如全量采集、增量采集等。

（7）质量管理规范：质量管理规范分为结构化和非结构化数据的检查。结构化数据检查内容包括数据文件是否正常、必填属性检查、关系解构、数据时间属性检查等，而对非结构化数据则关注数据格式、文件命名、完整性等方面。

（8）数据发布管理规范：数据发布管理规范明确数据人员需要按业务需求对待发布数据进行整合或筛选，配置数据服务和接口，并登记和说明开放数据库的访问权限和用户权限。

（9）日志管理规范：日志管理规范分为数据库运行、系统运维和业务运维三类，每类日志根据错误的重要程度分为低、中、高、最高四个等级。数据库运行日志和系统运维日志设置为自动触发警报，业务运维日志根据业务重要性设定预警界限和警报等级。

构建一套行之有效的数据关系模型一直是设计和部署高质量数据源的最佳方式，以支持新关系数据库并推动应用程序开发。这一过程有助于降低数据管理成本、降低与数据相关的风险，并提高企业整体数据的质量和灵活性。数据关系构建将充分利用地面工程管理系统已有的数据模型，结合业务规则和数据质量检查规则，提出了一套完整的概念数据模型、逻辑数据模型和物理数据模型构建思路。

这三者的关系由上至下依次为概念型设计、逻辑型设计和物理模型设计，呈逐级设计的结构（图 4-100）。

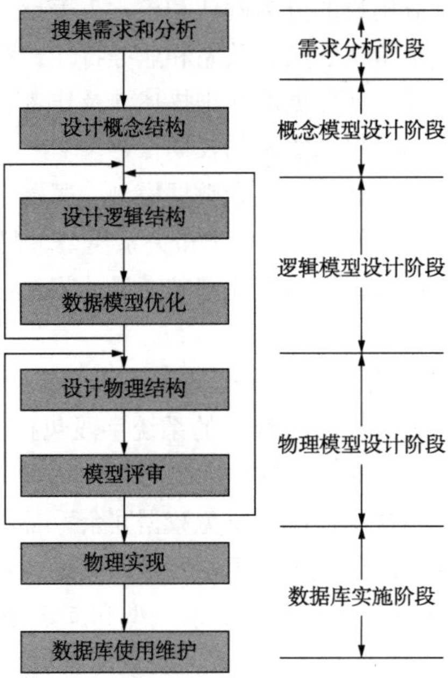

图 4-100　数据关系构建设计步骤图

在长庆油田地面建设智能管理系统数据模型设计中，需要遵循以下原则：

（1）以中国石油勘探开发数据模型标准（EPDM）为基础，结合长庆油田分公司和各采油采气厂的业务数据特点，设计合理、有效、统一的数据模型。

（2）严格遵守数据库设计的三范式原则，但为了提高数据访问性能、减少表间连接，允许适当增加冗余字段。

（3）支持高可用性和可扩展性，以满足数据结构的变化和扩展的需求。

基于地面建设智能管理业务和需求分析的结果，将各业务实体及其关系进行抽象，构建概念模型，明确各实体之间的对应关系，使客户和开发者能够直观地了解项目中所有实体之间的关系和属性。通过应用成熟的、主流的数据建模工具，如 PowerDesigner、ER/Studio、ERWin，对概念模型进一步解释，得到逻辑模型。逻辑模型主要表达各实体之间的关系和事件。

在遵循三范式建模原则的前提下，根据概念模型和逻辑模型创建物理模型。物理模型中包括主键约束、外键约束、数据类型约束、数据格式约束、取值范围或取值集合的约束、对空值的约束、实体完整性约束、引用完整性约束等。各模型的英文名称和属性的英文名称要遵循统一的命名规范。各实体基础数据和生产数据模型之间通过基础数据的唯一标识进行关联。

地面工程智能管理系统遵循数据库物理结构设计原则，包括前期管理、施工准备、工程施工、竣工管理、工程监理、质量监督、报表管理、承包商管理等业务数据。这一设计理念将有助于确保系统的高效性、可扩展性和稳定性。

根据集团公司数据管理规定，地面建设通过数据湖实现了数据共享。在现有主数据标准规范的基础上，结合数字化交付规范，进一步完善了地面建设标准规范，形成了一套综合的数据资源目录。这一目录整体融合了入湖范围标准，通过定义明确的入湖范围标准，梳理了入湖数据的体量，构建了相应的入湖通道。

入湖通道包含了从数据源到贴源层、治理层、共享层、最终到分析层的全流程。每个层级都发布了相应的数据服务 API，实现了地面建设主数据及业务数据的顺畅入湖。此工作旨在遵循数据源的数据模型标准，确保在不改变原始数据情况下，完成数据原样进入数据湖贴源层的入湖工作。

具体而言，对于地面建设的入湖范围标准，明确定义了基本建设管理系统和其他自建系统的数据入湖范围。通过数据资源目录的分类，详细划分了业务域、一级业务、二级业务等关键分类，形成了清晰的数据清单，包括表名和数据类型。

在梳理入湖范围的过程中，按照数据资源目录分类初步确定了各统建项目的入湖数据范围，并由基本建设管理确认了入湖数据表清单，其他系统也各自确定了入湖数据表清单。

为确保数据入湖方式的一致性，遵循数据源的数据模型标准，在不改动原始数据的情况下，完成了数据原样进入数据湖贴源层的入湖工作。同时，EPDM 的完善与扩展也得以完成，遵循其标准，实现了数据由贴源层入共享存储层，形成了可根据应用需求待加工的数据资源。

报表管理是地面工程智能管理系统的重要组成部分，通过提供固定报表和周月报等动态报表，全面管理指标体系，实时反映施工状态，使数据形象化、直观化、具体化。这有助于领导及时获取关键信息，推动决策的科学化和精细化。

指标分析模块以图表的形式清晰展示各项指标，并支持“钻取式查询”（分层查询)，使指标信息能够逐层细化、深入分析，实现指标的穿透与追溯。这为企业领导、建设管理相关专业处室提供了数据和预警措施，满足不同角色和场景的应用需求。分析结果及事前预测预警会通过主动通知的方式传达，提升企业信息的利用能力，实现数据体系上下一体，支持定量化决策分析。

数据归档与共享是系统关注的另一关键方面。实现“一键式”导出，支持建设、施工、监理资料的电子化自动组卷，满足离线移交至 E6 系统的需求，保障归档资料的及时准确，提高工作效率。同时，系统也支持运营阶段的基础数据共享应用，实现了数据的流畅传递和高效利用。

最后，系统建立了分析评价模型，提供第三方应用。通过抽取关键数据，构建分析评价模型，实现对单项工程的综合评价。该模型综合考虑设计、队伍资质、施工组织、现场检查问题、质量、投用、资料采集等因素，为单项工程提供全面的综合分析功能，有助于更科学、更全面地进行工程评价。

4. 地面生产采集端

22 家油气生产单位及 3 家输油单位依托完整性平台，采集管道、场站在生产阶段运行的全业务数据。

长庆油田矿区地形复杂多变，沟壑水系纵横交错，管线沿河、跨河多，与周边环境关系极为敏感，亟待探索一套适用于长庆油田矿区地形特点和管道现状的完整性管理体系，加快推行地面生产阶段的数据采集工作，提高油田完整性管理水平。

1）运行期数据管理

管道运行期数据采集工作应由厂（处）完成，具体包括对所管辖管道数据的收集、整合、存储与上报。油气田公司在制定数据收集计划时应根据本单位实际情况，明确数据收集目标、范围、时间安排、职责安排、收集频次等。厂（处）级单位根据油气田公司的年度数据收集计划制定本单位的数据收集计划，数据收集计划需经主管部门审批备案。

管道相关数据由厂（处）级单位的管道管理部门负责安排人员按照数据收集计划进行收集，并进行监督。

基础数据采集工作原则上由生产基层采集；在进行测绘、检测评价、管道改造过程中产生的数据应由相应项目承担单位在完工交接前提供。

厂（处）级单位与建设项目部将所收集到的数据进行校验，首先保证数据的真实性和准确性，数据校验可通过数据录入软件进行，必要时需要与现场情况进行核实。厂（处）级单位和建设项目部将所收集到的各种资料和数据按相关数据具体要求转化为电子版格式。

厂（处）级单位与建设项目部将校验后的数据进行初步整合，整合过程依据统一的参照系和统一的计量单位进行，将从多种渠道获得的各种数据综合起来，并与管道位置准确关联。例如，管道内检测的缺陷数据可参照里程轮在管道内的行进距离，结合阴极保护测试桩的位置联合定位，综合确定腐蚀点和第三方破坏点的位置。有条件的可将所收集的数据存入GIS等信息系统，达到数据的完全整合。

数据采集应贯彻“简约、实用”的原则，宜只采集后续流程必需的数据，减少冗余，并应确保数据真实、准确、完整。运行期主要收集的数据包括：运行数据、输送介质数据、风险数据、失效管理数据、历史记录数据和检测数据等。例如：输送介质、操作压力、操作温度、防腐层状况、管道检测报告、内外壁腐蚀监控、阴极保护数据，维护、维修、检测数据，失效事故、第三方破坏等信息（表4–29）。

表4–29　数据采集最低标准

编号	数据类型	数据项	Ⅰ类管道	Ⅱ类管道	Ⅲ类管道
1	管道运行期数据	管线运行数据	√	√	√
2		失效管理数据	√	√	√
3		历史记录数据	√	√	√
4		输送介质数据	√	√	√
5		检测数据	√	√	区域采集
6		管道风险数据	√	√	区域采集

管道基础信息应从管道设计文件中提取，确定管道规格、材质、输送介质、压力等信息。有变更时以变更后的为准。

管道设施采集应包括但不限于以下要素：水工保护设施、穿跨越、场站（阀室）、第三方设施、沿线光缆、线路阀门等设施的位置和属性信息。阴极保护设施包括强制电流保护系统和/或牺牲阳极保护系统设施，应包括绝缘装置、排流装置、牺牲阳极、阳极地床、测试桩、阴保电源位置和属性信息。位置信息应在隐蔽工程施工完成前采集，便于管理维护；属性信息从设施的厂家合格证、产品说明书等文件提取。

风险管理包括高后果区信息数据和地质灾害风险识别数据，高后果区数据宜从设计踏勘资料提取，获取地区等级和特定场所等信息。地质灾害风险识别数据宜从设计踏勘资料获取，若管道开展了前期专项地质灾害评价，可从专项报告中提取地灾类型、地理位置、易发性、灾害点描述和治理措施等信息。

2）数据采集要求

（1）数据格式。

数据采集时，数据格式应满足下列要求：

① 数值类数据保留小数点后 3 位。

② 文本类数据根据内容确定字节长度，给定值域的，按值域的最长字节长度确定。

③ 日期类数据格式为“yyyy-mm-dd”，长度为 8 字节。

④ 经纬度坐标数据单位为“度”，长度为 11 字节，保留小数点后 8 位。

⑤ 图片格式为 jpg 或 png 格式。

（2）管道基础数据。

管道基础数据中的管道地理信息相关数据测量应符合 GB 50026 的要求，数字地图中同比例尺地图的分层、属性和编码标准应符合 GB/T 20257 和 GB/T 20258 的要求。地理信息数据格式及坐标系统要求如下：

① 数字地图文件应为 Geodatabase 格式。

② 管道测绘数据应为 DWG 数据格式或 Geodatabase 格式。

③ 遥感影像应为 GeoTiff 格式。

④ 平面坐标系应采用 CGCS2000 坐标系，单位为“m”，保留小数点后 2 位。

⑤ 高程应采用 1985 国家高程基准，单位为“m”，保留小数点后 2 位。

遥感影像类数据包括卫星遥感影像、航空摄影影像、机载激光雷达测量数据，影像精度至少满足如下要求：

① 地区等级为四级地区和三级地区影像分辨率应不大于 1m。

② 地区等级为二级地区和一级地区影像分辨率应不大于 5m。

③ 数据采集时宜获取 2 年以内拍摄的影像数据。对于三、四级地区，遥感影像应能够清晰地识别出建筑物轮廓及道路河流等要素，对于大型河流等环境敏感区应按其所在地区等级的高一级地区等级要求执行。

管道中心线数据采集要求如下（表 4-30）：

① 管道中心线带状地形图成图比例尺宜为 1∶2000，高后果区、高风险管段比例尺宜为 1∶500，站场及阀室周边成图比例尺宜为 1∶500，地方政府有更高要求的区域按地方政府要求执行。

② 管道中心线带状地形图成图范围是管道中心线两侧各 200m（共 400m 的带状范围）。

③ 新建管道中心线采集应采集钢管、焊缝的属性信息，应在管道下沟后、回填前进行，可以环焊缝处管道顶点、弯头转角点和穿越出入地点为基准测定管线点坐标和高程，并采用全站仪测量或者全球导航卫星系统（GNSS）测量管顶经纬度及高程。

④ 已建管道数据恢复采集的测量间距不应超过 75m，至少采集特征点的埋深、坐标和高程，遇到拐点、变坡弯管段应加密测量。

⑤ 具备条件的，宜采用内检测惯性测绘获取管道中心线、管道特征点坐标。

⑥ 测量控制点的设置应符合 GB 50026 的要求。

⑦ 对于由于建筑阻挡等原因难以测量的设施应结合设计资料，使用测距仪、皮尺等设备进行测量，对于定向钻、隧道等无法测量部分，应对设施起点、终点进行测量，同时结合原始设计图纸在内业完成无法测量部分管道中心线成图。

管道基础数据应按照表 4-30 进行采集。

表 4-30 油气田管道基础数据表单

序 号	数据表名称	适用类别
1	油气管道基础信息	Ⅰ、Ⅱ、Ⅲ
2	供注水（气、汽）管道基础信息	Ⅰ、Ⅱ、Ⅲ
3	途经站场阀室	Ⅰ、Ⅱ、Ⅲ
4	数据成果坐标系	Ⅰ、Ⅱ、Ⅲ
5	中心线数据	Ⅰ、Ⅱ、Ⅲ
6	测量控制点	Ⅰ、Ⅱ、Ⅲ
7	穿跨越	Ⅰ、Ⅱ
8	线路阀门	Ⅰ、Ⅱ、Ⅲ
9	水工保护	Ⅰ、Ⅱ
10	桩	Ⅰ、Ⅱ、Ⅲ
11	三通	Ⅰ、Ⅱ
12	弯头	Ⅰ、Ⅱ
13	收发球筒规格	Ⅰ、Ⅱ
14	沿线异径管	Ⅰ、Ⅱ
15	沿线封堵物	Ⅰ、Ⅱ
16	光缆	Ⅰ、Ⅱ
17	绝缘装置	Ⅰ、Ⅱ、Ⅲ
18	排流装置	Ⅰ、Ⅱ
19	牺牲阳极	Ⅰ、Ⅱ、Ⅲ
20	阳极地床	Ⅰ、Ⅱ、Ⅲ
21	测试桩	Ⅰ、Ⅱ、Ⅲ
22	阴保电源	Ⅰ、Ⅱ、Ⅲ
23	其他（第三方设施等）	Ⅰ、Ⅱ

（3）高后果区识别和风险评价数据。

新建管道的高后果区识别、地质灾害风险评价数据宜从设计踏勘资料提取，获取地区等级和特定场所等信息，若管道开展了前期专项地质灾害评价，可从专项报告中提取地灾类型、地理位置、易发性、灾害点描述和治理措施等信息。

在役管道的数据采集应根据管道运行实际状况进行高后果区识别和风险评价后采集。

高后果区识别和风险评价数据应按照表 4-31 进行采集。

表 4-31 油气田管道高后果区识别和风险评价数据表单

序 号	数据表名称	适用类别
1	管道高后果区识别	Ⅰ、Ⅱ、Ⅲ
2	管道风险评价	Ⅰ、Ⅱ、Ⅲ
3	地质灾害风险评价	Ⅰ、Ⅱ
4	第三方破坏风险评价	Ⅰ、Ⅱ

（4）检测评价数据。

新建管道宜开展管道投运前检测，采集防腐层漏损点、焊缝无损检测、压力试验、土壤腐蚀性的检测数据等。在役管道应采集全部检测评价数据。检测评价数据应按照表 4-32 进行采集。

表 4-32 油气田管道检测评价数据表单

序 号	数据表名称	适用类别
1	管道内检测统计数据	Ⅰ、Ⅱ
2	管道内腐蚀直接评价数据	Ⅰ、Ⅱ、Ⅲ
3	管道外腐蚀直接评价数据	Ⅰ、Ⅱ、Ⅲ
4	防腐层等级	Ⅰ、Ⅱ、Ⅲ
5	防腐层漏损点	Ⅰ、Ⅱ、Ⅲ
6	管道本体缺陷	Ⅰ、Ⅱ
7	合理使用评价	Ⅰ、Ⅱ
8	焊缝无损检测	Ⅰ、Ⅱ
9	压力试验	Ⅰ、Ⅱ、Ⅲ
10	土壤腐蚀性	Ⅰ、Ⅱ
11	阴极保护有效性评价	Ⅰ、Ⅱ、Ⅲ
12	管道点位测试记录	Ⅰ、Ⅱ、Ⅲ
13	交流干扰调查记录	Ⅰ、Ⅱ
14	直流干扰调查记录	Ⅰ、Ⅱ
15	绝缘装置测试记录	Ⅰ、Ⅱ、Ⅲ
16	牺牲阳极测试记录	Ⅰ、Ⅱ、Ⅲ
17	阴保电源调查记录	Ⅰ、Ⅱ、Ⅲ

（5）维修维护数据。

应根据管道运行期的维修维护实施情况采集维修维护数据，包括管道绝缘层修复数据、管道本体缺陷修复数据、管道更换情况动态表、内腐蚀控制、第三方施工、管道浮露管、管道周边建筑物、管道运行数据、清管收发球数据等。维修维护数据应按照表 4-33 进行采集。

表 4-33 油气田管道维修维护数据表单

序 号	数据表名称	适用类别
1	管道绝缘层修复数据	Ⅰ、Ⅱ、Ⅲ
2	管道本体缺陷修复数据	Ⅰ、Ⅱ、Ⅲ
3	管道更换情况动态表	Ⅰ、Ⅱ、Ⅲ
4	内腐蚀控制	Ⅰ、Ⅱ、Ⅲ
5	第三方施工	Ⅰ、Ⅱ、Ⅲ
6	管道浮露管	Ⅰ、Ⅱ、Ⅲ
7	管道周边建筑物	Ⅰ、Ⅱ、Ⅲ
8	管道运行日数据	Ⅰ、Ⅱ、Ⅲ
9	清管收发球数据	Ⅰ、Ⅱ、Ⅲ
10	油品监测	Ⅰ、Ⅱ
11	气质监测	Ⅰ、Ⅱ
12	水质监测	Ⅰ、Ⅱ
13	细菌检测	Ⅰ
14	腐蚀挂片	Ⅰ、Ⅱ、Ⅲ
15	腐蚀探针	Ⅰ、Ⅱ、Ⅲ

（6）效能评价数据。

根据效能评价实施情况采集效能评价数据，包括管道完整性管理方案、气田管道失效数据、完整性管理审核结果、完整性管理执行结果、管道效能指标等数据（表 4-34）。

表 4-34 油气田管道效能评价数据表单

序 号	数据表名称	适用类别
1	管道完整性管理方案	Ⅰ、Ⅱ、Ⅲ
2	气田管道失效数据	Ⅰ、Ⅱ、Ⅲ
3	完整性管理执行结果	Ⅰ、Ⅱ、Ⅲ
4	管道效能指标数据	Ⅰ、Ⅱ、Ⅲ

4.5.1.5 历史数据治理

长庆油田从结构化数据治理和非结构化数据治理入手，依据“按需治理”原则，开展了历史数据治理工作。

从结构化数据来说，历史数据主要存在两个方面的问题：一是数据缺失；二是数据错误。数据缺失又由两个方面的因素造成：一是因为早期数据规则的缺失导致的数据未及时录入；二是由于信息系统更新迭代速度慢，新技术的发展产生的新数据缺少管理单元导致数据分散存放。

对于非结构化数据而言，治理的主要目的是将非结构化文档中的有效数据、图表提取出来供业务人员使用。

历史数据治理需要将系统中所有数据全部梳理一遍，是一项工作量庞大的任务。它不仅仅是某个部门、某个人的工作，它需要业务部门牵头，上下协同开展工作。信息部门负责梳理分析问题、数据收集回填等；业务人员负责制定数据修正规则，指导历史数据修正工作；数据源头单位负责进行缺失数据的补录以及错误数据的修正。

在治理的同时，需要注意的是是否将缺失数据纳入常态化采集管理，如果未形成常态化采集机制，这些缺失数据就存在“产生即历史”的问题。对于错误数据，则要考虑的是在现有系统中是否形成了有效的数据质量校验规则，能避免继续产生错误数据。

1. 井历史数据治理

单井数据是油田开发和生产管理中的重要信息资源，通过对单井历史数据进行治理，可以为油田决策提供可靠的数据支持。经过治理的单井历史数据质量更加可靠，准确度更高。

长庆油田经过多年信息化建设，依托数字化油藏系统（简称 RDMS），实现了单井数据从井位下发到固井整个产建过程数据的常态化入库，依托油气水井生产系统（简称 A2）实现了单井生产数据的正常管理。但由于两个系统建设时间有先后，数据录入人员不同，导致单井的基础数据有一定差异。比如井口坐标，RDMS 系统是在产能建设阶段，由钻井施工人员录入的井基本信息。而 A2 是在生产阶段，由作业区技术人员录入的井基本信息。

此次单井历史数据治理针对数据来源不同，对多个系统的井信息进行了提取和比对，形成了 5 张不同的需要纠错和补录的单井数据表单。

需要补录的表单，通过收集、查阅资料进行补齐。

需要纠错、整理和规范化处理的结构化数据，通过业务人员制定数据校验规则和数据修正规则进行人工或者批量处理。

所有处理好的数据表单，都先导入临时库中，由业务人员确认后进行数据回填。

通过纠错、整理和规范化处理，提高了数据的有效性和可信度，更容易被不同部门和人员共享和利用，减少了信息壁垒，促进了油田内部各个岗位之间的信息交流与共享，有利于提高油田整体的协作效率。井历史数据治理有助于建立更加完整和准确的单井数据档案，为油田的监测与预测工作提供更加可靠的基础。

2. 动态监测数据

油藏动态监测是油田开发不可或缺的技术手段，它贯穿于油田开发的整个过程，其内容包括油层压力测试、流体流量监测、流体性质监测、油层水淹监测、采收率监测、油水井井下技术状况监测，利用这些资料，不仅可以开展油藏动态分析，提高油藏开发质量和效率，而且为油田后期治理提供更多参数和分析依据。

长庆油田动态监测系统始建于 2008 年，积累了 14 家采油单位、5.5 万余口井，共计 93 万多条记录，58 万余份原始测试数据、解释报告及相关图件资料。2022 年系统全面升级，升级内容包括数据模型升级扩展，测试分类、测试项目、测试方法根据业务需求进行调整和重组，根据招投标周期维护测试队伍，排除了离线采集方式等内容。解决了安全漏洞、测试方法受限、产建井资料不能入库、各采油单位数据标准不统一等问题，实现了全油田范围内数据标准统一、业务闭环管理、应用全覆盖。系统升级后，油水井历史测试数据需要经过唯一性、准确性、完整性、规范性的全面治理才能满足应用要求，使信息系统有应用基础，形成以建促用、建用并举的良好局面，提升信息系统的生命力和使用效率。

动态监测系统数据治理包括老井测试数据治理和产建井测试数据治理两部分。老井测试数据是指开发井在生产过程中进行测试任务产生的数据，是原有系统中已经积累的数据，直接对结构化数据进行治理即可。产建井测试数据属于原有系统并未采集此类数据，需要先收集产建井测试资料，把这些资料中的数据进行提取录入。

1）数据治理思路

实施思路如图 4-101 所示。

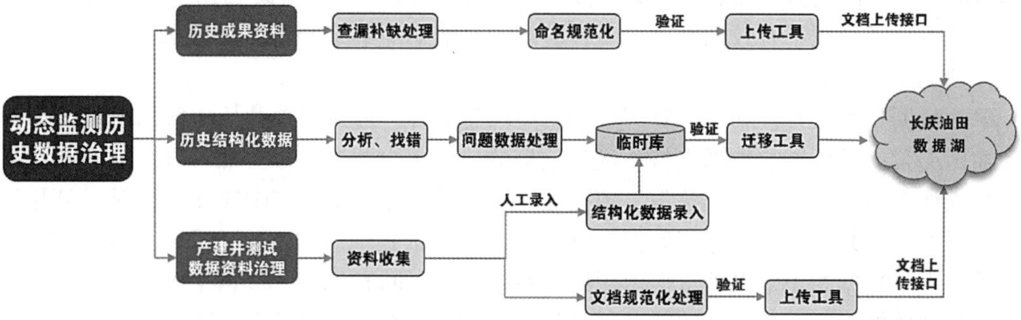

图 4-101 实施思路

2）具体措施

（1）针对非结构化数据，对解释报告、监测图形等历史文档的文件名进行规范化处理。命名规则：井名+测试日期+测试方法+原始文件/解释报告。

（2）针对结构化数据，按照测试项目逐项扫描数据超值域、数据逻辑错误、数据类型不匹配、数据错乱等问题。存在以下问题：

① 日期问题：日期格式不准确，历史数据中以“20200101”字符形式存在，治理后将日期规范为“2020-01-01”日期格式。日期范围不准确，如开始日期大于结束日期，起止日期间隔时间超过 1 年以上等。

② 超值域范围问题：存在压力大于 50MPa、含水率大于 100%（图 4-102）、相对密度大于 100%、体积压缩系数大于 1000、油层中深大于 10000 等异常数据。

WELL_ID	JCDM	CSRQ	XH	RCY	HS
CQf1bgmlpZ	10101001	2016-06-14 ···	CYC3tbaX3Y1f ···	3.15	123
CQtZD3x49p	10101001	2015-05-27 ···	CYC6gNKUOfAP ···	236.4	236.4
CQQc5NyFJ3	10101001	2015-05-14 ···	CYC1d8VAGYMN ···	2.23	370.3
CQ8BVesAzB	10101011	2007-05-15 ···	XMB4rU84ku2a ···	9.33	425
CQMbmwROwU	10101011	2014-07-18 ···	CYC21BZKzcgq ···	4.08	778.5
CQ7KHyJt5F	10101003	2017-04-21 ···	XMB2KfEdNMSb ···	0.95	805
CQWcslWlil	10101001	2016-04-28 ···	CYC8VdBSFGJw ···	8.2	831
CQ6YF1GXs7	10101011	2020-10-07 ···	CYC4c5DP8CLh ···	15.67	937
CQPhNufQly	10101010	2016-05-30 ···	CYC7MxacJdlm ···	23	1000
CQ6kIIl0uh	10101010	2016-08-25 ···	CYC8XpHTYb38 ···	25	1000
CQV0Yt6nrZ	10101005	2021-02-04 ···	CYC2q4oErlZa ···	3.53	1000
CQMu6HVmiy	10101010	2018-06-12 ···	CYC7OuQlJfa9 ···	5	1000
CQzBZ8e1oS	10101010	2021-06-13 ···	XMB41ueakoMV ···	15	1000
CQvGVolu0D	10101010	2018-05-29 ···	CYC5HPKUGis9 ···	15	1000

图 4-102 含水率大于 100%的问题

③ 逻辑错误：油层底深-油层顶深≠厚度、水量/液量×100%≠含水率、（套管外径-套管内径）/2≠套管壁厚等逻辑计算问题。

④ 错位问题：油层顶深与油层底深数据错位、开始日期与结束日期错位、油量与液量

错位等问题。

⑤ 数据精度问题：有些数据的精度超过 10 位（图 4-103）。

⑥ 其他问题：测试队伍无法对应、井号录入错误及其他不规范的数据录入问题。

JSJL	ZXBH	PJBH	ZDBH
轻度腐蚀	7.61333333333333	7.7044680508611	7.73335640138408
轻度腐蚀	7.61333333333333	7.7044680508611	7.73335640138408
轻度腐蚀	7.61333333333333	7.7044680508611	7.73335640138408
轻度腐蚀	7.61333333333333	7.7044680508611	7.73335640138408
轻度腐蚀	7.61333333333333	7.7044680508611	7.73335640138408
轻度腐蚀	7.61333333333333	7.7044680508611	7.73335640138408
轻度腐蚀	7.61333333333333	7.7044680508611	7.73335640138408
轻度腐蚀	7.61333333333333	7.7044680508611	7.73335640138408
轻度腐蚀	7.61666666666667	7.69639143730887	7.72
轻度腐蚀	7.61666666666667	7.69639143730887	7.72
轻度腐蚀	7.61666666666667	7.69639143730887	7.72
轻度腐蚀	7.61666666666667	7.69639143730887	7.72
轻度腐蚀	7.61666666666667	7.69639143730887	7.72

图 4-103　小数位过长问题

制定数据修正规则：

① 测试起、止日期修改规则：测压间隔 15 天，干扰试井间隔 30 天，井间电位、水驱油间隔 7 天，示踪剂测井间隔 60 天，其他测试项目均为当日完成。

② 监测代码与新模型代码不对应：用新分类代码做替换处理。

③ 数据列错位：对应列进行数据移位处理（图 4-104）。

	WELL_ID	CSRQ	JCDM	XH	KSRQ	JSRQ
1	CQUpP0XaV9	2014-05-19	20301010	XMB2wl4EkMgJ	2014-05-19	2012-06-08
2	CQ3ZjlTHpc	2010-06-15	20301001	CYC1DZNj5mTe	2010-06-15	2004-03-29
3	CQ3cg3dz0V	2010-07-18	20301001	CYC1YhTS2HL5	2010-07-18	2004-03-29
4	CQNjScMu1F	2011-07-12	20301001	CYC1avClh4Zw	2011-07-12	2004-03-29
5	CQGNmQGC3b	2014-07-10	20301010	CYC6CmlUPrk7	2014-07-10	2011-07-25
6	CQTLRsXk7b	2014-07-18	20301010	CYC3sO19Avrt	2014-07-18	2011-07-25
7	CQZZr271iE	2014-06-30	20301010	CYC1WpGNc3HR	2014-06-30	2012-07-24
8	CQVDP3ZSbc	2014-07-15	20301010	CYC1BGPhMFNY	2014-07-15	2012-07-24
9	CQ04hPK9vS	2011-05-03	20301001	CYC1L4IDjfKO	2011-05-03	2004-03-29
10	CQTPFLTwyF	2011-06-26	20301001	CYC1IZR1qmBr	2011-06-26	2004-03-29
11	CQDdXloISR	2011-05-26	20301001	CYC1UXoFr17m	2011-05-26	2004-03-29
12	CQrSdtnard	2010-12-22	20301001	CYC1bVHL0PCM	2010-12-22	2004-03-29
13	CQpWTkXHCk	2011-03-31	20301001	CYC17nNsZKVX	2011-03-31	2004-03-29
14	CQN1GUOvc5	2011-07-25	20301001	CYC1tYJ8E0aQ	2011-07-25	2004-03-29
15	CQFbjeApsF	2011-05-31	20301001	CYC1La3VUoCc	2011-05-31	2004-03-29
16	CQvxVcoL0S	2011-10-28	20301011	CYC14PYijVhA	2011-10-28	2004-03-29
17	CQxWc00tUt	2011-05-23	20301001	CYC1HcBCZe7u	2011-05-23	2004-03-29
18	CQS1CNkJEd	2010-11-10	20301003	CYC1cG1ZLTCY	2010-11-10	2004-03-29
19	CQv3V84dY6	2011-08-14	20301001	CYC1BNflgxPK	2011-08-14	2004-03-29
20	CQ8JbsRekp	2011-07-28	20301001	CYC1h1mNz0kb	2011-07-28	2004-03-29
21	CQzzkvxgUQ	2011-11-16	20301001	CYC1pv85W1Kf	2011-11-16	2004-03-29
22	CQh7zUs5sr	2014-06-20	20301010	CYC1kEgcO9aq	2014-06-20	2011-09-02
23	CQZP4tWZuJ	2020-05-16	20301010	XMB49nx4Bsyu	2020-05-16	2018-12-05
24	CQYNZht7Us	2017-10-30	20301010	CYC9gSpQNUfB	2017-10-30	2017-09-26

图 4-104　开始日期大于结束日期情况

④ 数据逻辑问题：套管内外径等逻辑错误，参考测试报告修改。

⑤ 含水率大于 100%：如果报告中找不到，就参照生产数据取测试当日含水率。

⑥ 压力超过 50MPa：第一是在成果报告中核实，第二是参考同一区块井的压力参考修改。

⑦ 孔隙度大于 20%：取测井解释数据修改。

通过数据修正规则，对异常数据进行处理，最终将修正后的数据导入临时库。

3）针对缺少产建井测试数据，需要从测试文档中提取数据，由于数据量比较小，采用人工录入方式进行数据补录。使用数据验证工具对补录的数据进行校验，无误后进入临时库。

通过对动态监测数据治理，使油田全范围内油藏动态监测数据标准统一、规范管理并高度共享，让数据在油田勘探开发工作中发挥增值作用，体现“一处播种，遍野开花”的应用效果，最大限度为油田创造经济效益。

3. 油气井压裂工程设计历史文档结构化

目前，长庆油田压裂工程设计数据以非结构化文档形式存在，重点试验井的压裂工程设计方案以 DOC 格式上传至长庆油田工程技术管理部系统进行审批并以文档形式存储，其他井的压裂工程设计均分散保存在个人计算机上。

业务人员进行压裂设计时需要调取相邻井的压裂设计数据，由于现有保存模式，导致调取数据的过程非常复杂，需要到处查找电子文档，数据也需要一点点拷贝粘贴才能发挥作用。

开展压裂工程设计历史文档结构化工作，可以将 2 万余口井压裂工程设计数据从文档提取出来，利用海量结构化数据对实现基于大数据分析的压裂过程预测与评价。可将科研人员从复杂数据收集整理、数据分析中解放出来，大幅减轻劳动强度，提升油气井压裂智能化管理水平（图 4-105）。

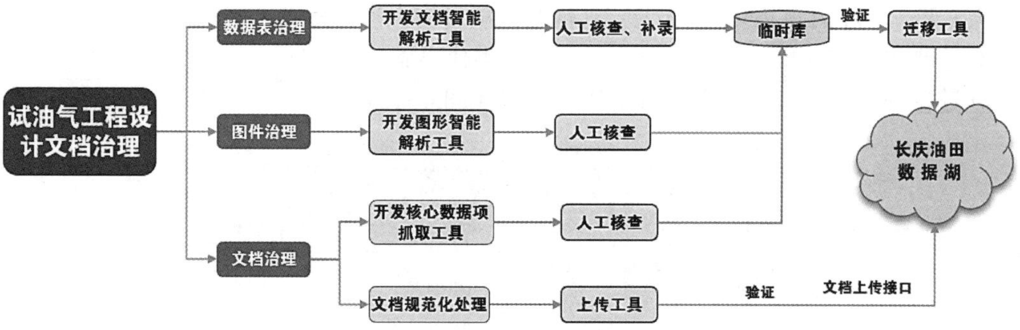

图 4-105　治理思路

具体措施如下：

（1）通过对大量的试油气压裂工程设计文档的文档结构和内容进行分析，按井别、井型分为 13 类设计模板。

（2）确定需要提取的表单与图件（图 4-106）。

（3）确定需要提取的结构化数据，如：风险等级（一级风险、二级风险）；前期试油气情况（第一次、第二次……试油气）；有毒有害气体（H_2S、CO_2）；射孔液数据（射孔液配方、射孔液密度、射孔液用量）；洗井数据（洗井液、用量、洗井排量等）。

（4）通过对不同工艺的压裂技术数据分析，完成数据模型设计及数据库建设，创建业务数据表。

（5）开发抓取工具，进行数据抓取。

解决压裂工程非结构化数据结构化入库问题，可实现对工程重要数据资产更科学高效地管理和应用，为通过大数据等技术来更好分析评价储层改造效果和提升改进压裂技术做好数据服务（图 4-107）。

1.井基本信息表	9.水平段分类评价统计表	17.射孔技术参数	25.入井工具数据表
2.其他基础信息	10.压裂暂堵剂性能指标	18.裂缝设计参数	26.压裂施工参数表
3.水平井基础数据	11.压裂增强剂性能指标	19.压裂参数优化结果表	27.主压裂泵注程序施工统计表
4.水平井井眼轨迹表	12.油藏参数表	20.压裂参数统计表	28.主压裂泵注程序施工明细表
5.油气层钻井液数据	13.压裂管柱性能表	21.压裂液体系配方表	29.生产管柱下入方式表
6.钻时录井解释成果	14.试油气主要设备、工具及器材表	22.压裂化工料用量表	30.工序周期表
7.油气层电测解释成果	15.甜点分级分类统计表	23.支撑剂性能及设计用量表	31.套管性能表
8.气测录井数据	16.射孔位置参数表	24.井筒容积计算参考表	

图 4-106　需要进行结构化的表单

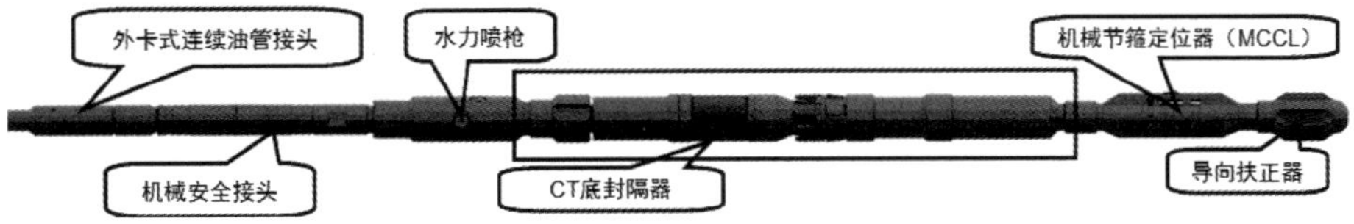

图 4-107　施工管柱图

4. 老井测井蓝图数字化

长庆油田开展测井数据库建设以来，目前仍有六千余口井仅有纸质蓝图而无测井电子数据。科研人员需要这些井的测井资料时，就需要从档案馆中借阅，手续烦琐，且不方便使用。而且，纸质蓝图不仅容易损坏，而且图纸上的颜色也会慢慢脱色。对于现代智能化的发展，这样的应用方式显然是跟不上时代的脚步。

如何让这些蓝图继续发挥作用，就需要开展纸质蓝图数字化和重新解释工作，对纸质蓝图进行扫描、曲线识别、重拾及拼接，生成测井曲线数据并加载入库。按照新图版标准重新解释孔渗饱、泥质含量，划分储层、识别流体，复查可能漏失的油气层，成果可直接用于精细油藏描述、老区评论挖潜和查层补孔。这项工作可以实现长庆油田全部自有井的测井资料入库。资料入库后，就可以让数据在油田勘探开发中产生效益。

数据治理思路如图 4-108 所示。

具体措施如下：

① 纸质蓝图以不低于 200dpi 的分辨率扫描成 PDF 文件，并完成不当标密检查和处理；对存在污损情况的图件进行污损处理。

② 形成的电子文档存放在 RDMS 文档中心。

③ 通过扫描的文档提取测井基本信息，统一采集井名、井别、地区、钻井单位、测井小队等 24 项井基本信息

④ 制定数据校验规则和数据格式要求规则，对数据进行校验。

⑤ 对于曲线存在问题的数据体，依靠测井专家经验进行修正，或者依据曲线趋势描点修正等。比如，自然伽马曲线存在同一区间曲线重复出现，噪点数据突出问题，依照自然伽马数据标准进行修正。

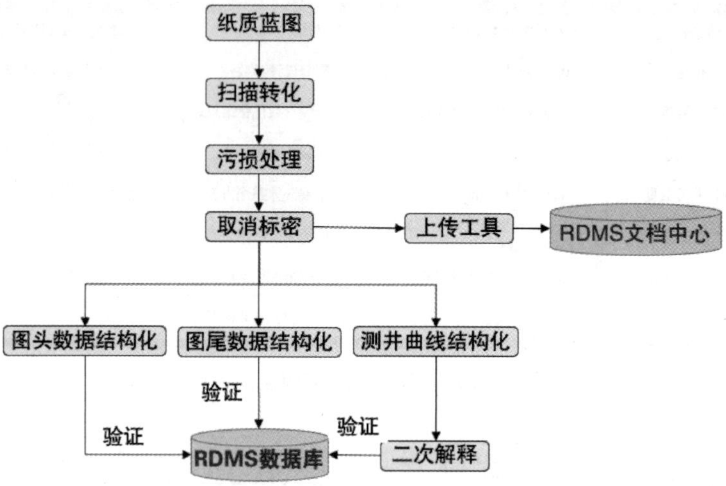

图 4-108　治理思路

4.5.2 数据管理责任体系

4.5.2.1　数据组织与管理

常见的数据管理组织架构有集中式、联邦式、分散式三种。

集中式：数据管理组织架构中数据管理负责人与数据管理团队（数据专员）是专职的、永久的角色，在数据管理组织下，对所有数据的产生、演变、维护等进行集中式管控。其优点主要体现在有一个强有力的数据管理专业组织负责企业级数据；职责明确，目标清晰，组织固定而集中，因而员工有较强的归属感；组织内专业化分工强，汇报条线清晰，自上而下执行驱动力强。其面临的挑战主要体现在对数据管理人员的能力要求非常高，必须精通企业级业务与技术，成本高；其他部门缺乏数据认知与数据管理能力，跨部门的沟通成本高，协作不足；太过集中容易僵化，影响工作效率。

联邦式：按照职能和流程进行横向和纵向的组织划分。在总部设立数据管理负责人，对数据治理的政策、流程、人员进行管控，协调推动数据管理的相关活动；在各业务单元或条线设立专门组织或角色，负责业务领域的数据管理工作。其优点主要体现在数据管理和业务管理更好地融合，根据职责需要设置岗位角色，执行效率较高；能够实现较好的横向协调与组织；专业化分工清晰，有助于员工提升能力。其面临的挑战主要体现在纵向需要较强的组织影响力与协调能力来推动企业数据管理工作；数据管控力度减弱，需要更强的评价手段进行过程监督。

分散式：不存在企业级数据管理负责人角色；数据相关的活动分散在各个部门。其优点主要体现在能够较好地理解各业务单元的业务和文化，业务管理较易在单个业务领域、信息系统上实现；在应用需求的基础上，数据问题可以在单个部门内快速解决，被服务满意度高而且对资源的要求不高。其面临的挑战主要体现在缺乏企业级数据管理视角和统一管理，跨业务部门的协作非常困难；资源重复的情况较为常见。

由于国内油气田企业所有制性质，优秀的数据管理组织更适合采用联邦式的组织架构。数据管理工作应落实“数据长”负责制，企业各方共同参与，统筹协调各方资源，构建覆盖总部职能部门、专业事业部、所属二级单位的数据管理组织。以长庆油田为例，企业层面明确总部部门承担本领域数据管理责任；总部部门和所属单位明确数据治理和入湖工作的责任主体；所属科研单位是数据治理能力中心和专业组织，协助领导小组及数字和智能化事业部管控好油田公司全域数据，支撑各个业务领域的数据生态建设工作。各机构职责如下：

（1）油田公司网络安全与信息化领导小组：负责组织业务部门（含总部职能部门及专业事业部）明确本领域数据管理责任，制定油田公司数据战略规划，发布统一数据管理组织、数据标准、模型质量建设指导框架，审定油田公司数据工作年度计划安排以及组织油田公司数据考核等工作；

（2）数字和智能化事业部：是网络安全与信息化领导小组办公室，油田公司数据工作归口管理部门，负责决策落实、数据管理相关工作，组织开展数据治理、数据治理质量分析和改进、数据安全和监督考核工作，组织数据生态建设；

（3）数字和智能化事业部数据管理中心（以下简称“数据管理中心”）：是数据管理工作实施单位，负责编制数据管理制度和标准规范，负责编制数据管理专项规范和工作计划，组织落实数据治理、数据治理质量分析和改进工作，数据技术研究与架构制定、数据平台建设管理等工作，主要履行以下职责：

① 落实领导小组数据管理各项工作决策部署。

② 编制并执行油田公司数据管理制度和标准规范。

③ 编制油田公司数据管理专项规划和工作计划。

④ 组织开展和落实油田公司数据治理、数据治理质量分析和改进、数据安全管理和监督考核工作，组织建设、统一管理油田公司统一数据架构和主数据，编制并会同审议油田公司数据资产编目。

⑤ 组织开展并落实油田公司数据应用工具、数据模型归口管理与服务，提供数据应用服务；开展数据应用效果评估工作；为油田公司数据应用提供技术服务，为公司各部门各单位开展数据深化应用提供技术支持。

⑥ 负责油田公司数据资源共享归口管理与服务，授权共享数据需求申请清单的审核与登记备案，并负责审批相关授权共享数据使用申请。

⑦ 组织开展并落实油田公司数据生态建设、数据管理与应用技术以及数据安全的研究、培训和交流工作。

⑧ 完成油田公司信息系统数据的技术支持工作，明确相应数据支持的技术岗位设置。

⑨ 协助数据归口管理机构完成数据治理、数据架构建设与维护、数据资产编目编制、数据资源注册登记、数据质量管理和数据按标准汇入数据共享中心等工作。

⑩ 协助数据归口管理机构承担油田公司信息系统安全风险评估、监测预警、数据灾难恢复、应急响应和访问控制等数据安全管理工作。

（4）业务部门（总部职能部门及专业事业部）：设专项数据资产管理岗位，明确各类专业数据库“数据长”，负责本业务领域数据建设、数据治理、数据安全、数据应用与共享工作。其中，业务科室承担本业务领域数据管理工作职责，数据管理岗位协助业务科室开展工作，主要履行以下职责：

① 负责所管业务领域数据管理组织建设和岗位设置。

② 组织制定所管业务领域数据管理制度和标准规范。

③ 组织编制本专业领域数据管理规划和工作计划。

④ 组织开展所管业务领域数据治理工作，包括组织所管业务领域数据资源目录编制及内容审核，组织开展本专业领域数据架构建设与维护、数据资产编目编制以及内容审核，组织开展数据管理标准规范建设、主数据建设、数据质量管理和数据按标准汇入数据共享中心等工作。

⑤ 审批所管业务领域归口管理的授权共享数据使用申请审批。

⑥ 组织开展所管业务领域数据深化应用。

⑦ 组织开展所管业务领域数据分类分级制定、安全风险评估、监测预警、数据灾难恢复、应急响应和安全监督等数据安全管理工作。

⑧ 组织制定所管业务领域的数据退役机制。

⑨ 负责业务领域数据统一采集。

（5）科研单位：是数据管理工作技术支持部门，长庆油田勘探开发研究院负责地质油藏数据建设、监督与质量控制；油气工艺研究院负责井筒工程和油气工艺生产数据的入库监督与质量控制；长庆工程设计有限公司（设计院）负责地面设计数据的入库与质量控制。

（6）所属二级单位：按照专业事业部要求落实各专业数据库“数据长”，负责本单位数据的创建、管理、使用，确认油田公司数据资源目录内容，编制本单位数据管理工作计划，开展本单位数据治理工作，主要履行以下职责：

① 负责本单位数据管理的组织建设，明确本单位数据管理组织和岗位设置。

② 编制本单位数据管理工作计划。

③ 落实数据归口管理机构制定的数据管理制度和标准规范。

④ 开展本单位数据治理工作，协助数据归口管理机构完成数据架构建设与维护、数据资产编目编制工作，开展本单位所建信息系统数据资源注册登记、数据质量管理和数据按标准汇入数据共享中心等工作。

⑤ 审批本单位归口管理的授权共享数据使用申请。

⑥ 开展本单位数据深化应用。

⑦ 开展本单位数据分类分级制定、安全风险评估、监测预警、数据灾难恢复、应急响应和安全监督等数据安全管理工作。

⑧ 制定本单位的数据退役机制。

依据《油田公司数据管理办法》，推进数据确权和认责工作，将油田公司各单位的数据管理组织及职责落实。

4.5.2.2 数据管理制度

数据管理制度是确保对数据资产进行有效控制和使用的业务职责问责制度。这些职责中一些是数据治理职能的职责，也包括其他数据管理职能的职责。数据管理专员是业务上的领导人或得到认可的领域专家，他们被指定为这些职责承担责任。正如在其他领域一样，一个好的数据管理专员精心保护、管理和利用托管给他的资源。

最好的数据管理专员是在工作中被发现的，而不是靠培养。业务专业人士开展的很多活动甚至早于正式的数据管理制度的实施。在这个意义上，数据管理问责制度并非是给这些人新增加的额外职责。最好能够任命有兴趣且已参与相关工作的人员作为数据管理专员。数据管理制度角色的任命，是对他们已执行的工作的一种认可和确认。通过任命数据管理专员，正式明确他们的管理职责。

数据管理专员受他人委托，代表本组织的最佳利益管理数据资产。他们获得委任，代表数据所有相关者的利益，包括但不限于自己的职能部门和其他部门的利益。数据管理专员必须以整个企业的视角来保证企业数据质量和有效利用。

一些组织常常区分高级数据管理专员、协调型数据管理专员和业务数据管理专员：①高级数据管理专员通常是数据治理委员会中的高级管理人员。②协调型数据管理专员在跨团队讨论和同高级数据管理专员讨论时，领导并代表业务数据管理专员团队。协调型数据管理专员在大型组织中尤其重要。③业务数据管理专员是受认可的业务领域专家，同数据管理专业人员一同工作，持续定义和控制数据。

数据治理是高层次的、规划性的数据管理制度活动。换句话说，数据治理是主要由高级数据管理专员和协调型数据管理专员所制定的高层次的数据管理制度决策。

数据管理制度职责也存在于数据治理以外的其他数据管理职能当中。其中，有如下职责：

① 数据架构管理、数据管理专员评审、验证、批准与完善数据架构。业务数据管理专员明确数据要求和规范，数据架构师据此设计企业数据架构。协调型数据管理专员帮助数据架构师整合这些规范，解决名称和含义的差异。高级数据管理专员评审和批准企业数据架构。各级数据管理专员和数据架构师协作维护数据架构。

② 数据开发：业务数据管理专员定义数据要求和规范，数据分析和架构师据此制定逻辑数据模型。数据管理专员也验证物理数据模型和数据库设计，参与数据库测试和转换，并确保在用户文档和培训等方面相一致。数据管理专员在出现数据问题时，应识别问题，必要时升级上报。

③ 数据操作管理：业务数据管理专员定义数据恢复要求、数据保留要求和数据性能要求，并帮助谈判该领域的服务水平。业务数据管理专员还帮助识别、获取和控制外部来源的数据。

④ 数据安全管理：业务数据管理专员提供安全、隐私和保密要求，识别和解决数据安全问题，协助进行数据安全审计，并对文件和其他信息产品中的信息划分密级。

⑤ 参考数据和主数据管理：业务数据管理专员控制代码值和其他参考数据的创建、更新和淘汰，明确主数据管理要求，识别并帮助解决主数据管理问题。

⑥ 数据仓库和商务智能管理：业务数据管理专员提供商务智能需求和管理指标，识别并帮助解决商务智能问题。

⑦ 文档和内容管理：业务数据管理专员帮助明确企业信息分类，解决内容管理的问题。

⑧ 元数据管理：各级数据管理专员创建和维护业务元数据（名称意义和业务规则），定义元数据访问和数据整合需求，并使用元数据制定有效的数据托管和治理决策。定义和维护业务元数据是数据管理制度的核心所在。

⑨ 数据质量管理：提高数据质量是数据管理制度的重要组成部分。业务数据数据管理专员明确数据质量要求和业务规则，测试和验证应用程序的修改，协助分析、认证以及审核

数据质量，领导数据清理工作，识别积极的方式来解决数据质量差的根本原因，提升数据质量意识，确保数据质量要求得到满足。数据管理专员与数据专业人员一起，积极描述并分析数据质量。

4.5.2.3 数据认责与确权

围绕油田公司“资源勘探、油气开发、新能源”主营业务，在数据治理过程中开展数据正常化运营管理模式的研究，编制数据管理制度，形成数据认责、监督、考核、共享工作机制，做到分工明确、责任清晰、任务到人、考核到位，从制度上规范和约束运行管理。

开展数据认责管理，首先要建立适合于本组织管理机制、管理文化的数据认责管理组织，明确角色、职责以及在组织体系内的工作关系。其次，要定义数据认责的管理内容，也就是数据认责管理组织所承担的任务，包括判定数据的业务归口管理方、制定计划并组织认责实施以及数据认责的日常性管理、评价考核等。

因此，依据国家相关法律法规、政策规定和企业相关规章制度、数据制度梳理制定了长庆油田《数据管理办法》，进一步规范了油田公司数据管理工作，推进数据共建共治共享。《数据管理办法》从机构与职责、规划与架构、采集与管理、创建与维护、共享与应用、安全与保密、检查与考核八个方面明确数据管理组织架构及各方工作职责；明确数据职能领域划分；明确数据认责、监督与考核工作流程与机制；提出各数据职能领域总体要求。制定形成了数据资源盘点与登记注册管理规范、油田公司数据架构建设规范、数据质量管理规范、数据归集与共享技术规范、数据安全管理规范、数据检查与考核规范等管理规范体系。

本书中所描述的数据确权与认责，是指确定数据的权利与责任属性，主要包含两个层面：一是确定数据标准的权责主体，核心工作是确定数据标准类别，确定各级组织在数据标准制修订工作中的权利和义务；二是确定数据内容权责划分，在数据从产生到消亡的整个生命周期中，主要涉及四类角色，数据所有者、数据生产者、数据使用者和数据管理者，数据内容确权与认责核心工作是数据资产明确定义这四类角色的过程。

数据确权与认责是数据资产化的基础，是数据交易和流通的前提，是保护数据安全的重要手段。

1. 数据标准确权与认责

数字和智能化事业部是油田公司数据主题域划分的主管单位，专业事业部负责对各领域数据资源目录内容的定义，包括子主题域、业务对象、逻辑数据实体和属性的新增、修改、审定、分类分级等工作。

专业事业部负责组织本业务相关数据标准的建设，建立数据标准管理工作流程，实现数据标准统一分级管理。数据标准的内容包括业务数据规格、数据存储模型、数据质控规则、数据指标及算法。

二级单位参与数据资源目录中子主题域、业务对象、逻辑数据实体、属性的建设工作，负责执行落实公司统一数据标准，负责组织制定本单位数据标准。

科研单位作为数据支撑单位，基于统一数据平台为各级数据管理组织提供技术保障。

2. 数据内容确权与认责

数字和智能化事业部是油田公司数据管理者，负责建立油田公司数据生态体系，负责推动各主题域数据生态有序建立与运转，拥有油田公司数据管理与运营权。

各主题域数据分专业事业部和二级单位两级进行确权与认责。

在专业事业部层面，首先根据业务管理范围，确定各个子主题域的数据所有者，享有本主题域数据权益，承担数据建设成本；其次由各个数据所有者建立各单位数据生产及入湖工作的数据管理细则要求，并组织维护各领域专业数据资源目录相关管理元数据；各专业事业部数据管理岗位负责主数据管理，横向连接各个子主题域的数据联通，组织落实本业务内数据生态建设组织工作，支持各子主题域数据所有者开展数据共享。

在二级单位层面，按照专业事业部数据管理细则的要求，首先根据业务对应关系，确定本单位相关子主题域的数据所有者，享用数据权益，承担数据建设成本；其次由数据所有者组织开展数据资源目录相关子主题域的业务对象、逻辑数据实体和属性的管理元数据维护工作，明确各类数据资源的采集单位、采集负责岗位、采集频次、审核单位、审核负责岗位、责任单位、责任岗位、监督单位、监督岗位等数据认责内容，负责推动本领域数据全面、全量入湖，并对入湖数据的质量进行监督。各单位数据管理岗位负责组织本单位主数据管理、数据模型、数据存储、数据链路、数据质量和数据共享等数据生态相关功能的建设和维护工作。

4.5.2.4 数据监督与考核机制

一套奖惩有序的数据治理考核体系，能帮助企业规范数据管理流程，落实数据治理相关方的职责，从而提升整体数据质量，实现数据战略。

数据治理考核五大原则如下：

(1) 分工明确：要做好数据治理，并不是某些特定部门的职责和义务。要将数据治理考核纳入全企业的管理体系中来，首先就要理清数据治理考核在全企业考核体系中的目标和定位，并以此为依据，明确牵头部门、辅助部门和考核主体。

(2) 奖惩结合：奖惩有序，是数据治理体系能落地见效的前提保障。通过合理有效的激励问责机制，能规范数据管理流程，落实各参与方职责，从而提升数据质量，达成考核目标和最终实现数据战略。数据治理的奖惩标准，应由数据治理归口部门进行制定，可以结合企业现有考核体系进行扩展。要注意的是，问责机制虽在短期内见效快，但应考虑数据治理是一项持续性工作，还需充分结合“激励”的方式，做到奖惩有序严明。

(3) 客观公平：数据治理考核，应基于企业自身以及各部门分别客观的实际情况来进行，针对各部门的实际工作范围，设定不同的考核指标。对其结果的判定，也需基于实际发生的数据管理工作的执行效果与问题来进行综合判定。如若某项指标无法量化，需进行人工考核，人工考核也应明确标准，避免主观。可以采取工具化的方式对过程进行控制，保障考核的结果的客观性。

(4) 公开透明：企业应明确数据治理考核开展的流程方式、频次以及具体考核的标准，保障考核的公开透明和持续，加深成员对数据治理绩效考核的过程以及重要性的理解，保证考核的公平与合理。

(5) 逐步推进：数据治理考核应以企业数据管理工作现状为前提，根据不同阶段的工作重点，选取重点领域的关键环节，设置考核指标和分值。随着数据工作的逐步推进，对考核指标和分值做出相应的调整。

针对数据治理体系不同领域、不同的管理水平和诉求，数据治理指标体系可以从定性、定量和奖惩分这三个方面分别设计。对于需要重点管理、关注过程和行为本身的领域，例如数据质量领域，就可采用结果导向，从数据问题的响应和实际解决角度进行定性指标设计；对于一些较容易量化的指标，如 KPI 等，就可根据指标结果实现的难易度、实际目标值进行定量评价设计；而对于激励性的领域，例如数据应用，可以设置相应的奖励分等；对于重要的、底线性要求，则可进行扣分设置。

数字和智能化事业部利用信息化手段建立“日监控、月报表、季盘库、年考核”的工作机制，对 RDMS、物联网、OCEM 等信息系统，定期通报每月数据情况，采用不同方式发布数据通报，实现了数据建设“任务驱动、源头采集、集中管理、全面正常化”，实现了数据入库监督。

在《长庆油田信息化工作考核细则》中，数字和智能化事业部依据集团公司网络安全与信息化工作相关考核内容，结合公司信息化年度重点工作，进一步细化完善了油田公司信息化工作考核标准，深入推进激励与约束机制建设，不断提升油田公司信息化工作管理水平。长庆油田分公司信息化工作考核指标分约束类及奖励类两类指标。其中约束类指标包括信息化管理及基础设施、信息系统、网络安全三部分，每部分满分各 100 分。其中，数据管理考核依托各信息系统，在信息系统考核中占据分值 40 分。奖励类指标为数字化转型进展，数字化转型取得实质进展奖励综合业绩分值 0.1~0.5 分。

约束类指标信息系统考核评价结果计分规则如表 4-35 所示。

表 4-35　约束类指标信息系统考核评价结果计分规则

序号	得分	结果
1	全年考核得分≥90 分	不扣业绩分
2	80 分≤全年考核得分<90 分	每降低 1 分，扣 0.03 分业绩分
3	70 分≤全年考核得分<80 分	低于 80 分扣 0.3 分业绩分，每降低 1 分，加扣 0.02 分业绩分
4	全年考核得分<70 分	扣 1 分业绩分

4.5.2.5　数据人才队伍建设研究

既懂油气业务又懂信息技术的复合型人才是油气田企业数据治理成功的关键因素，结合人才强企工程，加大专项培养力度、完善奖励激励机制、强化领导意识、营造良好文化氛围，从根本上解决数据人才短缺问题。目前主要制定了数据管理方向专业技术人员岗位设置及相关选拔条件。

1. 大数据分析技术岗

1）岗位职责

主要负责油田公司数据相关应用系统的集成与开发、报表定制、数据采集入湖、数据中台建设，以及方案编制与审查、项目管理等工作；负责集团公司、股份公司、油田公司数据相关应用系统的技术支持、运维管理。

2）岗位任职条件

（1）所学专业为地质勘探、油气田开发、地面建设和油气储运、信息工程相关专业。

（2）熟悉集团公司上游信息化统建系统（A1、A2、A5、A6、A8、A11 等）的建设及应用情况，了解油田公司勘探开发、生产经营各类系统的数据应用情况。熟练掌握应用系统项目开发建设流程，油气田勘探开发、生产经营各类数据的采集、存储、处理、应用流程，能够熟练开展油气田数字化、智能化建设和各项管理工作。

2. 油气田生产数据技术岗

1）岗位职责

主要负责公司油田生产领域数据治理规划计划、数据质量监管与考核，标准规范及制度制（修）订、数据资源编目、数据指标体系建设等工作。

2）岗位任职条件

（1）所学专业为地质勘探、油气田开发、地面建设和油气储运、信息工程相关专业。

（2）熟悉机械采油、油田注水、油田集输等相关专业知识。熟练掌握应用系统项目开发建设流程，油气田勘探开发、生产经营各类数据的采集、存储、处理、应用流程，能够熟练开展油气田数字化、智能化建设和各项管理工作。

3. 数据平台技术岗

1）岗位职责

主要负责油田公司数据平台建设与运维等工作，包括数据湖、云数仓、大数据分析平台、认知计算平台、勘探开发梦想云平台、数据可视化平台等；负责数据平台建设项目方案的编制与审查、数据技术研究与架构制定、数据共享等工作。

2）岗位任职条件

（1）所学专业为地质勘探、油气田开发、地面建设和油气储运、信息工程相关专业。

（2）熟悉油田公司数据湖技术体系及勘探开发、生产经营各类系统的数据应用情况。熟练掌握应用系统项目开发建设流程，油气田勘探开发、生产经营各类数据的采集、存储、处理、应用流程，能够熟练开展油气田数字化、智能化建设和各项管理工作。具备数据库编程能力，至少熟悉一门主流编程语言，可完成数据应用类软件的开发工作。

4.5.3 数据安全体系

4.5.3.1 数据安全相关法律法规

《数据安全法》是中华人民共和国于2021年9月1日正式实施的一项法律，旨在加强对数据安全的保护与管理。该法规定了数据安全的基本要求、责任主体、安全评估和监管措施等内容，对于确保国家信息安全，保护个人隐私，促进经济社会发展具有重要意义。

《数据安全法》明确了数据安全的基本要求。根据该法，数据处理应当遵循合法、正当、必要的原则，保证数据的真实性和完整性，防范数据泄露、篡改、损毁等风险。此外，该法还要求对涉及国家安全、经济发展和公共利益的重要数据进行特殊保护，确保这些数据不被未经授权地获取和使用。

《数据安全法》明确了责任主体。根据该法，数据处理者应当采取技术和管理措施保护数据安全，建立健全数据安全管理制度。同时，该法还规定了政府部门、企事业单位等组织应当加强对数据安全的监督和管理，确保各方遵守相关法律法规，保护数据主体的合法权益。

《数据安全法》强调了安全评估和监管措施。根据该法，数据处理者应当进行数据安全风险评估，采取相应的安全保护措施，并定期进行安全检查和评估。同时，相关政府部门还应当加强对数据安全的监管，建立健全数据安全监测和应急处置机制，及时应对数据安全事件和风险。

《数据安全法》的实施对于保障国家信息安全、维护社会稳定和促进经济发展具有重要意义。首先，数据安全是国家安全的重要组成部分。随着信息化技术的广泛应用，数据已经成为国家安全的重要资产，涉及国家安全、国防建设、科技创新等方面。数据安全法的实施可以加强对关键信息基础设施的保护，防止敌对势力获取和利用数据资源威胁国家安全。

《数据安全法》的实施有助于保护个人隐私权利。在信息化时代，个人数据的采集、存储和使用已经成为普遍现象。《数据安全法》的出台可以规范个人数据的处理行为，防止个人数据被滥用、泄露和侵犯，维护个人隐私权利。

《数据安全法》的实施可以促进经济社会发展。数据已经成为现代经济的重要生产要素，对于推动创新、提高效率、优化资源配置具有重要作用。《数据安全法》的出台可以提升企业和个人对数据安全的信心，促进数据的合法流动和有效利用，为经济社会发展注入动力。

然而，《数据安全法》的实施也面临一些挑战。首先，随着技术的不断创新和变革，数据安全面临新的风险和挑战，需要不断完善法律法规和技术手段来应对。其次，《数据安全法》的实施需要建立健全的监管机制和执法体系，加强对数据安全的监督和管理，确保法律的有效实施。

综上所述，《数据安全法》的实施对于保障国家信息安全，保护个人隐私，促进经济社会发展具有重要意义。该法明确了数据安全的基本要求，规定了责任主体和安全评估监管措施，为数据安全提供了法律保障。《数据安全法》的实施不仅有助于保护国家安全和个人权益，也为促进经济发展提供了良好的环境。

4.5.3.2　数据分级分类

长庆数据区域湖内存储了海量数据，如何降低数据的泄露风险，做好数据的保护措施是急不可待的事情。基于此，长庆油田在中国石油数字化转型、智能化发展的指导下，在《长庆全域数据资源目录》的基础上，开展了数据分级分类工作。

1. 数据分类管理

数据分类是建立统一、准确、完善的数据架构、实现集中化、专业化、标准化数据管理的基础工作，是规范数据的采、存、管、用四个关键环节。有效的数据分类将助力业务管理、信息技术、数据应用单位更好地对数据进行管理、开发、保护和使用。数据分类的方法是根据组织数据的属性或特征，将其按照一定的原则和方法进行区分和归类，并建立起一定的分类体系，可从存储方式、业务类型两个维度划分。

1）数据存储方式分类

从数据存储方式角度出发，数据类型可分为结构化数据、非结构化数据、时序数据、空间数据（表 4-36）。

表 4-36 数据类型划分—数据存储方式维度

数据类型	数据描述	数据示例
结构化数据	是由二维表结构来逻辑表达和实现的数据，主要通过关系型数据库进行存储和管理。半结构化数据是结构化数据一种以特定文件格式（XML 文档、JSON 文档等）来存储管理的类型	井基本信息、井下作业日报
非结构化数据	数据结构不固定，没有预定义的数据模型，不方便用数据库二维逻辑表来表现的数据。包括所有格式的办公文档、文本、图片，HTML、各类报表、图像和音频/视频信息等等。	综合柱状图、开发方案、原始地震数据体
时序数据	是指时间序列数据。时间序列数据是同一统一指标按时间顺序记录的数据列	随钻测井数据、油气流量数据
空间数据	又称几何数据，它用来表示物体的位置、形态、大小分布等各方面的信息，是对现世界中存在的具有定位意义的事物和现象的定量描述	坐标、地理信息

2）数据业务类型分类

从业务对象的生命周期及活动的过程分析，数据类型可分为主数据、业务数据、专业代码数据、外部数据（表 4-37）。

表 4-37 数据类型划分—业务类型维度

数据类型	数据描述	数据示例
主数据	具有高业务价值，可以在企业内跨流程、跨系统被重复使用的数据，具有唯一、准确、权威的数据	井、组织机构
业务数据	通过仪器仪表、人工录入等方法直接采集的数据	单井日常量、钻压实时数据
专业代码数据	对某些业务数据进行标准化序列表述的数据	井型、井别、民族、所属省份
外部数据	非本企业产生，但企业的生产经营中所需的，并按一定周期会发生变化的数据	国际油价、汇率、天气

2. 数据分级管理

数据级别从数据安全、共享、管理三个维度划分。

1）数据安全定级目标

数据安全定级是对数据进行全面梳理并确立适当的数据安全分级，是各业务领域实施有效数据安全分级管理的必要前提和基础，是建立统一、完善的数据共享流通的基础工作，能够为各业务领域制定有针对性的数据安全管控措施提供支撑。依据数据重要程度，即数据遭到破坏（包括攻击、泄露、篡改、非法使用等）后对国家、地区、企业及个人造成的危害程度对数据进行安全级别划分。

2）数据安全等级划分遵循的原则：

（1）合法合规性原则：遵照有关法律法规及部门规定要求，优先对国家或行业有明确要求的数据进行识别和管理，满足相应数据安全管理要求。

（2）就高从严原则：采用就高不就低的原则，当数据资源目录业务对象下包含多个安全等级的逻辑实体或属性时，应按照最高级别进行定级。

（3）自主性原则：结合业务领域自身数据管理需要，如战略需要、业务需要、风险接受程度等，自主确定级别。

（4）时效性原则：数据分级具有一定的有效期限，应及时进行调整。

（5）实用性原则：安全定级结果应有利于促进数据的共享、流通高效管理，以提升数据要素流通效率，发挥数据要素价值。

3）数据安全级别

数据安全级别分为三个等级，包括核心数据、重要数据、一般数据。

（1）符合下列条件之一的数据为核心数据：

① 数据安全属性遭到破坏后，对政治、国土、军事、经济、文化、社会、科技、电磁、网络、生态、资源、核安全等构成严重威胁，严重影响海外利益、生物、太空、极地、深海、人工智能等与国家安全相关的重点领域。

② 集团公司核心商密对应为核心数据。

③ 国家法律法规、相关标准指南规定的其他核心数据。

（2）符合下列条件之一的数据为重要数据：

① 数据安全属性遭到破坏后，对政治、国土、军事、经济、文化、社会、科技、电磁、网络、生态、资源、核安全等构成威胁，影响海外利益、生物、太空、极地、深海、人工智能等与国家安全相关的重点领域。

② 数据安全属性遭到破坏后，对社会公共利益或个人或组织合法权益造成严重影响；

③ 集团公司普通商密对应为重要数据。

④ 国家法律法规、相关标准指南规定的其他重要数据。

（3）符合下列条件之一的数据为一般数据：

① 数据安全属性遭到破坏后，对社会公共利益或个人或组织合法权益造成一般或轻微或无影响的数据。

② 依法依规予以公开的数据为一般数据。

③ 其他未纳入核心数据、重要数据范围的数据。

为提升数据对内共享与对外流通效率，一般数据又细划为内部数据和公开数据。内部数据指对内共享的数据，公开数据指可以对外公开的数据。

（4）数据安全定级判别矩阵：

综合考虑依法合规、保密管理、安全影响三个维度因素，进行数据安全等级判定，具体判定矩阵示例如表 4-38 所示

表 4-38 数据安全定级判别矩阵

安全等级		依法合规维度	保密管理维度	安全影响维度			
				国家安全	企业合法权益	社会公共利益	个人合法权益
一般数据	公开数据	遵从法律法规和相关标准规范要求	不涉密，适宜内外部公开的数据	无影响	无影响	无影响	无影响
	内部数据	遵从法律法规和相关标准规范要求	不涉密，适宜内外部公开的数据	无影响	一般或轻微影响	一般或轻微影响	一般或轻微影响
重要数据		遵从法律法规和相关标准规范要求	集团公司普通商密对应为重要数据	严重影响	严重影响	严重影响	严重影响
核心数据		遵从法律法规和相关标准规范要求	集团公司核心商密对应为核心数据	严重影响	—	—	—

① 依法合规维度：是由各业务领域不断识别、梳理政策法规，维护依法合规相关规定清单。

② 保密管理维度：参照《中国石油天然气集团有限公司商业秘密事项目录（4.0 版）》及《长庆油田公司关于集团公司商业秘密事项目录（4.0 版）的细化条目清单》。

③ 安全影响维度：是指数据安全属性（机密性、完整性、可用性）遭到破坏后可能造成的影响（如可能造成的危害、损失或潜在风险等），是确定数据影响安全的重要判断依据，主要考虑影响对象与影响程度两个要素。

A. 影响对象：影响对象包括国家安全、社会公共利益、企业合法权益和个人合法权益。

B. 影响程度：影响程度指能源领域数据安全属性遭到破坏后所产生影响的大小，从高到低划分为严重影响、一般影响、轻微影响和无影响（表 4-39）。

表 4-39 数据安全定级影响程度说明表

影响程度	说 明
严重影响	1. 可能导致危及国家安全的重大事件，发生危害国家利益或造成重大损失的情况。 2. 可能导致严重危害社会秩序和公共利益，引发公众广泛诉讼等事件，或者导致能源市场秩序遭到严重破坏等情况。 3. 可能导致企业遭到监管部门严重处罚，影响重要/关键业务无法正常开展的情况。比如内部重大决策、核心生产管理业务等数据 4. 可能导致重大个人信息安全风险、侵犯个人隐私等严重危害个人权益的事件
一般影响	1. 可能导致危害社会秩序和公共利益的事件，引发区域性集体诉讼事件，或者导致能源市场秩序遭到破坏等情况。 2. 可能导致遭到监管部门处罚，或者影响部分业务无法正常开展的情况。 3. 可能导致一定规模的个人信息泄漏、滥用等安全风险，或对个人权益可能造成一定影响的事件
轻微影响	1. 可能导致个别诉讼事件，使企业经济利益、声誉等轻微受损。 2. 可能导致能源单位部分业务临时性中断等情况。 3. 可能导致超出个人客户授权加工、处理、使用数据等情况，对个人权益造成部分或潜在影响

4）数据共享级别划分

以受权共享为原则，不共享为特例，将数据划分为无条件共享数据、授权共享数据和非共享数据。原则上讲，数据安全等级与数据共享级别相对应（图 4-109）：

（1）一般数据原则上为无条件共享数据。

（2）重要数据原则上为授权共享数据。

（3）核心数据原则上为非共享数据。

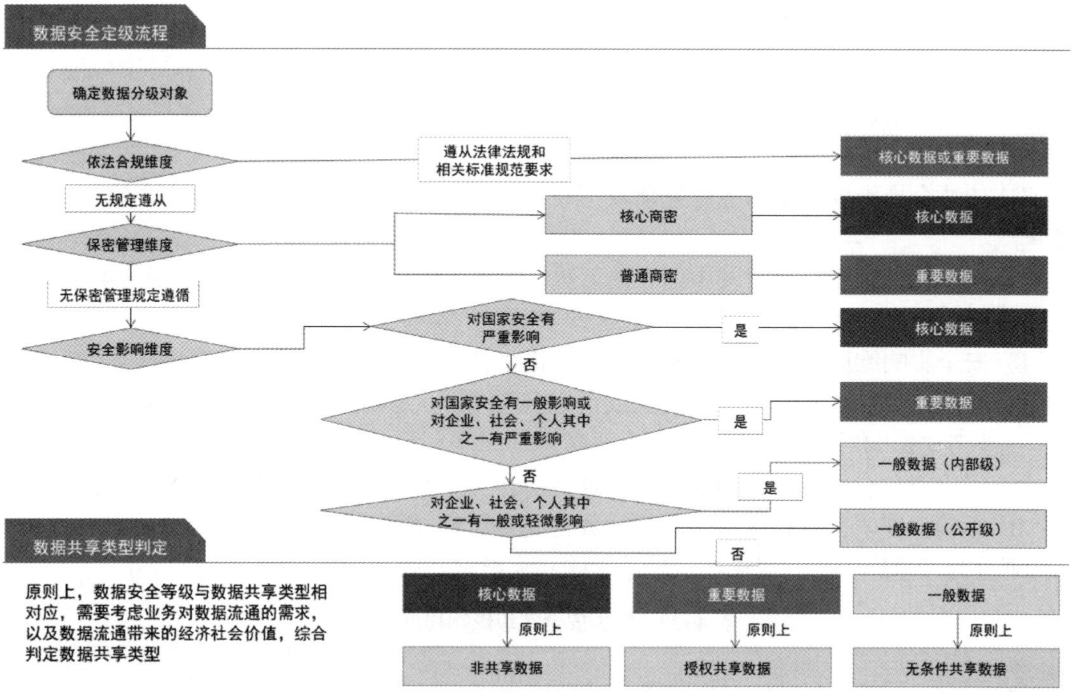

图 4-109　数据安全定级及数据共享级别判定流程图

5）数据管理级别划分

从数据管理角度出发，将数据级别分为油田公司和厂处单位（表 4-40）。

表 4-40　数据管理级别划分

数据管理级别	数据描述	数据示例
油田公司	数据在油田公司层面整合、共享，各业务部门和二级单位间不互通	油水井生产数据
厂处单位	按需共享，支撑企业数据与应用需求	设备检修计划

3. 数据分级分类结果应用

综合考虑业务特点，油田公司依据数据分级分类标准对数据资源录中的业务对象和逻辑实体开展数据分级分类工作，形成了基于《长庆油田数据资源目录》的数据分级分类清单（表 4-41）。

表 4-41 数据分级分类样例

序 号	业务领域	一级业务	二级业务	业务对象	数据安全分级	数据管理分级	数据共享分级	数据存储方案分类	数据业务类型分类
1	油气勘探	储量管理	储量评估管理	经济可采储量估算	重要数据	油田公司	授权共享	结构化数据	成果数据
2	油气开发	开发规划计划	开发规划管理	开发规划方案	重要数据	油田公司	授权共享	非结构化数据	成果数据

4.5.3.3 数据审计

数据审计是当今数字时代中至关重要的一项活动。随着信息技术的不断进步和应用，大量的数据被收集、存储、处理和传输，数据的安全性、完整性和合规性成为企业和组织面临的重要挑战。数据审计能够帮助组织监控和保护数据，确保数据的正确性和可信度，防范数据泄露、篡改和滥用的风险。

数据收集和存储审计是数据审计的首要环节。在数据收集过程中，企业需审查数据的来源和采集方式，确保数据的真实性和准确性。同时，数据的存储方式和安全性也需要进行审计，包括数据存储设备的稳定性、备份策略和访问权限管理等。通过数据收集和存储审计，企业可以及时发现并解决数据采集和存储环节的问题，保证数据的完整性和可靠性。

数据处理审计对于保证数据的准确性和可信度至关重要。数据处理过程中可能存在数据清洗、转换、计算和分析等环节，每一步都是数据处理的关键。数据处理审计需要审查数据处理的算法和逻辑，确保数据处理过程的正确性和可靠性。此外，数据处理审计还可以发现数据处理过程中的错误和潜在的风险，及时进行纠正和优化，提高数据处理效率和质量。

数据访问审计是保护数据安全和隐私的重要环节。数据访问审计需要监控和记录对数据的访问权限和行为，包括谁可以访问数据、何时访问数据以及对数据进行了什么样的操作。通过数据访问审计，企业可以及时发现非法访问和滥用行为，并采取相应的安全措施，确保数据的安全性和隐私保护。

数据传输审计也是数据审计的重要组成部分。数据在网络传输过程中可能会面临被窃听、篡改和截获的风险。数据传输审计需要审查数据传输通道的安全性，包括数据加密、传输协议的安全性等。通过数据传输审计，企业可以确保数据在传输过程中的安全性和完整性，防范数据泄露和篡改的风险。

数据合规性审计是数据审计的重要目标之一。随着数据保护法律法规的不断完善，企业需要确保数据在处理和存储过程中符合相关的法律法规、行业标准和企业内部的规定。数据合规性审计需要审查数据处理过程中是否符合相应的合规要求，发现并解决违规行为和潜在的合规风险，避免因违反法律法规而引发的法律责任和声誉损失。

总之，数据审计在当今数字时代中具有重要的意义。通过数据审计，企业可以保证数据的安全性、完整性和合规性，防范数据泄露、篡改和滥用的风险，提高数据的可信度和可靠性。数据审计需要综合运用技术手段和管理手段，确保数据审计的全面性和有效性。随着数据的不断增长和技术的不断进步，数据审计也将面临新的挑战和机遇，需要不断创新和完善，以适应数字时代对数据安全和合规性的需求。

4.5.3.4 数据脱敏

数据脱敏是一种重要的数据保护技术，旨在保障个人隐私和敏感信息的安全。随着数据的广泛应用和共享，个人身份、银行账户、医疗记录等敏感信息的安全性日益受到关注。数据脱敏通过对敏感数据进行加密、替换或删除等处理，使得数据在保持可用性的同时，不再能够直接关联到特定的个人身份或敏感信息。

数据脱敏技术可以有效保护个人隐私。在大数据时代，个人信息的泄露已成为一个严重的问题。许多企业和组织需要收集和处理大量的个人数据，以进行市场调查、个性化推荐等活动。然而，如果这些个人数据不受保护，就会面临被恶意利用或泄露的风险。数据脱敏技术可以对个人身份和敏感信息进行处理，使得数据无法直接被识别和关联到具体的个人，从而保护了个人隐私。

数据脱敏有助于提高数据共享和合规性。在某些情况下，企业需要与其他机构或合作伙伴共享数据，以实现更好的业务合作或服务提供。然而，由于涉及个人隐私和敏感信息，数据共享往往受到法律法规的限制。数据脱敏技术可以对共享数据进行处理，去除个人身份和敏感信息的关联，从而满足数据共享的需求，并符合相关的合规要求。

数据脱敏有助于减少数据泄露和滥用的风险。随着黑客攻击和数据泄露事件的频发，数据安全成为企业面临的重要挑战。即使组织采取了各种安全措施来保护数据，但仍然无法完全消除内部或外部的安全威胁。数据脱敏技术可以将敏感数据转化为不具备直接价值的数据，即使被非法获取，也无法识别出其中的敏感信息，从而降低了数据泄露和滥用的风险。

数据脱敏还可以促进数据分析和研究的进行。在某些情况下，企业需要使用大量的数据进行分析和研究，以获取有价值的洞察和知识。然而，由于涉及个人隐私和敏感信息，传统的数据处理方式可能无法满足数据分析和研究的需求。数据脱敏技术可以对数据进行处理，保持数据的可用性和一致性的同时，降低了个人隐私和敏感信息的风险，从而促进了数据分析和研究的进行。

数据脱敏需要综合考虑技术、管理和法律等方面的因素。数据脱敏不仅仅是简单地对数据进行加密、替换或删除处理，还需要考虑数据的实际应用场景、安全需求和合规要求。企业需要制定相应的数据脱敏策略和措施，并采用合适的技术工具和方法来实施数据脱敏。此外，企业还需要与法律、监管机构和利益相关方进行合作，确保数据脱敏的合规性和有效性。

总的来说，数据脱敏是保护个人隐私和敏感信息的重要技术手段。通过对敏感数据进行加密、替换或删除处理，数据脱敏可以保护个人隐私、提高数据共享和合规性、降低数据泄露和滥用的风险，并促进数据分析和研究的进行。

4.5.3.5 数据加密

数据加密是一项关键的技术，用于保护数据的机密性和安全性。在数字化时代，数据的价值越来越高，同时也面临着越来越多的安全威胁。数据加密通过将数据转化为无法理解的形式，以确保只有授权的用户才能访问和解读数据内容。

数据加密的意义在于保护数据的机密性。随着互联网和移动设备的普及，数据传输和存储变得越来越容易，但同时也增加了数据被窃取或篡改的风险。特别是在商业环境中，涉及客户信息、财务数据和商业机密的数据需要保护起来，以防止敏感信息的泄露。数据加密技术通过使用密码算法将数据转化为加密形式，即使数据被未经授权的人获取，也无法理解其真实含义，从而保护了数据的机密性。

数据加密的基本原理是使用密钥对数据进行加密和解密。加密过程中，原始数据会通过特定的加密算法和密钥转化为密文，而解密过程则需要使用相同的密钥和算法将密文恢复为原始数据。对称加密是最简单的加密方式，使用相同的密钥进行加密和解密。而非对称加密则使用公钥和私钥两个不同的密钥，公钥用于加密数据，私钥用于解密数据。非对称加密提供了更高的安全性，但也带来了计算成本的增加。

常见的加密算法包括 AES（高级加密标准）、RSA（一种非对称加密算法）、DES（数据加密标准）等。AES 是目前最常用的对称加密算法，其安全性和效率得到广泛认可。RSA 算法则是一种重要的非对称加密算法，广泛应用于数据传输、数字签名和密钥交换等场景。DES 算法虽然已经被 AES 取代，但在某些遗留系统中仍然得到使用。

数据加密在各个领域都有广泛的应用。在信息安全领域，加密技术是保护网络通信和数据存储的基础。许多网站和应用程序会使用 SSL/TLS 协议对网络通信进行加密，以确保用户的隐私和数据安全。在移动设备领域，数据加密可以防止手机数据被盗取或篡改。在云计算和大数据领域，数据加密可以保护云存储和数据处理过程中的敏感信息。在金融领域，加密技术用于保护交易数据和支付信息的安全。在医疗保健领域，加密技术有助于保护患者的个人健康信息。

尽管数据加密在保护数据安全方面起到了重要作用，但它也带来了一些挑战。首先，加密和解密过程需要消耗计算资源，对系统性能有一定影响。因此，在实际应用中需要权衡数据安全和系统性能之间的关系。其次，密钥管理是一个重要的问题，如果密钥被泄露或丢失，会导致数据的安全受到威胁。因此，组织需要建立健全的密钥管理机制，确保密钥的安全性和可靠性。此外，加密算法的安全性也需要不断更新和评估，以应对新的攻击手段和技术。

因此，数据加密是保护数据机密性和安全性的重要技术。通过将数据转化为加密形式，数据加密技术能够在数据传输和存储过程中防止敏感信息的泄露和篡改。数据加密的原理是使用密钥对数据进行加密和解密，常见的加密算法包括 AES、RSA 和 DES 等。数据加密在信息安全、移动设备、云计算、金融和医疗保健等领域都有广泛应用。然而，数据加密也面临着挑战，如计算资源消耗、密钥管理和算法安全性等问题。随着科技的不断进步和攻击手段的不断演变，数据加密技术将继续发展，为数据安全提供更强大的保护。

4.6 数据挖掘与应用

4.6.1 数据共享中心

基于梦想云区域数据湖体系架构打造统一标准、统一采集、统一质控、统一监管、统一服务的面向油田公司三大主业的数据共享中心，突破业务壁垒，形成“共建、共用、共享”

的数据生态，成为公司数据唯一出入口平台，让数据从幕后走向台前满足多场景数据需求，为业务应用提供“自助式”数据服务，实现数据智能化、业务数字化（图 4-110）。

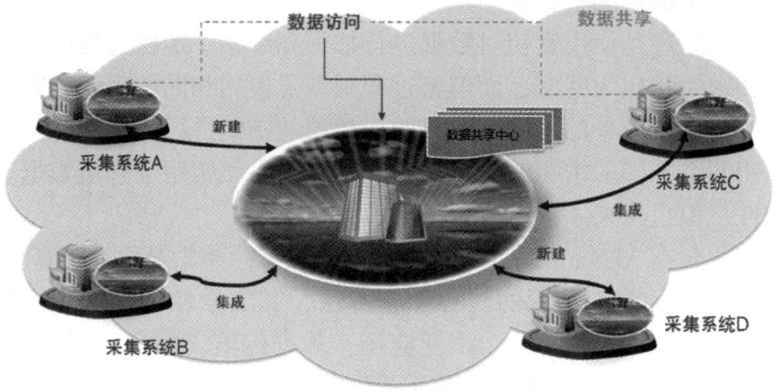

图 4-110　数据共享中心

利用油田公司云平台计算和存储资源，集群部署系统应用和中间件，提供高可用、高性能的系统访问环境（图 4-111）。

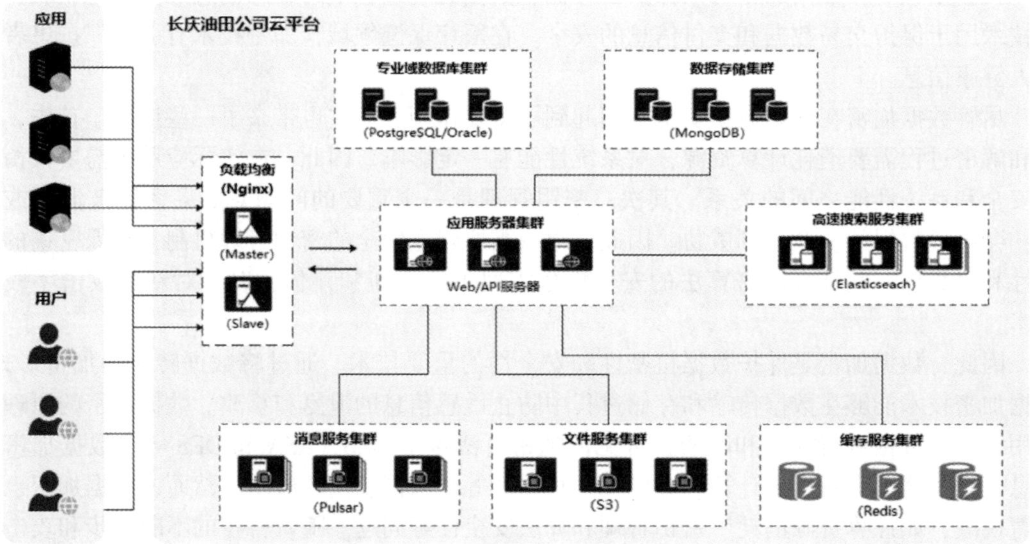

图 4-111　长庆油田公司云平台

通过 Kettle、DSB 等 ETL 工具，对结构化数据进行预处理，将结构化数据转换成对象数据存储到数据共享中心数据库中；利用 MongoDB 强大的数据存取性能、高可靠、易扩展、内存映射等特性，构建存储集群；利用 Redis 高效的内存访问能力，构建数据智能体的二级缓存集群，向数据共享应用提供数据读写服务，可实现毫秒级的数据服务能力（图 4-112）。

4.6.1.1　首页

首页作为数据共享中心的门户，设计了数据概览功能，并实现与 4 大统采平台的对接，数据共享中心如图 4-113 所示。

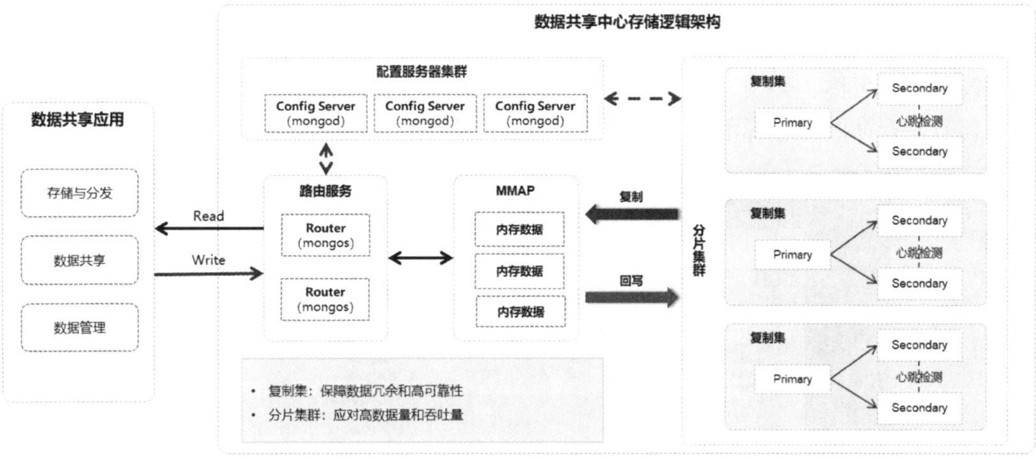

图 4-112　数据共享中心存储逻辑架构

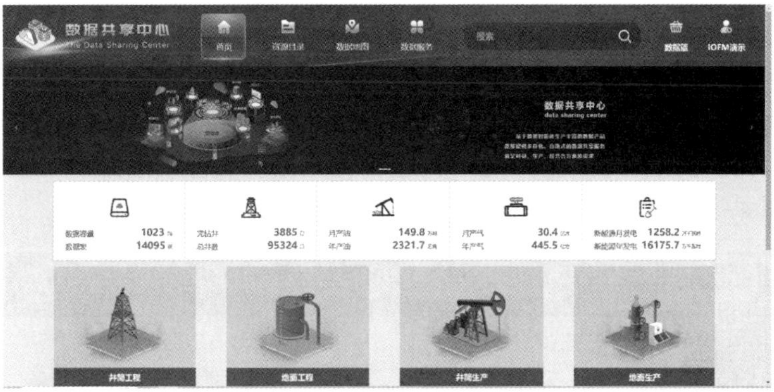

图 4-113　数据共享中心

4.6.1.2　资产目录

作为数据资源编目的电子化展示模块，构建了数据普查、主数据库、空间数据库专业代码库、规则校验库、专业数据库 5 个子功能模块，提供数据检索、数据查询、数据标准查看等相关功能。其中，数据资产目录如图 4-114 所示。

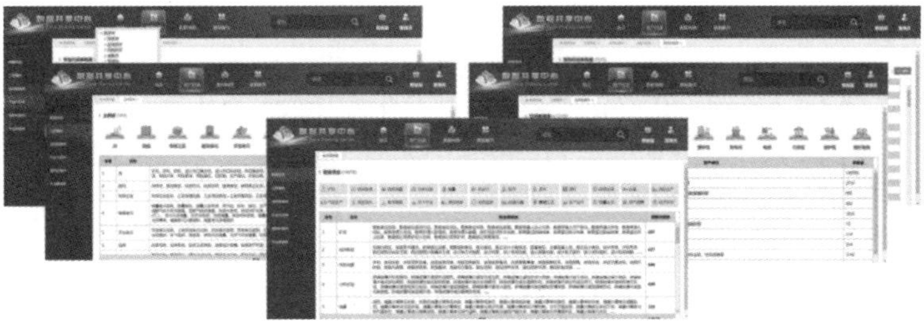

图 4-114　数据资产目录

1. 数据普查

数据普查模块以资源编目中 5 大业务域 24 个专业为基础，展示各专业所包含的可直观查看各数据项的名称、类型、量纲、验证规则、描述等详细规范信息，还可通过模糊检索精准定位到需要查询的标准规范。其中，数据普查如图 4-115 所示。

图 4-115　数据普查

2. 公共数据库

公共数据库实现资源编目中 12 类公共数据的标准，以及按照资源编目匹配映射完成的数据直观展示；公共数据总表可查看每一类包含的数据项名称、数据项数量等信息。其中，公共数据库如图 4-116 所示。

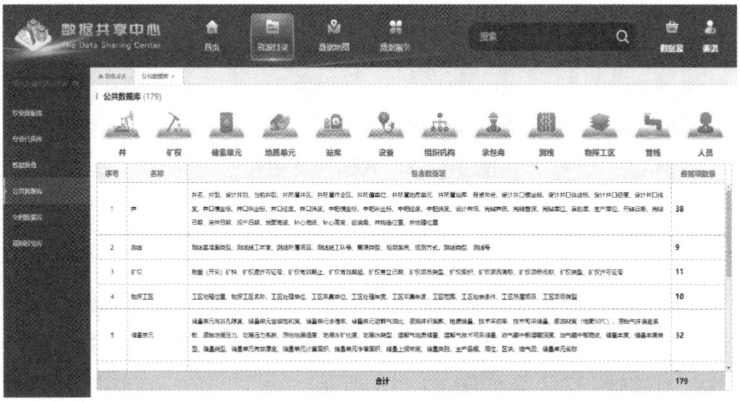

图 4-116　公共数据库

3. 空间数据库

空间数据库作为空间数据的展示模块，以井位、站点管线位置等 11 个大类为维度，分别展示相关的空间数据以及数据标准，并提供空间数据一览，展示每一类数据资产描述及数据量，空间数据库如图 4-117 所示。

4. 专业代码库

专业代码库以资产目录专业分类代码信息为源数据，进行前端展示，并提供基于关键字的专业分类代码快速检索服务，专业代码库如图 4-118 所示。

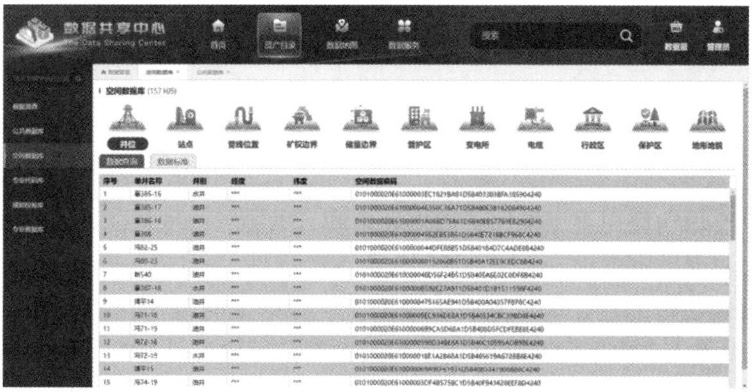

图 4-117 空间数据库

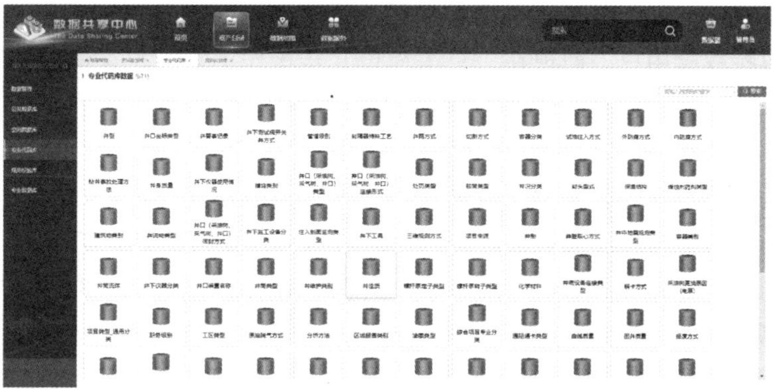

图 4-118 专业代码库

5. 规则校验库

规则校验库展示了资产目录中规则校验数据，包括数据项名称、类型、量纲、验证规则、采集方式、数据项描述等基本信息。提供基于关键字的质量规则模糊查询功能，以便数据录入人员进行查询比对，规则校验库如图 4-119 所示。

图 4-119 规则校验库

6. 专业数据库

专业数据库定位为各专业系统数据表的前端展示模块，以各系统数据库表为数据源，实现专业数据的快速查看及检索。

4.6.1.3 数据共享服务

数据共享中心面向应用重点推出了数据超市和自助服务两种智能方式。让数据从幕后走向台前，满足多场景数据需求。

其中，数据超市指的是在区域数据湖基础上，以产品化理念，打造一站式的“数据超市”，会按照安全等级采取不同共享模式和权限控制，用户可以按需选取并使用；自助服务指的是可快速生成自有产权的数据产品发布到数据超市，既保证了成果归属清晰与可追溯，又实现了数据共建共享共用的生态模式。

在数据共享之前，需要提请百余项数据需求，必须由管理员后台编写 SQL 语句，生成视图或者接口再授权给用户，而现在，只需简单几步操作，复制、查询、预览，生成视图，在线提交，同步传递到数据超市，即可使用。

1. 自助服务

自助服务满足用户通过多字段同时输入的方式（类似百度搜索），快速、精确定位字段所在的数据表，打破数据跨库获取的限制，再通过勾选各数据表中的多个字段，智能分析数据表之间的关联关系、粒度关系、维度关系，实现所需数据的自动创建，在线提交同步传递到数据超市，彻底解放以往必须由多个系统管理员在后台编写 SQL 语句的操作。其中，自助服务的流程如图 4-120 所示。

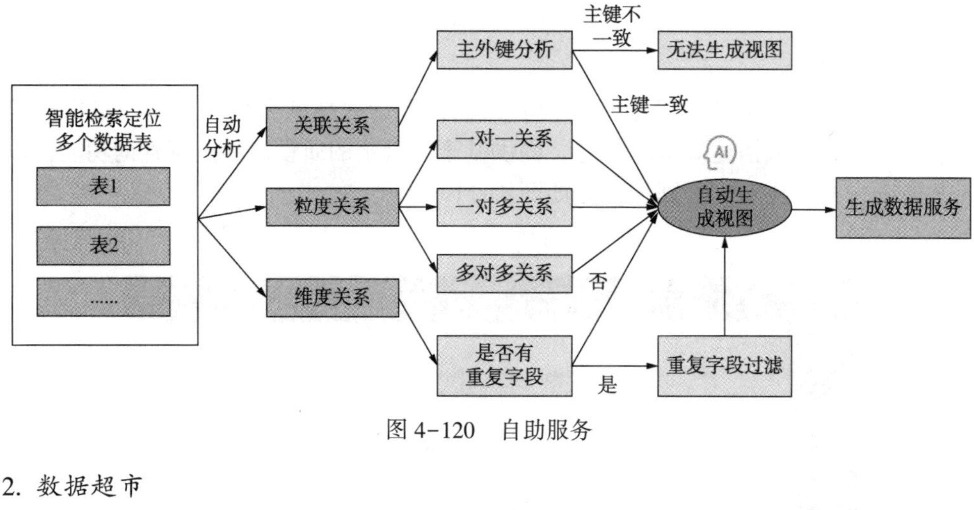

图 4-120　自助服务

2. 数据超市

数据超市是专为业务用户设计的平台，通过浏览和选择的方式，便捷地获取所需的公共数据、专业数据和其他预制数据服务。数据超市提供统一的数据服务接口，将数据产品化，使用户能够方便地按需选择所需的数据服务。

在数据超市中，用户可以浏览各类数据服务，包括公共数据和专业数据等。通过简单的搜索和筛选功能，用户可以快速找到符合自己需求的数据产品。数据超市还采取主动推荐和按照引用次数排序等方式，提升用户获取数据服务的便捷性，确保用户能够高效地获取到所需的数据。

整个过程体现了数据共建、共享和共用的生态模式。数据超市作为一个集成平台，整合了各种数据资源，促进了数据的共建和共享。不同的数据供应商可以将自己的数据产品发布到数据超市上，供用户选择和使用。同时，数据超市也鼓励用户将自己的数据服务分享给其他用户，实现数据的共用和互惠。

数据超市的目标是提供便捷、高效的数据服务，满足用户多样化的需求。通过数据超市，用户可以更加方便地获取到所需的数据，从而支持业务决策和创新。同时，数据超市也促进了数据资源的合理利用，提升了数据的价值和效益。其中，数据超市的流程和数据超市分别如图 4-121 和图 4-122 所示。

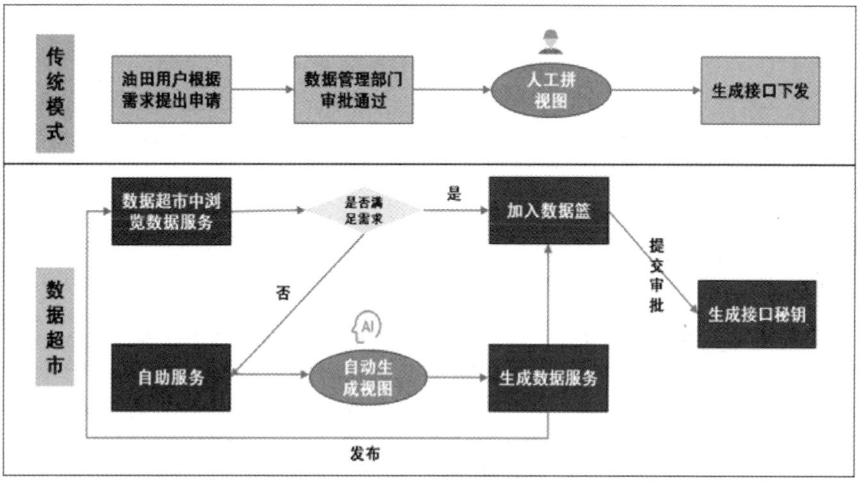

图 4-121　数据超市流程

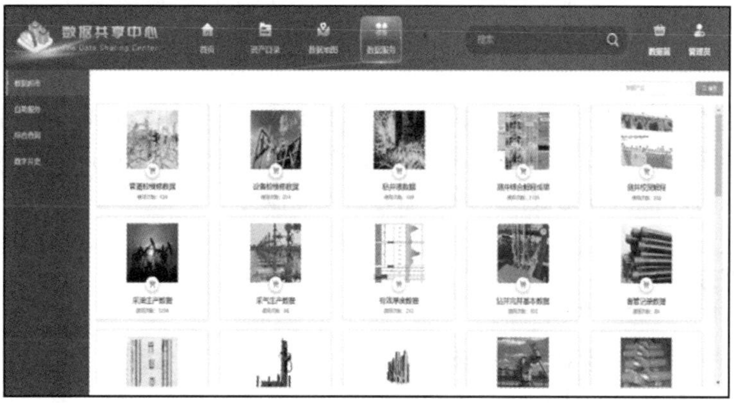

图 4-122　数据超市

4.6.1.4　数据智能体

数据智能体通过对用户数据需求及数据服务加工特征的多模态感知，采用联合建模、集合运算及联邦学习等方法构建应用服务矩阵，实现高可用数据服务。并通过强化学习，不断优化数据模型组织形式，实现数据服务能力的持续进化（图 4-123）。

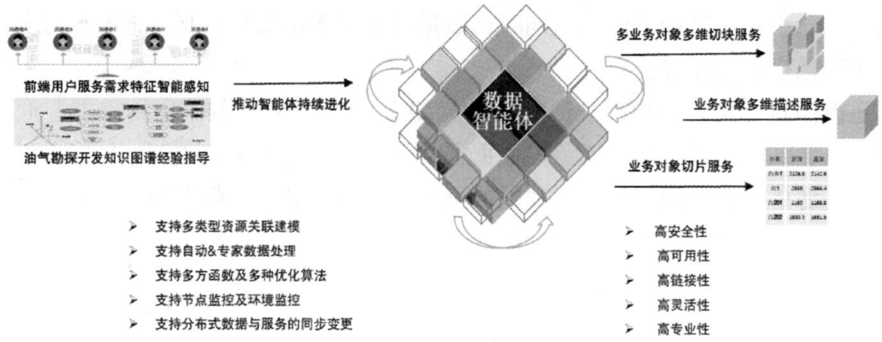

图 4-123　数据智能体

4.6.1.5　数据中台

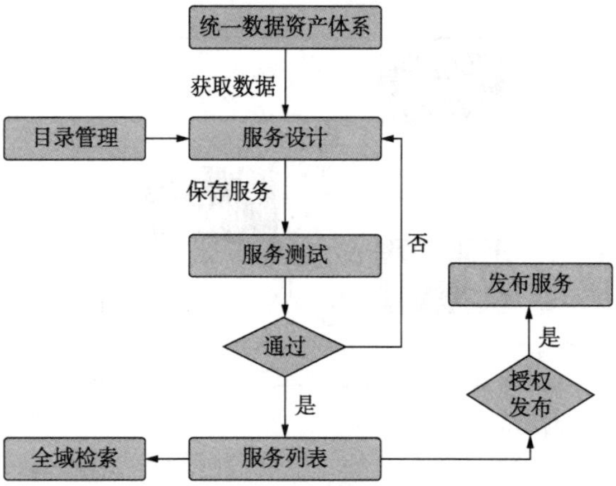

图 4-124　数据中台

数据中台为数据超市及数据自助服务提供基础的服务开发过程、服务保障能力。服务设计通过抽取不同数据，结合元数据定义数据模型，利用目录将设计的模型分类。在设计中采用关联算法将一个或多个不同数据封装到一个服务。在封装中用到去重、唯一性、值校验、数据映射等算法模型，保证设计过程中数据的有效性、完整性，设计完成后保存服务。在服务设计中可以使用服务模板对不同数据、相同结构的数据快速构建服务（图 4-124）。

设计后的服务保存后需要经过测试。通过测试的服务形成服务列表。服务可以利用相似度算法、匹配算法等检索已经通过测试的所有服务。在服务列表中可以通过服务权限设置授权发布服务，以对外提供可见数据。通过后即可发布服务。

4.6.2　企业报表中心

按照油田公司数字化转型、智能化发展阶段成果发布会上指示“报表定制要实现不向基层要数据，通过技术手段从专门的数据库来调取，这不仅仅是减轻了基层负担，更重要的是提升了企业治理现代化水平”。为此，围绕油气田开发企业生产管理需求，为解决基层单位报表多、资料多、工作量大等问题，根据油气田开发管理需求，紧密结合数据治理规范，开展油气田开发管理类报表定制工作。厘清每张报表、每个字段数据来源，以报表数据可以从数据库底层一次性获取、不再人工填报为目标，全面夯实报表底层数据基础，建立集中统一的报表访问环境，构建业务数据指标体系，为报表设计、定制开发、数据统计分析、可视化提供高性能、高效率的一体化解决方案。减轻基层负担的同时，培养、储备一批既懂生产技术、又懂数字化的“复合型”“大工种”数字化专业人才，打造一支具有自主研发和运维管理能力的技术团队，提升企业治理现代化水平。

4.6.2.1 油田报表存在的难点

（1）油气田开发事业部地质类、工艺类、产建类部分在用的在线报表，解决了报表数据的统计工作，部分数据仍然需要基层单位进行填报，没有完全做到从数据库中自动提取，基层填报工作量大的问题并没有得到解决。

（2）报表格式与种类繁多，各类报表都存在个性化需求、格式变化频次高，报表运维工作需要软件开发人员持续参与。

（3）报表数据项涉及大量计算公式、统计方法，数据项取值算法多样且不同算法参与计算的数据项不同，部分计算数据需要人工计算、汇总，耗时长、效率低、工作量大。

4.6.2.2 报表定制实现方法

在全面梳理、分析报表数据来源的基础上，理清原始数据（结构化）、指标数据（派生），搭建原始数据采集链路和指标数据库；建立数据服务中台，通过中台汇聚分发数据，自动生成各类报表（图4-125）。

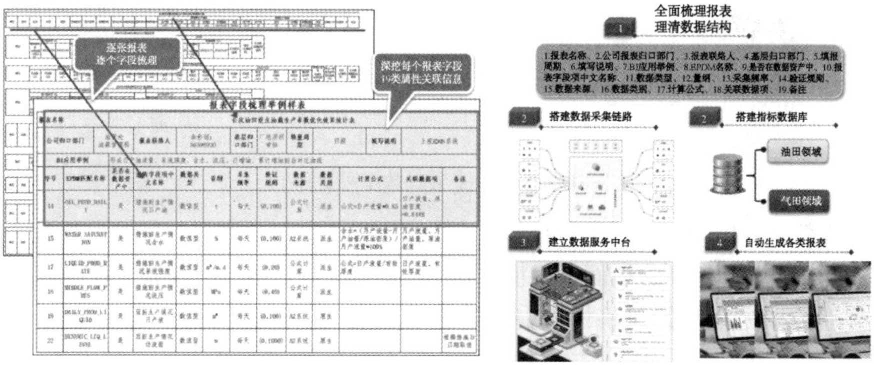

图4-125 技术思路

（1）开发统一采集平台，实现数据的源头采集，按照“谁产生、谁录入，谁使用、谁审核”的原则进行数据归集。

井筒工程数据采集采用移动端、离线端、网页端多种模式相结合的方式，开发钻井、录井、测井、完井、压裂、试油（气）数据采集端，专业施工队伍源头录入作业动态数据、成果数据以及队伍、人员、设备、资质等基础数据（图4-126）。

井筒生产数据采集实现生产阶段井筒全过程数据源头录入，涵盖油气水井井筒生产采集平台。是对与井筒生产相关的增产措施、维护作业、大修小修、动态监测等过程中产生的原生核心业务数据进行录入，改变以往以文档存储为主的管理方式，形成结构化管理的数据资产，为与井筒生产有关的服务和采油与地面工程运行管理系统（A5）、智能油井系统、智能气井系统、智能水井系统、油井措施系统等应用提供数据支撑，实现数据统一、源头采集、一次录入、多次复用（图4-127）。

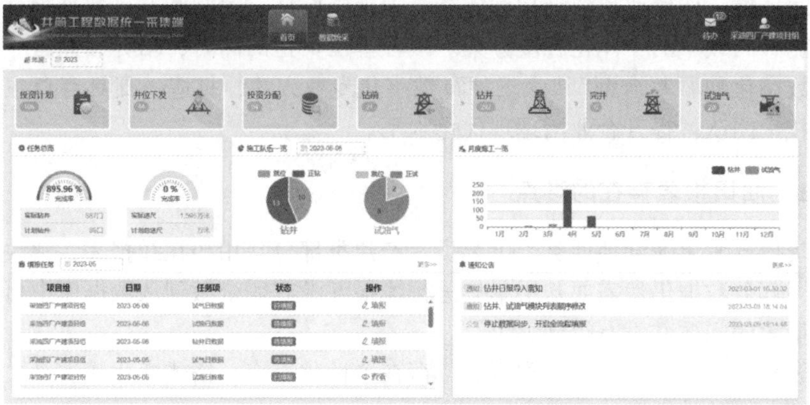

图 4-126　井筒工程数据采集平台

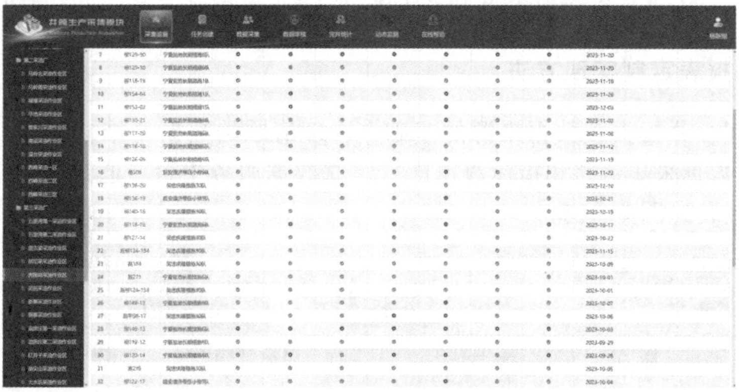

图 4-127　井筒生产数据采集平台

地面工程数据采集按照地面工程数字化交付标准采集，涵盖井场、场站、管道、配套工程等建设期数据，主要包括新建地面工程基础数据、焊接、高后果区、设备、风险评价等数据。

地面生产数据采集依托完整性平台，采集场站运行、管道运行、设备运行、集输与处理、场站完整性、管道完整性在生产阶段运行的全业务数据，主要包括管道和场站空间数据、检测数据、评价数据、维修维护数据、设备静态参数等 2084 项；设备动态参数由物联网系统采集（图 4-128）。

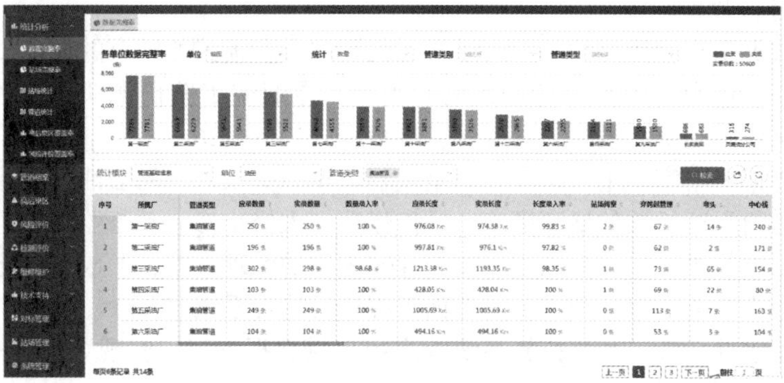

图 4-128　地面生产数据采集平台

(2) 打通数据互通渠道，实现各厂自建数据库与公司数据库的贯通，进一步为相关报表业务提供紧密的数据支撑，同时针对缺失数据，做好相关采集端的研发工作。

(3) 搭建低代码可视化报表定制环境，建立并发布报表定制简化规范流程，通过拖拽对应数据至编辑页面，自动定制个性化报表，实现无需软件编码轻松自如地完成报表设计，适应报表格式实时变化需求。

(4) 采用 BI 对核心数据分析和挖掘，开发数据多维动态分析、高效联动、智能钻取等功能，面向决策层提供生产经营趋势分析与风险预警服务，加强各级管理者对生产数据的有效管控和指导，促进企业生产的精细化管理。

(5) 自主运维团队建设。培养、储备一批既懂生产技术、又懂数字化的“复合型”“大工种”数字化专业人才，打造一支具有自主研发和运维管理能力的技术团队。

4.6.2.3 指标数据库

数据指标有别于传统意义上的统计指标，它是通过对数据进行分析得到的一个汇总结果，是将业务单元精分和量化后的度量值，使得业务目标可描述、可度量、可拆解，具有标准和权威性，在产量，经营，考核，排名等油田生产管理中发挥着至关重要的作用。在数据治理过程中，数据治理项目组人员对数据项逐字段分析，重点对涉及数据关联关系的常用公式、指标计算进行深挖，开展指标的持续性收录工作，现已收集油气田相关指标 200 余，项计算所需关联字段千余项，涉及投产、投注、采油、注水、采气、措施、三采、地面等多个业务领域，基本覆盖油气田开发全部数据（图 4-129）。

图 4-129 数据体系架构

1. 指标建设

由于派生类数据涉及大量公式计算、统计方法等，数据项取值存在算法多样的问题，不够标准的算法公式及数据项导致计算出的结果也不同，指标口径管理混乱，无法对齐，数据不一致，指标繁多不清晰，且部分计算数据需要大量人工计算、汇总，耗时长、效率低、工作量大，因此需要建立数据指标库来解决该问题（图 4-130）。

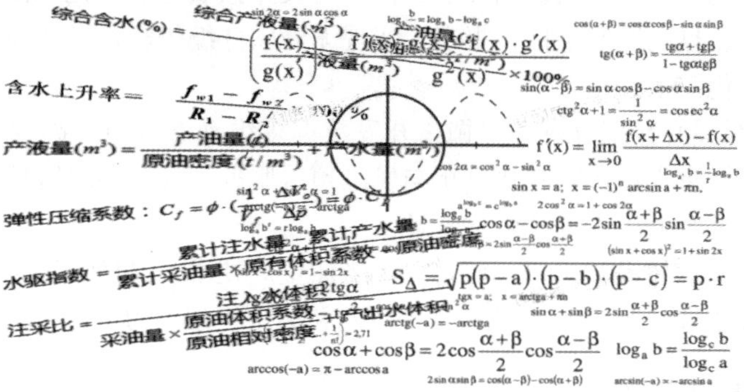

图 4-130　数据指标及公式

指标数据是油气田进行开发政策调整、评价的重要依据，也是长庆油田重要的数字资产。指标数据是派生类数据，派生指标数据是油气田在开发生产过程中产生的无法直接获取、需要对涉及指标计算的数据项进行关联分析，直到追溯到原生数据项，引入原生数据项数值、常数等参数，通过计算公式、经过数学运算才能得到的最终指标数值。

2. 指标数据分析

以油气田开发相关报表数据项为基础，通过区分数据项为原生、派生等类型，以原生数据为基础，开展派生数据来源分析，分析关联数据项最小粒度原生数据来源，将参与计算的数据进行整理，通过对油田常用指标数据公式进行规范。指标数据库目前包含油（气）田开发常用派生指标 226 项（个），油田 175 项、气田 51 项；含有一级公式 179 项、二级公式 47 项，指标描述（指标定义、单位量纲、物理意义等）完成 207 项。参与计算的数据项共有 545 项（重复不计），常数 12 项（图 4-131）。

图 4-131　指标数据分析（截取部分）

3. 指标数据库建设

在油田开发动态分析的常规应用中，均围绕 A2 系统的油田区块或组织机构为数据汇总统计、跟踪分析的对象，虽然取得了良好效果，但随着目前油藏精细管理的需求、三次采油推广和应用需求，A2 系统中固定的油田区块和组织机构已经难以满足特殊应用需求，应用中很多个性化需求已经变成了常态化需要，越来越多技术人员需要对自定义区块、注采井组数据指标开展深入分析，需要建设自定义区块、区块分片区、注采井组、合作区块等实体对象的数据中台，需要增加自定义天数等时间维度数据计算，在此基础上开展生产监控、产量预警、智能诊断、效果分析等专业工作，并提供云化的日、周、旬、月的开采现状图、开发曲线常用图形图件（图 4-132）。

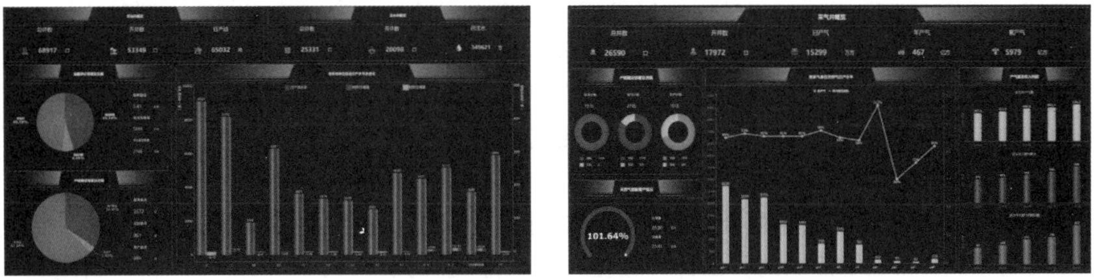

图 4-132　指标数据图形化展示

根据以上需要，依托油气田开发管理相关报表，数据治理项目组在推进数据治理和数据资产化、加速构建数据共享应用体系建设中，对油气田生产中的主流业务领域产生的派生指标数据项进行了分类分级梳理，建成了《长庆油田指标数据库》，形成了指标数据库对应的数据字典，方便数据应用和管理人员参考使用（图 4-133）。

4 数据表明细

4.1 水井月数据表 A2_INJ_MON

4.1.1 实体关系图

A2_INJ_MON	
INJ_INDEX_FACTOR	numeric(10,2)
INJ_INTENSITY	numeric(10,2)
STATIC_PRESSURE-FLOW_PRES	numeric(10,2)
INJ_INDEX	numeric(10,2)

4.1.2 表格清单

序号	中文名称	字段名称
1	水井月数据表	A2_INJ_MON

4.1.3 表结构

序号	中文名称	字段名称	数据类型	计量单位	主键	外键	非空	数据来源与描述
1	视吸水指数	INJ_INDEX_FACTOR	NUMBER（10,2）	m³/MPa				视吸水指数是指注水井日注入量与井口压力的比值，通过视吸水指数可以获得在不同压力下地层吸水能力的变化数据，对于分层注水可以看出层间差异程度等。是对吸水指数的有效补充。
2	注水强度	INJ_INTENSITY	NUMBER（10,2）	m³/m				注水强度指单位砂层厚度上的日注水量，它表征油田注参数的合理程度。

图 4-133　指标数据库字典内容（截取部分）

4.6.2.4　指标数据应用

1. 数据结构扩充设计及数据计算程序开发

时间维度数据指标的计算应用：部分采油单位开展 5 日动态分析，需要在现有的数据中台中，增加 5 日数据指标计算，增加油井、水井的 5 日数据指标计算，以及各油田区块、组织机构 5 日数据指标计算。

合作区块数据中台应用：针对合作区，同样需要建设合作区块的油藏类数据中台，需要针对原有的中台数据结构主键关键字增加合作区、自营区的属性，并分别计算油田公司、采油厂、作业区等各单位级别的合作区和自营区的数据。

自定义区块的数据应用：自定义区块分为两类，一类是常态化自定义区块，在人工定义区块之后，在一定的时间段内，其包括的油水井会相对稳定，比如空气泡沫驱、CO_2驱等三采区块，或某油藏的中部、边部，所包含的油水井通常是某一个完整油藏的一部分，这些自定义区块对所有的用户提供统一的油水井组成；另一类是个性化自定义区块，应用人员按自己的临时需求，任意自由组合油水井，创建自定义区块，随机性、偶然性、个性化较大，而且需要按定义者设置权限管理，用户之间需要考虑分享机制，自定义区块可共用，可个人单独使用。

油田开发人员经常对这两类自定义区块进行生产监控、生产预警、产变分析等工作，均需要参考 A2 中的固定油藏的算法计算数据指标，建设数据中台，并需要考虑新建自定义区块后，针对历史数据进行套改回算。

注采井组数据应用：油田生产管理已经精细到注采井组和单井，但目前注采井组的数据指标是实时查询，并未存储，无法提供快速高效的日、周、旬、月数据监控与数据分析支撑，需要在数据中台中提前计算好，其他程序自动读取应用。

2. 数据中台监控与管理工具

包括历史数据套改回算、实体对象管理功能（自定义区块管理、注采井组管理等）、数据计算效率优化。

历史数据套改回算：针对固定的油田区块和组织机构，随着新井投产、机构调整、区块中油水井变化等，需要对数据中台的历史数据指标进行套改回算，一般需要从油水井投产的最早日期计算，需要为数据管理员提供定期（如每年初）数据套改回算功能及对应的程序。

针对自定义区块，根据自定义区块的创建时间，需要随时为区块创建者等普通用户提供数据套改回算功能。

实体对象管理功能：其中组织机构和油田区块来源于 A2 系统，保持与 A2 同步即可，但自定义区块、注采井组需要数据中台自己管理与维护，提供自定义区块管理及 2 万余个注采井组管理等功能。

数据质量监控：按时间周期、实体对象，监控数据计算进度与结果、数据源异常，发现数据计算异常及时报警，提醒工作人员及时检查并补充计算，保证数据质量。

3. 数据计算效率优化

经过计算，按 A2 中的组织机构和油田区块共计 1602 个实体对象计算数据中台，每天数据处理时间为 80 分钟左右，再增加自定义区块、合作区、注采井组等 2 万余个实体对象的数据指标计算（其中注采井组数量基本与水井数量相同），以及增加了各实体对象的 5 日数据指标计算，按目前的数据计算流程，每天的数据计算时间初步估算会达到 5 个小时，特别是历史数据套改回算，按计算 20 年数据估算，耗费时间为 5 小时×365 天/年×20 年＝36500 小时＝50 个月，完全无法满足需求，为此我们对数据库结构、计算流程、数据存储进行整体优化升级。

4.6.2.5 数据血缘

数据时代，数据的来源极其广泛，各种类型的数据在快速产生，呈现出爆发式增长，这导致了数据之间的关系也变得越来越复杂。当前，长庆油田面临各大主力油藏的中高含水期治理，数据价值的重要性得到了体现。长期的注水开发使得注入水沿着裂缝等水驱优势高渗层段快速推进，造成油井含水上升、产量递减幅度加大，影响着最终采收率的提高。为了改善水驱效果、实现油气田高效开发，需要全面、及时、准确地掌握油气田生产过程中的各类指标参数，从而快速、有效地评价油气田开发效果、及时调整开发技术政策。然而，很多派生指标没有统一的命名标准、口语化称呼严重，计算多采用经验公式和近似等效的方法，而且部分指标的计算跨业务领域、计算烦琐、层级较多等原因导致指标计算结果失真，无法为油气田开发提供决策支持。

1. 数据血缘概念

数据血缘，又称数据血统、数据起源、数据谱系，是指数据的全生命周期中，数据从产生、处理、加工、融合、流转到最终消亡，数据之间自然形成一种关系。其记录了数据产生的链路关系，这些关系与人类的血缘关系比较相似，所以被称为数据血缘关系。比如，注采比经过公式：注入水体积/［采油量×（原油体积系数/原油相对密度）+产出水体积］得到，那么我们就说注入水体积、采油量、原油体积系数、原油相对密度、产出水体积与注采比有着血缘关系，且注入水体积、采油量、原油体积系数、原油相对密度、产出水体积是注采比的上游数据，同时注采比是注入水体积、采油量、原油体积系数、原油相对密度、产出水体积的下游数据。按血缘对象来分，可分为系统级血缘、表级血缘、字段（列）级血缘。不管是结构化数据还是非结构化数据，都必定存在数据血缘关系（图4-134）。

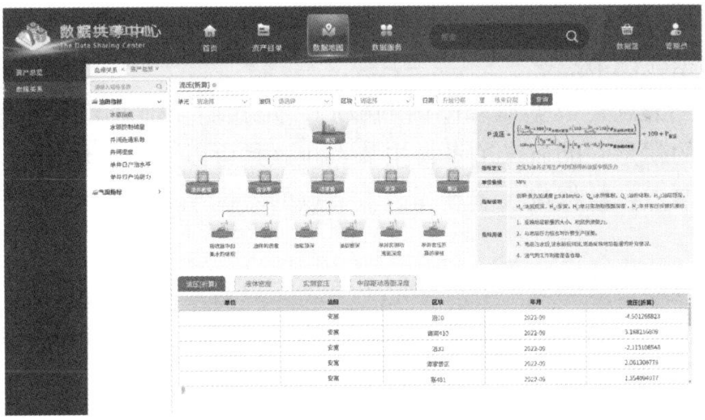

图4-134 数据血缘

2. 数据血缘建设

数据血缘建设是数据血缘分析的前提条件，准确、完整、及时记录信息才能带来有效的血缘分析效果，考虑到部分数据源本身的数据血缘建设准备较差，在某些业务场景中需要人工介入进行梳理。数据血缘建设并不是去建设数据血缘关系，因为数据血缘关系是数据流转过程中自动产生的，是生而有之的。数据血缘建设的目标是当这些生而有之的数据血缘关系产生时，能被及时、准确地记录和存储下来。因此，数据血缘建设并不是一个指定的动作，而是一种管理流程和数据意识，需要延伸到数据产生之前，从数据存储的设计开始。

3. 数据血缘分析

数据血缘分析针对数据流转过程中产生并记录的各种信息进行采集、处理和分析，对数据之间的血缘关系进行系统性梳理、关联，并将梳理完成的信息进行存储。考虑到企业的数据庞杂问题，数据血缘分析往往需要借助工具或系统展开，实现血缘信息数据的自动采集、自动分析。数据血缘分析通常会按数据血缘的层级进行，层级基于业务需求和某些数据特性可能有差别，常见的分析层级为应用（业务系统）级、数据（表/文件）级和字段级。数据血缘分析的目标是实现数据来源的精确追踪、流转过程的准确还原、数据去向的精准定位。

4. 数据血缘可视化

血缘分析完成后，需要依靠可视化技术将分析结果清晰、直观地传递给用户，帮助客户进行二次分析和具体应用。数据血缘图谱是血缘分析中最常用的可视化方案。业务需求的差异将决定血缘分析层次和血缘层级的差异，进而体现在数据血缘图谱上，因此数据血缘图谱也需要基于数据血缘层级进行分层展现，直观地从应用层级、数据层级、字段层级呈现数据的血缘关系。

在具体的应用中，首先受业务需求差异和可采集分析的血缘信息的影响，数据血缘图谱的呈现方式可能存在差异，但其整体形态基本一致：以某个数据为核心节点，体现该节点的数据来源、数据去向、流转路径以及路径中的处理方式。因此，数据血缘可视化视图中应该当至少包含以下元素：

1）数据节点

标记数据的具体信息，如所有者、层次信息、终端信息等，根据不同的血缘层次和业务需求，数据节点的信息有所有差异。根据数据类型的不同，数据节点又可以分为：主节点、数据流入节点、数据流出节点。

（1）主节点：主节点是数据血缘图谱的核心，是我们当前需要观察的数据，它只有一个，整个图谱呈现的就是它的血缘关系；主节点应该是可以且方便切换的。

（2）数据流入节点：数据流入节点标记主节点的数据来源，是主节点的父节点，它可能有多个甚至多层。

（3）数据流出节点：数据流出节点标记主节点的数据去向，是主节点的子节点，同样可能有多个或多层；在数据流出节点中有一种特殊的终端节点，数据到达终端节点后，将不再向别处流转。

2）流转线路

标记数据的流转路径，通常从流入节点汇聚到主节点，再从主节点扩散到流出节点。在流转线路中，不仅可标记出数据的流向和流转关系，还可以通过线路的粗细、长短等标记数据量级和更新频次。

3）处理节点

标记数据流转过程中的处理方式和处理规则，通常用于数据节点之间的流转线路中。通过处理节点，可以直观地了解到数据在两个节点之间流转时，通过什么样的规则进行了怎样的处理。

4.6.3 智能算法中心

按照“十四五”及今后一个时期集团公司数字化转型、智能化发展总体规划，到2035年要全面实现数字化转型，智能化发展取得显著成效，全面建成“数字中国石油”，搭建智能化生态平台，联接、协同、赋能生态合作伙伴。2035年到21世纪中叶为第二阶段。全面实现智能化发展，建成“智慧中国石油”，搭建企业全感知、全联接、全分析、实时响应的智能孪生体。目前油田开启了大数据、人工智能化的大门，通过公司应用新一代信息技术重构数据与技术底座，加快推进大数据治理平台的建设与应用，实现数据资源统一规划、统一标准、统一存储和统一管控，并从制度约束、责任落实方面建立一套行之有效的工作机制，推动数据从资产管理向应用开发转变（图4-135）。

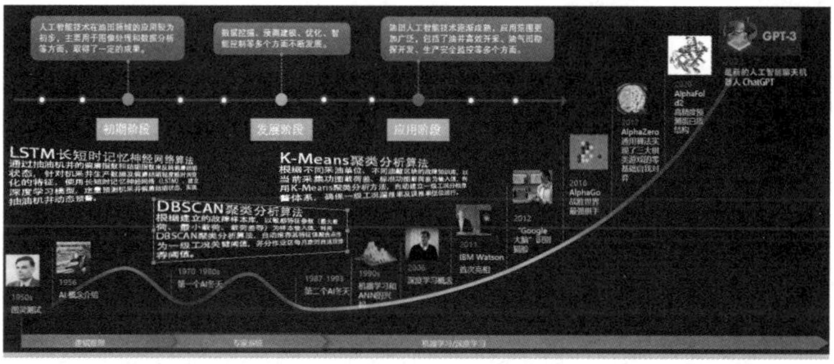

图4-135 人工智能发展

4.6.3.1 人工智能信息聚合网站

油气业务横向涉及投资、地质、井筒工程、地面工程、经济评价等多个专业，纵向贯通生产、科研、管理、决策等不同用户层级，具有学科多、业务链长、范围广、管理维度多、管控过程复杂、管理难度大的特点，围绕人工智能算法体系技术，调研现有主流人工智能平台架构，搭建符合油田生产的人工智能算法聚合平台，分类为油气生产相关领域提供人工智能算法研究学习环境，同时集成部分人工智能算法应用。

1. 人工智能信息聚合网站概述

人工智能信息聚合网站结合公司顶层设计“326”工程及数据治理体系“234”工作方法，搭建人工智能算法聚合平台，进一步助推面向管理与生产的“人工智能算法体系”建设，为公司在智能化领域实现利用各类算法辅助油气生产，提升生产效能和效率，实现公司高质量发展提供有力技术支撑。

2. 油田在用人工智能算法现状

（1）算法独立且单机运行，共享复用难度大。

（2）油田在用算法开发所用语言不统一。

（3）缺少算法运行所需的统一硬件资源环境。

（4）油田算法应用还不够全面，部分领域挖潜潜力大。

（5）人工智能算法缺少集中管控与研究应用平台。

（6）算法没有统一的应用效果反馈评价。

3. 智能信息聚合网站构建

结合人工智能领域理念，构建一套人工智能信息聚合平台，用于对公司智能算法的管理、创新、学习与研究。具体从“算力资源中心”“算法调用中心”“算法汇聚中心”“算法应用中心”，开展平台设计工作，网站共收录算法 92 个，其中油气领域 40 个，通用领域 52 个，实现了 4 个板块的基本功能创建（图 4-136）。

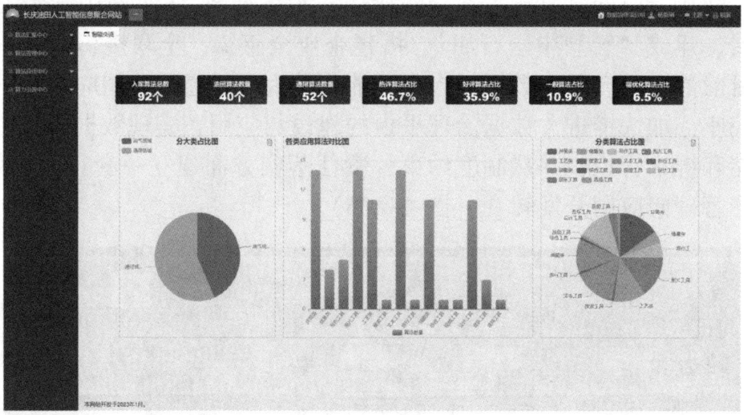

图 4-136　人工智能信息聚合网站

1）算法汇聚中心

实现油气田领域在用算法和外部通用流行算法的信息汇聚，对其算法的功能、算法分类、应用方向信息收集，通过该页面为算法研究人员全面掌握人工智能领域算法信息，算法研究、收藏、应用提供信息资源（图 4-137）。

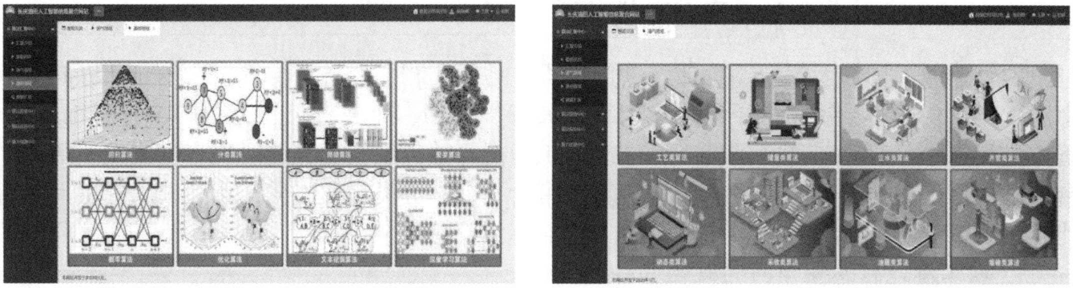

图 4-137　人工智能信息聚合网站

2）算法应用中心

实现最新外部流行算法的信息收集与发布，掌握最新前沿动态，为算法评价，学习、研究与油田领域相关工作的结合与扩展，同时为算法体系库进行数据扩充，增加内部算法研究应用成果数量，提升公司智能化攻关研究与发展水平（图 4-138）。

3）算法调用中心

实现算力中心应用算法管理，通过算法接口申请、调用、审批、查询、监控，实现算法的安全管理，对算法调用频次、效果监控，实现对算法可靠性及精准度性能的不断优化提升（图 4-139）。

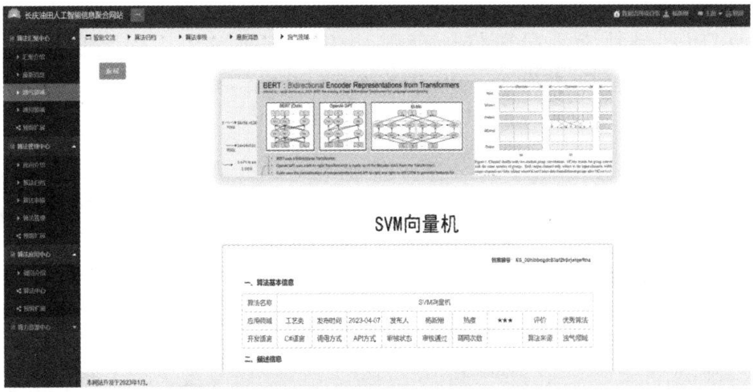

图 4-138　人工智能信息聚合网站

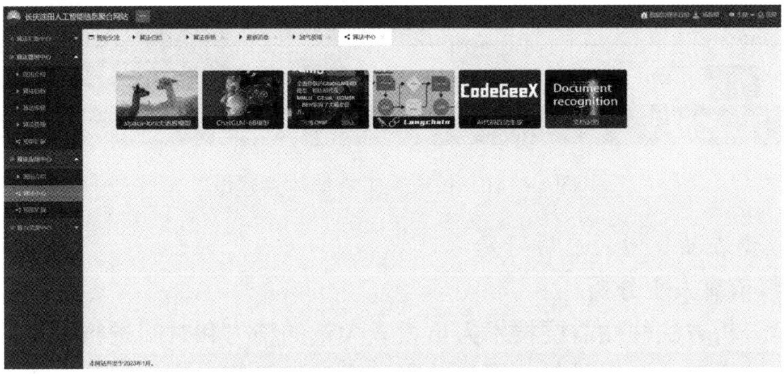

图 4-139　人工智能信息聚合网站

4）算力资源中心

实现按算法应用分类部署的服务器资源应用消耗情况，为人工智能算法搭建一个安全、稳定、高效的应用运行环境（图 4-140）。

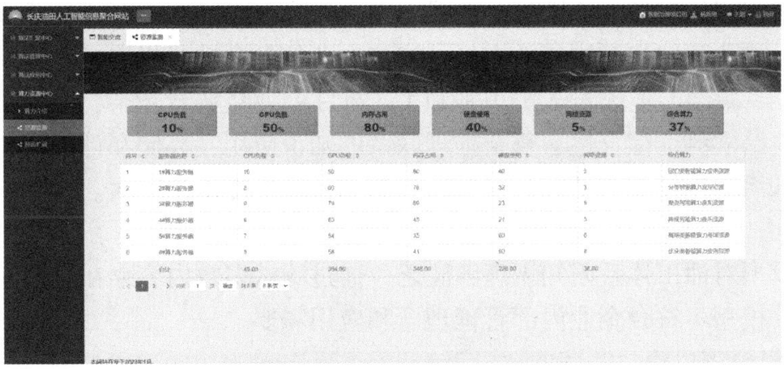

图 4-140　人工智能信息聚合网站

4.6.3.2　人工智能系统建设

长庆油田在油气生产过程中积累了大量勘探开发知识和相关技术，然而这些专业知识和专家经验主要以文本报告、书籍、图件等形式存在。目前，人工智能在该领域已取得实质性突破，基于大语言模型的自动生成技术在语义理解、推理和创作等方面也已成熟，利用人工智能技术辅助，可以帮助技术人员更好地理解和应用专业知识，提高工作效率和创新能力，将会有力地推动油气勘探开发工作进一步高效发展（图4-141）。

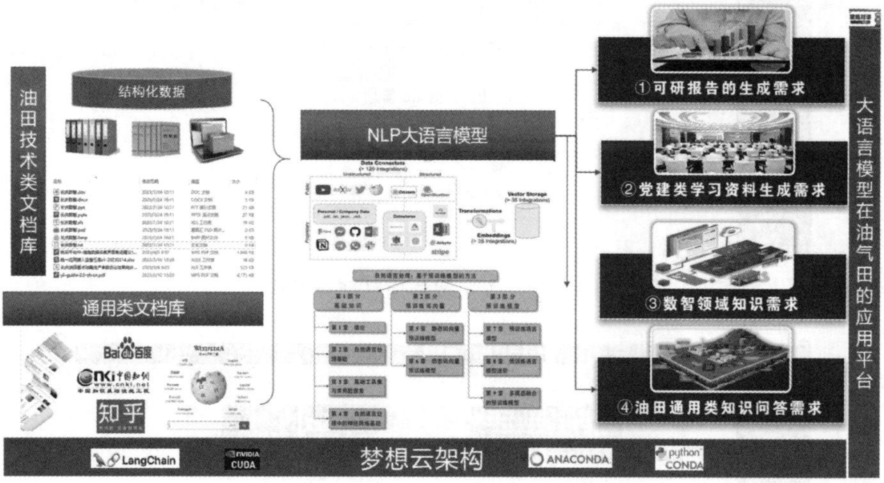

图4-141　长庆人工智能体系建设

1. 大语言模型在油气田的应用研究

1）大量资料依靠人工分析

传统的技术分析方法往往需要技术人员投入大量的精力和时间进行人工数据分析，并编制如动态分析、地质工艺汇报材料、措施方案、会议纪要等工作，导致技术人员长期熬夜加班成常态化，工作压力非常大。

2）知识载体多、专业性强

总体看，油气开发生产管理具有知识载体类型多、专业门槛高、专家经验依赖性强、推理过程复杂等特点，通用行业相关技术直接落地存在多方面挑战：多专业知识难以融合表示。油气专业知识载体包括专业图像、曲线、文本报告、专业数学公式，难以全部用简单三元组形式表示；专业强知识库构建效率低。油气专业信息自动化提取准确率低、各类业务概念之间联系复杂、需要专业人员人工识别和手工标注；业务场景复杂，推理难度大。实际业务场景往往需要跨学科、综合性、复杂推理联系的知识应用；存储和计算效率要求高。实验室跨尺度数据和海量现场生产动态，对知识存储和计算性能影响巨大。

3）油田大语言模型尚未公开

多数优秀模型对油田体系内知识理解匮乏，通过测试多数内容存在错误和答非所问，不够专业和准确，模型不符合企业内部管理理念和应用需要。

4）关键信息泄密风险

优秀的大语言模型ChatGPT、文心一言、Claude、Llama等都为联网模型，在联网模型上进行有价值信息深度交互，极容易发生重要资料泄密，应用存在极大安全风险。

知识经济时代，公司上游业务领域的科研生产、经营管理都离不开各类知识的支撑。集团公司党组《关于数字化转型智能化发展的指导意见》明确提出要“充分融合数字化技术与传统专业知识”。以“长庆数智”为品牌，在强化技术应用落地、科技创新发展领域，依托页岩油、致密气、老油气田大幅度提高采收率、新能源、数智化等重大工程，瞄准油田重大技术需求方向，围绕勘探开发一体化、地质工程一体化、科研生产经营一体化三大主业与数字智能一体化要求开展长庆油田智能化相关工作（图 4-142）。

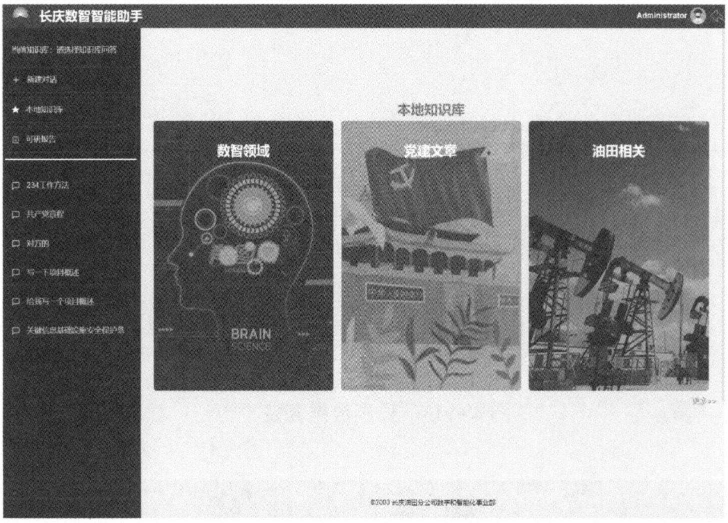

图 4-142　长庆数智智能助手

2. 本地知识库建设研究

建立了以 LangChain 为基础的本地知识库，构建了多个知识库，如可研报告、数智领域、油田相关等等，将本地知识分类入库，进行向量化。

3. 集成了语音交互功能

部署本地语音模型，实现本地化对语音的自动识别转汉字功能（ASR），实现语音交互功能，减少键盘问答录入条件，实现问答的高效化，后续根据项目需求研究文字转语音功能（TTS 实现）。

4. 油田开发知识库智能化技术研究

目前市场上有大量的数据交换与开发工具，经过调研与实验，这些产品工具无法直接满足项目对数据处理与开发的需求，需要进一步进行定制化开发与技术攻关。

基于大数据和云原生技术，研发了长庆数据开发平台（图 4-143），该平台支持数据分析业务人员以低代码、交互式、可视化工作流的方式自助进行数据管理、建模、分析、探索和共享，并以协作的方式分享数据背后的知识和洞察。

同时，针对油气田生产场景中 10 余类生产数据库表，应用本地大模型实现结构化数据问答（图 4-144）。

基于钻井地质设计报告、油气开发年报，完成以文档目录结构为导向“报告生成”模块原型设计，后续将对接大语言模型，实现智能检索、灵活调用、自动生成等功能（图 4-145）。

针对长庆油田生产场景中 10 余类生产数据库表，构建查询语句问答对 400 余对，表名问答对 100 余对，作为参考资料，辅助本地大模型实现结构化数据问答（图 4-146）。

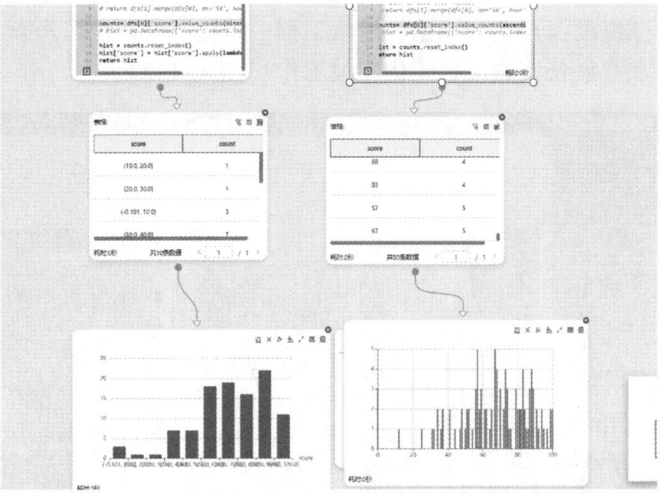

图 4-143　长庆数据开发平台

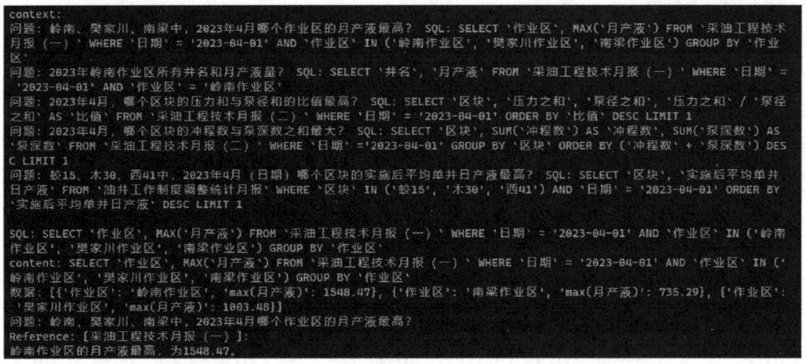

图 4-144　结构化数据问答

- 初步实现了对报告文档中的表格和图片进行纯文本转换

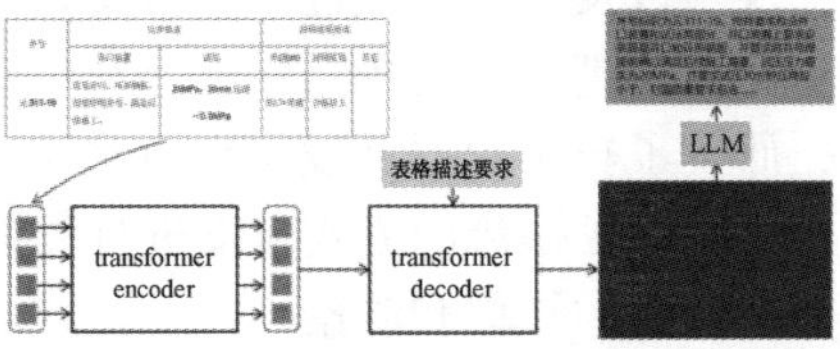

- 尝试基于采用检索增强生成技术构建知识库，增强通用大模型的领域知识问答效果

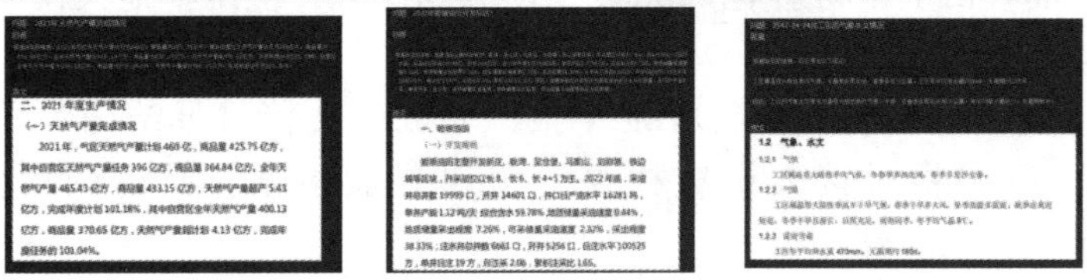

图 4-145　“报告生成”模块设计

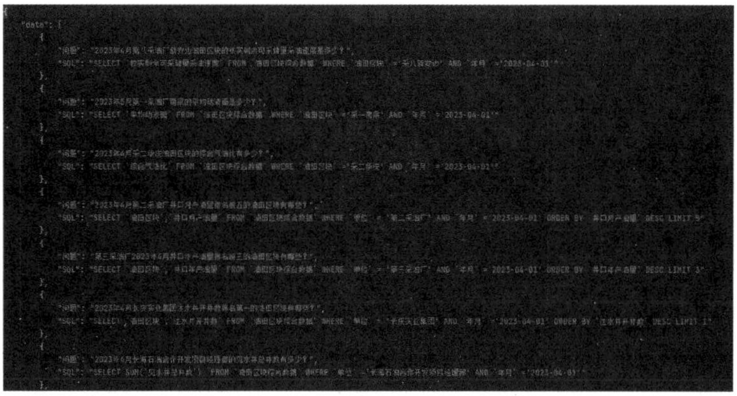

图 4-146 构建查询语句

4.6.3.3 薄片分析技术

在地质实验室分析中，利用偏光显微镜下岩石的光学特性来对岩石进行鉴别是目前的常规方法。将薄片放在偏光显微镜下，通过转动放置薄片的载物台，调整显微镜的偏振片为单偏光或者正交偏光状态，利用目估法根据碎屑颗粒的各种光性变化从而对三大岩类的成分含量进行鉴定。岩石薄片鉴定是岩石骨架、孔隙组合、填隙物类型等微观储层研究的主要依据。随着致密油、致密气储层的深入研究，传统采集 1~2 张薄片照片，已不能反映样品全貌特征、满足非均质储层研究需要。因此实现薄片样品的整张采集与在线分析应用，是急需解决的问题。

1. 全幅面岩石薄片自动采集

全幅面岩石薄片自动采集设备在常规研究型偏光显微镜的基础上，加装了高精度自动载物台、高清冷光源快速成像控制、自动聚焦与采集控制等模块，逐行逐列矩阵式采集整张薄片，整个过程无须人工干预（图 4-147、图 4-148）。

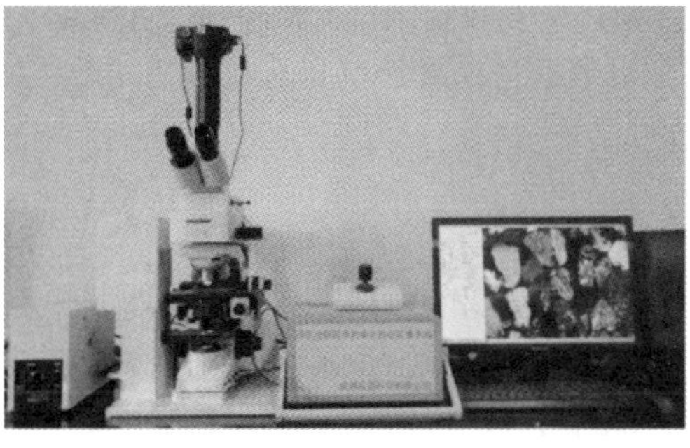

图 4-147 薄片全幅面偏光自动采集设备

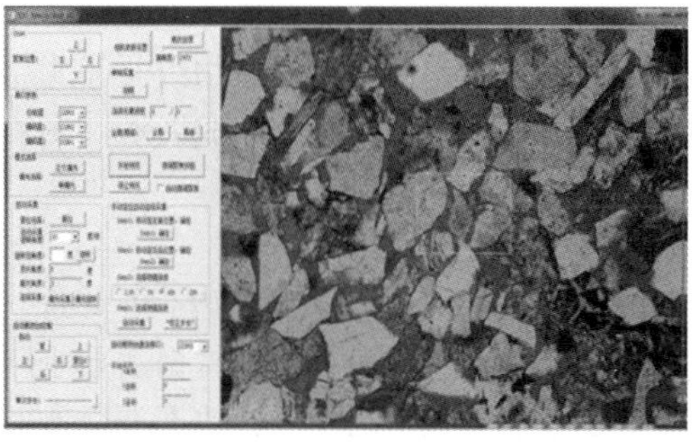

图 4-148 全薄片图像采集及分析系统

配套研发采集控制软件，通过设定采集光源（角度）、放大倍数、相机曝光时间、载物台移动步长、采集边界、初始聚焦平面等参数，控制显微镜实现全幅面图像不同光源多角度全自动采集。

自动载物台：控制薄片按Z字形路线矩阵式整张采集。

高清冷光源摄像头：SONY顶级1英寸大面阵感光成像芯片，2000万像素，原装徕卡接口，可快速成像，满足更专业的彩色荧光成像需求。

自动聚焦：变步距渐进爬山算法优化图像聚焦函数，实现采集过程中逐张聚焦。

采集范围设定：通过四点定位法，快速确定薄片样品采集范围。

初始聚焦平面设定：在采集前设置初始聚焦平面，系统根据物镜倍数自动进行聚焦范围限制和防撞保护。

补采替换功能：对于个别模糊图像，通过检索采集参数文件快速定位当前图像编号，按原参数覆盖采集。

2. 图像自动拼接与分割系统

自动拼接模块，支持特征点拼接、矩阵拼接、分组拼接和固件点位拼接等多种自动拼接方式，能够与自动采集设备无缝配套，将采集的图像序列拼接成整张图像。自动分割模块，可将大体积全幅面照片，自动分割成多层次细节图像瓦片，构建薄片照片影像金字塔。

支持特征点、矩阵、分组和批处理等多种自动拼接方式，将采集的序列图像快速拼接成整张图像，通过降低行列重叠度提升采集拼接效率。

最终拼接而成的超大图像，其分辨率通常达到几十亿像素，文件大小10GB以上，常用的图像浏览软件无法读取。采用图像金字塔技术按分辨率逐级进行分割切片存储，可将大体积全幅面照片，自动分割成多层次细节图像瓦片，构建薄片照片影像金字塔，图像浏览时可以按分辨率动态加载、快速显示。

3. 岩石薄片在线应用环境

开发在线应用系统，统一管理采集的全视域图像数据，为科研人员提供全尺度、单偏光、正交偏光不同角度岩石薄片全貌图像的共享应用与在线分析。基于网页浏览器，按区块、层位、井名、渗透率组合查询薄片图像，可以在任意缩放比例下，旋转观察不同光源多个角度的全幅面图像，进行颗粒、孔隙直径实时测量，在线标注等功能，还可以在任意分辨率下同视域变光源多角度的消光切换（图4-149），为科研人员还原镜下真实观察场景，便于对矿物颗粒形态、孔隙构造等进行更准确评价。通过开发数据接口，快速提取孔隙度、渗透率、岩性描述、碎屑、填隙物组分等薄片鉴定分析数据，在线绘制岩石类型三角分类图，将实景照片与实验分析数据集成展示（图4-150）。

4.6.3.4 智能测井解释

测井数据是油田勘探开发必不可少的宝贵资源，测井数据的应用贯穿于油田勘探开发全过程，并且在常规地质分析中占据主导地位，油田自开发至今，已积累了巨大的测井资料数据量。随着测井技术的发展，数据类型越来越多，数据格式也多样化，实际工作中通常要对测井数据进行多次的分析处理解释，以支持油气藏的精准描述。鄂尔多斯盆地超低渗透储层孔隙结构复杂、非均质性强、油气水关系复杂，不同类型储层产能差异大，测井流体识别和产能预测难度大。不同解释人员应用测井资料判识流体性质和产能预测存在差异性，为了精准评价储集层，运用大数据分析技术为测井数据的智能化分析应用提供了一种有效途径。

图 4-149 同视域变光源消光切换显示

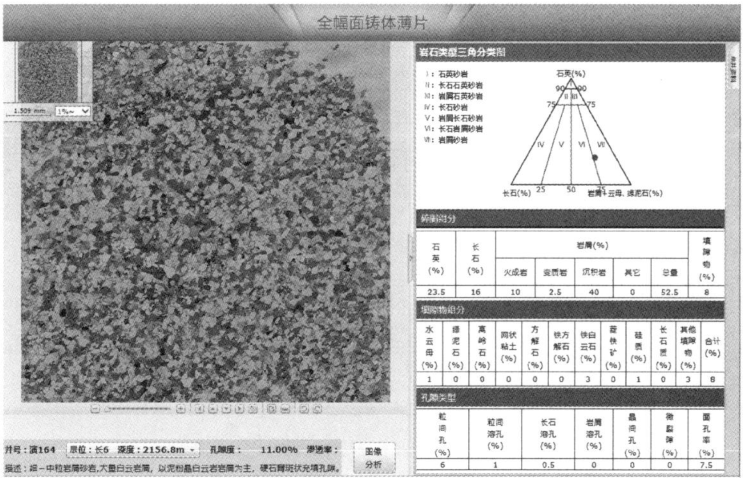

图 4-150 全幅面图像与实验数据集成展示页面

以姬塬地区长 4+5、长 6 储层为试点对象，在长庆油田数据湖和云平台架构下，搭建了开放式大数据研究分析平台，开展了测井大数据算法研究，结合测井评价的传统思路和大数据分析技术特点，利用大数据方法实现了地质分层、储层划分、物性参数预测、流体性质识别及产能预测，构建了满足行业规范的油气藏储量参数工具模块。

1. 建立学习样本数据库

1）数据的推送与提取

包含有两种方式：一种是通过 RDMS 平台直接推送井位、测井数据、气测数据、压裂试油、地层水分析等数据，然后在测井大数据平台中一键接收相关数据并自动建立研究工区；另一种方式是本地加载数据建立研究工区。

2）样本数据处理

（1）加入曲线别名设置系统，保证各曲线唯一性和批量可处理性。

（2）引入曲线计算功能，为原始曲线提供单位转换及归一化处理功能。

（3）开发 SP 基线校正功能，并对全区 43 口典型井进行校正。

（4）在单井解释中，初期方案是在对应的分层道、解释结论道、试油结论道上提供样本提交工具。

（5）学习样本需要完全准备的数据，解释结论、试油结论不一定都可信，这导致在图上不能清晰看出提交的学习样本段。专门创建了流体样本道显示学习样本段及对应流体性质，并保持和数据库的双向对接。

3）学习样本提交及优选：

（1）创建流体样本道，确认样本数据→右键→复制为流体样本，即可实现在图上清晰查看样本数据段的来源，保持和数据库的双向对接。

（2）提交样本数据，提交样本数据的方式有三种：一种是在试油结论道，可以选择一段一段提交样本数据，也可以在试油结论道道头提交样本数据；第二种方式是在流体样本道道头提交样本数据；第三种方式是在对应的分层提交样本数据。单井样本数据允许提交前查询及导出。

2. 算法优选

1）支持向量机（Support Vector Machine，SVM）

支持向量机是一类按监督学习方式对数据进行二元分类的广义线性分类器，其决策边界是对学习样本求解的最大边距超平面。

方法原理：两类线性不可分问题，在问题中加入松弛变量 $\xi_i \geqslant 0$，$i=1, 2, \cdots, l$，C 为惩罚因子。

原始问题：

$$\min_{w,b,\xi} \frac{1}{2}||w||^2 + C\sum_{i=1}^{l}\xi_i$$
$$s.t. \quad y_i[(w \cdot x_i) + b] \geqslant 1 - \xi_i, \ i = 1, 2, \cdots, l$$
$$\xi_i \geqslant 0, \ i = 1, 2, \cdots, l \tag{4-1}$$

该问题是一个凸二次规划。为求解方便，转化为对偶问题。

对偶问题：

$$\min_{\alpha} \frac{1}{2}\sum_{i=1}^{l}\sum_{j=1}^{l} y_i y_j (x_i \cdot x_j)\alpha_i \alpha - \sum_{i=1}^{l}\alpha_i$$
$$s.t. \quad \sum_{i=1}^{l} y_i \alpha_i = 0,$$
$$C \geqslant \alpha_i \geqslant 0, \ i = 1, 2, \cdots, l \tag{4-2}$$

方法实现：采用传统的序列最小最优化算法（SMO）。

方法优化：①工作集每次选两个变量（算法要求）；②工作集中两样本的乘子增量的绝对值相等，可提高运算效率和精度。③乘子增量采用“618”搜索算法，以确保每次迭代规划的目标函数减小；④实时获取系统内存大小，基于内存大小确定是否计算核矩阵，以提高算法效率。

多分类问题处理：对于类别数 $N>1$ 的多分类问题，每次把一个类与剩余的类分成两类，构建支持向量分类函数。N 类分类问题，需建立 N 个分类判别函数，判别函数值为正值时，样本归属于该类。

2）K 最邻近算法

方法原理：在对一个新的未分类个体进行分类时，首先在训练集中寻找与这个未分类个体最相似的训练样本的集合，称其为近邻样本集；然后基于这个近邻样本集合判别未分类样本的类别归属。

方法实现涉及的问题：①如何分类选择近邻样本，有助于提高方法准确率？即 K 如何取值为宜？②如何度量两个样本的相似性？基于属性空间距离，基于物理距离，或者基于两者组合等。③如何合并近邻样本集多个样本信息，进行决策判别？即如何计算近邻样本在判别时的权重，是所有近邻样本具有相同的权重，或者是某些点比其他点有更大的权重？采用选举法，属性距离加权法，或距离加权法。

方法优化处理：为了解决 KNN 方法存在的问题，项目对方法进行优化，提供三种形式的参数选择方法：智能优化、用户指定和混合方式，以便用户选择出最优参数，提高分类准确率。近邻参数设置，有项目给出用户指定近邻数及智能选择近邻数两种处理方法；样本相似性度量，项目提供了基于物理距离、基于属性距离和智能选择三种方法；近邻样本使用方法，项目提供了选举法、距离加权法、属性加权法和智能优选四种方法。

模型训练：当用户选定建模方法后，系统将样本数据随机分成训练组和测试组，用训练组样本估计测试组每个样本以确定最优模型参数；算法进行两轮迭代，确定最优模型参数，构建 KNN 分类模型。

KNN 回归模型与 KNN 分类模型设计理念一致，其不同点在于分类模型用近邻点估计样本类别，而回归模型用近邻点估计样本参数。算法提供了基于物理距离加权、基于属性距离加权和高斯加权三种拟合方法。

3）前馈深度神经网络

方法原理：前馈型深度神经网络是典型的深度学习模型，网络的目标是近似某个函数 $f^*(x)$，网络定义了一个映射 $y=f(x;\boldsymbol{W})$，通过样本训练，学习参数 $\boldsymbol{W}$（也称为网络的权向量）的值，使它能够最佳近似目标函数 f^*。

模型训练：模型训练采用传统 BP 算法，项目提供了梯度方法、共轭梯度方法和变尺度方法三种实现方法。为提高模型的推广性能，可选择正则化训练技术，正则化参数 λ 基于 Bayes 准则自适应调节。特点：并行分布式处理；高度的鲁棒性和容错能力；分布式存储及学习能力；能充分逼近复杂的非线性关系。是用于储层物性参数预测的首选工具。

方法优化措施：

（1）项目提供了三种训练方法，梯度方法和共轭梯度方法适用于大数据量的模型训练，变尺度方法适用于中等模型网络训练。共轭梯度方法和变尺度方法有较快的收敛速度。

（2）Bayes 自适应正则化方法能提高网络的推广性能。

（3）灵活的网络模型设计，便于用户进行方法研究。

4）基于类的机器学习（CbML）方法

目前，地球科学中使用的大多数聚类方法均需要人为给定分类数量，假设数据球状分布和深度域数据独立，那么这些假设不符合测井数据分布特征和地层沉积规律。此外，传统的测井处理和解释工作具有很强的主观性，常规机器学习需要大量时间或深度域样本训练模型，用大量的测量数据推论一个低维参数。因此大多数独立的无监督聚类算法不适用于测井解释分类评价，如要将机器学习方法应用在岩石物理领域，需要对算法进行调整。

基于类的机器学习（Class-based Machine Learning，CbML）方法是斯伦贝谢 2019 年提出的机器学习算法。该方法消除了机器学习对大量训练、测量数据的需求，大大缩短了数据交互时间。同时具有传统岩石物理分析流程和机器学习优势，在最小化人为干预的条件下获得客观、一致性的结果。

CbML 聚类方法由交叉熵聚类（CEC）、混合高斯模型（GMM）、隐马尔科夫（HMM）模型组合而成。先用交叉熵聚类自动确定分类数目，不需要人工参与，将分类数目传递给混合高斯模型；混合高斯模型可以去除 CEC 算法的球形约束，对数据进行概率分析，将其分在概率最大的类里；最后用隐马尔科夫模型消除单调递增的深度数据对算法的影响，建立深度域依赖关系，保留地层自然沉积顺序，识别层位厚度，将层位与电测井更好的对应。图 4-151为 CbML 聚类方法的基本原理。

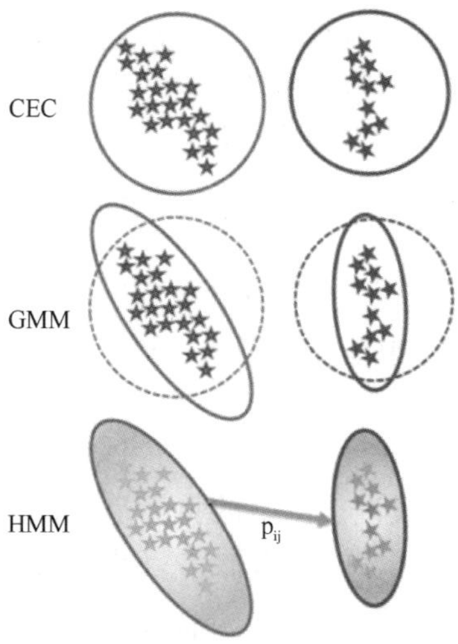

图 4-151　CbML 聚类方法的基本原理

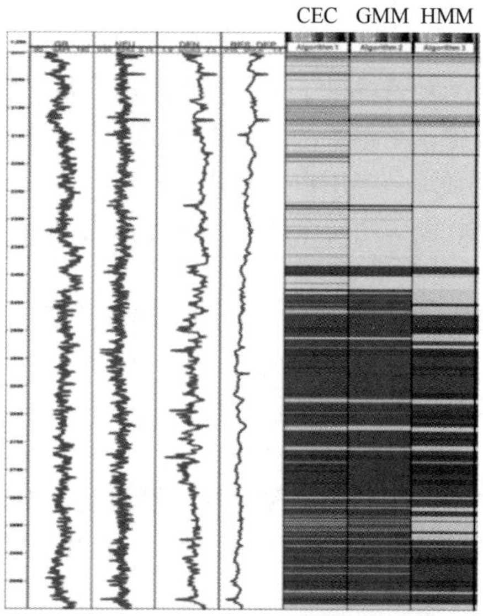

图 4-152　CbML 聚类方法应用实例

由图 4-152 可以观察到三种算法如何依次工作以改善结果。第一种算法 CEC 提供了最佳的簇数，但沿井产生了许多薄层。这种结果是由于假设每个群集的球形分布，没有考虑井数据中的深度依赖性和顺序。通过引入第二种算法 GMM，消除球形约束。去除了许多薄层，并且类内和类间的测量分布符合多元高斯的物理现实，因此结果有较大改善。最后，使用 HMM 将深度信息合并到 PDCS 中。利用该方案中嵌入的深度信息，能够识别出与电相分辨率匹配度更高的较厚层。此外，深度正则化有助于保留类别的更改顺序，从而有助于自动分区。

5）长短时记忆神经网络（Long Short-Term Memory，LSTM）

LSTM 是循环网络的改进模型（图 4-153），为了解决 RNN 网络存在梯度消失或梯度爆炸问题，以及很难处理长序列数据的问题，在循环模块中增加了输入门、输出门、遗忘门和细胞状态。遗忘门负责决定保留多少上一时刻的单元状态到当前时刻的单元状态；输入门负责决定保留多少当前时刻的输入到当前时刻的单元状态；输出门负责决定当前时刻的单元状态有多少输出。

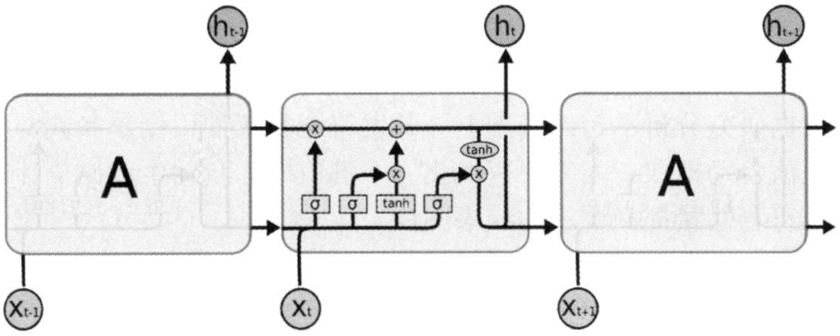

图 4-153 LSTM 长短时记忆神经网络方法示意图

6）MAE 自监督深度神经网络

监督学习利用大量的标注数据来训练模型，模型的预测和数据的真实标签产生损失后进行反向传播（计算梯度、更新参数），通过不断的学习，最终可以获得识别新样本的能力。无监督学习不依赖任何标签值，通过对数据内在特征的挖掘，找到样本间的关系，比如聚类相关的任务。

有监督和无监督最主要的区别在于模型在训练时是否需要人工标注的标签信息。

自监督学习首先从大量的无标签数据中通过辅助任务来训练网络，得到预训练的模型，然后对新的下游任务进行微调（如回归、分类、语义分割等）。优点是可以使用大量的没有标签的数据进行预训练，训练网络来提取数据特征，再用预训练好的模型，在少量的有标签数据上继续训练，来实现下游任务，如回归、分类等（图 4-154）。本项目的下游任务为地层划分、储层物性参数预测和流体性质识别。

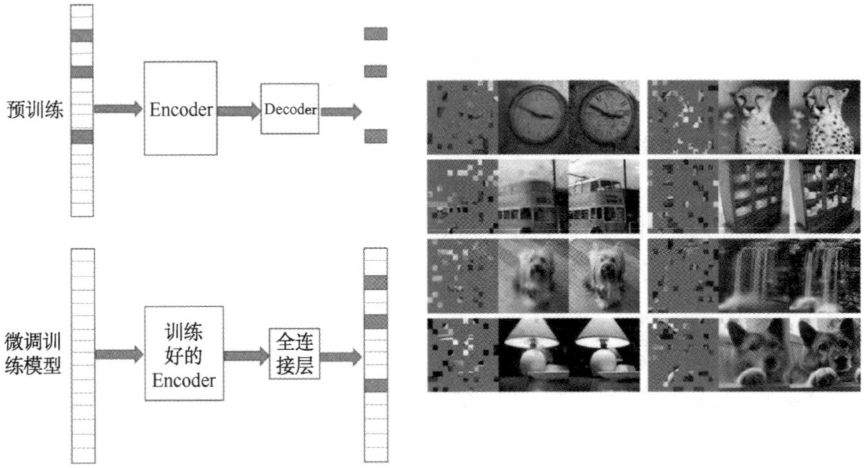

图 4-154 自监督深度神经网络原理和预测效果示意图

3. 智能化常规资料全流程测井处理解释的实现

（1）基于 MAE 自监督深度神经网络算法，利用 GR、SP、AC、RT 测井曲线和地层厚度，建立了姬塬地区直井地质分层模型，一级地层分层准确率 85%以上。

（2）基于 GR、SP、DEN、CNL、RT 测井曲线，建立了姬塬地区长 4+5、长 6 油藏的储层划分方案，采用聚类算法实现单井连续井段砂泥岩的自动识别，不需要人工干预。

（3）开发了 4 种大数据物性参数计算方法，计算孔隙度绝对误差小于 8.0%，计算渗透率绝对误差控制在半个数量级内，物性计算精度高于测井经验公式。

（4）开发了 4 种大数据流体性质识别方法，流体识别符合率与人工解释相当。

（5）开发了储量参数智能计算辅助工具，自动生成储量计算基础数据，取得良好应用效果。

在开放式大数据研究分析平台的基础上，开发符合长庆油田储量参数要求的辅助计算工具，实现储层特征值自动提取，人工快速优化，一键成图，自动生成储量计算基础数据，附表一键输出，生成符合储量提交要求的成果图件。

根据用户需求设计并开发了物性选段、岩性选段、试油选段等特色功能，通过条件约束，根据用户选择一键输出岩性与含油气性关系图系列、声波时差与电阻率交会图系列、孔隙度验证图、单位厚度产油量与渗透率关系图等，修改数据后，可更新至 WIS 文件。合计开发油藏储量工具表 5 张，图 19 张；气藏储量工具表 4 张，图 12 张（图 4-155）。

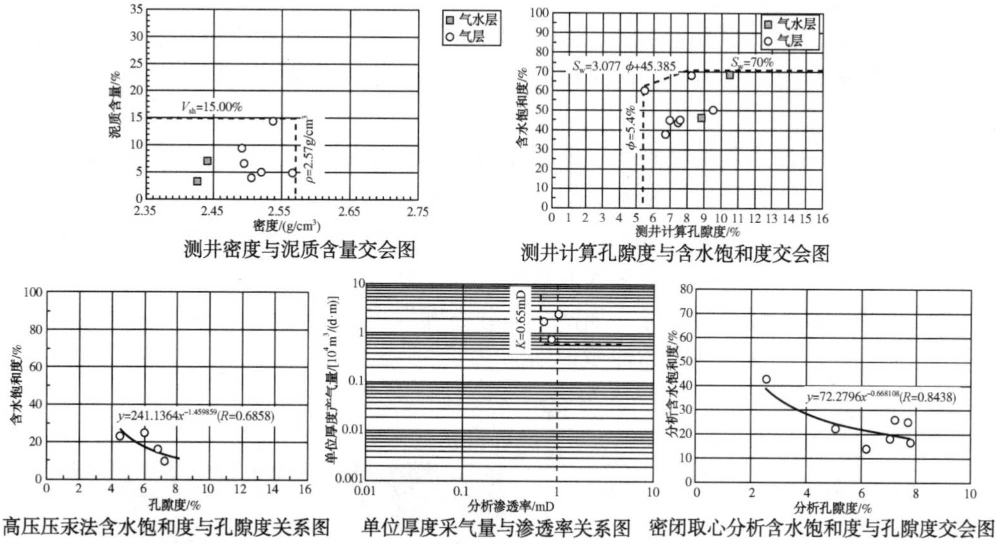

图 4-155　气藏储量成果图

改变了传统储量研究工作模式（图 4-156），对 500 口井的储量工区，采用传统方式用时约 80~90 天，应用智能化方式用时约 40~50 天，储量计算工作时效提高至原来的近 2 倍。

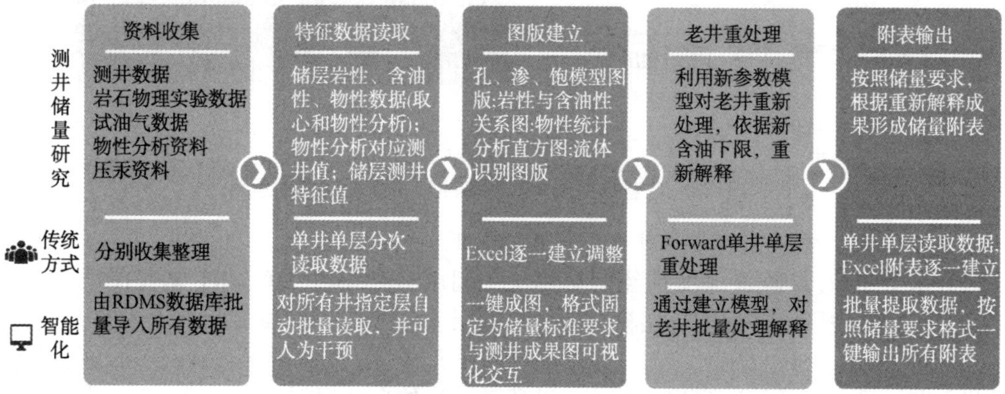

图 4-156　传统与智能化储量研究工作模式对比

4.6.4 集成应用中心

4.6.4.1 煤岩气平台技术

1. 系统平台开发概述

我国煤岩气储量丰富，相关产业已经进入成长初期，从保障国家能源安全的角度分析，发展中国煤岩气产业具有重大的现实意义。但煤岩气发展速度总体较慢，面临一系列的困难和问题，不同程度地制约了产业的发展，亟需加大煤岩气开发研究及生产管理，从而提高煤岩气开发利用的经济效益。通过开展煤岩气生产管理与研究决策平台的研发工作，基于鄂尔多斯盆地各油气田企业，包括长庆油田、煤层气公司、辽河油田、冀东油田下属相关区块、采气厂、气井的动静态数据，应用大数据分析技术，结合气藏工程专业分析手段，围绕煤岩气开发业务链，提供智能化管理模式，聚焦气田生产全流程、全链条、全要素管理，实现开发业务流程化、过程透明化、工作协同化、管理精细化、分析智能化，推动气田“精益生产”，助力油气田企业高质量、可持续发展。追求煤岩气生产低投入、高产出、收益最大化。

2. 系统平台整体开发技术

基于长庆油田云平台的 PaaS 基础架构，通过 Spring 等开源产品构建微服务框架，实现公共系统服务及业务服务的标准化封装、支持。基于 · NET、Java 等开发语言，形成“模块化、迭代式”敏捷开发模式，为油田业务应用提供统一的开发、发布、运维云环境（图 4-157）。

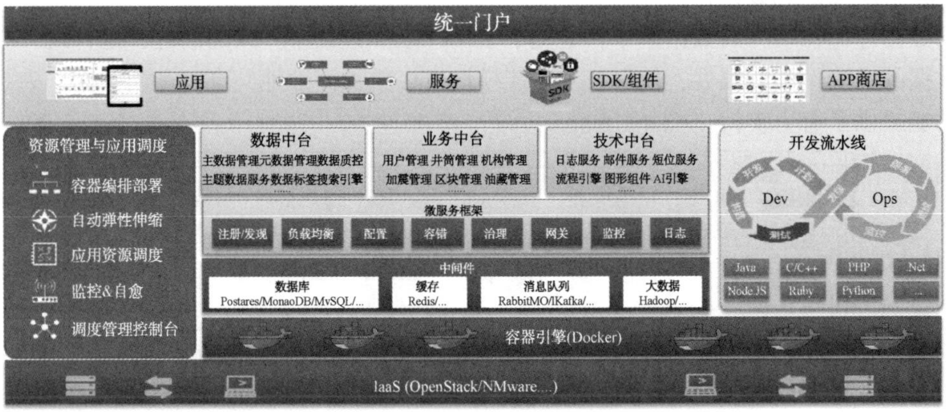

图 4-157 技术架构

3. 系统架构设计

系统采用前后端分离的架构，其中前端采用 VUE 框架，后端采用 Spring Boot，在架构设计上实现了系统灵活性和可扩展性，前端和后端的代码逻辑相对独立，在系统的迭代和升级过程中，可以更加灵活地对前端或后端进行修改和优化，同时前后端分离的架构也方便系统进行缓存、负载均衡和扩展等性能优化措施的实施。这极大地提升了系统的可兼容性、维护性和可扩展性。同时前端采用 VUE 框架，部分逻辑放到客户端执行，减轻了后端的负载压力，提高了系统的响应速度和并发处理能力（图 4-158）。

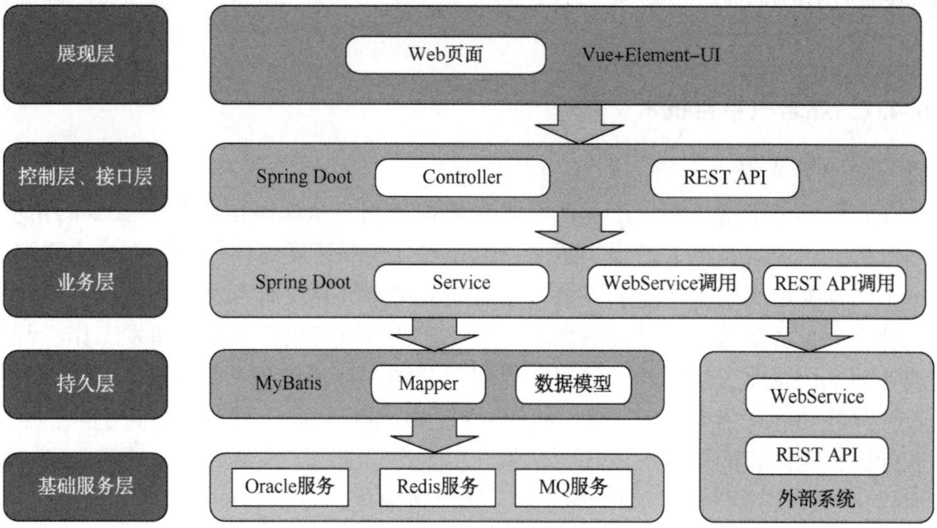

图 4-158　开发架构

4. 数据交互和共享

系统成功实现了不同功能模块之间的数据交互和共享。系统通过接口和数据格式的统一规范，实现了数据的无缝传输和共享，提高了数据的准确性和一致性。煤岩气系统按照统一的接口规范，定义了不同功能模块之间数据交互的方式和数据格式，避免数据格式不一致导致的数据解析错误和数据丢失等问题，通过设计合适的数据结构和数据库模型，将各个功能模块的数据存储在统一的数据库中，避免了数据冗余和数据不一致的问题，这种设计方案提高了数据的准确性和一致性，使得各个功能模块可以更加高效地共享和利用数据，为系统的整体功能提供了有力支持（图 4-159）。

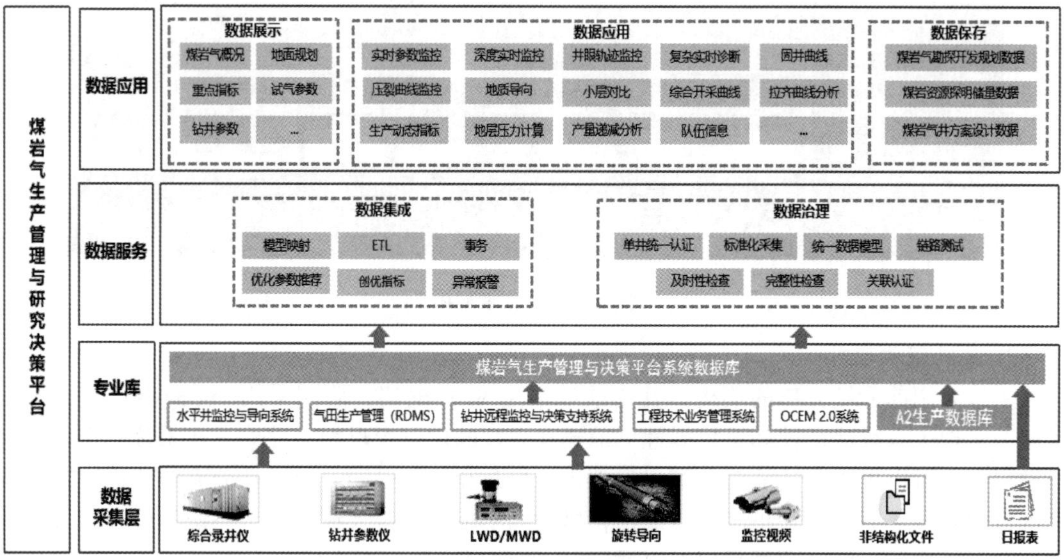

图 4-159　数据架构

5. 功能技术研发及算法应用

1）地质导向、小层对比、绘图模块微件开发

地质导向技术是水平井在钻进过程中，根据油层地质资料和随钻的测量数据，实时地调整井眼轨迹的测量控制技术。该技术是先在水平井钻前建立地质导向模型，并根据测井资料，对随钻测井曲线及可能钻遇的地层岩性进行预测，然后在钻进过程中，建立好地层模型，利用随钻的测井和测量资料，在水平井的钻进过程中不断调整最初的设计，调整优化选进的方向，将井眼轨迹调整到油藏最佳的位置，在高效开发复杂油藏方面具有极大的优势。为了能够在线通过实时随钻录井、测井及钻井工程数据，分析油气层变化，精确开展地质导向，地质导向技术采用在线可视化的方式监测水平井的各项参数以及邻井数据，调整实钻井眼轨迹，确保钻头在油层中钻进，是提高研究人员决策效率的关键手段。

该项技术以煤岩气平台纳林 1H、米脂北和绥德区块为试点，采用基于 H5 技术研发的在线地质导向和小层对比产品，同时以长庆区域数据湖、RDMS 系统以及云平台的数据服务和运行环境为支撑，实现地质导向专业图形在线动态渲染和交互操作，无须安装任何插件，即可实现跨平台、跨浏览器和跨显示设备运行，提升在线地质导向效果和体验。

2）建立地质导向综合数据模型

（1）建立主井数据结构。

```
[{"WELLCOMMONNAME":"水平井 A",//井名称
          "WELLID":"001",//井 ID
          "WELLTOPELEVATION":1322.23,//井口海拔
          "X":×××××××,//井口大地横坐标
          "Y":××××××××,//井口大地纵坐标
          "TOPMD":0,//起始测量深度
          "BOTTOMMD":1000,//终止测量深度
          "DESIGNTRAJECTORY":{},//设计井轨迹数据
          "TRAJECTORY":{},//实钻井轨迹数据
          "CURVES":[],//曲线数组
          "WAVES":[],//波形数组
          "LITHOLOGY":[],//岩性数组
},…]
```

（2）建立邻井数据结构。

```
[{"WELLINFO":{//井信息
          "WELLCOMMONNAME":"邻井 A",//井名称
          "WELLID":"001001",//井 ID
          "WELLTOPELEVATION":1322.23,//井口海拔
          "X":×××××××,//井口大地横坐标
          "Y":××××××××,//井口大地纵坐标
          "TOPMD":0,//起始测量深度
          "BOTTOMMD":1000,//终止测量深度
```

```
        },
        "CURVES":[ ],//曲线数组
        "WAVES":[ ],//波形数组
        "LITHOLOGY":[ ],//岩性数组
},…]
```

(3) 建立地层数据结构。

```
[{
        "NAME":"",//地层名称
        "FILLSTYLE":{//填充模式
          "color":""
        },
        "VSS":[ ],//视平移数组
        "ALTITUDES":[ ]//海拔数组
      },…]
```

(4) 建立靶点数据结构。

```
[{
        "NAME":"A",//靶点名称
        "VS":500,//视平移
        "ALTITUDE":-422.5//海拔
    },…]
```

3）绘图关键技术。

(1) HTML5 Canvas+WebGL 绘图引擎。

基于 HTML5 Canvas 绘图技术研发，采用纯 JavaScript 语言编写，封装了一套完整的专业绘图函数来实现在 Web 浏览器的 HTML 页面中对专业图形进行动态渲染，实现高效、高质量的在线专业绘图引擎（图 4-160、图 4-161）。

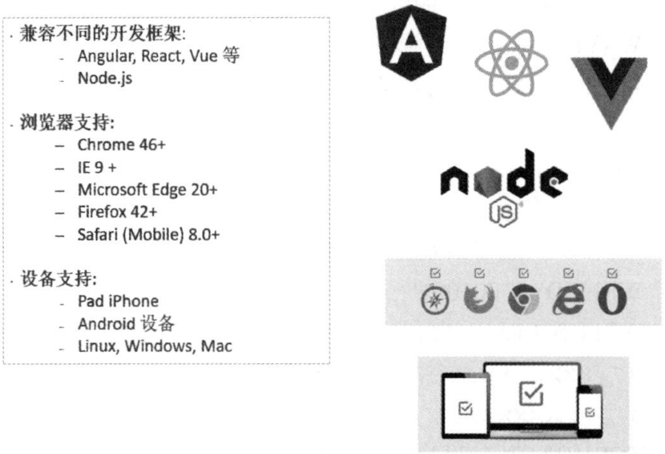

图 4-160　HTML5 Canvas+WebGL 绘图引擎

（2）渲染性能优化算法。采用可视化区域检测技术，可以通过动态扫描可视区域范围内可绘制的对象进行绘制，可视区域外的对象不绘制，应用此方法可以减少浏览器加载图像的内容，提高渲染效率。

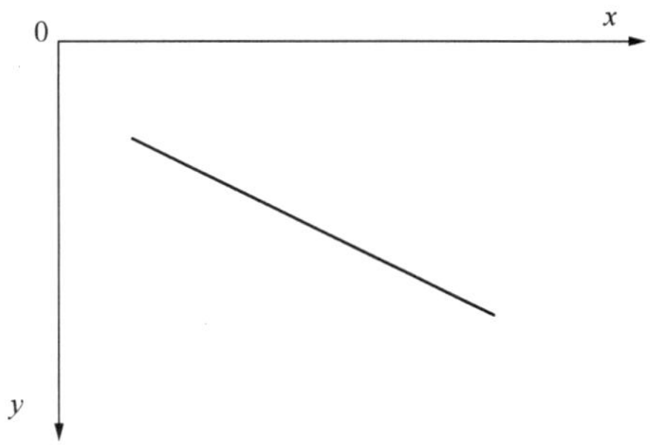

图 4-161 HTML5 Canvas+WebGL 绘图引擎

（3）矩阵变换绘图优化算法

矩阵是数学线性代数中的一个概念。在线性代数中，线性变换能够用矩阵表示。如果 $\boldsymbol{T}$ 是一个把 $\boldsymbol{R}_n$ 映射到 $\boldsymbol{R}_m$ 的线性变换，且 x 是一个具有 n 个元素的列向量，那么我们把 $m\times n$ 的矩阵 $\boldsymbol{A}$，称为 $\boldsymbol{T}$ 的变换矩阵。采用矩阵变换可以极大地提高绘图效率，高效地执行旋转、缩放、切变、反射以及正投影等（图 4-162）。

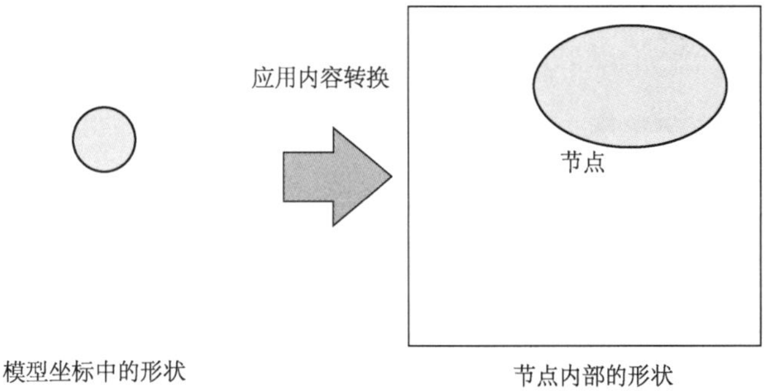

图 4-162 矩阵变换绘图优化算法

（4）交互操作技术。采用 MVVM 框架，基于事件订阅处理机制，提供丰富的操作工具如缩放、拖拽、拉框等操作，同时实现专业的图元操作及属性设置，如连层剖面创建，地层形态调整等（图 4-163）。

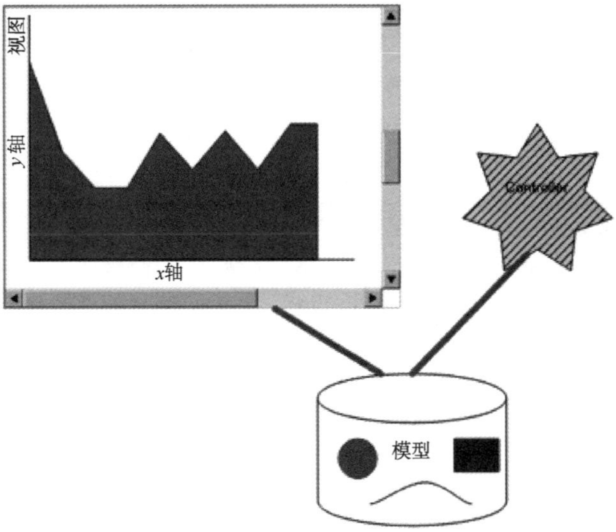

图 4-163 交互操作技术

6. 油藏工程专业算法应用

生产动态模块的井底压力计算功能，是利用实测法、垂直管流法、压降曲线法、拟稳态数学模型法、二项式产能方程法、井口压力折算法 6 种算法计算地层压力（井底压力），输入参数包括通井深度、压力计停放点深度、气层中深、实测压力、压力梯度等，通过计算输出目前地层压力结果图。

井底压力是指油井底部的压力值，也称为井底静压。确定井底压力是油气勘探与开发中非常重要的一项工作。井底压力对气井的生产管理有着重要作用，是气田科学开发管理的依据。

1）实测法

实测法是利用压力计测点深度的压力通过一元回归分析来计算油井底部的压力值，适用于近期用压力计在井筒内至少 5 个不同的位置分别测试压力的情况（图 4-164）。

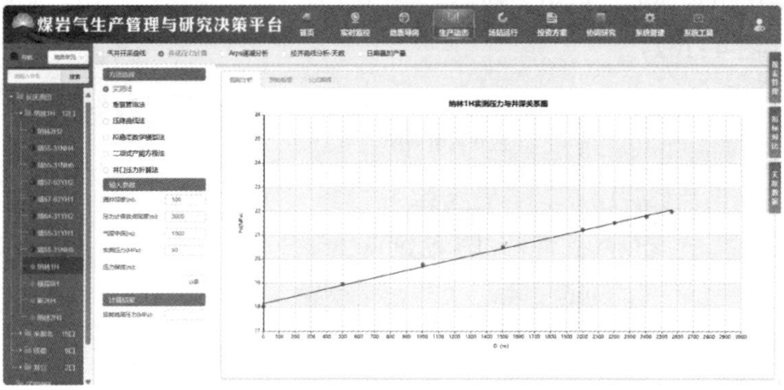

图 4-164　实测法计算井底压力

实测法计算公式为：

$$y=Bx+C \quad (4\text{-}3)$$

式中，B 为回归系数；C 为截距。

2）垂直管流法

垂直多相管流是指流动过程中油、气的分布状态，它与油气体积比、流速及油气的界面性质有关。不同流动结构的混合物有各自的流动规律。单相垂直管流的能量来自液体的压力（井底流压），其能量消耗在克服重力和摩擦阻力，而且大部分能量消耗在克服液柱重力上（图 4-165）。

图 4-165　垂直管流法计算井底压力

气体在垂直管线中流动时，气体从截面 1 流入，从截面 2 流出，1kg 流动气体的能量变化，根据能量守恒定律，稳定流动能量方程式可表示为：

$$A\int_1^2 \nu \mathrm{d}p + A\frac{u_2^2 - u_1^2}{2g} + A\int_1^2 \mathrm{d}L + \int_1^2 \frac{fu^2\mathrm{d}L}{2gd} + AW = 0 \tag{4-4}$$

式中，A 为功的热当量，$A=1/426.9$，kcal/（kg · m）；v 为气体比热容，m^3/kg；u_1，u_2 为截面 1、2 上的平均流速，m/s；u 为井筒平均流速，m/s；g 为重力加速度，m/s^2；dL 为截面 1、2 的高度差，m；f 为摩擦阻力系数；d 为油管直径，m；dp 为压力增量，atm。

式中左边第一项表示 1kg 气体在流动过程中所做的流动功；第二项表示 1kg 气体在流动过程中动能的增量；第三项表示 1kg 气体在流动过程中位能的增加；第四项表示 1kg 气体在流动过程中消耗于摩擦阻力所损失的能量；第五项表示 1kg 气体在流动过程中对外所做的机械功。在气井垂直管柱中，系统对外并没有做机械功。因此，原式可变为：

$$A\int_1^2 \nu \mathrm{d}p + A\frac{u_2^2 - u_1^2}{2g} + A\int_1^2 \mathrm{d}L + \int_1^2 \frac{fu^2\mathrm{d}L}{2gd} = 0 \tag{4-5}$$

即常用于计算垂直气井的井底压力的基本公式。

3）压降曲线法

压降曲线是指压裂施工停泵后井底或井口压力随时间的变化曲线（图 4-166）。适用于气井具有准确可靠的压降曲线（定容封闭气藏），同时具有生产动态数据（累计产气量）。优点是方法简单、所需参数较少。缺点是采出程度大于 10%时用此方法结果才较为准确。

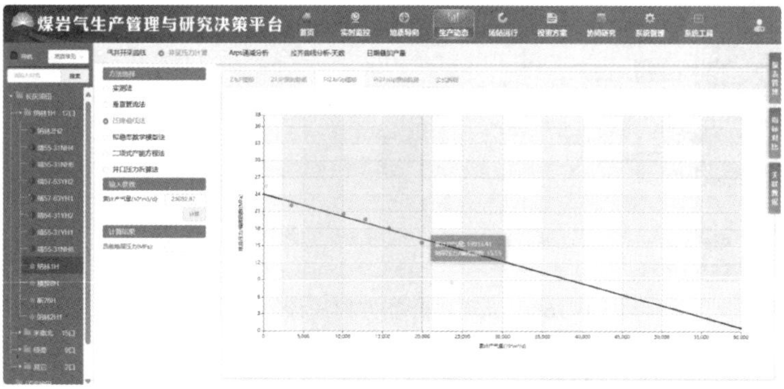

图 4-166 压降曲线法计算井底压力

在拟稳定流动期，井底压力随时间变化基本关系式为：

$$P_{\mathrm{wf}}(t) = P_i - \frac{\mu_{\mathrm{qB}}}{2\pi Kh}\left(\frac{2Kt}{\Phi\mu^2_{r_e^2 C_t}} + \ln\frac{r_e}{r_w} - \frac{3}{4}\right) \tag{4-6}$$

式中，P_{wf}为井底压力，MPa；P_i 为原始压力，MPa；t 为时间，h；μ 为原油黏度，mPa · s；B 为原油体积系数；q 为油井产量，m^3/d；K 为渗透率，mD；h 为油层厚度，m；Φ 为孔隙度；C_t 为综合压缩系数，1/MPa；r_e 为泄油半径，m；r_w 为井底半径，m。

4）拟稳态数学模型法

拟稳态数学模型方法适用于气井生产较为稳定且具有生产动态数据（连续的井口压力测试数据和累计产气量）的情况（图 4-167）。

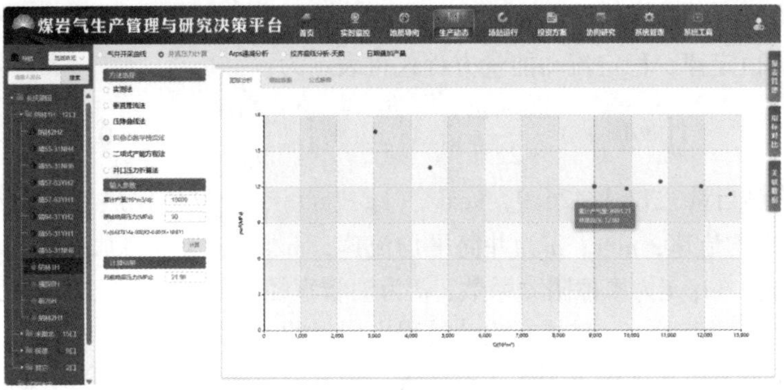

图 4-167　拟稳态数学模型法计算井底压力

拟稳态数学模型法基本公式为：

$$P_{wf}=aG_p^2+bG_p+c \tag{4-7}$$

式中，P_{wf}为井底压力，MPa；G_p 为累计产气量，m^3。

5）二项式产能方程法

二项式产能方程法适用于气井具有相对准确的产能方程且井口产量和井口压力较为平稳的情况（图 4-168）。

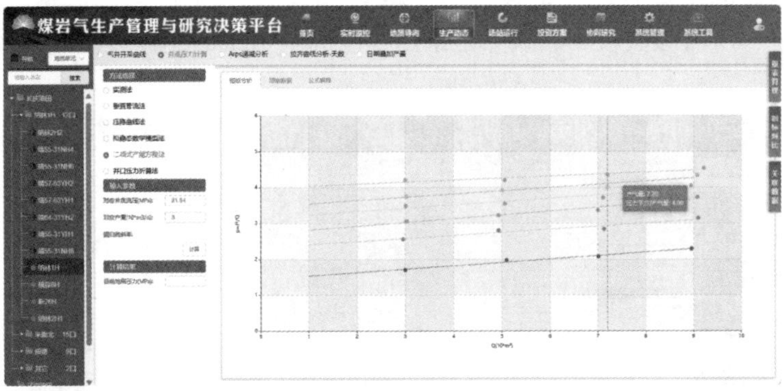

图 4-168　二项式产能方程法计算井底压力

二项式产能方程法基本公式为：

$$P_R=\sqrt{Aq_g+Bq_g^2+P_{wf}^2} \tag{4-8}$$

式中，q_g 为井筒目前产气量，10^4m^3；P_{wf}为井底压力，MPa；P_R 为地层压力，MPa；A、B 为产能方程系数。

6）井口压力折算法

井口压力折算法是一种非测试条件下确定气藏地层压力的方法。首先选用没有边、底水的气藏，气井投产前地层压力测试中可以得到井筒压力梯度；利用气藏开发初期的大量测试数据，建立气田井筒压力梯度与井口压力之间的关系曲线，并创建经验公式，计算出任一井口压力下的地层压力；再通过建立累计产气量与地层压力之间的关系曲线，即稳定的压降曲线，可以得到任一累计产气量下的地层压力（图 4-169）。

井口压力折算法基本公式为：

$$P_{wz}=P_z+DH \tag{4-9}$$

式中，P_{wz}为地层压力，MPa；P_z为井口压力，MPa；D为井筒压力梯度，MPa/100m；H为气层深度，m。

图 4-169 井口压力折算法计算井底压力

7）Arps 产量递减算法

在生产动态分析模块中利用 Arps 递减模型进行算法实现，可选多种算法进行产量递减预算（图 2-170）。

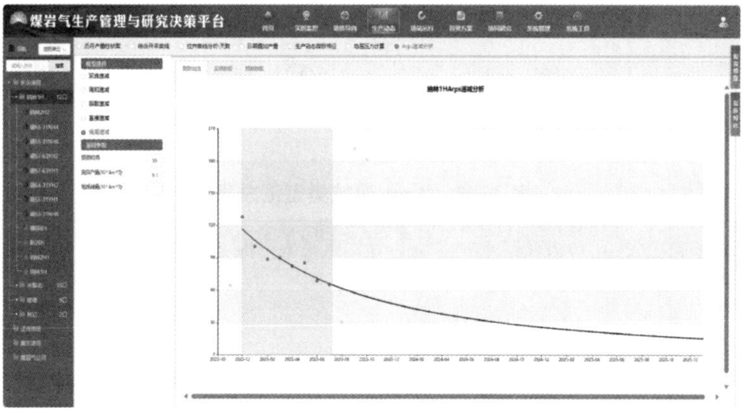

图 4-170 Arps 递减模型计算结果

Arps 模型分析方法是通过经验模型进行递减分析中使用最为广泛的方法。这种方法不仅能够对气井进行未来产量和单井储量的预测，还提出了两个用来判断产量递减类型和产量递减速度的评价指标，即递减指数 n 和产量递减率 D。

采用递减率 D 来判断递减的快慢，即单位时间内的递减分数为：

$$D=-\frac{1}{q}\frac{\mathrm{d}q}{\mathrm{d}t} \tag{4-10}$$

递减指数 n 与递减率 D 的关系为：

$$\frac{D}{D_0}=\left(\frac{Q}{Q_0}\right)^n \tag{4-11}$$

通过式（4-11）提出在 n 取不同值时，产量有三种递减规律，即指数递减、双曲递减、调和递减，并且推导出相应的产量预测公式和累计产量计算公式：

$$q=q_0\ (1+D_0nt)^{-1/n} \tag{4-12}$$

式中，q 为气井日产气量，m^3/d；q_0 为初始产气量，m^3/d；D_0 为初始递减率，$10^8m^3/a$；n 为递减指数。

当 $n=0$ 时定义为指数递减，产量公式简化为：

$$q=q_0e^{-D_0t} \tag{4-13}$$

累积产量表示为：

$$N_{pt}=N_{po}+\frac{Q_i-Q}{D_i} \tag{4-14}$$

当 $n=1$ 时定义为调和递减，产量公式简化为：

$$q=\frac{q_0}{1+D_0t} \tag{4-15}$$

累积产量表示为：

$$N_{pt}=N_{po}+\frac{Q_i}{D_i}\ln\frac{Q_i}{Q} \tag{4-16}$$

当 $n\neq0$ 且 $n\neq1$ 时定义为双曲递减，产量公式简化为：

$$q=q_0\ (1+D_0nt)^{-1/n} \tag{4-17}$$

累积产量表示为：

$$N_{pt}=N_{po}+\frac{Q_i^n}{D_i\ (1-n)}(Q_i^{1-n}-Q^{1-n}) \tag{4-18}$$

Arps 各递减类型汇总后其关系式如表 4-42 所示。

表 4-42　Arps 递减类型汇总表

递减类型	A_1 与 D 关系式	A_2 与 D 关系式	A_1 与 A_2 关系式
指数递减	$A_1=1-\frac{-1}{\ln\ (1-D)}$	$A_2=D$	$A_1=1-\frac{-A_2}{\ln\ (1-A_2)}$
调和递减	$A_1=1-\frac{(D-1)\ \ln\ (1-D)}{D}$	$A_2=1+\ln\ (1-D)\ /\ln\left(\frac{1-D}{1-2D}\right)$	
双曲递减	$A_1=\frac{nD-1+\ (1-D)^n}{(n-1)\ [1-\ (1-d)^n]}$	$A_2=1\frac{(1-D)^{1-n}-1}{1-\left[\frac{1}{1\ (1-D)^n-2}+\frac{1}{2}\right]^{1/(n-1)}}$	
衰竭递减	$A_1=1-\sqrt{1-D}$	$A_2=2-2\sqrt{1-D}$	$A_2=2A_1$

4.6.4.2　智能油藏动态分析

油藏动态分析是开发人员的基本功和基础工作，是调整措施和油藏经营的源头，更是抓好效益开发的原点。随着油田多年的勘探开发，逐渐进入高含水开发阶段，地下剩余可动油趋于总体分散而复杂化态势，稳产难度越来越大；而资金短缺、成本上升等难题对措施的有效性又提出了越来越高的要求。油田动态分析作为一项搞好油藏管理的基础性和经常性的技术工作，在提高措施有效率和改善油田开发效果方面发挥着越来越重要的作用。油藏动态分析具有涉及动静态数据多、指标计算多、技术方法多、资料时效性强、分析频次高、绘制曲线图件多等特点。传统模式下油藏动态分析依靠人工查询统计，收集动静态资料和编制各类图、表、曲线占用开发人员大量的时间。再加上数据来源不同、规则不统一，处理数据耗时长，严重影响技术人员的工作效率，耗费人力资源大。针对痛点，结合油藏工程算法与大数据分析技术，为油藏动态分析智能化提供了解决方案。

2021 年以采油三厂为试点，初步建立了涵盖“生产监控预警、油藏诊断与措施推荐、开发效益评价”全流程的智能油藏动态分析系统，探索常规油藏类型的智能化解决方案。2023 年扩展页岩油油藏类型解决方案，深入页岩油油藏开发规律研究，填补页岩油油藏动态分析的空白，实现了常规油藏与非常规油藏分析从“被动治理-主动预防”“过程研究-结果推送”“辅助决策-智能决策”的 3 大转变，打造基层油藏动态分析智能技术顾问；274 个年产油量大于 2 万吨的油藏实现智能预警，自动计算 1654 个地质单元及行政单位的 143 项常用指标，654 个油藏实现 8 类 37 种曲线、图件在线生成，平均节约油藏动态分析工作时间 5 小时/天，降低 2000 余名技术人员每日 58%的工作量，提高了基层动态分析的工作效率。结合大数据与人工智能技术，发挥机器学习算法优势，实现油藏分类、产量预测、产量影响因素分析计算模型的研究。探索分析传统经验法与常规机器学习算法的差异性和优缺点，围绕油藏分类、产量指标预测、注采关系识别与调整等业务，构建了高算力、高性能、高准确率的智能算法模型，实现了多参数时序动态建模能力下的生产指标预测分析。

1. 建立“一源四维数据中台”

“一源四维数据中台”模型如图 4-171 所示。

图 4-171 一源四维数据中台

1）设计背景

随着油田精细化管理，对日、周、旬、月数据有强烈应用需求，但目前存在 2 个问题，一是各系统在建设初期没有统一规划，造成“各自为阵”的局面，且各系统生产数据存在不完整、不规范、不一致、分头处理、重复计算等问题；二是目前油田开发技术人员分析使用的月数据都是经过人工扣水处理后的数据，无法反映真实情况，会影响含水上升率等指标的客观性。基于以上 2 个问题，以 A2 油水井日、月数据为源头，建立全维度的数据中台，统一数据来源，支撑油藏动态分析智能化，持续释放数据“红利”，让油藏管理更加“智慧”。

2）数据维度

（1）地质单元：区块、油田、组合油田，后续向片区、井组、层位细分。

（2）行政单位：井区、作业区、采油厂、油田公司。

（3）投产年度：当年新投井、上年新井、纯老井。

（4）生产周期：日、周、旬、月（不扣水）、月（扣水）。

3）应用效果

（1）实现油藏智能预警。

从油藏开发规律入手，应用 Arps 递减算法智能预测下月和去年同期月度递减率，结合含水上升率变化情况，智能推送问题油藏，实现“报警”到“预警”的转变。有效解决开发水平不降级但开发形势已然变差，油藏不能及时报警的问题。系统每月对 13 家采油单位、274 个年产量大于 2 万吨的油藏智能预警，钻取查看预警详情（图 4-172）。

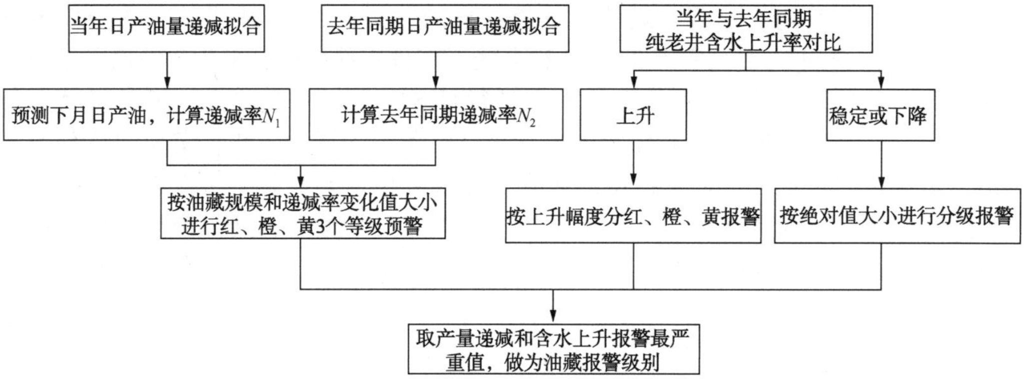

图 4-172　油藏智能预警流程

（2）实现油井智能诊断与措施推荐。

异常油井诊断是油田日常工作生产的重要工作内容之一，直接影响着油田管理和油田生产。传统工作方式下，异常井的识别方法主要为人工排除法，利用专业人员丰富的经验和以往的相关资料，经过比较复杂的流程，确定异常井。人工排除法需要耗费大量的人力、物力、财力，确定的时间比较长。

扩充地质、工艺、管理等影响因素，梳理减产 3 大类 15 项、增产 4 大类 10 项诊断标准及对应措施，并对液量、油量、含水、动液面等 9 项指标按照产量规模进行分级阈值设置，精细解剖单井减产原因，推荐最佳措施治理方案。通过用户需求调研，发现不同的油藏产变原因，诊断规则阈值不统一问题，基于此开发个性化方案定制功能，用户根据分析需要可自由定制开发指标和阈值，形成自己的诊断方案，支持一套油藏一套方案，一个用户一套方案的设定，实现长庆油田 654 个油藏智能诊断全覆盖（图 4-173、图 4-174）。

实现任意 2 个时间段的智能诊断，通过诊断流程可视化，显示油井动态变化特征、产变原因，给出治理方向并推荐措施。打通功图 3.0 接口，辅助专业技术人员进一步诊断油井产变原因，提升油井诊断效率和准确性。满足诊断的多样性和灵活性需求，提高了开发人员的工作效率，同时优化了诊断流程，提高油田效能，为油田精细化管理夯实了技术基础（图 4-175、图 4-176）。

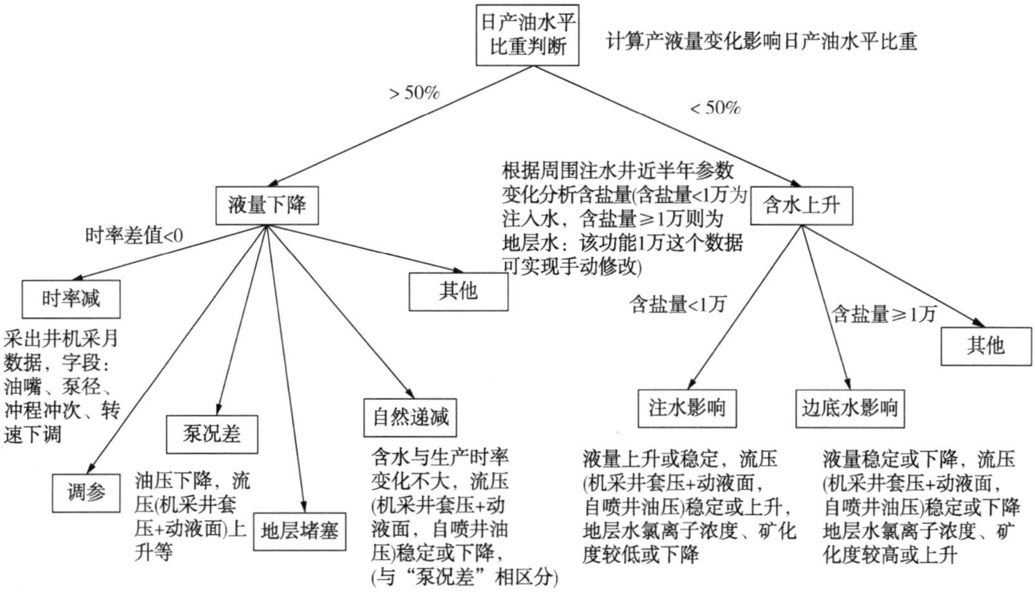

图 4-173 减产专家经验知识库

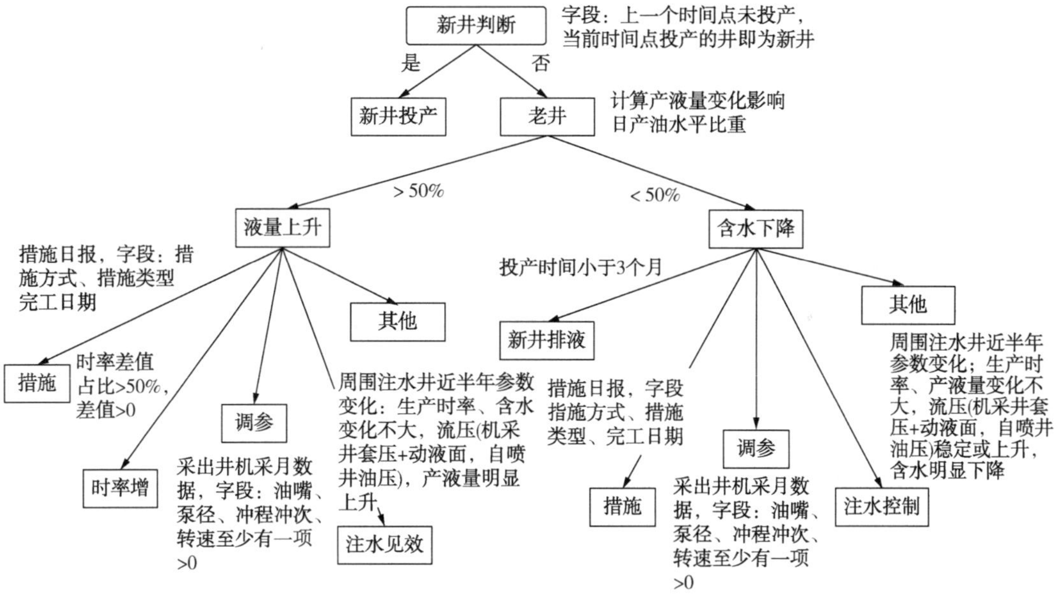

图 4-174 增产专家经验知识库

（3）实现曲线、图件在线生成。

融合 D3 和 Echarts 技术，自动生成综合开发曲线、井组注采曲线、产量构成曲线、单井采油曲线、开采现状图、产量构成图等 9 类曲线和图件（图 4-177），基于数据中台实时计算，支持日、周、旬、月（不扣水）、月（扣水）数据源切换，灵活选择数据源绘制各种曲线和图件，通过数据分析、统计、对比、动静结合分析等手段，灵活、快速地从不同的维度实现数据潜在信息的深入挖掘、生产现状的认识、生产规律的分析，大幅提高非常规气藏动

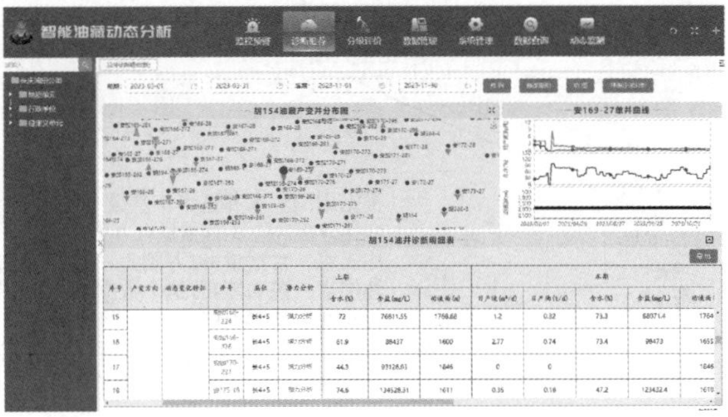

图 4-175 智能诊断与措施推荐

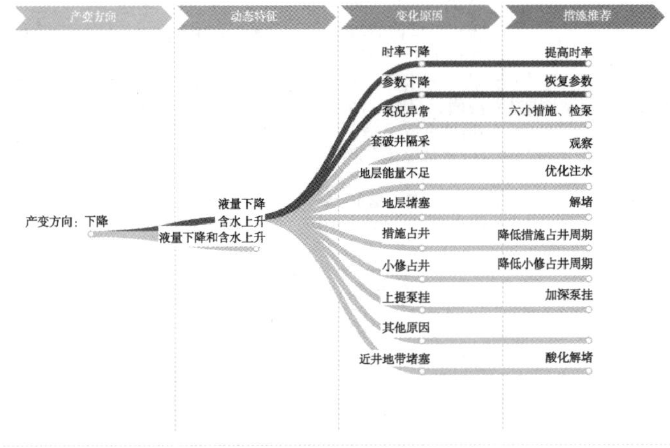

图 4-176 诊断流程可视化

态分析的效率与水平，平均节约油藏动态分析工作时间 5 小时/天，成功实现了采油七厂在长庆油田分公司第四届一次职工代表大会上提出的名称为“加大油藏数据分析统计性整合共享和投入力度”提案。

（4）提供在线油藏工程分析工具。

结合油藏的实际生产资料，基于指标数据中台，通过多专业、多学科数据集成与共享实现采收率、地质储量、井网密度、可采储量的自动计算，一键生成水驱特征曲线、含水与采出程度关系图版、产量递减分析、甲丁乙丙 4 种水驱分析图等，对油藏开发过程中发生的各种变化进行评价，作出预测，辅助油田开发人员从整体上认识油藏，提出相应的技术措施，提高油藏的采收率（图 4-178）。

2. 油藏生产分析智能算法研究

在油田开发过程中，油藏产量预测方法的研究对开发方案的动态调整具有重要意义。针对在利用机器学习算法进行油藏产量预测过程中，因缺乏考虑时间序列模型的参数调整优化技术，以及新数据叠加进行预测模型动态更新技术，导致产量预测的准确率不高且时效性不强，难以满足实际生产应用需求等问题，研究了基于长短期记忆神经网络模型的多参数时间序列预测方法及粒子群参数优化算法，构建了随时间动态更新的油藏产量预测模型，从而进一步提升油藏产量预测的准确率与实用性，并在长庆油田多个油藏的生产过程中进行了应

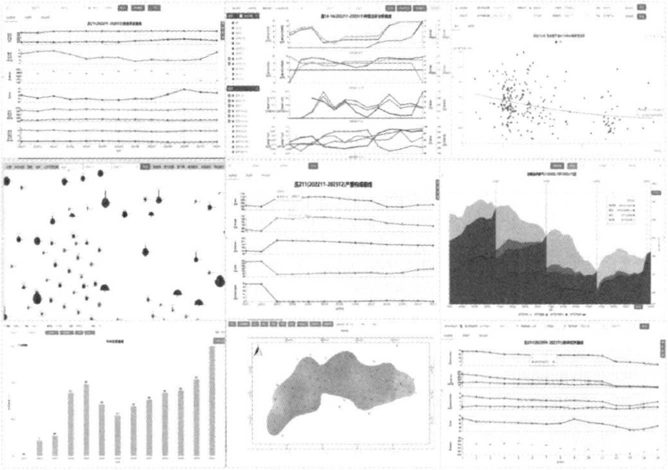

图 4-177 在线生成曲线、图件

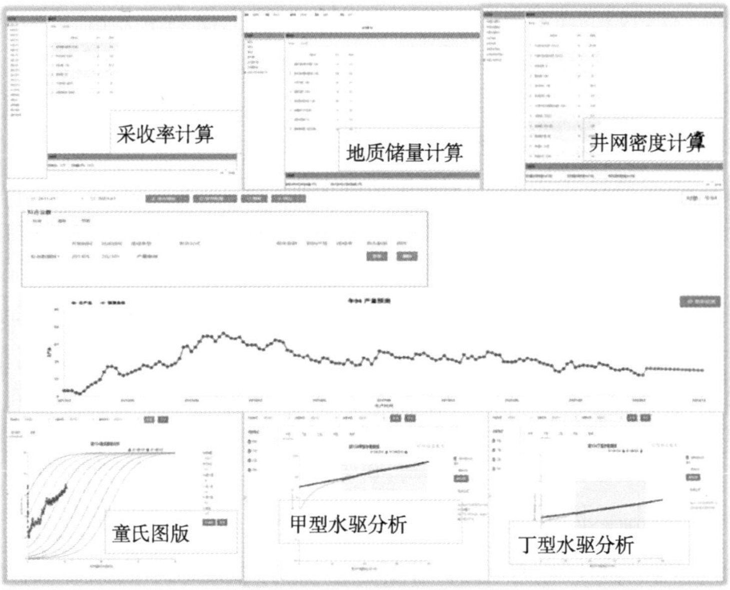

图 4-178 在线油藏分析工具

用。应用结果表明，模型预测结果的准确率较高，且模型具有实时训练和自动更新的特点，在实际生产中展现出了较高的应用价值。

1）模型构建

（1）模型框架设计。

油藏产量预测模型框架流程如图 4-179 所示，共包含参数降维、模型优化以及模型主线 3 个模块。

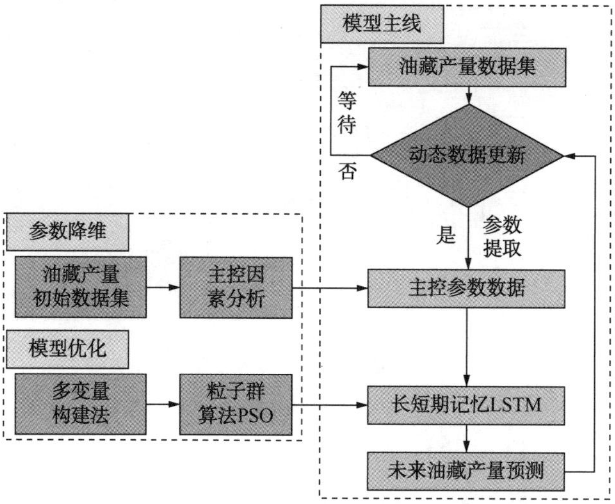

图 4-179　油藏产量预测模型框架流程

① 参数降维。对初始的多参数油藏产量数据集进行主控因素分析，筛选出主控参数。

② 模型优化。基于长短期记忆网络搭建多参数的 LSTM 预测模型，并利用粒子群算法对其参数进行调优。

③ 模型主线。监控油藏产量数据状态，一旦更新则对现有数据进行训练与动态建模，预测未来指定时长的油藏日产油水平、综合含水率等油藏的生产指标。

（2）LSTM 神经网络模型。

LSTM 是循环神经网络的一个变体，由德国学者 Hochreiter 和 Schmidhuber 于 1997 年提出。LSTM 通过有针对性设计避免了长期依赖问题，在大量实验中证明了其优越性。不同于普通 RNN 的单一隐藏层，LSTM 将信息存放在 RNN 正常信息流之外的控制单元中，即引入一个新的状态单元 c。LSTM 的设计核心是门限机制，包括输入门、遗忘门和输出门。其中，输入门的作用是筛选新信息，遗忘门的作用是确定丢弃信息，输出门的作用是决定最终输出和保留的信息。

（3）多参数 LSTM 神经网络模型。

针对油藏多个参数数据间的相关性，提出了改进的多参数 LSTM 传感器时序预测模型，且模型框架分为输入层、隐含层、模型训练、输出层 4 个部分。输入层是对原始变量时间序列集进行分割、标准化处理，以满足网络输入要求。隐含层是利用 LSTM 单元结构对参数进行权重更新、优化。模型训练是模型采用粒子群优化算法进行网络权重更新。输出层是输出预测结果、反标准化处理、验证误差。

（4）粒子群优化算法。

针对模型训练过程，采用粒子群优化算法对多参数 LSTM 预测模型进行参数调优，使模型损失最小。粒子群 PSO 算法是一种进化计算方法，源于对鸟群捕食行为的研究，目前已被广泛应用于各类优化问题，其基本思想是寻找最优解。PSO 算法中粒子仅具有位置和速度两个属性，其中位置代表移动的方向，速度代表移动的快慢。首先初始化粒子群的各项参数，然后不断地进行进化迭代计算，直到寻找到最优解。

（5）模型构建。

产量预测模型构建过程的主要步骤如下：①将预测油藏产量的所有输入数据进行主控因素分析，进行参数降维；②将主控参数放入 LSTM 模型中，搭建出多参数 LSTM 初始预测模型；③将 LSTM 模型中的时间窗长度、数据批处理量、隐藏层单元数目作为优化对象，随机生成一组待优化参数作为粒子初始化坐标；④将预测结果的平均绝对百分比误差作为适应度值，计算适应度值；⑤将每个粒子的个体最优解 p 设置为粒子的当前位置，并计算每个粒子的适应度值，其中适应度值最大的粒子的个体最优解是当前种群 g 的最优解；⑥将每个粒子的适应度值与 p 进行比较，保留较好的结果值；同理，将每个粒子的适应度值与 g 进行比较，保留较好的结果值；⑦更新粒子的位置和速度；⑧若满足迭代终止条件，利用获得的最优粒子构建多参数 LSTM 神经网络预测模型；若不满足迭代终止条件，进行粒子更新；⑨将历史测试集或最新样本数据集输入所构建的历史预测模型，实现模型的动态更新，并输出未来指定时长油藏产量指标的预测值。

2）模型应用

（1）主控因素分析。

选取长庆油田某采油厂 64 个油藏区块的生产数据作为模型训练与验证的样本源。数据样本集包括时间、日产水、日产油、累计产油、累计产水、综合含水率、月注水量、总井数、油井数、水井数、油井实际开井数、水井实际开井数、新/老井产油量、月生产天数、动液面、生产层位等 35 个输入参数，针对样本集参数采用 Pearson 系数进行相关性分析，结果如表 4-43 所示，其中目标参数为日产油水平和综合含水率 2 项油藏生产指标参数。

表 4-43　参数相关性分析结果

日产油水平相关参数	日产油水平 Pearson 系数	综合含水率相关参数	综合含水率 Pearson 系数
累计产油量	-0.864	单井日产油	-0.939
累计产水量	-0.839	月产油量	-0.744
累计注水量	-0.806	老井产油量	-0.667
综合含水率	-0.745	年产油量	-0.499
总井数	-0.690	新井月产油量	-0.433
油井量	-0.685	年产水量	-0.442
年产油量	0.716	累计注水量	-0.651
单井日产液水平	-0.719	月产水量	-0.667
单井日产油能力	-0.859	累计产水量	-0.688
老井产油量	-0.939	累计产油量	-0.872

通过结果分析，并校验各参数间的物理规律与参数表征的意义，上述部分参数之间存在一定的强相关性。可依据实际应用需求，对具备强相关性特征的参数进行训练样本集的降维处理。将降维后的参数集作为产量预测模型构建与训练的输入样本集。通过随机森林算法对

应用案例油藏的目标参数进行建模计算，可获得各输入参数与日产油水平、综合含水率等目标预测参数之间的特征重要性表征参数值。

针对应用案例的目标预测参数的特征重要性表征参数排序，提取排名前十的输入参数分析结果，如图 4-180 所示，根据油藏日产油水平预测的特征重要性分析结果可知，主要影响因素包括油井开井数、注水井开井数、月注水量、老井产油量等，体现了增加实际投产油井数可保持油藏日产油水平能力与稳产等特点。在生产过程中，注水井的数量与月注量，也对油藏保持日产油水平的能力具有较大的影响，与现场实际的生产情况相符。同时，如图 4-181所示，对于油藏生产过程综合含水率预测的特征重要性分析，主要影响因素包括年月时序、单井平均日注量、实际注水井开井数以及对应的油井投产数，符合长庆油田水驱油藏的开发特征以及注采生产规律。

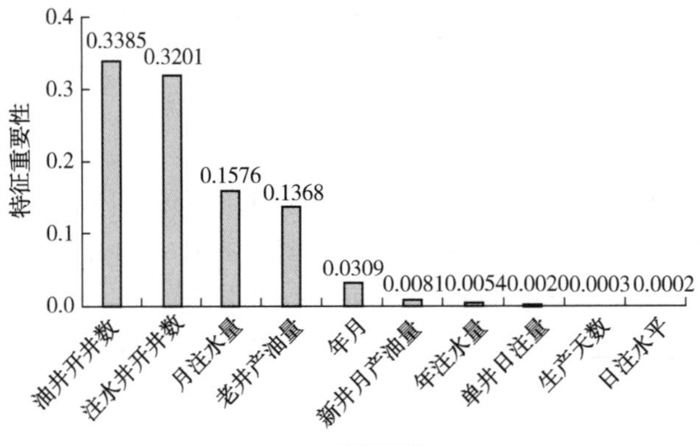

图 4-180 日产油水平预测特征重要性分析

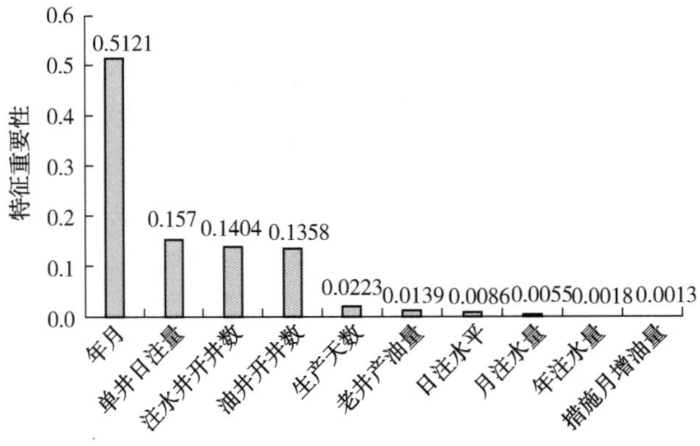

图 4-181 综合含水率预测特征重要性分析

针对长庆油田以水驱油藏为主且油、水井数量庞大等生产特征，上述案例所展示的日产油水平与综合含水率两项预测指标相关参数特征重要性模型的分析结果符合实际的生产情况，具有较好的应用价值。

(2) 模型优化效果验证。

预测模型应用效果的验证，可分为 5 个连续优化方案：原始 LSTM 模型、多参数 LSTM

模型、参数降维 LSTM 模型、粒子群优化算法的 LTSM 模型、引入动态建模技术的 LSTM 模型。选取 5 个案例油藏样本数据集对模型的产量预测计算结果与历史生产数据进行拟合分析，预测结果拟合优度如表 4-44 所示。

表 4-44 油藏产量预测模型优化效果分析

目标参数	案 例	LSTM	多参数 LSTM	参数降维	粒子群优化	动态建模
日产油水平拟合优度	油藏 1	0.43	0.51	0.55	0.61	0.96
	油藏 2	0.39	0.46	0.53	0.59	0.95
	油藏 3	0.45	0.49	0.54	0.58	0.92
	油藏 4	0.41	0.48	0.56	0.62	0.96
	油藏 5	0.44	0.52	0.59	0.65	0.97
	平均	0.424	0.492	0.554	0.61	0.952
综合含水率拟合优度	油藏 1	0.35	0.42	0.51	0.59	0.93
	油藏 2	0.32	0.39	0.45	0.51	0.89
	油藏 3	0.33	0.38	0.43	0.55	0.91
	油藏 4	0.31	0.36	0.45	0.57	0.92
	油藏 5	0.41	0.52	0.58	0.62	0.93
	平均	0.344	0.414	0.484	0.568	0.916

从统计结果表可分析出，油藏产量预测模型 LSTM 在不断优化的过程中，模型产量指标的拟合优度也随之提升。当加入动态更新方法后，拟合优度的提升幅度最大。其中，日产油水平平均拟合优度约 0.952，综合含水率平均拟合优度约 0.916。因此，考虑多参数时序 LTSM 模型与 PSO 参数优化算法的动态建模技术，可满足油藏实际生产过程的产量预测，具有提升预测结果准确率效果。

（3）模型应用效果。

利用长庆油田 64 个油藏真实生产数据，进行产量预测模型的应用与研究，并选取其中 2 个实际油藏生产应用为例，案例油藏皆具有 10 年以上生产历史特点。为分析所研究的日产油水平、综合含水率等油藏生产指标预测方法的应用效果，选择案例油藏前 5 年生产历史数据样本作为预测模型初始训练集，进行初始预测模型训练与应用。投产第 6 年开始进行随时间变化预测模型动态更新，模型更新步长与预测步长为 1 个月。对案例油藏生产应用过程中的日产油水平、综合含水率实际值与预测值进行计算输出。

油藏 1、油藏 2 投产时间分别为 2007 年 6 月、2005 年 2 月，产量指标预测应用统计结束日期为 2022 年 1 月。油藏生产应用过程利用所述技术构建了日产油水平、综合含水率动态预测模型，进行产量指标的预测。如图 4-182、图 4-183 所示，针对日产油水平的预测，无论是前 5 年的初始模型（即未进行动态更新的静态训练模型）的应用结果，还是后续生产时间持续的动态更新模型的应用结果，整体预测效果较好，平均拟合优度分别达 0.967、0.982，展现了良好的准确率与实用性。同时，如图 4-184、图 4-185 所示，针对综合含水率的预测，利用所述方法构建的模型，可随着新增生产数据的录入，及时地完成模型更新与指标预测，实现了预测指标的准确率随模型的更新进行优化的特点，以及整体预测效果提升的优势。

可见，基于多参数 LSTM 及粒子群优化算法的油藏产量动态预测模型在实际油藏案例的应用中，预测准确率较高，可满足生产应用产量预测的需求。其中，R_2 表示生产时间内的平均拟合优度。

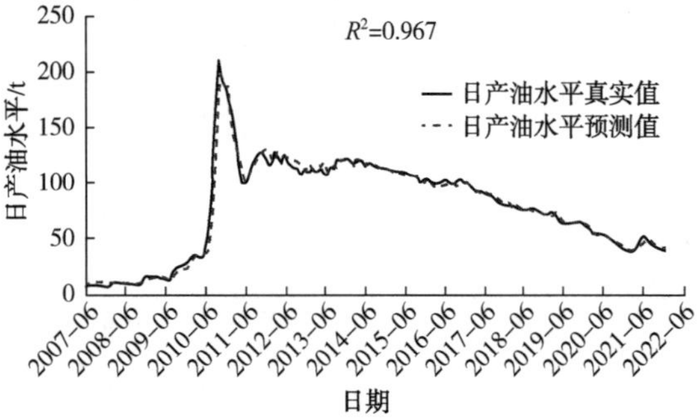

图 4-182 油藏 1 日产油水平计算模型应用效果

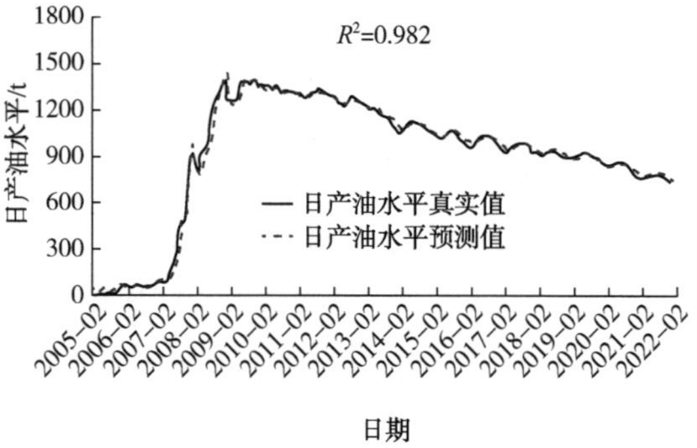

图 4-183 油藏 2 日产油水平计算模型应用效果

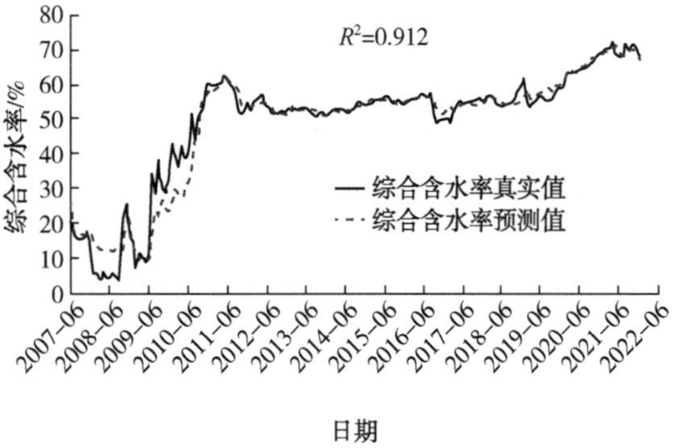

图 4-184 油藏 1 综合含水率计算模型应用效果

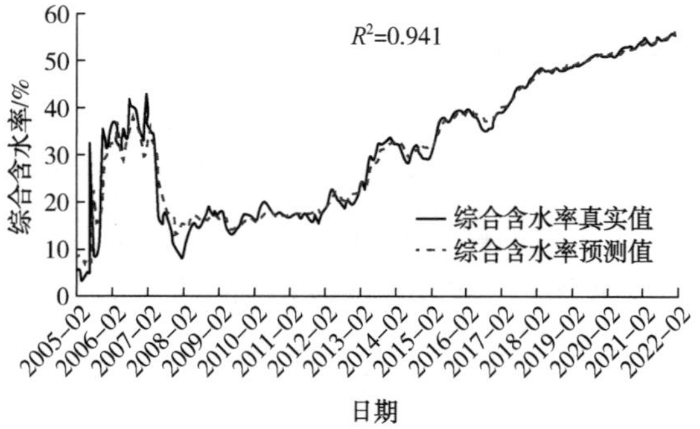

图 4-185 油藏 2 综合含水率计算模型应用效果

第5章 总结与展望

5.1 引言

油气田行业一直是全球能源领域的支柱，然而，随着科技的飞速进步和社会对可持续发展的日益需求，这一传统行业也迎来了前所未有的挑战。在这个背景下，智能油田作为一个崭新的概念，为油气田行业带来了前所未有的发展机遇。

5.1.1 传统油气田生产效率与管理的挑战

在传统的油气田开发中，生产效率和管理一直是难以逾越的障碍。这些问题包括但不限于生产效率低下、管理困难、安全隐患以及环境影响等。由于设备老化、技术滞后和管理不善等原因，许多油气田的生产效率并未达到预期水平。同时，油气田的生产涉及大量设备、人员和流程，使得管理变得复杂且棘手。传统油气田开发还常伴随着一系列安全风险，如设备故障、泄漏和其他事故。此外，传统开发模式往往对环境产生不可忽视的负面影响，包括土壤和水源的污染。

5.1.2 智能油田的发展趋势与市场前景

智能油田，又被称为数字化油田，借助先进的信息和通信技术来优化油气田的生产和管理。随着科技的飞速发展，智能油田已然成为油气田行业的一项重要趋势。通过实时监控、数据驱动决策、自动化和智能化以及资源配置的优化，智能油田能够显著提高生产效率、降低成本并实现可持续发展。据市场预测，未来几年智能油田市场将持续增长。随着技术的进步和成本的降低，越来越多的油气田将纷纷采用智能技术。

5.1.3 当前面临的技术、经济与环境挑战

尽管智能油田的前景被看好，但其发展仍然面临一系列挑战。从技术角度看，确保数据的准确性和安全性、实现设备间的互联互通以及确保技术的稳定性和可靠性等问题亟待解决。其次，经济挑战是智能油田发展中不可忽视的问题。智能油田的建设和运营需要巨额投

资，如何确保投资的回报是一个关键问题。此外，环境挑战也是智能油田发展中必须考虑的因素。虽然智能油田可以降低对环境的不良影响，但如何在开发和运营中确保符合环境法规同样是一项重要的挑战。在这个背景下，智能油田的发展将不仅仅是科技的推动，更需全面考量技术、经济和环境之间的平衡，以推动油气田行业朝着更加可持续和智能化的未来发展。

5.1.4 前沿技术对油气田与智能油田行业的深远影响

在油气田与智能油田行业引入前沿技术，不仅为其带来了革新，更在深度融合中塑造了行业的未来格局。以下是几种具有潜在颠覆性影响的前沿技术，下文将探讨其与油气田行业的紧密结合。

1. 区块链技术的数据安全与共享机制

区块链技术为油气田行业提供了坚实的数字基础，从数据安全到供应链透明度，都在关键领域发挥着积极作用。在复杂的油气田网络中，区块链的去中心化和不可篡改性质，可用于确保数据的完整性，提高数据共享的效率，降低信息传递的风险。这为油气田行业建立信任基础，实现更高效的协作和管理提供了有力支持。

2. 大模型驱动的预测与决策支持

油气田的复杂性要求对大量数据进行精确的分析和预测，以优化决策流程。大模型驱动的预测与决策支持系统通过整合油气田的实时数据，结合机器学习和人工智能技术，为决策提供更深层次的洞察。这不仅可以在资源开发中提高效率，还可以优化生产计划，使油气田更好地适应市场变化。

3. 量子计算在复杂油气藏模拟优化中的应用

在油气田行业，特别是在面对复杂油气藏的挑战时，量子计算的引入提供了一种全新的模拟和优化途径。量子计算的高度并行性和计算能力，使其能够更精准地模拟油气藏的行为，从而改进开发策略，最大限度地提高资源开采效率。这将有助于油气田行业更智能地应对地质复杂性和市场波动。

4. 基于脑机接口的远程智能操作系统设计

在油气田行业，安全和效率一直是核心关切点。基于脑机接口的远程智能操作系统设计为油气田设备的远程控制和监控带来了新的可能性。这种系统可以通过操作员的大脑信号实现对设备的精准控制，从而提高操作的安全性、效率和准确性。这对于在危险环境中的操作和设备维护都具有显著的潜在价值。

5. 扩展现实技术与人工智能在油气业务中的深度融合与模拟

在油气田行业，扩展现实（XR）技术的深度融合与模拟成为提升操作员技能水平和培训效果的创新解决方案。这一技术融合了虚拟和现实世界，为油气业务提供了更为直观和真实的培训体验，同时通过结合人工智能（AI）和 XR 技术，创造了更高效、更安全的操作方式。

这些前沿技术的深度融合将为油气田行业带来更高效、更安全、更可持续的发展路径，从而推动整个行业朝着数字化、智能化的未来迈进。

5.2 基于区块链的数据安全与共享机制

5.2.1 区块链与数据安全保障

5.2.1.1 区块链技术原理及在智能油田的应用背景

区块链技术是一项基于去中心化、去信任化的分布式账本技术，通过密码学算法将交易数据打包成块，并按照时间顺序链接成一条不断增长的链。每个块都包含前一个块的哈希值和自身的交易数据，确保了数据的不可篡改性和可追溯性。

在智能油田中，区块链技术得到广泛应用，用于生产数据的存储、追溯和共享。传统的数据管理方式存在数据易被篡改、难以追溯的问题，而区块链技术的引入成功解决了这些难题。通过区块链，确保了生产数据的真实性和可信度，从而提高了数据的安全性和可靠性。

区块链的去中心化特性意味着没有单一的控制点，使得数据更加安全，并且每个参与者都能在链上验证数据的合法性。生产数据的不可篡改性保障了数据的完整性，防止了恶意篡改和错误记录的发生。同时，区块链的可追溯性让每一笔交易都可以被追溯到其发生的时间和参与者，为生产过程的监管提供了有力支持。

通过区块链技术，智能油田实现了数据的安全存储和可信共享，为整个生产链提供了更高水平的透明度和可控性。这一技术的广泛应用使得油气田行业在数据管理方面取得了显著的进步，为更加高效、可持续的油气田运营打下了坚实的基础。

5.2.1.2 数据加密与存储安全策略

为了保障生产数据的安全性，采用对称加密算法和非对称加密算法的结合是一种有效的手段。对称加密算法使用相同密钥进行加密和解密，保障数据传输的安全性。非对称加密算法则通过公钥和私钥进行加密和解密，增加了数据的安全性。这种双重加密方式确保了数据在传输和存储过程中的全面保护。

同时，结合区块链的去中心化特性，将加密后的数据存储到多个节点上，形成分布式存储。这虽然提高了数据的冗余性，但也增强了数据的可靠性。即使某节点发生故障或受到攻击，其他节点上的数据仍然可以安全存储和访问。这种分布式存储方式降低了单点故障的风险，提高了数据的可用性和持久性。

通过采用对称和非对称加密算法的组合，生产数据在传输和存储中都得到了强化的保护，防范了潜在的安全风险。结合区块链的分布式存储，不仅增强了数据的抗攻击性，还确保了数据的完整性和可用性。这种综合的安全策略使得智能油田在数据处理和管理方面具备了更高水平的安全性和可信度。

5.2.1.3 供应链数据追溯与防伪保障策略

在油气行业中，供应链数据的追溯和防伪至关重要。区块链的不可篡改特性被应用于构建供应链数据追溯系统。为每个产品或设备分配唯一的数字身份，如基于物联网的设备 ID 或二维码，确保其在生产、运输、销售等全过程中的信息都被记录在区块链上。这意味着从源头到终端的每个环节都可以追溯和查验。

为了加强数据的完整性和可信度，采用数字签名和时间戳技术。数字签名技术对数据进行签名验证，保障数据在传输过程中未被篡改。时间戳技术为数据提供时间戳，证明数据在某个时间点存在且未被篡改。这种结合使用方式有效防止伪造和篡改，提高了数据的可信度和可靠性。

通过区块链技术，每个产品或设备的信息都以不可逆的方式记录在区块链上，形成透明、不可篡改的供应链数据。数字身份的唯一性保障了每个产品在供应链中的唯一标识，而数字签名和时间戳的应用则为数据的安全性提供了额外的层次保障。

这种供应链数据追溯系统的建立，不仅为油气行业提供了更高水平的数据安全性，也增强了整个供应链的透明度和可追溯性。这对于确保产品质量、降低风险以及提高行业信任度都具有显著的意义。

以上安全策略的实施，为油气行业搭建了更为安全、透明和高效的数据管理体系，为行业的数字化转型和可持续发展提供了坚实保障。

5.2.2 智能合约与自动化交易的实现

5.2.2.1 智能合约原理及在油气田业务中的应用

智能合约是一种旨在以信息化方式传播、验证或执行合同的计算机协议。通过自动执行预定义规则和逻辑，它允许在没有第三方的情况下进行可信、可追踪且不可逆转的交易。这些智能合约通常由计算机代码构成，并部署在区块链上，充分利用区块链的去中心化和数据不可篡改的特性，保证其安全性和可信度。智能合约的实现需要经过需求分析、合约设计、代码编写、测试和部署等关键步骤，以确保其功能和目标的准确性，逻辑和规则的合规性，以及代码的安全性和可靠性。

在油气田业务中，智能合约的应用具有广阔的前景。首先，通过智能合约可以自动执行土地使用权和供应链合同的管理，从而大大简化业务流程，提高工作效率。其次，智能合约可以嵌入行业标准和监管政策，确保油气开采活动符合相关法规要求，从而降低法律风险。此外，智能合约还可以与 Oracle 技术结合，实时查询外部数据源，确保业务操作的合规性。

在智能合约的引导下，油气田业务可以实现更加透明、高效和安全的交易。通过自动执行合同规则，降低了人为错误的风险，提高了合同履行的效率。智能合约还有助于建立信任，因为其操作是透明和可追踪的，不容易被篡改。因此，油气田业务在智能合约的推动下，将迎来更为数字化和智能化的未来。

5.2.2.2 自动化交易的实现与价值提升

自动化交易的实现主要得益于智能合约与区块链技术的紧密结合。通过智能合约，自动化交易系统能够自动处理与油气产品相关的各种交易数据，包括购买、销售、转运等，并实时执行支付操作，极大地缩短了传统的结算周期，显著提高了交易效率。

这一变革的核心在于去中心化的交易平台，摆脱了对传统中心化中介或第三方机构进行交易确认或结算的依赖。智能合约中的预设规则使得平台能够自动匹配买卖双方的交易条件，如油气产品的质量、数量、价格和交货时间等，然后自动执行相应的支付操作，确保了交易的及时性和准确性。在这一过程中，去中心化身份验证（DID）技术通过区块链上的数字身份验证参与方的真实性，显著提高了交易的安全性，并降低了身份验证的复杂性。

从价值提升的角度来看，自动化交易在油气行业中的应用具有多方面的显著优势。首先，它显著降低了交易成本。传统的油气交易通常涉及多个中间环节和复杂的合同结构，而自动化交易通过智能合约消除了这些中间环节，减少了不必要的人为干预，从而降低了交易成本，加快了交易速度。

其次，自动化交易提高了资金的流动性。在油气行业中，资金的流动性对运营至关重要。自动化交易的实时结算功能加速了资金的回笼和再利用，提高了资金的利用效率，为企业的运营和发展提供了更大的灵活性。

此外，自动化交易还推动了商业模式的创新。借助动态定价算法和机器学习技术，自动化交易系统能够根据市场的实时需求和供应情况智能调整油气产品的价格。这不仅使企业能够更灵活地应对市场变化，还有助于优化生产和销售策略，从而提高整体的盈利能力。

总的来说，自动化交易通过智能合约技术为油气行业带来了巨大的价值提升，包括降低交易成本、提高交易效率、增强交易安全性、优化资金流动性、推动商业模式创新等。随着技术的不断进步，这种变革将进一步推动油气行业朝着更加数字化和智能化的未来发展。

5.2.3 人工智能技术融合：联邦学习的数据隐私保护

5.2.3.1 联邦学习技术原理及在智能油田中的应用

联邦学习为在不共享数据的情况下共同训练模型提供了解决方案，这一方法在智能油田中有广泛的应用潜力。与去中心化、安全可信的区块链技术相结合，为联邦学习的数据隐私保护提供了有力支持。

在智能油田领域，联邦学习可应用于油气藏建模、设备故障预测和生产管理优化。通过整合多个油田的数据进行联合分析，联邦学习提高了模型的准确性和泛化能力，从而提升了智能油田的效率和效益。

这一技术的创新之处在于保护数据隐私的同时，通过区块链技术确保了数据的安全和可信性。去中心化的区块链架构使得数据无须集中存储，降低了数据泄露的风险。同时，区块链的不可篡改性和透明性确保了数据的完整性和可信度，为联邦学习提供了一个可靠的基础。

通过联邦学习在油田领域的应用，不仅实现了数据隐私的有效保护，还为跨油田合作提供了可行的解决方案。这不仅有助于优化油气藏建模，提高设备故障预测的准确性，还能够在生产管理方面实现更有效的优化，从而推动整个智能油田系统的协同发展。这一整合性的方法有望为油田行业带来更高水平的数据安全性和合作效率，为行业的可持续发展创造更多可能性。

5.2.3.2 基于区块链的数据安全与共享机制的设计与实现

为确保联邦学习中的数据隐私和安全性，可以结合区块链技术设计一种基于区块链的数据安全与共享机制。该机制充分利用区块链的去中心化、不可篡改和匿名性特点，为联邦学习提供一个安全可信的数据存储和共享环境。

以下是具体实现步骤。

1. 数据上链

将参与方提供的原始数据加密后存储到区块链上，确保数据的真实性和不可篡改性。通过使用加密算法，可以保障数据在上链过程中的隐私和安全，而区块链的不可篡改性则确保数据的完整性，防止恶意篡改或数据泄露。

2. 智能合约

利用智能合约定义数据的使用规则和权限，确保只有经过授权的参与方才能访问和使用数据。智能合约可以规定数据访问的条件、使用期限以及授权方的身份验证，从而加强对数据的访问控制，保护数据隐私。

3. 模型更新

参与方利用本地数据进行模型训练，并将模型更新发送到区块链上。区块链上的智能合约会自动验证更新的合法性和准确性，并将其聚合到全局模型中。这一过程通过智能合约的自动验证，确保了模型更新的合法性，同时区块链的不可篡改性增强了对模型更新的信任。

4. 数据共享

通过区块链的分布式存储和共享机制，参与方可以在不暴露原始数据的情况下共享模型更新和全局模型，实现数据的最大化利用。区块链的匿名性特点可保护参与方的身份隐私，使得数据共享更加安全可靠。

通过这种基于区块链的数据安全与共享机制，联邦学习在保障数据隐私的同时，实现了数据的有效共享和模型的协同训练，为跨组织间合作提供了一种安全、可信的框架。这一创新性的方法有望在各个领域推动联邦学习的广泛应用，为数据驱动的智能系统发展提供了可行的解决方案。

5.2.3.3 多机构数据协作的应用前景

基于区块链的数据安全与共享机制为油气行业中的多机构数据协作提供了新的可能性和前景。以下是几个值得关注的应用方面。

1. 油气勘探合作

多个石油公司可以利用联邦学习和区块链技术整合各自的勘探数据进行联合分析，提高勘探成功率。通过智能合约确保数据隐私性和安全性，实现数据的最大化价值。

2. 油气田开发优化

通过联邦学习和区块链技术，整合多个油气田的开发数据进行联合分析，优化开发方案，提高开发效益。去中心化特点实现开发过程的透明化和可追溯性，降低合作风险。

3. 油气管道安全监测

利用联邦学习和区块链技术，聚合多个油气管道的安全监测数据进行联合分析，及时发现管道泄漏和安全隐患。通过智能合约确保数据隐私性和安全性，提高管道安全管理的效率和准确性。

4. 油气产品销售预测

通过联邦学习和区块链技术，整合多个销售区域的数据进行联合分析，预测销售趋势，制定市场策略。利用区块链的匿名性特点保护销售数据的隐私性，降低市场竞争风险。

这一整合方案不仅为油气行业带来更高效、安全的合作前景，同时也推动行业向着更智能化的未来迈进。通过结合区块链和联邦学习技术，油气行业可以实现更广泛的数据共享和协同分析，为业务决策提供更准确的信息支持，从而进一步提升整个产业链的效率和竞争力。

5.3 大模型驱动的预测与决策支持

5.3.1 大模型技术及其在智能油田中的应用概述

5.3.1.1 大模型技术原理及其在油气田中的应用背景

大模型，又称为巨模型或大型深度学习模型，是指具有大量参数和复杂结构的深度学习网络。这些模型通常由数百万到数十亿的参数组成，采用深度神经网络结构，如Transformer、BERT等。

大模型的工作原理是基于深度学习，即通过神经网络从大量数据中学习表示和模式。通过训练大模型，能够使其学得数据的内在规律和复杂关系，从而实现对各种任务和场景的快速适应和泛化。

具体而言，大模型的训练过程包括前向传播、损失计算和反向传播三个阶段。在前向传播阶段，输入数据被送入神经网络，经过多层的非线性变换得到输出；在损失计算阶段，根据任务类型和目标计算输出与真实标签之间的损失；在反向传播阶段，根据损失函数对模型的参数进行梯度下降优化，更新模型的参数。

大模型的强大之处在于其能够处理大规模的数据集，从而更好地捕捉数据的复杂特征和关系。这种能力使得大模型在自然语言处理、计算机视觉等领域取得了显著的成果，并在各种任务中展现出卓越的性能。

5.3.1.2 大模型在油气田中的应用背景

1. 油气田数据价值挖掘需求

油气田勘探、开发和生产过程中产生了大量的数据，包括地震数据、测井数据、生产数据等。这些数据中蕴含着丰富的信息和规律，对于优化生产、提高产量、降低成本具有重要意义。

2. 大模型技术解决方案

大模型技术的出现为油气田数据的处理和分析提供了新的解决方案。通过训练大模型，可以学习到数据的内在规律和复杂关系，从而实现对各种任务和场景的快速适应和泛化。

3. 应用方向概述

油气田中大模型的应用主要体现在油气藏建模、油气生产预测以及设备故障预测等方面。这包括利用大模型从多源数据中提取油气藏的地质特征，预测油气生产的趋势，以及通过模型监测设备运行状态，提前识别潜在的故障风险。通过大模型的综合分析，油气田可以更有效地制定优化生产策略，提高产能和降低运营成本。

5.3.1.3　油气生产预测模型的构建与验证

1. 数据处理阶段

数据收集与预处理如下：

（1）数据来源：从历史数据库中提取油气田的生产数据，如产量、井口压力、温度、设备状态等，以确保数据的准确性和完整性。

（2）数据清洗：处理缺失值、异常值和冗余数据，以确保数据的质量和一致性。

（3）数据标准化：进行标准化处理，消除不同指标间的量纲差异，使其在相同尺度上。

（4）数据划分：将数据划分为训练集、验证集和测试集，以便于模型的训练和评估。

2. 特征工程

（1）时间序列特征：提取与产量相关的时间序列特征，包括季节性、趋势性、周期性等。

（2）统计特征：计算均值、标准差、偏度、峰度等统计指标，描述数据的分布情况。

（3）相关性分析：分析产量与其他指标之间的相关性，确定关键影响因素。

（4）特征选择：利用特征选择算法，如递归特征消除（RFE）或基于模型的特征重要性排序，筛选对产量预测有显著影响的特征。

3. 模型选择

（1）循环神经网络（RNN）：适用于处理时间依赖性数据，捕捉历史产量数据的时序信息。

（2）长短期记忆网络（LSTM）：RNN 的改进版，更好地处理长期依赖问题，提高预测精度。

（3）深度神经网络（DNN）：适用于处理复杂的非线性关系，学习数据中的深层模式。

（4）卷积神经网络（CNN）：处理具有空间相关性的数据，如多个油井之间的产量关系。

4. 模型训练

（1）设置超参数：选择适当的学习率、批大小、迭代次数等超参数，提高模型的收敛速度和性能。

（2）损失函数选择：根据预测任务特点选择合适的损失函数，如均方误差（MSE）或平均绝对误差（MAE）等。

（3）优化算法：使用适当的优化算法进行模型训练，如随机梯度下降（SGD）或 Adam 等。

（4）正则化技术：考虑使用正则化技术，如 L1 正则化、L2 正则化或 Dropout 等，防止过拟合。

（5）早期停止：设定早期停止机制，当验证集上性能不再提升时停止训练，防止过拟合。

5. 模型验证

（1）交叉验证：采用 K 折交叉验证或时间序列交叉验证等方法评估模型性能，确保泛化能力。

（2）评估指标：使用均方误差（MSE）、平均绝对误差（MAE）、准确率等指标评估模型预测性能，考虑其他指标如召回率、精确率和 F1 分数。

（3）模型对比：与其他基准模型进行对比分析，证明所选模型的有效性。

（4）超参数调整：根据验证结果调整模型超参数和结构，提高预测精度。

6. 模型应用与部署

（1）模型集成：考虑使用集成学习技术如 Bagging 或 Boosting，结合多个模型的预测结果提高整体性能。

（2）模型解释性：利用可视化技术对模型预测结果进行解释，如特征重要性排序、部分依赖图等，帮助业务人员理解和信任模型的预测结果。

（3）模型部署与监控：部署训练好的模型到生产环境，实时预测和分析，同时监控模型性能变化，及时进行更新和优化，适应生产环境和需求的变化。

5.3.1.4　基于大模型的智能决策支持系统构建方法

1. 数据预处理

在考虑到油气行业数据的高度动态性和复杂性的基础上，数据预处理阶段专注于对实时产量、井口压力、设备状态等特征进行深度清洗和特征提取。这一过程确保了数据的高质量和可用性，为后续模型训练提供更具信息量的输入。

2. 模型训练

在模型选择阶段，鉴于油气行业生产数据的时序、空间相关性以及非线性关系，选择了适应该行业特点的深度学习结构，如长短时记忆网络（LSTM）和卷积神经网络（CNN）。这样的模型能够更准确地捕捉油井生产系统的复杂动态。

3. 模型评估与优化

为了应对油气生产中决策的敏感性，采用了准确率、召回率等指标进行模型性能评估。通过迭代优化、调整模型参数和结构，提高模型的预测准确度和泛化能力，同时确保决策规则的可解释性。

4. 决策规则提取与解析

为了增强决策支持系统的透明性和用户信任度，运用神经网络解释性技术从大模型中提取显式规则和隐式规则。这些规则被转化为可理解的形式，使业务决策者更容易理解系统决策的基础，从而更自信地执行决策。

5. 系统集成与实施

在系统集成阶段，通过确保大模型、决策规则与油气行业现有的业务系统无缝融合，实现了数据的高效交互、业务逻辑的有效嵌入以及用户友好的人机交互。这确保了智能决策支持系统与实际业务运营的深度整合。

6. 智能决策支持系统的应用方式与实现细节

（1）油气生产优化：通过数学模型和大模型的结合，系统实时预测油气井的产量，提供井口压力调整、注水策略优化等决策建议，以最大化产量并在降低生产成本的同时确保生产稳定性。

（2）销售策略制定：利用智能决策支持系统对市场数据和销售数据进行深度分析，预测未来销售趋势。系统根据预测结果提供销售策略建议，如产品定价调整、销售渠道优化等，以应对油气市场的变化和提升市场占有率。

（3）设备维护预警：通过收集设备状态数据并应用大模型进行故障预测，系统提前制定设备维护计划，有效减少设备故障率，降低维修成本，确保设备的可靠运行。

（4）市场动态分析：系统利用大模型对市场数据和竞争对手信息进行全面分析，洞察市场供需关系和竞争对手动态。系统提供市场策略建议，例如新产品开发、市场拓展等，以使企业更有针对性地应对油气市场的动态变化。

7. 效果评估和优化方法的研究

为全面评估智能决策支持系统的应用效果，引入多维度评估指标，包括生产成本降低率、销售收入增长率、设备故障率等。采用专家评分法、对比分析法、成本效益法等综合方法，结合油气行业实际情况，深入评估系统应用效果。

通过对比系统应用前后的业务指标变化，深度分析系统在生产、销售和设备维护等方面的影响。优化方向涵盖了改进模型结构以提高预测精度、优化决策规则以提高决策效率，以及提高系统集成度以降低使用门槛。着重关注优化的可持续性，确保系统在长期使用中能够持续为企业创造价值。

5.3.2 智能决策支持系统中的可解释性人工智能应用

5.3.2.1 可解释性人工智能技术原理及在油气行业的应用背景

可解释性人工智能技术的关键理念在于使机器学习模型具备可解释性，相较于传统的黑盒模型，该技术通过以下手段提高模型的透明度。

（1）模型可视化：运用可视化技术，直观呈现模型的决策过程，使用户能够深入了解模型是如何根据输入数据做出特定决策的。

（2）特征重要性分析：评估模型中各特征对决策的影响程度，揭示关键特征在油气行业决策中的作用。这有助于用户理解模型是如何关注和利用输入特征的。

（3）规则提取：从模型中提取决策规则，将其转化为人类可理解的形式。这样的转化使得决策规则更加透明和易于解释，有助于业务决策者理解模型的推理过程。

通过采用上述方法，可解释性人工智能技术在提高模型透明度的同时，促使用户对模型的决策过程有更深入、更清晰的认识，从而增强对模型的信任度和可靠性。

5.3.2.2 油气行业中的可解释性人工智能应用场景

在油气行业中，可解释性人工智能技术的应用主要体现在以下几个方面。

（1）生产优化：通过分析历史和实时生产数据，系统预测生产趋势，提出针对油气生产的优化方案。通过可解释性技术，用户可以深入了解模型是如何识别生产趋势和制定优化方案的，从而更有信心地应用这些决策支持。

（2）设备维护预警：监测油气设备运行状态和故障数据，提前预测设备故障时间和类型，以降低维护成本。可解释性技术有助于用户理解模型如何识别潜在故障迹象，并为维护人员提供明确的预警信息。

（3）安全监控：实时监测油气生产过程中的安全数据和异常事件，确保生产过程的安全性。通过解释模型对安全数据的分析，用户能够更好地理解模型如何发现和响应潜在的安全风险。

（4）油藏描述与预测：利用地震数据、测井数据构建油气藏的三维地质模型，预测油气藏分布和储量。可解释性技术在这一领域的应用有助于揭示模型对不同地质数据的关注点，增进用户对油气藏预测的理解。

通过在这些方面引入可解释性技术，油气行业能够更全面地理解人工智能模型的决策基础，提高对模型应用的信心，同时在业务决策中更好地利用模型提供的信息。

5.3.2.3　智能决策支持系统构建方法的优化与提升

在油气行业中，智能决策支持系统的成功应用离不开深度融合业务需求和先进技术。以下是系统开发和应用过程中的关键方面。

1. 深入业务需求的模型选择

（1）模型需求分析：通过深入了解油气行业的需求，例如产量预测和设备维护预警，选择适用的模型类型。

（2）模型结构选择：根据业务需求，采用合适的模型结构，如利用循环神经网络（RNN）处理时间序列数据、卷积神经网络（CNN）处理图像数据。

（3）复杂度与泛化能力平衡：在模型选择过程中平衡复杂度和泛化能力，确保模型既有足够的表达能力又不至于过度拟合。

2. 数据预处理的质量保障

（1）数据清洗：通过清洗原始数据，排除油气数据中的异常值、缺失值和重复值，以提高数据质量。

（2）特征提取：根据油气数据的特点提取有意义的特征，如时域特征和频域特征，以增强模型的表征能力。

（3）数据标注：对监督学习任务进行数据标注，确保模型能够学到正确的油气业务映射关系。

3. 解释性决策规则的提取与优化

（1）神经网络解释性技术：运用 LIME、SHAP 等解释性技术，深度解析模型预测结果的依据，增强系统的透明度。

（2）规则提取方法：从模型中提取显式和隐式规则，如决策树和规则列表，使其更符合油气行业的实际情况。

（3）规则优化：对提取的规则进行优化和整合，以提高规则的准确性和泛化能力。

4. 系统集成与实施的全面考量

（1）数据交互：实现智能决策支持系统与油气业务系统的高效数据交互，确保数据的准确传递和实时性。

（2）业务逻辑嵌入：将油气业务逻辑有机嵌入决策支持系统，使其更符合油气行业的实际需求。

（3）人机交互：通过设计直观友好的用户界面，方便油气从业者与系统进行交互，理解和应用决策结果。

（4）系统安全性：强化系统的安全防护，确保油气数据和模型的安全性。

5. 持续提升的途径

（1）数据驱动：持续监测油气数据变化趋势，及时更新数据，以确保模型适应新的业务场景。

（2）模型优化：根据油气业务需求和模型性能，不断优化模型结构和参数，提高预测精度和泛化能力。

（3）规则更新：定期审查和更新决策规则，以确保规则的有效性和适应性。

（4）技术创新：关注最新的技术动态和研究成果，将先进的技术和方法引入智能决策支持系统，提升系统性能和价值。

（5）人员培训：加强油气从业人员的培训和技术更新，提高其对智能决策支持系统的技术理解和应用能力。

5.3.2.4 效果评估方法和标准设定

为了全面评估智能决策支持系统在油气行业的应用效果，可以采用以下评估指标：生产成本降低率、产量增长率、设备故障率等。结合定性和定量方法，如专家评分法、对比分析法、成本效益法等，对系统业务指标的前后变化进行比较评估。同时，注重评估的可持续性，以确保系统在长期使用中持续为油气企业创造价值。

5.4 量子计算在复杂油气藏模拟优化中的应用

5.4.1 量子计算原理及其在油气田中的应用背景

量子计算作为一种崭新的计算模式，以量子力学原理为基础，以量子比特（qubit）为信息基本单位，借助量子叠加、量子纠缠和量子测量等特性，实现了高效的并行计算。在油气行业，面对复杂的地质条件、高难度的勘探开发以及严格的环保要求等挑战，智能油田的概念应运而生。量子计算在智能油田应用中展现出巨大潜力，主要体现在以下几个方面：

（1）油气藏模拟：利用量子计算技术对复杂油气藏进行高效模拟，以提高勘探开发的效率和准确性。通过模拟油气藏的地质特征、流体流动和化学反应等过程，更好地预测和优化油气藏的产量和开发方案，从而提高油田的经济效益。

（2）优化生产过程：量子计算应用于优化油气田的生产过程，包括注水方案、压裂方案、生产调度等。通过构建数学模型，借助量子算法进行求解，可以在短时间内找到最优解，从而提高生产效率并降低成本。此外，量子计算还可以应用于油气管网优化和能源管理，提高整个油气田系统的运行效率。

（3）设备故障预测：利用量子计算技术实现设备故障的高效预测和预警。通过分析设备运行数据，结合量子算法进行故障模式识别和风险评估，及时发现潜在的设备故障，并采取有效措施进行预防和维护，以降低设备故障率并延长设备寿命。

(4) 数据处理与分析：油气田生产过程中涌现大量数据，包括地质、生产和设备数据。通过量子算法进行数据挖掘和模式识别，有助于发现隐藏在数据中的有用信息和规律，为决策提供支持。此外，量子计算可应用于油气田的地震数据处理和储层反演，以提高数据处理和分析的效率和准确性。

(5) 网络安全与加密：随着数字化和智能化的推进，油气田面临网络安全问题。利用量子加密算法进行数据加密和身份验证，有助于保证数据的机密性和完整性，防止信息泄露和网络攻击。量子计算可应用于网络安全风险评估和攻击检测，提高油气田网络的安全性和可靠性。

5.4.2 量子计算在油气田生产优化与控制中的应用与效果评估

5.4.2.1 量子计算驱动的油气田智能化转型路径设计与实践建议

随着科技的不断发展，量子计算已经成为油气田行业不可忽视的重要计算模式。为实现油气田的智能化转型，以下提出一些建议：

1. 加强技术研发

应加大对量子计算技术的研发投入，不断提高其性能和稳定性，以降低应用成本。与高校、科研机构合作，推动量子计算在油气田领域的应用研究，促进技术的创新和发展。

2. 培养专业人才

需要强化对量子计算领域的人才培养工作，建立具备专业知识和实践经验的团队，为油气田的智能化转型提供坚实的技术支持。

3. 整合现有资源

利用现有的信息技术和通信设备，通过升级改造和系统集成，有机结合量子计算技术，提高整个系统的运行效率和智能水平。通过充分发挥现有资源的潜力，优化业务流程，实现更高效的数据处理和决策支持。

4. 制定实施方案

针对实际需求，制定详尽的量子计算应用实施方案。包括场景选择、技术路线设计、实施步骤规划等，确保方案的可行性和有效性。制定清晰的计划将有助于有序推进智能化转型。

5. 开展试点工程

在成熟地区或油田进行量子计算应用的试点工程，通过实践积累经验。不断优化和完善方案，为全面推广积累宝贵的实践经验，确保智能化转型的顺利实施。试点工程的成功经验将为其他地区提供借鉴和参考。

5.4.2.2 量子计算在油气田生产优化与控制中的具体应用和实现细节探讨

1. 油气藏模拟

利用量子计算技术对油气藏进行高效模拟。具体而言，通过构建数学模型，并运用先进的量子算法进行求解，实现对油气藏产量和开发方案的精准预测与优化。

2. 生产过程优化

利用量子计算技术对生产过程进行精细优化，包括注水方案、压裂方案和生产调度等。

通过建立全面的数学模型，运用量子算法求解，实现系统最优解，从而显著提高生产效率并降低成本。

3. 设备故障预测

运用量子计算技术对设备数据进行高效处理和分析，以实现设备故障的快速预测和预警。通过量子算法进行故障模式识别和风险评估，及时发现潜在设备故障，并采取有效措施进行预防和维护，有效地降低设备故障率，延长设备寿命。

4. 数据处理与分析

运用量子算法进行数据挖掘和模式识别，高效处理生产数据，提取有用信息用于决策支持。这一技术可广泛应用于地震数据处理和储层反演等领域，以提高数据处理和分析的效率和准确性。

5.4.2.3 基于量子计算的油气田生产优化与控制策略的效果评估方法和标准设定

为了评估基于量子计算的油气田生产优化与控制策略，需要设定相应的评估方法和标准：

1. 对比分析法

采用对比分析法，将基于量子计算的策略与传统方法进行全面对比，评估在效率、成本、准确性等方面的优势。通过比较两者的性能表现，全面了解新技术在提升生产效能方面的潜在优势。

2. 经济效益评估

对实施基于量子计算策略前后的经济效益进行对比，分析其投资回报率。这一评估有助于量化新技术引入对油气田生产的经济效益的提升，为决策提供有力支持。

3. 技术可行性评估

对策略进行技术可行性评估，包括在实际应用中的稳定性、可靠性和可扩展性等方面。通过对技术的实际应用情况进行评估，确保其在油气田环境中的有效性和可持续性。

4. 风险评估与管理

评估实施策略可能带来的风险，制定相应的应对措施和预案。在评估中，需要考虑潜在的技术、操作和市场风险，并提前规划有效的风险管理策略，确保项目的可控性。

5. 制定行业标准

结合实际情况制定油气田生产优化与控制策略的行业标准，为推广应用提供指导。通过制定标准，可以建立行业共识，促进技术的规范化应用，提高整个行业水平。这有助于形成一致的技术标准，推动油气田行业的智能化发展。

5.4.3 量子计算在油气田环境监测和可持续性管理中的应用

5.4.3.1 环境监测与生态保护

1. 应用背景

油气田开发常伴随着环境影响，包括水源污染、土壤退化等问题。量子计算可以在环境监测中发挥作用，通过高效处理大规模的监测数据，实现对环境质量的实时监控。

2. 具体应用

利用量子算法进行水质和土壤监测数据的分析，识别潜在的环境风险，提前预警可能的生态破坏。通过智能化系统进行生态修复规划，为环境保护提供科学的数据支持。这一应用可有效整合量子计算技术与环境监测，实现对油气田开发过程中环境影响的精准监控和及时干预，为生态环境的可持续发展提供关键支持。

5.4.3.2 社会责任与可持续性管理

1. 应用背景

当前，油气公司在社会责任和可持续性管理方面面临压力。在这一背景下，量子计算在决策层面提供支持，实现资源开发与环境保护的平衡。

2. 具体应用

通过量子计算技术优化社会责任方案，确保油气田的可持续性管理。这包括在资源采集、社区关系和环保计划中的综合考虑，最大限度地降低公司的社会和环境足迹。这一应用不仅有助于油气公司更好地履行社会责任，还在资源开发中寻求最佳平衡点，促使可持续性管理成为企业发展的核心元素。通过整合先进的量子计算技术，公司能够更全面、科学地评估和改进其社会和环境影响，实现可持续性发展的目标。

5.4.3.3 创新油气勘探技术

1. 应用背景

传统油气勘探技术存在一些限制，例如地震勘探的分辨率较低。在这一背景下，量子计算的应用为勘探领域带来了新的可能性，有望提高勘探的准确性和效率。

2. 具体应用

通过利用量子算法处理地震数据，实现更高分辨率的地下成像，从而协助发现油气储层。这一创新的应用为油气勘探提供了更为精细和准确的工具。通过量子计算技术，油气勘探能够突破传统技术的局限，提高对地下结构的解析度，为油气资源的发现和开发提供更可靠的数据支持。这一技术的应用有望推动油气勘探领域向前迈进，更好地满足行业对高效、精准勘探的需求。

5.4.3.4 长期可追溯性与数据安全

1. 应用背景

油气田生产涉及大量数据，长期可追溯性对于管理、合规和安全至关重要。同时，数据安全性问题也日益凸显。

2. 具体应用

利用量子计算的特性，建立更安全的长期可追溯性数据存储和管理系统。通过量子加密技术，确保数据的安全性，同时保证数据的长期可审查性，以满足监管和合规需求。量子加密提供了更高级别的数据保护，抵御了传统加密方法中可能存在的潜在风险。这一创新的应用不仅能够应对当今对数据安全性的严格要求，还为长期可追溯性提供了更为稳健和可信赖的解决方案。通过整合量子计算技术，油气田生产的数据管理系统将更好地应对未来的挑战。

5.4.4 未来发展趋势与挑战

5.4.4.1 技术突破与持续创新

1. 未来发展趋势

针对油气田行业需求，量子计算技术将迎来持续发展。新的量子算法和量子硬件的研发将推动量子计算技术在油气田领域更广泛的应用。

2. 挑战

技术研发需要克服量子计算硬件的稳定性、纠错能力等方面的挑战，同时保持与油气领域实际需求的紧密对接。在努力推动技术创新的过程中，需要关注并解决量子计算硬件面临的稳定性问题，以确保其在油气田领域应用中的可靠性。同时，对纠错能力的提升也是未来研究的重要方向，目的是更好地适应复杂的油气数据处理和决策需求。通过持续创新和技术突破，量子计算将成为油气田行业迎接未来挑战的强大工具。

5.4.4.2 国际合作与标准制定

1. 未来发展趋势

在未来的发展中，国际间将加强合作，共同推进量子计算在油气田领域的研究和应用。这种全球性的协同努力将有助于共同制定标准，推动量子计算技术的全球性发展。通过合作，各国可分享经验、资源和最佳实践，加速油气田领域中量子计算技术的创新与应用。

2. 挑战

随着合作的深入，需要克服不同国家在量子计算标准和法规方面存在的差异。解决法律和隐私问题是合作中不可忽视的挑战。各国需在合作中找到平衡，确保合作的进行符合各自国家的法律法规，同时保护个人隐私。通过开放性对话和协商，国际合作可以克服这些挑战，实现共同发展。

5.5 基于脑机接口的远程智能操作系统设计

5.5.1 脑机接口技术在油气田智能化运维中的关键应用

5.5.1.1 脑机接口技术原理及行业背景

1. 技术原理概述

脑机接口（BCI）技术基于神经科学和工程学，通过记录和解析脑电信号，实现人脑与外部设备的直接交互。在油气田智能化运维中，BCI 技术扮演着关键角色，将人员的脑力活动与操作设备紧密结合，为更高效、智能的运维流程提供支持。

2. 应用背景

油气田面临复杂地质条件、高难度的勘探开发和严格的环保要求，智能油田的概念由此而来。在油气田的应用中，BCI 技术在优化操作流程、提高生产效率和实现远程设备控制等方面展现出巨大潜力。它为人机交互提供了全新的可能性，成为推动油气田智能化发展的关键技术。

5.5.1.2 智能油气田中的实时安全监控

1. 作业人员状态监测

利用 BCI 技术实时监测作业人员的精神状态和疲劳程度，为安全事故预防提供有力支持。系统能够自动识别疲劳或注意力不集中的情况，及时提醒人员休息，从而最大限度地降低潜在的安全风险。

2. 远程设备控制

通过解析脑电信号，实现远程设备的智能控制。作业人员只需通过思考即可操作设备，提高了操作的便捷性和精准度，尤其适用于危险环境。这一技术不仅提高了操作效率，还为远程作业提供了更安全和可靠的方式，推动了油气田智能化运维的发展。

5.5.1.3 优化生产过程与自动化智能化

1. 实时数据解析与调整

利用 BCI 技术对作业人员的脑电信号进行实时解析，预测和识别操作意图。系统能够自动调整机器或设备的参数和设置，减少错误和延误，实现生产过程的优化。这一智能化的应用有助于提高操作的准确性和效率，同时最小化可能出现的人为误差。

2. 自动化与智能化

结合机器学习和人工智能技术，BCI 可实现部分任务的自动化。通过长期学习和优化，设备甚至可以在无人操作的情况下完成常规任务，从而提高整体生产效率。BCI 的智能化功能不仅简化了作业流程，也为油气田的自动化运维迈出了重要一步，为未来的生产优化奠定基础。

5.5.1.4 人员培训与技能传承

操作指令捕捉与培训支持：利用 BCI 技术捕捉并记录熟练工人的脑电信号，将其转化为具体操作指令。这一技术应用不仅能够加速新员工的培训过程，使其更快地掌握技能，同时也促进了技能的传承。通过 BCI 技术，员工能够以更直观、高效的方式传达经验和操作技巧，为工作团队的培训提供了更为智能和个性化的支持。这进一步强调了 BCI 技术在提高操作效率和工作流畅性方面的潜力。

5.5.1.5 数据安全与隐私保护

1. 隐私保护机制

由于脑电信号涉及个人隐私，BCI 系统需要建立完善的隐私保护机制。通过加密技术和权限控制，确保用户数据的安全和合规使用，以满足法规和行业标准。这种系统级的隐私保护措施不仅维护了用户的个人权益，也有助于建立用户信任，推动 BCI 技术的可持续发展。

2. 技术稳定性

在实际应用中，BCI 技术需要克服信号采集的稳定性等技术挑战。持续的研发投入旨在提高技术的成熟度和可靠性。通过技术的不断创新和改进，BCI 系统能够更好地适应多变的工作环境，提高系统的稳定性，为用户提供更为可靠的脑机接口体验。这对于在油气田等复杂工业场景中的广泛应用至关重要。

5.5.1.6 未来发展趋势与挑战

1. 无创便携式设备

未来 BCI 设备将趋向无创便携化，更好地适应油气田的实际生产环境。这种发展方向将使得 BCI 系统更加灵活、便利，有助于作业人员在复杂的油气田场景中更自由地使用脑机接口技术，提高生产效率。

2. 多模态融合

未来 BCI 系统可能融合其他生物信号和环境信息，以提高识别精度和应用范围。通过整合多种信息源，BCI 系统能够更全面地理解用户的意图，为油气田智能化运维提供更为精准的支持。

3. 自适应学习

系统将持续学习并适应不同操作员和环境，实现个性化优化和生产过程的自我调整。这种自适应学习能力有助于提高系统的灵活性和适应性，使其更好地适用于油气田复杂和变化多端的工作环境。

4. 挑战与应对策略：

（1）数据安全与隐私保护：制定严格的数据隐私政策，采用先进的加密技术和权限管理机制，确保用户信息得到有效保护。

（2）技术成熟度与可靠性：持续研发，不断优化技术，确保 BCI 系统在油气田环境中的稳定运行。通过实验验证和反馈循环，不断提高系统的成熟度和可靠性。

（3）法规与政策：与政府部门和专家合作，共同制定与 BCI 技术应用相关的法规和政策，确保其在合规框架内稳妥推广。

5.5.2 基于脑机接口的远程智能操作系统实施与管理

5.5.2.1 实施脑机接口系统的关键步骤

1. 系统集成与优化

在融入油气田业务的背景下，确保脑机接口系统与智能油田现有系统无缝集成，同时根据油气行业需求优化系统性能。考虑到油气田环境的特殊性，对脑电采集设备进行定制以适应高温、高湿和潜在爆炸危险的条件，从而确保系统在复杂工作环境中稳定可靠的运行。

2. 网络架构设计

建立稳健的网络架构，以应对油气田复杂的地理环境和远距离操作需求。采用 5G、Wi-Fi6 等高速无线通信技术，同时关注数据的加密和安全传输问题，确保数据的快速传输和隐私安全。这种高效的网络架构设计有助于提高脑机接口系统的实时性和稳定性，满足油气田智能化运维的需求。

5.5.2.2 系统管理与维护

1. 用户培训与支持计划

制定脑机接口系统的用户培训计划，确保操作人员能够熟练运用系统。提供实时支持，解决技术问题，并及时应对紧急情况。通过全面的培训和及时的支持，确保用户能够充分发挥脑机接口系统的功能，提高操作效率。

2. 系统安全与隐私保护

实施强化的数据加密和访问控制，以保护脑电数据的安全性。确立隐私保护政策，合规处理敏感信息，以符合法规和伦理要求。通过采用最先进的安全技术和隐私保护措施，确保系统在数据传输和处理过程中的安全性，维护用户和企业的隐私权益。

5.5.2.3 基于脑机接口的远程智能操作系统效果评估

1. 生产效率提升

通过监测和数据分析，全面评估脑机接口系统在生产效率方面的表现，包括操作速度、错误率和任务完成时间等关键指标。通过综合考察系统的性能表现，提出优化建议，以实现对生产效率的有效提升。

2. 安全事故减少

对比实施脑机接口系统前后的安全事故发生率，全面评估系统在预防和减少事故方面的实际效果。通过深入分析事故原因，提出改进措施，确保系统在提高作业安全性方面取得显著成效。

3. 员工满意度

通过员工调查等方式，深入了解员工对脑机接口系统使用体验的满意度，以及他们在操作中的感受和建议。通过及时收集反馈意见，进行系统改进，确保系统符合用户需求和期望，提高员工的使用体验和参与度。

5.5.3 基于脑机接口的远程智能操作系统性能提升与适应性

5.5.3.1 性能提升与优化

1. 实时数据处理与反馈机制

进一步优化 BCI 系统的实时数据处理能力，确保对脑电信号的高效解析和操作意图的即时反馈。这将有助于提升系统的响应速度和操作精准度，尤其是在复杂环境下的应用。通过加强实时数据处理和反馈机制，系统将更有效地满足快速决策和操作的需求，提高整体性能。

2. 智能算法优化

引入先进的智能算法，通过对脑电信号的深度学习和模式识别，提高系统对操作员意图的准确度。这样的优化将进一步增强系统的智能化水平，更好地适应油气田的复杂工作环境。通过不断优化智能算法，系统可以更精准地识别和理解用户的脑信号，实现更智能、自适应的操作体验。

5.5.3.2 实施适应性机制

1. 环境适应性

设计系统能够智能感知油气田极端环境变化，如高温、低温、高湿、高海拔等，确保在各种条件下脑机接口系统的可靠运行。这涉及硬件耐受性和软件智能适应性的全面考量，以确保系统在极端环境中稳定运行，满足油气田的实际需求。

2. 用户适应性

引入用户模型和个性化算法，使系统能够适应不同操作员的脑电信号特征和操作习惯。通过个性化优化，提升系统在不同用户间的适应性，进一步提高操作效率。考虑到不同操作员的个体差异，系统将更灵活地适应用户的脑信号，实现更加个性化和高效的用户体验。

5.5.3.3 技术迭代与升级策略

1. 定期技术升级

制定定期的技术升级计划，以便引入新的脑机接口技术和算法。这有助于不断提高系统的性能、稳定性和智能水平，使其保持与油气行业技术发展同步。

2. 用户反馈与改进

设立用户反馈渠道，积极收集操作员的实际使用体验和建议。基于用户反馈，及时进行系统改进和升级，确保系统在实际应用中持续优化，以更好地满足用户需求和适应油气田的特殊环境。

5.5.3.4 远程智能操作系统与油气行业融合的前瞻性应用

1. 智能油气勘探与开发

进一步将 BCI 技术融入油气勘探开发领域，实现智能井场监测、远程操作、自动化决策等，从而提高勘探生产效率。

2. 环境监测与应急响应

利用 BCI 技术对油气田环境数据进行实时监测，结合智能算法，实现对环境异常的及时响应和紧急处理，从而提高环境监管水平。

3. 人机协同作业

推动脑机接口技术与机器人、自动驾驶等技术的协同发展，实现更高层次的人机协同作业，从而提升整体生产效能。这一发展方向将推动油气田行业向更智能、高效的作业模式迈进。

5.5.3.5 可持续发展与社会责任

1. 绿色能源应用

推动 BCI 技术在油气行业绿色能源领域的应用，优化能源生产过程，减少资源浪费，为油气行业的可持续发展提供创新方案。

2. 社会责任履行

制定并执行油气田 BCI 技术应用的社会责任标准，确保技术合理、道德、安全的使用，积极履行企业社会责任。通过这一举措，促进技术应用与社会责任的有机结合，为行业的可持续发展树立榜样。

5.5.3.6 总结与展望

基于脑机接口的远程智能操作系统在油气田的应用不仅提高了生产效率和安全水平，还促使了油气行业的技术创新。未来，随着技术的不断发展，系统的智能化和适应性将进一步提升，为油气田的可持续发展和智能化运维带来更多机遇和挑战。这一趋势有望引领油气行业迈向更智能、高效、绿色的未来。

5.6 扩展现实技术与人工智能在油气业务中的深度融合与模拟

5.6.1 深度融合下的 XR 与 AI 应用场景

在油气行业数字化转型中，深度融合扩展现实（XR）技术与人工智能（AI）的结合为企业开启了引人瞩目的技术变革。这一深度融合不仅将虚拟现实（VR）和增强现实（AR）等 XR 技术与智能算法相融合，更为油气勘探、生产和运营等关键环节带来了卓越的创新机遇。这种前沿技术的整合为油气行业注入了新的动力，为提升效率、降低成本和增强决策支持提供了广阔空间。

5.6.1.1 XR 技术的深度融合

XR 技术涵盖了虚拟现实（VR）、增强现实（AR）和混合现实（MR），在油气行业的数字化转型中发挥了重要作用。AR 通过透明显示器将虚拟信息融入实际场景中，VR 通过头戴设备创造出沉浸式虚拟环境，而 MR 则在真实环境中叠加虚拟元素，实现了真实与虚拟的深度交互。这一全方位的 XR 技术应用，使油气业务在数据处理和决策制定方面更加智能、精准。这种多元化的 XR 应用为油气行业带来了更为灵活和高效的数字化解决方案，提升了工作流程的智能化水平。

5.6.1.2 智能巡检与远程协作

在油气现场，AR 眼镜借助先进的定位技术，实时呈现设备运行状态和传感器数据的虚拟叠加。AI 算法通过透明显示器进行数据实时分析，实现对设备异常的智能检测。借助高级图像识别技术在物理设备上进行虚拟标注，系统提供及时的预警信息。远程专家通过 AR 眼镜与现场工作人员进行实时通信，通过虚拟标注和语音指导实现智能巡检和远程协作。这项技术显著提高了问题解决速度和准确性，同时降低了人工巡检的工作量，有效避免了潜在的安全风险。

5.6.1.3 虚拟培训与模拟演练

油气企业充分利用 XR 技术，尤其是采用 VR 头盔等设备，为员工打造高度真实的虚拟培训环境。借助 AI 算法，系统能够根据员工在模拟中的表现实时调整培训情境，提供个性化的培训计划。通过深度学习，系统模拟各种实际操作可能遇到的复杂情境，有助于员工提高操作技能，同时有效降低了实际操作中的错误率和事故风险。

5.6.1.4 实时监控与预测维护

通过 AR 技术，员工能够透过 AR 眼镜实时显示设备运行数据，而 AI 算法对这些数据进行实时处理。机器学习算法预测设备可能发生的故障，并通过 AR 界面向工作人员提供及时的预警信息。这一实时监控和预测维护的应用，有助于工作人员迅速了解设备状态，减少设备停机时间，提高生产效率，同时有效降低了维护成本。

5.6.1.5 沉浸式规划与设计

在油气田规划与设计中，工程师通过 VR 技术的沉浸式体验能够在虚拟环境中进行直观的规划和设计。AI 算法通过实时分析地质勘探数据，为工程师提供优化的设计建议。通过深度学习，系统模拟不同地质条件下的油气储量分布，为工程师提供科学而高效的规划方案。这项技术应用帮助提高了勘探和规划的准确性，加速了决策过程，提高了油气田的开发效率。

通过以上深度融合的 XR 与 AI 技术应用，油气企业在业务运营中取得了更为具体和显著的改进。智能巡检和远程协作降低了人为巡检的工作负担，提高了问题解决的效率；虚拟培训和模拟演练提升了员工的操作技能，减少了操作风险；实时监控和预测维护降低了设备停机时间，提高了生产效率；沉浸式规划和设计优化了油气田的规划方案，加速了勘探与开发过程。这一系列技术应用共同推动了油气行业的数字化转型，提升了企业的竞争力和可持续发展能力。

5.6.2 实施步骤与业务改善效果

为确保成功实施深度融合的 XR 与 AI 技术，油气企业需仔细考虑以下实施步骤，每一步都直接关联着业务改善的效果。

5.6.2.1 需求分析和场景规划

在采用深度融合的 XR 与 AI 技术之前，深入了解油气业务的实际需求至关重要。通过对现场勘探数据和操作流程的全面分析，明确定义应用场景和目标。这包括利用 AI 技术进行实时巡检与远程协作、虚拟培训与模拟演练、实时监控与预测维护以及沉浸式规划与设计等方面。通过需求分析，确保技术的全面利用，满足业务各环节的具体需求。这一步骤为整个实施过程奠定了坚实的基础。

5.6.2.2 技术选型与集成

在技术选型阶段，选择适用于油气行业的 XR 设备和 AI 算法尤为重要。确保所选技术能够兼容并有效集成，充分考虑硬件和软件的协同工作。例如，选择能够适应油气环境的 AR 眼镜和具备处理大量实时数据能力的 AI 算法。选型的关键在于确保所选技术能够无缝融入油气业务，提供可靠的性能和卓越的适应性。

5.6.2.3 数据准备与模型训练

整合历史油气业务数据到 AI 模型中，进行模型训练以提高算法的准确性。在实时监控与预测维护场景中，运用历史维护记录和设备故障数据进行训练，以建立准确的故障预测模型。通过充分利用过去的业务经验和数据，确保 AI 算法在实际应用中更为可靠和精准。

5.6.2.4 系统整合和测试

将 XR 技术与 AI 系统进行深度整合，确保系统能够稳定运行。进行全面的系统测试，验证各项功能和性能，包括实时巡检、虚拟培训、预测维护和沉浸式规划等方面。这确保了技术在实际油气环境中的可行性和稳定性，为业务运营提供可靠的支持。

5.6.2.5 员工培训和接受阶段

为员工提供全面的培训，介绍新技术的使用方法和益处。使用实际案例演示 XR 与 AI 在油气业务中的应用，确保员工能够顺利接受和应用新系统，特别是在智能巡检、虚拟培训和实时监控等关键环节。通过培训，提升员工对新技术的理解和熟练应用，最大程度地发挥技术优势。

5.6.2.6 监测与优化

监测系统运行情况，收集用户反馈和系统性能数据，并通过不断的优化和升级确保 XR 与 AI 技术能够适应油气行业的不断变化。监测过程中的反馈数据也为进一步优化系统提供了有力的参考。

深度融合的 XR 与 AI 技术在实施后将带来显著的业务改善效果。

1. 生产效率提升

智能巡检和远程协作减轻了人为巡检的工作负担，提高了问题解决的效率。实时监控和预测维护降低了设备停机时间，有效提高了生产效率。

2. 运营风险降低

实时监控与预测维护使得潜在故障可提前发现，有助于降低运营风险。虚拟培训和模拟演练提高了员工操作技能，减少了事故风险。

3. 员工培训效果增强

虚拟培训和模拟演练结合 AI 算法提供个性化培训计划，满足员工学习需求，显著提高培训效果。

4. 科技含量提升

沉浸式规划与设计优化了油气田的规划方案，提高了勘探和规划的准确性，为企业业务注入更高科技含量。这一系列效果共同推动油气行业迎接数字化转型，提升了企业的竞争力和可持续发展能力。

5.6.3 深度融合 XR 与 AI 技术的未来展望

在实施深度融合 XR 与 AI 技术的基础上，油气企业可以进一步拓展业务应用，实现更全面的数字化转型。未来的发展方向包括以下几个方面。

5.6.3.1 智能决策支持系统

借助深度学习和数据挖掘技术，搭建智能决策支持系统，通过对大数据的精准分析，实现更智能的战略规划。这一系统能够整合各环节的实时数据，为企业高层提供更全面的决策信息，优化生产运营和资源配置，从而提升企业整体竞争力。

5.6.3.2 全生命周期数字化管理

推动数字化转型贯穿油气项目的全生命周期管理，从勘探阶段到生产、运营，再到设备维护和废弃阶段，全程实现数字化信息管理。结合 XR 与 AI 技术，企业得以在虚拟环境中模拟项目各个阶段，优化决策，降低风险，提升项目整体效益。

5.6.3.3 生产过程优化与自动化

引入 XR 与 AI 技术来优化油气生产过程，通过实时监测和预测分析，精细控制设备运行参数，以提高生产效率和能源利用率。结合自动化系统，实现设备的智能调度和自主运行，降低人工干预，减少生产中的人为差错。这一整合方案有望使生产过程更加智能、高效，并提升企业的竞争力。

5.6.3.4 环境监测与可持续发展

在数字化转型的过程中，加强对环境的监测与管理，运用 XR 技术建立环境监测模型。通过 AI 算法实时分析环境数据，确保油气生产过程的环保合规。在项目规划阶段，借助沉浸式设计评估项目对环境的影响，并制定更加可持续的发展策略。这一综合的环境管理方法将有助于企业在数字化转型中取得更为可持续和环保的业务成果。

5.6.3.5 开发新业务模式

借助深度融合的 XR 与 AI 技术，创造新的业务模式。例如，通过虚拟现实技术为客户提供远程参观油气设施的服务，同时为合作伙伴提供远程技术支持，实现业务的多元化和全球化。这种创新性的服务模式将帮助企业更好地满足客户需求，提高合作伙伴之间的协作效率，拓展业务边界，从而推动企业在市场中获得更大的竞争优势。

5.6.3.6 未来展望的实现步骤

为实现上述未来展望，油气企业可以采取以下步骤。

1. 技术研发与创新

持续推动 XR 与 AI 技术在油气行业的创新应用，建立紧密合作关系，与科研机构和技术公司共同努力开发符合油气业务需求的前沿技术。通过深度协作，企业可以确保在技术领域保持领先地位，并实现持续的技术创新。这种战略举措有助于企业更好地适应行业变革，不断提升自身技术水平，迎接未来的挑战。

2. 数据治理与安全保障

建立健全的数据治理体系，以确保数据的质量和安全。通过加强网络安全防护，保护企业关键数据免受潜在威胁，从而保障 XR 与 AI 技术在业务中的可靠性。通过严格的数据管理和网络安全措施，企业可以更好地维护数据的完整性、机密性和可用性，为数字化转型提供可信赖的基础。

3. 人才培养与团队建设

加强员工培训，提高员工对 XR 与 AI 技术的应用能力。通过招聘具备相关技能的人才，建设高效协同的团队，推动技术与业务的深度融合。这一战略举措有助于确保团队能够充分理解和熟练运用新技术，推动技术与业务之间的良性互动，提高企业整体竞争力。

4. 智能设备升级

随着技术的不断进步，定期升级和更新智能设备，确保 XR 与 AI 技术在油气生产中保持先进水平。通过整合新型硬件设备，拓展技术应用场景，提高智能化程度，企业能够紧跟科技发展步伐，保持在数字化转型浪潮中的领先地位。

5. 行业合作与标准制定

积极参与行业合作，与其他油气企业共同研究解决方案，制定行业标准，促进油气行业数字化转型的良性发展。通过建立紧密的产业合作伙伴关系，企业能够分享经验、协同创新，推动整个行业朝着数字化、智能化方向共同迈进，实现更高效、可持续的发展。

5.7 多技术融合策略在智能化转型路径设计中的实践与价值挖掘

在油气行业，多技术融合策略代表着将人工智能（AI）、大数据、物联网（IoT）、区块链等先进技术与传统的油气勘探、生产和管理技术巧妙结合，构建全面解决方案。这一策略通过技术的协同作用，致力于实现油气田生产过程的数字化、智能化和绿色化，以提高生产效率、优化资源配置、降低运营成本并推动业务模式创新。这种综合利用先进技术的战略性做法，为油气行业带来了全新的发展机遇。

5.7.1 多技术融合策略的概念与原则

多技术融合策略的核心概念在于有机整合各类技术，以迎合油气行业的特殊挑战和需求。在实践中，应遵循以下原则，使多技术融合策略更具体。

1. 针对性选择

在满足油气行业的实际需求时，关键在于选择那些应用前景明确、成熟度高的技术手段。例如，可以充分运用人工智能技术进行油气储层预测和产量优化，同时通过物联网技术实现设备监测和智能巡检。

2. 数据整合与共享

在实施多技术融合策略时，关键在于建立统一的数据平台，整合各技术手段产生的数据，实现数据的高效共享和充分利用。通过大数据分析技术，深度挖掘数据的潜在价值，为决策提供科学、可靠的依据。

3. 安全生产与环保

在融合多种技术手段时，必须确保符合安全生产和环保要求。例如，可以运用区块链技术来确保数据的安全性和可追溯性，或者通过物联网技术实时监测设备的运行状态和排放情况，及时发现并解决潜在的安全隐患。这有助于保障生产过程的顺利进行，同时满足环保标准。

4. 经济效益与社会效益

在多技术融合策略实施中，需要平衡经济效益和社会效益。通过深入的成本效益分析，选择那些经济可行的技术方案。同时，考虑融合策略对油气行业转型升级、提高能源利用效率、减少环境污染等方面的社会效益。这样的综合分析有助于确保企业在技术应用中取得双赢的经济和社会效果。

5. 持续创新与合作

持续创新与合作是推动多技术融合策略成功实施的重要原则。积极鼓励企业、研究机构和创新团队之间展开合作与创新。通过产学研合作、技术创新联盟等多种方式，加强技术交流与合作，共同应对油气行业所面临的挑战。这种深度协作能够推动技术创新，加速行业的数字化转型，促进更广泛的技术应用，为整个行业带来可持续的发展。

通过以上原则的深入应用，多技术融合策略在油气行业将更为具体地发挥作用，推动行业持续升级，朝着数字化、智能化和绿色化方向迈进。这一转型不仅有助于提高油气资源的开发利用效率和降低生产成本，同时也能够增强企业竞争力，促进可持续发展。通过平衡经济效益和社会效益，确保安全生产与环保，以及不断推动创新与合作，油气行业将能够更好地适应未来的挑战，迎接更为繁荣和可持续的发展。

5.7.2 智能化转型的重要性

智能化转型对油气行业具有卓越的意义和价值，从多个方面推动业务发展。

5.7.2.1 提高生产效率与资源利用率

这一智能化转型不仅令油气勘探和生产过程更为精准和高效，同时也有效降低了对资源的浪费。通过对大量实时数据的分析，企业能够更好地理解油气储藏的特性，优化勘探策略，减少无效的勘探投入，提高成功率。在生产环节，通过物联网实现设备的实时监测和智能调度，有助于预测潜在的设备故障，实现设备的及时维护和高效运行，进一步提升生产效率。

这种数字化和智能化的转型不仅改善了生产过程的可控性，还有效降低了生产成本。通过智能化的预测和调度，企业能够更灵活地管理生产计划，减少不必要的停机时间，提高设备利用率，从而实现生产效率的最大化。此外，对勘探和生产过程的更精准监测也有助于避免资源浪费，使企业在采掘和运输等方面更加高效和经济。

5.7.2.2 优化生产流程与协同管理

这一智能化转型在提高生产效率的同时，通过协同管理创新地推动了油气行业的协同作业和信息共享。通过区块链、大数据和云计算等技术的应用，实现了对生产数据的实时采集、传输和分析，使得生产过程更为数字化、可视化和可优化。这不仅提升了生产过程的透明度和可控性，也有助于减少信息孤岛的存在，促进了各个部门和团队之间的协同合作。

协同管理平台的引入进一步强化了多部门、多团队之间的协同作业。通过平台上的信息共享，不同团队能够更及时地了解到整个生产流程中的变化和需求，从而更灵活地调整工作计划和资源配置。这种协同管理模式的实施，不仅减少了沟通和协作中的阻力，还提高了工作效率，为生产过程的持续优化创造了有利条件。

5.7.2.3 提升安全管理与环保水平

这一智能化转型不仅提升了油气行业的生产效率，同时也加强了安全管理和环保水平。通过物联网、传感器和无人机等技术的应用，实现了对设备的实时监测，从而确保设备的运行状态和安全性能。大数据和人工智能等技术的综合运用对生产过程进行了全面的安全风险评估和预警，为安全隐患的预防提供了高效可靠的手段。

此外，智能化转型还推动了油气行业向绿色化发展。通过应用清洁能源、节能减排等技术手段，有效降低了生产过程对环境的不良影响。这种绿色化发展不仅有助于企业履行社会责任，也符合全球环保的趋势，为油气行业可持续发展奠定了更为稳固的基础。

5.7.2.4 创新业务模式与价值创造

这一智能化转型对于油气行业业务模式的创新和价值创造起到了重要的推动作用。通过云计算、大数据和人工智能等技术的广泛应用，生产数据中的价值信息被深度挖掘，为决策提供了科学依据。数字化平台的利用不仅使得电子商务、智能制造等新业务模式成为可能，还拓展了企业的盈利渠道。这种创新的业务模式推动了油气行业的数字化转型和产业升级，提高了整个行业的竞争力和可持续发展能力。

5.7.2.5 小结

智能化转型在油气行业中具有不可忽视的重要作用。通过应用多技术融合策略和其他前沿技术手段，油气行业取得了生产效率的提升、生产流程的优化、安全管理和环保水平的提升，以及业务模式的创新和价值创造。这将有助于推动油气行业的可持续发展和转型升级，为能源安全和经济发展做出更大的贡献。

5.7.3 油气行业智能化转型：多技术融合实践与设计方案

5.7.3.1 勘探阶段

1. 智能地震数据处理与储层预测

借助深度学习技术构建智能地震数据处理系统，通过模式识别精准锁定油气储层位置。该系统整合了数据分析和机器学习，能够快速而准确地描绘地下储层结构，为勘探活动提供更为精确的目标定位，从而有效地降低了勘探风险。

2. 专业化无人机巡检

引入专业的无人机巡检解决方案，搭载高分辨率摄像头和先进传感器。这些设备通过物联网技术与勘探数据实时同步，实现对油气田的高效空中巡检。此举不仅有助于及时发现潜在的泄漏和安全隐患，同时提高了巡检效率，确保生产过程持续安全。

5.7.3.2 生产阶段

1. 物联网技术在生产设备监测中的应用

广泛采用物联网技术，实现对生产设备的实时监测。各种传感器采集的数据通过云平台进行实时分析，结合先进的机器学习算法建立的预测模型，快速响应设备异常，采取预防性维护措施，最大化降低设备故障停产时间。

2. 区块链建立生产数据管理系统

应用区块链技术建立安全可靠的生产数据管理系统。智能合约和权限控制确保生产数据的真实性和可信度。不同部门能够实时共享和更新数据，提高协同工作效率，特别是在生产决策和资源调配方面取得显著优势。

3. 清洁能源与节能减排技术

为了降低环境影响，引入清洁能源，包括太阳能和风能。智能控制系统结合大数据分析，优化能源调配，实现了生产过程的智能管理，有效降低了能源成本和环境排放。这一综合技术手段不仅有助于提升生产效率，还实现了更加环保和可持续的生产模式。

5.7.3.3 数据整合与系统优化

1. 技术兼容性与数据整合

通过克服不同技术之间的兼容性问题，成功建立了一套统一的数据标准和接口。精妙运用数据湖和数据仓库技术，实现了多个技术源数据的高效整合，为全面的生产决策提供了可靠支持。

2. 深度合作与研发

积极与技术供应商和研究机构展开深度合作，形成高效协同的技术团队。这种紧密合作关系使得企业能够紧跟行业技术趋势，及时引入最新技术，确保系统在不断变化的环境中保持领先地位。

5.7.3.4 安全管理和环保

1. 智能安全风险预测与防范系统

运用大数据分析技术，打造了智能化的安全风险评估系统。该系统能够及时预测潜在危险，为生产过程中的预防措施提供有力支持，最大限度地降低了事故发生的概率。

2. 高级环保监测技术应用

引入先进的环保监测技术，包括传感器网络和遥感技术。通过大数据分析，实现了对油气田环境影响的实时监测和评估。这一高度精密的技术手段有效地帮助企业降低了生产过程对环境的不良影响，同时提升了公司在环保方面的形象。

5.7.3.5 结果与效益

通过上述方案的有序实施，油气行业成功完成了智能化的转型，显著提升了生产效率、削减了成本，并在安全管理和环保方面取得了显著的进步。创新的业务模式成功地开辟了新的盈利渠道，进一步增强了企业的整体竞争力和可持续发展能力。这一系列的实践为其他油气企业提供了可行的、经过验证的多技术融合策略实施方案，使它们能够更为精准、高效地迈向油气业务的智能化未来。

5.7.4 多维度增益：油气行业智能化转型的价值挖掘

油气行业的智能化转型通过多技术融合策略，不仅在生产效率和成本降低方面创造价值，更在多个维度呈现出丰富的增益。

5.7.4.1 优化资本配置与资产管理

1. 高度安全和环保的生产实践

智能化转型通过引入物联网、传感器和无人机等技术，显著加强了油气行业的安全管理和环保水平。实时监测设备状态并借助大数据进行风险评估，使得安全隐患能够在发生之前被及时发现和解决。与此同时，清洁能源和节能减排技术的应用进一步减少了生产对环境的不良影响，推动了行业朝着更为绿色可持续的方向发展。

2. 新业务模式的创新与价值创造

智能化转型催生了新的业务模式，通过云计算、大数据和人工智能的应用，企业得以深度挖掘生产数据中的价值信息，为决策提供更为科学的依据。数字化平台的运用使得电子商务、智能制造等新业务模式成为可能，不仅拓展了企业的盈利渠道，也推动了整个油气行业的数字化转型和产业升级，提高了竞争力和可持续发展能力。

5.7.4.2 增强供应链管理与协同

1. 物联网与供应链透明度

物联网技术的广泛应用提高了对物资和设备状态的实时追踪，确保了物资按时到达且合规使用。这一举措不仅提升了供应链的透明度，减少了运营风险，同时智能合约的应用简化了交易结算流程，提高了整体的供应链效率。

2. 区块链促进合同履行

区块链技术的引入使得合同履行更加透明和可追溯，实现了自动化的交易结算。供应链协同效率大幅提高，合同纠纷的可能性降低，为供应链管理带来更高的效益。

这些技术手段的应用使企业能够更加精准地把握供应链运作的方方面面。从物资采购到生产制造再到最终产品的配送，各个环节都得以实现高度可视化和实时监测。智能合约的自动执行使得合同履行更加可靠，而区块链的不可篡改性则保障了交易信息的安全性和可信度。

这一综合的技术融合策略不仅提高了供应链的透明度和协同效率，也为企业构建了更为稳健、可靠的供应链体系，有力支撑了企业在竞争激烈的市场中的持续发展。

5.7.4.3 QHSE 管理

1. 可追溯性与数据报告

引入区块链技术，确保 QHSE 数据的可追溯性和真实性。企业可以通过区块链建立的不可篡改的数据链，提供可信赖的报告和记录，为监管机构、股东以及社会大众提供透明度，增强企业的合规性和信誉度。

2. 持续改进与风险管理

利用数据分析和 AI 技术，建立持续改进和风险管理机制。通过对 QHSE 数据的深度分析，企业可以识别潜在风险，并制定相应的改进计划。这种持续改进的机制有助于提高 QHSE 管理的效率和灵活性。

综上所述，通过智能化和创新技术的应用，企业在 QHSE 管理方面能够实现更高水平的监测、应对、培训和报告，从而全面提升整体管理水平，保障了员工和环境的安全，也为企业的可持续发展奠定了坚实的基础。

5.7.4.4 创新商业模式与市场拓展

1. 客户体验升级

通过虚拟现实（VR）技术等创新手段，为客户提供更身临其境的产品体验。例如，可以为客户提供虚拟现实的产品演示，增强客户参与感，提升购物体验，从而吸引更多客户并提高客户忠诚度。

2. 智能客服与个性化推荐

引入智能客服系统，通过自然语言处理和机器学习技术，实现对客户问题的智能解答。同时，通过大数据分析客户行为，实现个性化推荐，提高销售转化率，为客户提供更符合其需求的产品和服务。

3. 全球化业务拓展

利用数字化平台，实现全球范围内的业务拓展。通过虚拟会议和在线合作工具，企业可以更高效地与全球客户、合作伙伴进行沟通和合作，拓展市场份额，实现全球化布局。

4. 可持续发展与社会责任

强调企业的社会责任，通过数字化手段向客户传递企业的可持续发展理念。例如，通过数字化平台公开企业的环保措施和社会公益活动，提升品牌形象，吸引更多具有社会责任感的客户。

通过以上创新手段，企业不仅能够更精准地满足市场需求，提高客户体验，还能够在全球范围内拓展业务，同时强调可持续发展和社会责任，塑造更积极的企业形象。

5.7.4.5 人才培养与组织变革

1. 持续学习与技能提升

通过建立持续学习机制，鼓励员工不断提升技能，适应智能化转型的需求。企业可以提供在线培训和知识分享平台，帮助员工不断跟进技术发展，保持竞争力。

2. 跨部门协同与团队建设

强调跨部门协同工作，通过数字化平台促进团队之间的信息共享和协同合作。企业构建具有高效沟通和合作能力的团队，推动项目的快速推进和创新。

3. 灵活工作模式

推行灵活的工作模式，如远程办公和弹性工作时间。这有助于提高员工的工作满意度，吸引更多具有特殊技能和经验的人才，同时适应不断变化的工作环境。

4. 员工参与与激励机制

建立员工参与决策的机制，激励员工提出创新性建议。通过数字化平台收集员工反馈，建立激励机制，激发员工的创造力和积极性，推动企业不断创新。

通过以上人才培养和组织变革的举措，企业可以更好地适应智能化转型，确保组织保持竞争力，同时提高员工的工作积极性和创新能力。

5.7.4.6 品牌价值与社会责任

1. 公开透明的沟通

加强与利益相关者（股东、客户、员工等）的公开透明沟通，展示企业的智能化转型战略和取得的成果。建立公开的数字化平台，让社会更直观地了解企业在智能化方面的努力和成果。

2. 社区参与与合作

积极参与社区项目，与当地政府、非营利组织建立合作关系，推动社会可持续发展。通过数字化手段，实现社区需求的精准了解和及时响应，提升企业在社会中的形象。

3. 员工福利和培训

关注员工的福利和发展，通过数字化人力资源管理系统，提供更个性化的福利方案和培训机会。这有助于增强员工对企业的认同感，提高员工忠诚度。

4. 公益项目支持

参与并支持与企业价值相关的公益项目，通过数字化平台宣传公益活动的进展和成果。这种积极的参与有助于提升企业在社会责任方面的声誉。

通过在品牌价值和社会责任方面的不懈努力，企业能够树立积极的形象，赢得更多社会认可，为长期的可持续发展奠定基础。

5.7.4.7 小结

多技术融合策略在油气行业智能化转型中的价值挖掘是一个多维度、多层次的过程。这一战略的实施不仅需要企业在技术方面的积极投入，还需要深度协同各个层面和利益相关者的合作。只有通过持续的实践、探索和创新，企业才能真正实现智能化转型的目标，为油气行业的可持续发展做出更为显著的贡献。

5.8 总结与展望

随着油气行业迈入数字化时代，智能油田成为引领者，描绘了石油与天然气企业迎接绿色、高效、智能未来的愿景。通过深度数据应用和多技术融合策略，智能油田为油气企业创造了崭新可能性，不仅提高了生产效率和管理水平，更是为应对未来挑战提前做好了充分准备。

5.8.1 总结

油气田企业在数字化潮流中的引领不仅仅表现在数据的管理层面，更显著的是对数据治理实践的深刻理解。数据治理不仅仅是大数据的管理，更包括对数据的深度挖掘和科学分析，以实现对油气田生产环节的精准把控。多技术融合策略在这一过程中发挥着关键作用，将区块链、大模型、脑机接口、量子计算、扩展现实等技术相互融合，为油气田企业提供全方位的数字化解决方案。

5.8.2 展望

未来，智能油田将更深度地融入油气行业，推动其迈向数字化转型的新时代。技术的融合将成为油气田行业不断创新的引擎，帮助企业更好地适应市场的变化和应对风险挑战。跨界合作和协同创新将是未来的重要方向，与云计算、大数据、人工智能等领域的深度合作必将助力智能油田技术的迭代演进。

综合来看，油气田企业数据治理实践是智能油田转型的核心。通过多技术融合策略，包括区块链在内的前沿技术将助力油气田行业实现数字化转型和高质量发展。未来，智能油田将在技术创新和业务应用方面不断取得卓越成就，为行业的可持续发展注入新的动力。这标志着智能油田不仅是技术进步的象征，更是对绿色、高效、智能未来的美好展望。在智能油田的引领下，油气行业将更加紧密融合科技与业务，共同走向数字化未来。

参 考 文 献

[1] 高志亮，高倩．数字油田在中国：油田数据工程与科学［M］．北京：科学出版社，2015.

[2] 高志亮，付国民．数字油田在中国：油田数据学［M］．北京：科学出版社，2017.

[3] 龚仁彬，李欣，李宁，等．油气人工智能［M］．北京：石油工业出版社，2021.

[4] 杜金虎，杨剑锋，张仲宏，等．中国石油勘探开发梦想云研究与应用［M］．北京：石油工业出版社，2020.

[5] 李松泉，石玉江，马建军，等．长庆智能油气田［M］．北京：石油工业出版社，2021.

[6] 杨剑锋，杨勇，王铁成，等．梦想云平台［M］．北京：石油工业出版社，2021.

[7] 苟量，张少华，詹仕凡，等．东方智能物探［M］．北京：石油工业出版社，2021.

[8] 长庆油田公司数字和智能化事业部．长庆油田数据治理体系研究［R］．西安：长庆油田公司数字和智能化事业部，2022.

[9] 用友平台与数据智能团队．一本书讲透数据治理［M］．北京：机械工业出版社，2022.

[10] 中国石油天然气集团有限公司标准化委员会信息技术专业标准化技术委员会．Q/SY 10553—2022 数据架构管理规范［S］．北京：石油工业出版社，2022.

[11] 白津夫，白兮．国有企业数字化转型与产业链现代化［N］．经济参考报，2020.

[12] 李亚林，张强．塔里木智能油气田［M］．北京：石油工业出版社，2021.

[13] 姜冠男，施琴．标准组织数字化转型国际趋势研究［J］．质量与标准化，2022（03）.

[14] 班兴安，李群，张仲宏，等．油气生产物联网［M］．北京：石油工业出版社，2021.

[15] 葛红玲．新发展阶段如何促进产业数字化转型［J］．财经界，2022（10）.

[16] 全面学习贯彻党的二十大精神以数字化转型为主线，推动实现质的有效提升和量的合理增长中国电信2023 年度工作会议召开［J］．中国电信业，2023（01）.

[17] 蒋白桦．发展数字经济、推进数字化转型、坚持智能制造［J］．智能制造，2022（06）.

[18] 杨剑锋，樊少明，付岩，等．数字化转型智能化发展［M］．北京：石油工业出版社，2021.

[19] 卢倩兮，邢晨，奚培锋，等．基于数据中台的工业数据治理研究应用［J］．工业控制计算机，2023，36（05）.

[20] 桑尼尔·索雷斯．大数据治理［M］．北京：清华大学出版社，2014.

[21] 张红艳，闫一新．数字经济时代工业数据治理发展路径［J］．中国工业和信息化，2022（04）.

[22] 汪洋，王珂，张桃宁，等．工业数字化转型中的数据治理研究［J］．信息技术与网络安全，2022，41（04）.

[23] 王秀利，吴新松，王辉．大数据治理与服务［M］．北京：高等教育出版社，2022.

[24] 彭振云，唐昭琳．工业大数据采集、处理与应用［M］．北京：机械工业出版社，2023.

[25] 杜强，汪亮，孙韵，等．数字化时代油气田企业的转型之路［M］．成都：四川大学出版社，2022.

[26] 梅宏，杜小勇，吴志刚，等．数据治理之法［M］．北京：中国人民大学出版社，2022.

[27] 高志亮，于强，李美玉，等．数字油田在中国：智慧油气田建设［M］．北京：科学出版社，2021.

[28] 祝守宇，蔡春久．数据标准化：企业数据治理的基石［M］．北京：电子工业出版社，2023.

[29] 杜强，汪亮，孙韵，等．油气田数字化转型的变革与实践［M］．成都：四川大学出版社，2021.

[30] 张文坡，王玲，王孝通，等．油气田生产数字化技术手册［M］．北京：石油工业出版社，2022.